U0571968

供应链管理

（第2版）

主　编　王　鹏

参　编　孟　妍　李春花

　　　　张芳馨　张　璐

北京理工大学出版社

BEIJING INSTITUTE OF TECHNOLOGY PRESS

内 容 简 介

本书在借鉴国内外供应链管理相关理论和实践成果的基础上，结合我国经济发展和供应链管理教学实际，并将供应链管理易图和企业文化融入其中；注重理论与实践相结合，以应用型人才培养为导向，系统地阐述了供应链管理的基本理论和方法，并对供应链管理的应用从规划与设计、计划方法、信息技术支持、供应链金融、激励与绩效评价等方面做了详细介绍与分析。

本书内容可分为三部分：第一部分为供应链管理总论，包括第一章的供应链管理概论、第二章的供应链管理相关理论；第二部分为供应链管理战略与规划，包括第三章的供应链管理战略与方法、第四章的供应链关系管理、第五章的供应链系统规划与设计、第六章的供应链计划管理；第三部分为供应链运营，包括第七章的供应链环境下的采购管理、第八章的供应链环境下的生产运作管理、第九章的供应链分销与配送管理、第十章的供应链库存管理、第十一章的供应链信息管理、第十二章的供应链金融、第十三章的供应链管理激励与绩效评价。

本书每章都提供了丰富的案例，介绍了可供参考的供应链管理成功经验，并设计了系统、完整的实训环节，既可供应用型高校物流管理、供应链管理及相关专业本科教学使用，又可作为经营管理人员的学习、培训用书。

图书在版编目（CIP）数据

供应链管理／王鹏主编. --2 版. --北京：北京理工大学出版社，2022.6

ISBN 978-7-5763-1346-8

Ⅰ. ①供… Ⅱ. ①王… Ⅲ. ①供应链管理 Ⅳ. ①F252. 1

中国版本图书馆 CIP 数据核字（2022）第 089268 号

出版发行／北京理工大学出版社有限责任公司

社　　　址／北京市海淀区中关村南大街 5 号

邮　　　编／100081

电　　　话／（010）68914775（总编室）
　　　　　　　（010）82562903（教材售后服务热线）
　　　　　　　（010）68944723（其他图书服务热线）

网　　　址／http：//www.bitpress.com.cn

经　　　销／全国各地新华书店

印　　　刷／三河市龙大印装有限公司

开　　　本／787 毫米×1092 毫米　1/16

印　　　张／19　　　　　　　　　　　　　　　　　责任编辑／王晓莉

字　　　数／446 千字　　　　　　　　　　　　　　文案编辑／王晓莉

版　　　次／2022 年 6 月第 2 版　2022 年 6 月第 1 次印刷　　责任校对／周瑞红

定　　　价／95.00 元　　　　　　　　　　　　　　责任印制／李志强

中国经济已经进入高质量发展阶段，企业在新的经济环境下面临着重新调整结构、重新整合的局面。随着"工业4.0"和"中国制造2025"目标的提出，企业应以客户需求为导向，改变传统的经营模式，加强与上下游企业的合作，形成数字化、智能化、柔性化的供应链体系来适应经济环境的变化。供应链管理不仅仅是一种新的管理理念，更是一套以降低成本、增强企业竞争优势、提升价值为目的的管理工具和方法。同时，国内外已有越来越多的高校设立供应链管理专业。在此背景下，全面认识供应链，理解供应链管理的本质和内涵，掌握供应链管理理论、方法及其最佳实践，对于有效管理供应链、提升供应链能力、增强供应链的竞争优势具有十分重要的作用。

本教材借鉴并吸收了国内外供应链管理理论和实践成果，对第一版的内容进行了一些调整，融入了供应链管理演变与发展、供应链管理易图理论和供应链管理文化理论和实践，增加了区块链等一些前沿知识，对第一版的案例进行了调整，增加了一些新的案例。编者在"供应链管理"课程质量工程建设过程中，为了加强专业内涵建设，切实提高人才培养质量，编写了《供应链管理》教材。本教材突出应用性、实践性和创新性，并且结合了应用型高校教学实际，有助于提升应用型高校在教学方面的特有优势，从而提高教学质量。

供应链管理是一门正在发展的学科，也是一门理论性和应用性较强的学科。供应链管理是企业高层管理人员为了企业长期生存和发展，在充分分析企业内外部环境的基础上，确定和选择达到企业目标的有效战略，并实施战略、对战略实施的过程进行控制和评价的动态管理过程。供应链管理的内容涉及供应链的规划与设计、供应链计划、供应链生产、供应链物流配送与需求、供应链金融等领域，是一个非常复杂的动态系统，有着极为广阔的应用空间。供应链管理在我国的发展非常迅速，许多企业已投身或正在投身供应链管理的实践当中，并在近几年取得了很好的业绩。

本教材对供应链管理的基本理论、战略方法和运营机制进行了系统阐述，希望为国家、地区的经济发展和现代企业提供有效的理论方法。本教材体现了现代教学理念和社会需求，突出了理论和实践的结合，对供应链管理教学内容和教学方法进行了精心策划，立足理论，重视实践应用能力。

各章均设计了实训操作内容，各章实训内容间具有相关性、层次性，形成供应链设计与运营管理的全过程，便于学生学习和实际操作，通过练习，培养学生的实际应用能力。每章还单独设计了测试题和四套考试试题，随教学课件赠送给各位老师。

本教材由王鹏担任主编，其负责结构和内容的确定，并进行统稿工作。参与编写的人员分工如下：王鹏编写第一章、第二章、第三章、第十章；孟妍编写第五章、第八章、第十一章；李春花编写第四章、第十二章；张芳馨编写第六章、第九章；张璐（西安外国语大学）编写第七章、第十三章。

本教材在编写过程中参考了大量国内外专家学者的著作、教材、案例以及网络资料（已尽可能地在参考文献中列出），在此对这些专家学者表示真诚的感谢。如有疏漏，在此表示歉意。由于编者水平有限，书中难免会出现疏漏之处，敬请广大读者给予批评、指正。

编　者

2022 年 3 月

目 录

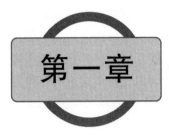第一章 供应链管理概论

🎯 学习目标

1. 了解供应链的概念和发展现状；

2. 掌握供应链的结构模型，掌握供应链的结构类型，能够区别实际供应链类型；

3. 了解供应链管理的概念、主要领域，理解供应链管理内涵演变过程，能够区别供应链管理与传统管理模式；

4. 了解供应链管理与物流管理的关系；

5. 掌握供应链管理必备的几个条件；

6. 了解供应链管理文化的内涵和供应链管理易图；

7. 掌握两个不同的供应链管理理论体系，熟悉本书理论体系。

第一模块　基础知识

20 世纪后期，科学技术的迅猛发展加剧了市场竞争，促进了经济的全球化，用户需求的多样性和不确定性增加，这对传统企业管理运作模式提出了新的挑战。20 世纪 80 年代末期应运而生的供应链以其敏捷度高、生产成本低、生产周期短等特点得到全球制造业的广泛重视和运用，基于供应链的管理成为 21 世纪企业的管理发展趋势。那什么是供应链，什么是供应链管理呢？

一、供应链概述

（一）供应链概念的发展过程

供应链至今尚无一个公认的定义。在供应链管理的发展过程中，有关专家和学者提出了大量的定义，这些定义其实是在一定的背景下提出的，而且是不同发展阶段的产物，可以把这些定义大致划分为三个阶段。

1. 供应链是制造企业中的一个内部过程

同一切新生事物一样，人们对供应链的认识也经历了一个由浅到深的过程。起初，人

们并没有把它和企业的整体管理联系起来，主要是进行供应链管理的局部性研究，如研究多级库存控制问题、物资供应问题，较多的是研究分销运作问题，如分销需求计划（Distribution Requirement Planning，DRP）等。

早期的观点认为，供应链是指将采购的原材料和收到的零部件，通过生产转换和销售等活动传递到用户的一个过程。因此，供应链也仅被视为企业内部的一个物流过程，它所涉及的主要是物料采购、库存、生产和分销等部门的职能协调问题，最终目的是优化企业内部的业务流程，降低物流成本，从而提高经营效率。基于这种认识，在早期有人将供应链仅仅看作是物流企业自身的一种运作模式。

此后，随着产业环境的变化和企业间相互协调的重要性的提升，人们逐步将对供应环节重要性的认识从企业内部扩展到企业之间，供应商从此被纳入供应链的范畴。在这一阶段，人们主要是从某种产品由原料到最终产品的整个生产过程来理解供应链的。在这种认识下，加强与供应商的全方位协作、剔除供应链条中的"冗余"成分、提高供应链的运作速度成为核心问题。

2. 注重与其他企业的联系

进入20世纪90年代，人们对供应链的理解又发生了新的变化。首先，由于需求环境的变化，**原来被排斥在供应链之外的最终用户、消费者得到了前所未有的重视，从而被纳入了供应链的范围**。这样，供应链就不再只是一条生产链了，而是一个涵盖了整个产品"运动"过程的增值链。

清华大学蓝伯雄教授认为，所谓供应链就是原材料供应商、生产商、分销商、运输商等一系列企业组成的价值增值链。原材料零部件依次通过"链"中的每个企业，逐步变成产品，交到最终用户手中。这一系列的活动就构成了一个完整的供应链（从供应商的供应商到客户的客户）的全部活动。

美国的史蒂文斯（Stevens）认为，通过增值过程和分销渠道控制从供应商的供应商到用户的用户的流就是供应链，它开始于供应的源点，结束于消费的终点。此观点强调**供应链的外部环境**。

3. 注重围绕核心企业的网链关系

随着信息技术的发展和产业不确定性的增加，今天的企业间关系正呈现日益明显的网络化趋势。与此同时，人们对供应链的认识也正在从线性的单链转向非线性的网链，实际上，这种网链正是众多单链纵横交错的结果。正是在这个意义上，哈里森将供应链定义为：供应链是执行采购原材料，将它们转换为中间产品和成品，并且将成品销售到用户的功能网链。也有人认为：供应链中的战略伙伴关系是很重要的，通过建立战略伙伴关系，可以与重要的供应商和用户更有效地开展工作。2021年最新发布的国家标准《物流术语》（GB/T 18354—2021）是这样定义供应链的：**生产及流通过程中，围绕核心企业的核心产品或服务，由所涉及的原材料供应商、制造商、分销商、零售商直到最终用户等形成的网链结构。**

供应链的概念更加注重围绕核心企业的网链关系，即核心企业与供应商、供应商的供应商的一切前向关系，用户、用户的用户及一切后向关系。供应链的概念已经不同于传统的销售链，它跨越了企业界线，从扩展企业的新思维出发，并从全局和整体的角度考虑产品经营的竞争力，**使供应链从一种运作工具上升为一种管理方法体系、一种运营管理思维**

和模式。

（二）供应链的概念

综合以上分析，本书给出的供应链的概念为：**供应链是围绕核心企业，通过对信息流、物流、资金流的控制，从采购原材料开始，制成中间产品以及最终产品，最后由销售网络把产品送到消费者手中的将供应商、制造商、分销商、零售商直到最终用户连成一个整体的功能网链的结构模式。** 供应链是一个范围更广的企业结构模式，它包含所有加盟的节点企业，从原材料的供应开始，经过链中不同企业的制造加工、组装、分销等过程直到最终用户。它不仅是一条连接供应商到用户的**物料链**、**信息链**、**资金链**，而且是一条**增值链**，物料在供应链上因加工、包装、运输等过程而增加价值，给相关企业带来收益。

（三）供应链的结构模型

根据以上供应链的定义，供应链的网链结构可以简单地归纳为图 1-1 所示的模型。

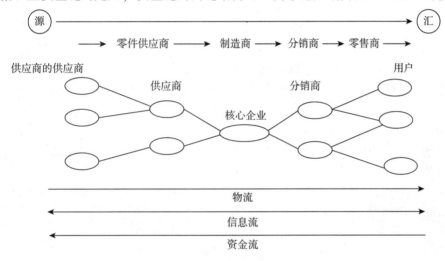

核心企业：制造商、零售商等

图 1-1　供应链的网链结构模型

从图 1-1 中可以看出，供应链由所有加盟的节点企业组成，其中一般有一个**核心企业**（可以是产品制造企业，也可以是大型零售企业，如美国的沃尔玛等），节点企业在需求信息的驱动下，通过供应链的职能分工与合作（生产、分销、零售等），以资金流、物流或/和服务流为媒介实现整个供应链的不断增值。**供应链包含商流、物流、信息流和资金流四个方面。**

（四）供应链的特征

从供应链的结构模型可以看出，供应链是一个网链结构，由围绕核心企业的供应商、供应商的供应商和用户、用户的用户组成。一个企业是一个节点，节点企业和节点企业之间是一种需求与供应关系。供应链主要具有以下特征。

（1）**复杂性**。因为供应链节点企业组成的跨度（层次）不同，供应链往往由多个、多类型甚至多国企业构成，所以供应链结构模式比一般单个企业的结构模式更为复杂。

（2）**动态性**。因企业战略和适应市场需求变化的需要，供应链中节点企业需要动态地更新，这就使供应链具有明显的动态性。

（3）**面向用户需求**。供应链的形成、存在、重构都是基于一定的市场需求而发生的，并且在供应链的运作过程中，用户的需求拉动是供应链中信息流、产品/服务流、资金流运作的驱动源。

（4）**交叉性**。节点企业可以既是这个供应链的成员，同时又是另一个供应链的成员，众多的供应链形成交叉结构，增加了协调管理的难度。

（五）供应链的类型

在实践中，由于市场特征、产品特点、客户需求、区域范围等情况，供应链有不同的类型。

1. A、V、T 型供应链

根据核心企业所处的位置不同，可将供应链分为**A、V、T型**三种类型。

事实上，供应链中的每个企业都会以本企业为核心构建并管理供应链。图1-2 为 A 型供应链模型，它是供应链**下游为核心企业**的供应链模型。例如沃尔玛，以其为核心构建供应链，核心企业直接面对最终用户，及时拥有最终用户的信息，能够影响和控制供应链。图1-3 为 V 型供应链模型，它是**供应链上游为核心企业**的供应链模型。例如中石油、中石化等，它们掌握着基本原材料，能够控制下游环节并对其产生影响。

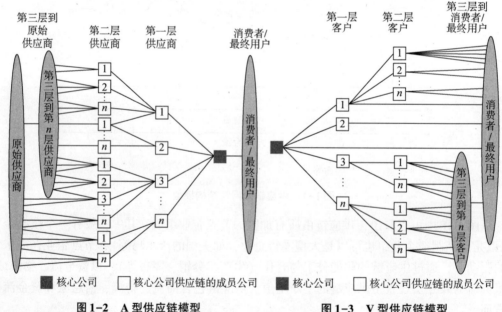

图1-2 A 型供应链模型　　　　图1-3 V 型供应链模型

图1-4 为 T 型供应链结构模型。在这种模型中，**核心企业处在供应链中间环节**，例如汽车供应链，上游有不同层级供应商，下游有不同层级客户，直到最终用户。大多数供应链属于此类。

2. 稳定的供应链和动态的供应链

根据供应链存在的稳定性划分，可以将供应链分为**稳定的供应链和动态的供应链**。基于相对稳定、单一的市场需求而组成的供应链稳定性较强，属于稳定的供应链；而基于相对频繁变化、复杂的市场需求而组成的供应链动态性较高，属于动态的供应链。在实际管

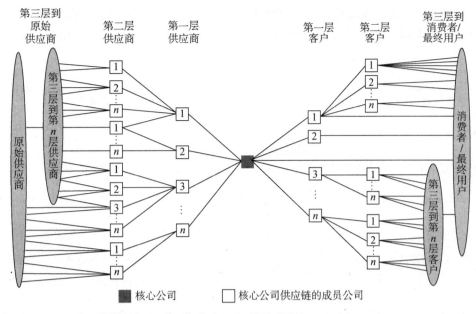

图1-4 T型供应链模型

理运作中，应根据不断变化的需求，相应地改变供应链的组成。

3. 平衡的供应链和倾斜的供应链

根据供应链容量与用户需求的关系，可以划分为**平衡的供应链和倾斜的供应链**。一个供应链具有一定的、相对稳定的设备容量和生产能力（所有节点企业能力的综合，包括供应商、制造商、运输商、分销商、零售商等），但用户需求处于不断变化的过程中，当供应链的容量能满足用户需求时，供应链处于平衡状态。而当市场变化加剧，造成供应链成本增加、库存增加、浪费增加等现象时，企业不是在最优状态下运作，供应链则处于倾斜状态。两种供应链模型如图1-5所示。

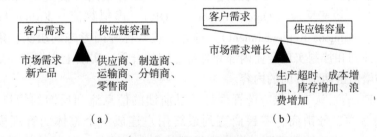

（a）   （b）

图1-5 两种供应链模型

（a）平衡的供应链；（b）倾斜的供应链

平衡的供应链可以实现各主要职能（采购/低采购成本、生产/规模效益、分销/低运输成本、市场/产品多样化和财务/资金运转快）之间的均衡。

4. 有效性供应链和反应性供应链

根据供应链的功能模式（物理功能和市场中介功能），可以把供应链划分为**有效性供应链**（Efficient Supply Chain）和**反应性供应链**（Responsive Supply Chain）。有效性供应链主要体现供应链的**物理功能**，即以最低的成本将原材料转化成零部件、半成品、产品，以及在供应链中的运输等；反应性供应链主要体现供应链的**市场中介功能**，即把产品分配到满足用户需求的市场，对未预知的需求做出快速反应等。两种供应链的比较如表 1-1 所示。

表 1-1　两种供应链的比较

对比项目	有效性供应链	反应性供应链
主要目标	需求的可测性，最低生产成本的有效需求	快速响应不可预测的需求，减少过期库存产品的减价损失
制造过程的重点	维持高平均利用率	消除多余的缓冲能力
库存战略	追求高回报，使通过供应链上的库存最小	消除大量的零部件和产品缓冲库存
提前期	在不增加成本的前提下缩短提前期	采取主动措施减少提前期
选择供应商的方法	选择的重点依据是成本和质量	选择的重点依据是速度、柔性和质量
产品设计战略	绩效最大、成本最小	使用模块化设计，尽量延迟产品差异化

此外，还有推式供应链和拉式供应链，区域供应链和全球供应链，绿色供应链、数字供应链和移动供应链等类型，在后面章节中再陆续介绍。

二、供应链管理概述

对于供应链这一复杂系统，要想取得良好的绩效，必须找到有效的协调管理方法。供应链管理思想就是在这种环境下提出的。

（一）供应链管理的概念

供应链管理强调系统性，强调系统的整合与协同，强调供应链的创新发展。

对于供应链管理，有许多不同的定义和称呼，如有效用户反应（Efficient Consumer Response，ECR）、快速反应（Quick Response，QR）、虚拟物流（Virtual Logistics，VL）或连续补充（Continuous Replenishment），等等。这些称呼因考虑的层次、角度不同而不同，但都通过计划和控制实现企业内部和外部之间的合作，实质上它们在一定程度上都集成了供应链和增值链两个方面的内容。

伊文斯（Evens）认为，供应链管理是通过前馈的信息流和反馈的物料流及信息流，将供应商、制造商、分销商、零售商直到最终用户连成一个整体的管理模式。菲利普（Phillip）则认为，供应链管理不是供应商管理的别称，而是一种新的管理策略，它把不同企业集成起来以增加整个供应链的效率，注重企业之间的合作。

最早人们把供应链管理的重点放在管理库存上，作为平衡有限的生产能力和适应用户需求变化的缓冲手段，它通过各种协调手段，寻求把产品迅速、可靠地送到用户手中所需要的费用与生产、库存管理费用之间的平衡点，从而确定最佳的库存投资额。因此其主要的工作任务是管理库存和运输。现在的供应链管理则把供应链上的各个企业作为一个不可分割的整体，使供应链上各企业分担的采购、生产、分销和销售的职能成为一个协调发展的有机体。

本书认为，**供应链管理是一种集成的管理思想和方法，执行供应链中从供应商到最终**

用户的物流、信息流、资金流、商流等的计划和控制等职能,使供应链各个环节运作达到最优化,以提高供应链整体效益,提升客户价值。

(二)供应链管理内涵的演变与发展

自供应链管理的概念产生以来,供应链管理的内涵在不断扩展。近年来,供应链管理理论与实践已深入各行各业,成为 21 世纪企业发展的重要方法。供应链管理有不同发展阶段,从**信息技术**、**物流管理**、**企业管理**等方面清晰地描述了供应链管理的内涵,为人们更好地理解供应链管理提供一定的帮助。

根据供应链管理发展历程,绘制供应链管理发展演变逻辑示意图,如图 1-6 所示。

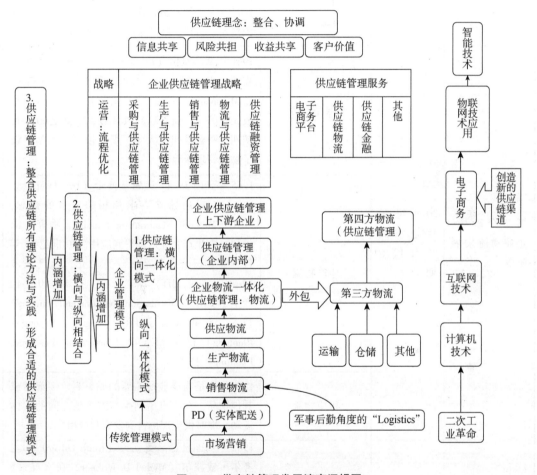

图 1-6 供应链管理发展演变逻辑图

图 1-6 从市场营销实践应用开始,基于工业革命的不同阶段,以信息技术的发展为契机,梳理了物流管理概念到供应链管理概念的产生过程,以及供应链管理的不同内涵和发展过程。

1. 物流管理发展历程

(1)**企业物流**发展历程。

任何事物都有产生的根源,随着工业革命从机械、电力、计算机、互联网、物联网的发展,市场供应与需求发生变化,物流业随之产生并发展。物流概念的演变从 20 世纪初在美国起源到如今家喻户晓，而且还和人们的日常生活息息相关，中间的发展与演变经历了一百多年。**物流的产生与发展经历了三个阶段**，如表1-2所示。

表1-2　物流的产生与发展阶段

阶段	时期	事项	事件
第一个阶段：物流的初始阶段，分销物流学产生	从20世纪初到20世纪50年代	实体分配（Physical Distribution）	美国市场营销学者阿奇·萧（Arch W. Shaw）于1915年从市场营销的角度提出"Physical Distribution"的物流概念
		军事后勤"Logistics"	美国少校琼西·贝克（Chauncey B. Baker）于1905年从军事后勤的角度提出"Logistics"的物流概念，指物资的供应保障、运输储存等
第二个阶段：企业物流发展阶段	20世纪50年代中期到80年代中期	物流管理学	1961年斯马凯伊（Edward W. Smykay）、鲍尔素克斯（Donald J. Bowersox）和莫斯曼（Frank H. Mossman）共同撰写了世界上第一本体系比较完整的《物流管理》教科书。20世纪60年代初期，密歇根州立大学、俄亥俄州立大学开设了物流管理课程
		生产物流	1965年美国J. A. 奥列基博士（Dr. Joseph A. Orlicky）提出独立需求和相关需求的概念，MRP（Material Requirement Plaming，物资需求计划）在生产企业内部得到应用。20世纪70年代日本丰田公司创造了"准时化"生产技术（Just In Time，JIT）和"看板"技术，80年代产生了DRP（Distribution Requirement Planning）技术，90年代有了LRP（Logistics Resources Planning）技术和ERP（Enterprise Resources Planning）技术
		供应物流	供应物流是指企业所需要的原材料、零部件或其他物品，在供应商到生产需求地之间的实体流动。准时供应理论得到发展和应用
第三个阶段：企业物流一体化（供应链管理）阶段	从80年代中期开始到现在	供应链管理	1982年美国凯思·奥立夫（Keith Oliver）和麦考尔·威波尔（Michel D. Wdbber）在《观察》杂志上发表了《供应链管理：物流的更新战略》一文，首次提出了"供应链管理"的概念。随后"供应链管理"成为物流管理的代名词——物流发展的高级化阶段，包含了从物品供应者到需求地的供应物流、生产物流、销售物流一体化全过程

（2）**物流服务企业物流**发展历程。

物流是指物品从提供地到需求地的移动过程，是通过运输、仓储、配送等方式的整合，实现原材料、半成品、成品及相关信息由商品的产生地到商品的消费地所进行的计划、实施和管理的全过程。**物流包括企业物流和物流服务企业物流两方面。**

物流服务企业物流的发展道路，发达国家大致经历了如下阶段。

20 世纪 50 年代之前，主要是单一功能的运输、仓储、配送等传统的物流企业。

20 世纪 50 年代到 70 年代，第一方、第二方物流发展成熟，其主要特点是企业通过建立自身的物流部门，在仓储、成本控制理论指导下，实现货物的配送、仓储等物流活动。

20 世纪 80 年代，随着"核心竞争力""业务外包"等概念的应用，第三方物流迅速发展起来，企业将非核心的物流业务外包，物流企业利用信息技术和专业能力，整合多家客户物流需求，形成规模效应，为客户创造价值、获取利润。

20 世纪 90 年代至今，随着信息技术和第三方物流的发展，客户企业对其要求更高，为客户提供供应链整体解决方案的第四方物流（供应链管理服务业）蓬勃发展。

2. 企业管理模式的演变

管理模式是指企业把人、财、物、信息等资源，转化为能快速、及时地传递到市场的合适产品和服务的系统化管理方法。

（1）传统管理模式。

19 世纪末 20 世纪初，西方企业管理理论已经基本成熟，代表理论主要有泰勒的科学管理原理、法约尔的一般管理理论、韦伯的一般行政组织理论和 20 世纪 20 年代产生的行为科学理论等，这些理论对企业或部门内部的管理起到了指导作用，但还没有涉及供应链上下游企业之间的管理。20 世纪 30 年代至 40 年代，在美国，由于供应链上下游企业的不信任，交易成本剧增，纵向一体化管理模式随之产生。所谓**纵向一体化模式，就是企业为了控制或拥有资源，将上游的供应商购买或参股，将下游的销售商控制或形成自己的销售系统，形成一个大而全或小而全的企业管理组织模式。**

纵向一体化模式是在信息技术不发达、企业之间竞争激烈和彼此不信任的卖方市场条件下产生的。在买方市场，客户需求个性化、多样化，也存在许多问题：企业多方面投资负担增加；企业核心业务市场时机丧失；企业会从事一些非核心业务活动；在各个业务领域面临众多不同竞争对手；增加企业行业风险等。

（2）基于**单个企业**的管理模式。

20 世纪 60 年代至 70 年代，随着计算机技术和其他生产技术的应用，许多新的管理模式在单个企业内部产生，主要有成组技术（Group Technology，GT）、柔性制造系统（Flexible Manufacturing Cell，FMC）、减少零件变化（Variety Reduction Program，VRP）、计算机集成制造系统（Computer Integrated Manufacturing System，CIM）等。

这些管理模式是基于单个企业的管理模式。采用这些模式，单个企业内部资源被有效利用，在一定程度上提高了企业竞争力。

（3）基于**扩展**的管理模式。

基于单个企业的管理模式能够充分利用企业内部资源，但企业的资源是有限的，要想获得更多的利益，企业需要利用外部资源，这就促使企业与上游供应商、下游客户合作，充分利用它们的资源为企业创造收益，敏捷制造（Agile Manufacturing，AM）、虚拟企业（Virtual Enterprise，VE）等管理模式应运而生。

（4）横向一体化管理模式。

20世纪80年代，业务外包、核心竞争力等理论促使横向一体化管理模式产生。**横向一体化即企业关注核心业务，而将非核心的业务外包出去的管理模式。通过横向一体化管理模式，从原材料供应商到制造商、分销商，直到最终客户，各个环节具有其核心能力，相邻节点之间存在供应与需求的关系，就形成了供应链。**随后产生了推动式的企业资源计划（ERP）管理模式、准时化（JIT）拉动式管理模式和推拉式约束理论（TOC）管理模式等。

随着生产技术和信息技术的发展，企业管理模式越来越多。演变的企业管理模式应用于供应链管理之中，丰富了供应链管理的内涵，供应链管理理论得到进一步发展。

3. 供应链管理内涵扩展

如前文所述，1982年美国凯思·奥立夫和麦考尔·威波尔在《观察》杂志上发表了《供应链管理：物流的更新战略》一文，首次提出了"供应链管理"的概念。随后学术界展开了对"供应链管理"的大讨论。例如：霍利汉（1988）认为，供应链管理是对从供应商开始，经生产者或流通业者，到最终消费者的所有物质流动进行管理的活动；Langele和霍鲁贝（1991）认为，供应链管理是为了提供能给最终消费者带来最高价值的产品或服务而开展的渠道成员间的相互作用；纳瓦克（1991）认为，供应链管理以从供应商开始，经生产者或流通业者到最终消费者的所有物质流动为管理对象，等等。

供应链管理产生于物流管理，作为物流管理发展的高级化阶段，在后来的讨论和应用过程中，增加了许多企业管理理论，特别是纵向一体化和横向一体化管理模式理论、战略管理理论、价值链理论、委托—代理理论、核心竞争力理论等，供应链管理的内涵和外延发生了很大变化。

综上所述，供应链管理的发展包含**四个方面：一是信息技术的发展和应用，**从二次工业革命的新能源到计算机技术，再到互联网技术、物联网技术和智能技术的发展，为供应链管理发展提供了技术支撑；**二是企业物流需求的发展，**由于在不同经济技术条件下市场供应和需求的变化，企业经营的重点和方法有所不同，从关注营销方法到实体配送，从关注物流成本到客户价值，从自营到外包等，企业供应链管理得到发展，并形成了供应链战略管理、采购与供应链管理、生产与供应链管理、物流与供应链管理、供应链融资管理等；**三是物流服务业大发展，**随着企业供应链的发展，企业关注外包，特别是制造企业将非核心业务（物流）外包，促使物流企业发展，从单一功能到多功能，从为单个企业服务到供应链物流服务，形成了供应链管理服务业；**四是企业管理模式与方法的丰富，**企业管理理论的发展，特别是系统管理理论的产生，开阔了人们的视野。横向一体化和纵向一体化管理、推动式和拉动式管理、自营和外包、战略和运营管理、关系管理、客户服务管理、价值管理等，丰富了供应链管理的内涵和范围，形成了供应链管理理念（整合、协同）下的供应链管理理论体系，并在供应链不同领域得到实践和发展。未来，供应链管理还将扩展到多个供应链之间的合作，形成"供应链网"或者"行业供应链网"。

（三）供应链管理的主要领域

供应链管理主要涉及四个领域：**供应**（Supply）、**生产计划**（Schedule Plan）、**物流**（Logistics）、**需求**（Demand）。供应链管理是以同步化、集成化生产计划为指导，以各种技术为支持，尤其以因特网/内联网（Internet/Intranet）为依托，围绕供应、生产作业、物流

（主要指制造过程）、满足需求来实施的。供应链管理主要包括计划、合作、控制从供应商到用户的物料（零部件和成品等）和信息。**供应链管理的目标在于提高用户服务水平和降低总的交易成本，并且寻求两个目标之间的平衡。**

在以上四个领域的基础上，可以将供应链管理细分为职能领域和辅助领域。职能领域主要包括产品工程、产品技术保证、采购、生产控制、库存控制、仓储管理、分销管理，而辅助领域主要包括客户服务、制造、设计工程、会计核算、人力资源、市场营销。

（四）供应链管理的主要内容

供应链管理关心的并不仅仅是物料实物在供应链中的流动，除了企业内部与企业之间的运输问题和实物分销以外，供应链管理的主要内容还包括：

※ 战略性供应商和用户的合作伙伴关系管理；

※ 供应链产品需求预测和计划；

※ 供应链的设计（全球节点企业、资源、设备等的评价、选择和定位）；

※ 企业内部与企业之间物料供应与需求管理；

※ 基于供应链管理的产品设计与制造管理，生产集成化计划、跟踪和控制；

※ 基于供应链的用户服务和物流（运输、库存、包装等）管理；

※ 企业间资金流管理（汇率、成本等问题）；

※ 基于 Internet/Intranet 的供应链交互信息管理等。

供应链管理注重总的物流成本（从原材料到最终产成品的费用）**与用户服务水平之间的关系，为此要把供应链各个职能部门有机地结合在一起，从而最大限度地发挥出供应链整体的力量，达到供应链企业群体获益的目的。**

（五）供应链管理与传统的管理模式的区别

供应链管理与传统的物料管理和控制有着明显的区别，主要体现在以下几个方面。

1）**供应链管理把供应链中所有节点企业看作一个整体**，供应链管理涵盖整个物流从供应商到最终用户的采购、制造、分销、零售等职能领域过程。

2）**供应链管理强调和依赖战略管理。**"供应"是整个供应链中节点企业之间共享的一个概念（任意两节点之间都是供应与需求关系），同时它又是一个有重要战略意义的概念，因为它影响或者可以认为它决定了整个供应链的成本和市场占有份额。

3）**供应链管理最关键的是需要采用集成的思想和方法**，而不仅仅是节点企业、技术方法等资源简单的连接。

4）**供应链管理具有更高的目标**，通过管理库存和合作关系提供高水平的服务，而不是仅仅完成一定的市场目标。

三、供应链管理必备的条件

作为一种新的管理方法，供应链管理就是对整个供应链中各参与组织、部门之间的物流、信息流与资金流进行计划、协调和控制等，其目的是通过优化提高所有相关过程的速度和确定性，最大化所有相关过程的净增加值，提高组织的运作效率和效益。供应链管理高效运作的基础有以下几个方面。

（一）思想基础

供应链中的物流是指从供应商到顾客手中的物质产品流。供应链中的信息流包括产品需求、订单的传递、交货状态及库存信息。供应链中的资金流包括信用条件、支付方式以及委托与所有权契约等，这些流常常是跨部门、跨企业、跨产权主体甚至跨行业的。与传统的企业管理对比，现代供应链管理体现了以下几个基本思想。

1. 系统观念

在观念上，它需要经理人员摒弃以往竞争中所采取的"非此即彼"式的竞争方式，努力营造从单枪匹马式的争斗到相互协作后的双赢或多赢的竞争新局面。在具体操作中，供应链管理也绝不是单纯找几个合作伙伴而已，它还要求企业建立相应的生产计划与控制体系、库存管理体系、物流管理与采购体系、信息技术支撑体系。不再孤立地看待各个企业及各个部门，而是考虑所有相关的内外联系体——供应商、制造商、销售商等，并把整个供应链看成是一个有机联系的整体。要从传统的局部性思维转换到整体性的系统思维。

2. 共同目标

产品与服务的最终消费者对成本、质量、服务等的要求，应该成为供应链中所有参与者共同的绩效目标，这样才会使利润最大化。建立互信关系是供应链中各企业进行有效合作的纽带与保证。在传统的买卖关系中，企业都是从自己的角度和利益出发，尽量将责任、风险、成本等转嫁给其他与其有商业往来的企业，却竭尽全力地将自身利益最大化。**实施供应链管理时，企业要改变传统的买卖观念和思维方式，要与合作企业共担责任、风险与成本，同时共享成果与收益，这是企业间建立长久信任关系的有效途径。**企业间只有建立了信任关系，供应链的运作效率才能得到保证和提高，企业才能赢得长久的竞争优势。

3. 主动积极的管理

对在供应链中有增加价值的以及与成本有关的所有联系体(内部的、外部的、直接的、间接的) **进行积极主动的管理**；不再把存货看作是供应链中供应与需求不平衡时的首选方案。一方面能够迅速地调整和组织自己的生产，以最快的速度和最有效的方式来满足合作伙伴的生产需要，从而最终以最快的速度适应消费者的需要；另一方面还可以减少传统的商业交易方式所带来的额外成本，更重要的是实现企业间和合作伙伴之间的知识共享，以便更好地为顾客服务。

4. 采取新型的企业与企业关系

在企业主动关注整个供应链及其管理的同时，供应链中各成员之间的业务伙伴关系便得到了强化：**通过仔细地选择业务伙伴，减少供应商数目，变企业与企业之间的敌对关系为紧密合作的业务伙伴**。这种新型关系主要体现在共同解决问题与信息共享等方面。共同解决问题有多种形式，如供应商、顾客参与产品设计、质量改进、成果降低等，信息共享意味着有关库存水平、零售量、长期计划、进度计划、设计调整等关键数据在供应链中保持透明，供应商管理库存（Vendor Managed Inventory，VMI）策略便是实施信息共享的一个例子。从沃尔玛与宝洁的合作为例，沃尔玛这种创新性的零售商通过 EDI（电子数据交换）这样的信息系统与宝洁公司这样的供应商共享销售信息，这样宝洁公司便可管理它在沃尔玛处的产品库存。同时，宝洁能够运用现期的实时销售信息，生产即将销售的产品，而不是去生产那种可能与现期需求有偏差的预测产品。

5. 开发核心竞争能力

只有**企业本身具有核心竞争能力**，供应链业务伙伴关系才会持久。所以，供应链业务伙伴关系的形成不能以丧失企业的核心竞争能力为代价，应做到能够借助其他企业的（核心）竞争能力来形成、维持甚至强化自己的核心竞争能力。

（二）技术基础（信息技术）

信息共享是实现供应链管理的基础。 供应链的协调运行建立在各个节点企业高质量的信息传递与共享的基础之上。因此，有效的供应链管理离不开信息技术（Information Technology，简称 IT）系统的可靠支持。IT 的应用有效地推动了供应链管理的发展，它可以节省时间和提高企业信息交换的准确性，减少在复杂、重复工作中的人为错误，因而减少了由于失误而导致的时间浪费和经济损失，提高了供应链管理的运行效率。

1. 信息技术包含的内容

为了实现信息共享，需要考虑以下几个方面的问题：为系统功能和结构建立统一的业务标准；对信息系统定义、设计和实施建立连续的实验、检测方法；实现供应商和用户之间的计划信息的集成；运用合适的技术和方法，提高供应链系统运作的可靠性，降低运行总成本；确保信息要求与关键业务指标一致。

信息管理对于任何供应链管理都是必需的，而不仅仅是针对复杂的供应链。利用 EDI 等信息技术可以快速获得信息，提供更好的用户服务和加强客户联系，可以提高供应链企业对运行状况的跟踪能力，直至提高整体竞争优势。当然，供应链企业之间的信息交换要克服不同文化造成的障碍，信息本身是不能"做"任何事的，只有人利用信息去做事。

IT 在供应链管理中的应用可以从两个方面理解：一是 IT 的功能对供应链管理的作用（如 Internet、多媒体、EDI、CAD/CAM、ISDN 等的应用），二是 IT 技术本身所发挥的作用（如 CD-ROM、ATM、光纤等的应用）。IT 特别是最新 IT（如多媒体、图像处理和专家系统）在供应链中的应用，可以大大减少供应链运行中的不增值行为。

2. 电子商务的应用

随着知识经济时代的到来，信息替代了劳动力和库存，成为提高生产力的主要因素，而企业用于提高决策水平的信息更多地来源于电子商务。供应链中节点企业能很好地通过电子商务实现信息共享，企业就可以提高生产力、提高质量，为产品提供更大的附加值。

通过电子商务的运用，能有效连接供应商、制造商、分销商和用户之间在供应链中的关系，而且在企业内部，电子商务也可以改善部门之间的联系。如 Internet 加强了用户"Pull"机制，使用户在可以直接从供应商那里获得产品的同时获得有用信息。而且通过 Internet，企业能以更低的成本加入供应链联盟中。

（三）供应链实施的管理基础

供应链的运作是以物流/服务流、资金流、信息流为主的动态过程，在实施过程中，通常需要具备以下几个先决条件。

1. 企业间的动态联盟

动态联盟是研究供应链管理的核心措施，**它强调企业间合作竞争、共同盈利。联盟是动态的，** 有一定的周期，针对某个市场机遇或某项创新技术、产品的应用要求而产生，联盟中的每个企业或公司在供应链上都有自己的特定位置，共同承担风险和收益。动态联盟有利于供应链成员相互传递技术与信息，获取各企业缺乏的知识和能力，使新系统在"合作博弈"下产生"1+1>2"的协同效应。零售商沃尔玛和日用品制造商宝洁公司的合作就是这种联盟的典范。沃尔玛每天的库存维持量、库存情况和销售情况通过 EDI 方式直接通知宝洁公司的地区流通中心，双方共同建立了自动发货和产品类别组合改善系统。联盟使沃尔玛的库存周转率提升了两倍，成本下降并从宝洁的营业促销中获利；宝洁也大大提高了产品周转率，能将当天生产的产品直接上市，更重要的是宝洁借此促进了每日低价政策的实施，降低了相同产品在不同时期的价格差别幅度，防止了虚假订货信息，使偏好宝洁品牌的客户能在任一地点、任一时间以相同的价格购买宝洁产品，提高了顾客的满意度和忠诚度。

2. 企业间的信息共享

供应链管理需要拥有一条由消费者（链的末端）驱动的无缝信息流，这条信息流在从下家输入上家的过程中，**一要快速，二要信息由全体成员共享**。这是因为信息在传递过程中，供应链上每个环节都会附加给信息流一个系统误差，误差不断被放大就会造成严重的信息失真，即产生牛鞭效应，解决方法之一就是让上家获得下家需求信息的原始来源。如国际商用机器公司（IBM）、惠普（HP）和苹果（Apple）等公司在与中间商签订的合同中就要求对方提供产品销售全过程的数据，包括销售（Point of Sale，POS）数据。总之，信息共享节省了供应链上所有成员的时间和财力，保证了决策的可靠性，提高了供应链运作效率。

3. 企业间的运输集成

由于经济的全球化，供应链对运输提出了很高的要求，**企业把产品从海外运送到国内和从本土运至海外的能力和效率越来越重要**。显然，大批量和满载的运输方式成本低廉，但与供应链管理所面临的快速多变的客户需求及小批量订货方式相矛盾。为此，供应链管理正在探索两者兼顾的管理方法——运输集成模式：混装运输和联盟第三方后勤公司。制造商可鼓励分销商实行混装订货，如宝洁公司对那些按混装存货单元订货的分销商给予额外折扣。这样用一部车就满载了同一制造商的多种产品，而每一种产品相当于实施了小批量订货或频繁再供货策略，运货次数并没增加，却保证了运输的高效率；第三方后勤公司不局限于为一条供应链服务，它可以同时服务于多条供应链，若多家供应商彼此位置相邻，就可将每个供应商的小批量供货依次装载于同一货车中，从而实现满载运输的经济化要求。英国的 Tesco Saisbury 与全国货运公司（NFC）长期合作进行后勤配送，DHL 和 UPS 快递公司采用第三方后勤联盟策略，都是运输集成模式的典范。

四、供应链管理的实施

（一）供应链管理的实施模式

供应链管理实施方式主要有两种：**中枢式和平台式**。

1. 中枢式

中枢式的供应链管理实施通常由重点的某个或少数几个企业巨头牵头。这少数的几个企业往往是某行业或某地区的核心企业，在某些方面是具有领导性或垄断性的企业。供应链管理实施的原始目标或者是解决这几个企业间的协同作业问题，或者是解决核心企业与外围供应商及代理间的协作问题。核心企业通常是供应链管理的投资方，当然也是收益最大方，因为在协同作业的模式上往往由其主控。外围企业通过参与这种供应链管理，也成为收益方。这体现在：它们同核心企业协同作业带来信息共享，通过参与带来自身的管理提升。

2. 平台式

平台式的供应链管理实施通常由某行业协会或行业联盟牵头。其采用的模式通常为 ASP，即由第三方定义协同作业模式，由其实施，并由其进行管理。企业是这个平台的使用者，并按照服务协议缴纳服务使用费。这种方式的特点是：供应链的参与者不具有太强的垄断性、供应链管理模式由多方参与定义、ASP 方作为经营者投入高额成本。

其实供应链管理实施的两种方式是相得益彰的，有时候在运作模式上也是相互借鉴的。例如，在东南亚的电子与半导体产业，这两种模式都有；中国台湾的光宝、威盛代工厂同英特尔和戴尔的供应链协同就是用的中枢式；东南亚较有名的 E2open 采用的是平台式。

（二）供应链管理的实施步骤

1. 分析市场竞争环境，识别市场机会

竞争环境分析是为了识别企业所面对的市场特征和市场机会。要完成这一过程，可以根据波特模型提供的原理和方法，通过调查、访问、分析等手段，对供应商、用户、现有竞争者及潜在竞争者进行深入研究，掌握第一手数据、资料。这项工作一方面，取决于企业经营管理人员的素质和对市场的敏感性；另一方面，企业应该建立一种市场信息采集监控系统，并开发对复杂信息的分析和决策技术。如一些企业建立的顾客服务管理系统，就是掌握顾客需要，进一步开拓市场的有力武器。

2. 分析顾客价值

供应链管理的目标在于提高顾客价值和降低总的交易成本，经理人员要从顾客价值的角度来定义产品或服务，并在不断提高顾客价值的情况下，寻求最低的交易成本。按照营销大师科特勒的定义，顾客价值是指顾客从给定产品或服务中所期望得到的所有利益，包括产品价值、服务价值、人员价值和形象价值。一般说来，发现了市场机会并不意味着真正了解某种产品或服务在顾客心目中的价值。因此，必须真正从顾客价值的角度出发，定义产品或服务的具体特征。只有不断为顾客提供超值的产品，才能满足顾客的需求。而顾客的需求拉动是驱动整个供应链运作的源头。

3. 确定竞争战略

从顾客价值出发找到企业产品或服务的定位后，经理人员要确定相应的竞争战略。**竞争战略形式的确定可使企业清楚认识到要选择什么样的合作伙伴以及合作伙伴的联盟方式。**根据波特的竞争理论，企业获得竞争优势有三种基本战略形式：成本领先战略、差别化战略以及目标集中战略。譬如，当企业确定应用成本领先战略时，往往会与具有相似资源的企业联盟，以形成规模经济；当企业确定应用差别化战略时，它选择的合作伙伴往往具有很强的创新能力和应变能力。商业企业中的连锁经营是成本领先的典型事例，它通过采用大规模集中化管理模式，在整个商品流通过程中把生产商、批发商与零售商紧密结合成一个整体。通过商品传送中心、发货中心把货物从生产商手中及时地、完好地运送到各分店手中，进而提供给消费者。这样的途径减少了流通环节，使企业更直接面对消费者。其结果是不仅加快了流通速度，也加快了信息反馈速度，从而达到了成本领先的目的。

4. 分析本企业的核心竞争力

核心竞争力是指企业在研发、设计、制造、营销、服务等某一环节上明显优于并且不

易被竞争对手模仿的、能够满足客户价值需要的独特能力。**供应链管理注重的就是企业核心竞争力，企业把内部的智能和资源集中在有核心竞争优势的活动上，将剩余的其他业务活动移交给在该业务上有优势的专业公司来弥补自身的不足，从而使整个供应链具有竞争优势。**

在这一过程中，企业要回答这样几个问题：企业的资源或能力是否有价值；资源和能力是否稀有，拥有较多的稀有资源的才可以获得暂时竞争优势；这些稀有资源或能力是否易于被模仿，使竞争对手难以模仿的资源和能力才是企业获得持续竞争优势的关键所在；这些资源或能力是否能被企业有效利用。在此基础上，重建企业的业务流程和组织结构。企业应对自己的业务认真清点，并挑选出与企业的生存和发展有重大关系、能够发挥企业优势的核心业务，而将那些非核心业务剥离出来交由供应链中的其他企业去完成。在挑选出核心业务之后，企业还应重建业务流程。

5. 评估、选择合作伙伴

供应链的建立过程实际上是一个供货商的评估、选择过程，选择适当的合作伙伴、选择合适的对象（企业）作为供应链中的合作伙伴，是加强供应链管理最重要的一个基础，企业需要从产品的交货时间、供货质量、售后服务、产品价格等方面全面考核合作伙伴。如果企业选择合作伙伴不当，不仅会腐蚀企业的利润，还会使企业失去与其他企业合作的机会，从而无形中抑制了企业竞争力的提高。对于供应链中合作伙伴的选择，可以遵循以下原则。

1）合作伙伴**必须拥有各自可资利用的核心竞争力**。唯有合作企业拥有各自的核心竞争力，并使各自的核心竞争力相结合，才能提高整条供应链的运作效率，从而为企业带来贡献。这些贡献包括及时、准确的市场信息，快速、高效的物流，快速的新产品研制，高质量的消费者服务，成本的降低等。

2）**拥有相同的企业价值观及战略思想**。企业价值观的差异表现在是否存在官僚作风，是否强调投资的快速回收，是否采取长期的观点等。战略思想的差异表现在市场策略是否一致，注重质量还是注重价格等。可见，若价值观及战略思想差距过大，合作必定以失败告终。

3）**合作伙伴必须少而精**。若选择合作伙伴的目的性和针对性不强，合作过于泛滥，可能导致过多的资源、机会与成本的浪费。

五、供应链管理与物流管理的关系

供应链管理起初主要强调物流管理过程中在减少企业内部库存的同时也应考虑减少企业之间的库存。随着供应链管理思想越来越受到重视，其视角早已拓宽，不再只着眼于降低库存，其管理触角伸展到了企业内外的各个环节、各个角落。

（一）供应链管理与物流管理的联系

供应链管理是一种流程的集成化管理，它包括了从供应商到最终客户的提供产品、服务和信息以创造客户价值的整个流程。当代对供应链管理的理解只是少许不同于集成化的物流管理。然而，对供应链管理更广泛的理解也在慢慢出现。供应链管理包含了**从源供应商提供产品、服务和信息以增加客户价值，到终端客户的所有流程，它不再仅仅是物流的另一种称呼**。供应链管理涵盖了物流管理中没有包含的要素，如信息系统集成、计划与控制活动的协调。供应链与物流管理的联系可以从物流管理和供应链管理两个方面进行分析。

1. 从物流管理角度分析

（1）物流管理是供应链管理的一个子集或子系统。

从各种关于物流管理和供应链管理的定义来看，有一点是一致的，即物流管理承担了为满足客户需求而对货物、服务从起源地到消费地的流动和储存进行计划与控制的过程。它包含了对内向、外向的内部、外部流动，物料回收以及原材料、产成品的流动等物流活动的管理。而供应链管理的对象涵盖了产品从产地到消费地传递过程中的所有活动，包括原材料和零部件供应、制造与装配、仓储与库存管理、订单录入与订货处理、分销管理、客户交付、客户关系管理、需求管理、产品设计、预测以及相关的信息系统等。它连接了所有的供应链上物品实体流动的计划、组织、协调与控制。也就是说，物流管理与供应链管理所涉及的管理范畴有很大的不同，物流管理是供应链管理的一个子集或子系统，**供应链管理将许多物流管理以外的功能整合起来**。

（2）物流管理是供应链管理的核心内容。

物流贯穿整个供应链，是供应链的载体、具体形态或表现形式（供应链的载体还包括信息流、资金流）。它衔接供应链的各个企业，是企业间相互合作的纽带。没有物流，供应链中生产的产品的使用价值就无法实现，供应链也就失去了存在的价值。因此，物流管理很自然地成为供应链管理体系的重要组成部分，它在供应链管理中的地位与作用可以通过供应链上的价值分布体现，如表1-3所示。

表1-3 供应链上的价值分布 单位：%

产品	采购	制造	分销
易耗品（如肥皂、香精）	30～50	5～10	30～50
耐用消费品（如轿车、洗衣机）	50～60	10～15	20～30
重工业（如工业设备、飞机）	30～50	30～50	5～10

物流价值（本处指采购和分销之和）在各种类型的产品和行业中都占到了整个供应链价值的一半以上。所以，物流管理是供应链管理的核心，有效地管理好物流过程，对于供应链的价值增值有举足轻重的作用。

2. 从供应链管理角度分析

（1）**供应链管理是物流运作管理的扩展**。

供应链管理要求企业从仅仅关注物流活动的优化，转变到关注优化所有的企业职能，包括需求管理、市场营销和销售，制造、财务和物流，将这些活动紧密地集成起来，以实现在产品设计、制造、分销、客户服务、成本管理以及增值服务等方面的重大突破。鉴于成本控制对市场的成功非常关键，物流绩效将逐渐根据整个企业的JIT和快速反应目标做出评估。这种内部的定位要求高层管理将企业战略计划和组织结构的关注点放在物流的能力上。

（2）**供应链管理是物流一体化管理的延伸**。

供应链管理将公司外部存在的竞争优势机会包含在内，关注外部集成和跨企业的业务职能，通过重塑它们与其代理商、客户和第三方联盟之间的关系，来寻求生产率的提高和竞争空间的扩大。通过信息技术和通信技术的应用，将整个供应链连接在一起，企业将视自己和贸易伙伴为一个扩展企业，从而形成一种创造市场价值的全新方法。

（3）供应链管理是物流管理的新战略。

供应链管理在运作方面关注传统的物流运作任务，如加速供应链库存的流动，与贸易伙伴一起优化内部职能，并提供一种在整个供应链上持续降低成本以提高生产率的机制。然而供应链管理的关键要素在于它的战略方面。供应链管理扩展企业的外部定位和网络能力，将公司构造成一个变革性渠道联盟，以寻求在产品和服务方面的重大突破。

（二）供应链管理与物流管理的区别

物流管理与供应链管理虽然存在一定的联系，但也存在众多的不同，主要表现在以下几个方面。

1. 存在基础和管理模式不同

任何单个企业或供应链，只要存在物的流动，就存在物流管理；而供应链管理必须以供应链导向为前提，以信任和承诺为基础。**物流管理**主要以企业内部物流管理或企业间物流管理这两种形式出现，主要表现为**一种职能化管理模式**；供应链管理则以**流程管理**为表现形式，它不是对多个企业的简单集合管理，而是对多个企业所构成的流程进行管理，是**一种流程化的价值链管理模式**。

2. 导向目标不同

物流管理的目标是**以最低的成本产出最优质的物流服务**。对于不存在供应链管理的环境，物流管理在单个企业战略目标框架下实现物流管理目标；对于存在供应链管理的环境，物流管理指供应链物流管理，以供应链目标为指导，实现企业内部物流和接口物流的同步优化。而供应链管理以供应链为导向，**目标是提升客户价值和客户满意度**，获取供应链整体竞争优势。

3. 管理层次不同

物流管理对运输、仓储、配送、流通加工及相关信息等功能进行协调与管理，通过职能的计划与管理达到降低物流成本、优化物流服务的目的，**属于运作层次的管理**。而**供应链聚焦于关键流程的战略管理**，这些关键流程跨越供应链上所有成员企业及其内部的传统业务功能，供应链管理是在战略层次的高度设计、整合与重构关键业务流程，并做出各种战略决策，包括战略伙伴关系、信息共享，合作与协调等决策。

4. 管理手段不同

既然物流管理与供应链管理的管理模式和层次都存在区别，其管理手段自然也不同。**物流管理以现代信息技术为支撑**，主要通过行政指令或指导，运用战术决策和计划来协调和管理各物流功能；供应链管理则以信任和承诺为基础，以资本运营为纽带，以合同与协议为手段，建立战略伙伴关系，运用现代化的信息技术，通过流程化管理，实现信息共享、风险共担和利益共存。

六、供应链管理文化

（一）供应链管理文化的概念

供应链管理文化通常情况下是由节点企业在长期发展中形成的共享价值意识和企业文化发展而来的。对供应链管理文化的定义较多，本书认为**供应链管理文化是供应链节点企业在长期合作的过程中升华形成的共有的信念、行为准则和行为方式**。

（二）供应链管理文化的特征

1）**协同性**。供应链提倡的文化思想是互利共赢、优势互补和风险共担，这也保证了不同文化及不同地区企业之间的合作，在很大程度上保证了各成员企业的相同利益，很好地体现了供应链文化的协同性。

2）**融合性**。企业加盟供应链后，会习惯性地保持其原有特色，很难融入供应链中去，这不利于供应链绩效的提高。因此，在承认、重视彼此间文化差异的同时，必须发挥核心企业的企业文化对非核心企业的辐射作用和品牌效应，实施文化重构，即通过不同的企业文化理念相互碰撞、相互渗透、相互促进，逐步实现具有不同文化背景的供应链企业之间、管理人员之间文化的融合，进而形成各节点企业都认同的并且具有该供应链鲜明特色的供应链管理文化。

3）**多元性**。供应链的成长是围绕着核心企业的，供应链文化也必然围绕着核心企业文化，在发展过程中各节点企业会慢慢形成以协同共生、优势互补、共享共赢等为核心的供应链文化。

4）**权变性**。这是一个不断变化的现代社会，供应链文化身处其中自然也避免不了随时代变化。再者，供应链作为一种经济发展的产物，自身必然也会随着经济发展、价值观、经营理念改变和不同需要而进行自我调整。

（三）供应链管理文化的作用

供应链管理文化在供应链的运作过程中发挥着巨大的作用。

1）**加强凝聚力**。供应链管理文化是被各个节点认同、接受的文化，它是一块磁铁，把各个方面的其他成员企业凝聚起来，因为它是一种为了从根本上保证供应链完整、稳定、安全而产生的作用力。

2）**调和功能**。供应链管理文化能起到一种调和的作用，它能营造出良好的氛围，使成员企业之间的摩擦和冲突降低，从而促进彼此之间的合作和沟通，大大降低运行的成本。

3）**鼓励、引导功能**。它能起到提高供应链运作效率的作用，因为当供应链运行困难时，供应链管理文化的这项功能就能确保在此时化解危机，调节其中的矛盾。

4）**约束功能**。供应链管理文化是每个节点企业遵循经营和管理的集中体现，在规章制度面前人人平等，具有一致性和规范性，更多地对企业成员之间起约束作用，如职业道德和社会公德是一种无形和理性的监督。

（四）供应链管理文化建设的准则

供应链文化的构建很多是依靠于核心企业的文化体系，因为多数供应链是由较强的核心企业和许多小型成员企业构成的。但是这也并不表明整条供应链就应该为了核心企业的利益而放弃其他成员利益，它必须与整条供应链的最终利益相符。所以，构建供应链文化还要遵守以下几点原则。

1）**增值原则**。因为供应链上成员企业之间的互惠互利原则和相关的协议规定，供应链管理文化建设在一定程度上可以降低交易的成本，从而使整体的价值提升。

2）**创新原则**。供应链文化不是所有成员企业文化的总和，而是一种在以核心企业文化为基础的前提下，所有成员企业共同认可的以"合作"为指导思想的融合文化。

3）**共赢原则**。在依靠彼此信任和依赖的前提下，通过"1+1>2"的合作方式获得更多的利益。要把各自的发展构建于成员企业发展的基础上，从而实现共赢。

（五）供应链管理文化建设的内容

供应链管理文化建设指的是在成员企业文化在保持独立身份的同时，又通过彼此之间供应链的整合、文化的升华、成员企业的相互参与，以形成整个供应链组织的一个独特的文化优势。

1）**理念整合**。在求同存异的前提下，对企业经营管理理念整合的重心在于调和理念冲突，达成彼此理念不同但是又相互认可的结果，而非要求所有成员一模一样。

2）**管理整合**。管理整合是通过管理内集成界面在管理方法、管理思想、管理组织三个层面上对管理界面的各种元素进行分析，并结合其特点以及外部市场情况而形成的适应于企业实际情况的供应链协同运作的管理模式。

七、供应链管理理论体系

（一）两个供应链管理理论体系

在理论体系方面，全球供应链管理委员会提出了**供应链运作参考模型（SCOR）**，即供应链由**计划、来源、制造、传递、退货**五个重复功能组成，并强调支持每一个供应链功能，现在的教科书基本上采用了该系统。此外，全球供应链论坛（GCSF）提出了新的体系，即 GSCF 供应链管理流程模型，该模型把供应链管理划分为八个具体流程，即**客户关系管理、客户服务管理、需求管理、订单履约、制造流程管理、供应商关系管理、产品开发及商品化、退货管理**，强调供应链流程管理，并通过信息技术对不同环节流程进行集成，如图 1-7 所示。两种体系对供应链及供应链管理进行了全面的阐述，但都存在一定局限性，供应链参考运作模型注重功能而在流程方面分析得较少，全球供应链论坛提出的模型过于强调流程。

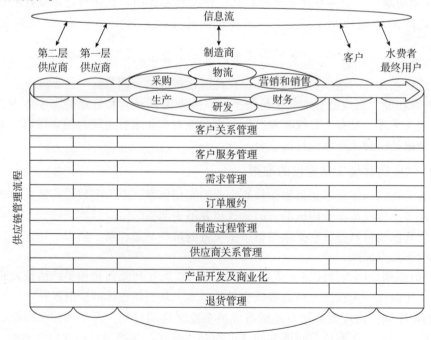

图 1-7 GSCF 供应链管理流程模型

（二）现代供应链管理理论体系

本书认为，**现代供应链管理应该将供应链参考运作模型和全球供应链论坛提出的模型相结合**，设计出一个新的体系模型，全面阐明供应链管理理论，明确供应链管理知识，并大力宣传，使企业界正确理解供应链管理的概念，全面认识供应链管理的作用。在新的全球经济环境下，我国企业应通过供应链管理提升产业结构，全面提高管理水平。

现代供应链管理理论体系将供应链管理划分为四个模块：**供应链管理理论、供应链经营管理、供应链运作管理和供应链管理技术**。从图 1-8 可以清晰地看出供应链管理所涉及的理论知识、管理重点和所需要的技术。

```
                                    ┌─ 供应链管理概论
                  ┌─ 供应链管理理论 ─┤
                  │                 └─ 相关理论知识
                  │
                  │                 ┌─ 供应链管理战略
                  │                 ├─ 供应链关系管理
现代供应链管理理论体系 ─┼─ 供应链经营管理 ─┼─ 供应链系统规划与设计
                  │                 ├─ 供应链计划管理
                  │                 └─ 供应链管理绩效管理
                  │
                  │                 ┌─ 供应链采购管理
                  │                 ├─ 供应链运营管理
                  ├─ 供应链运作管理 ─┼─ 供应链分销与配送
                  │                 ├─ 供应链管理金融
                  │                 └─ 供应链库存管理
                  │
                  └─ 供应链管理技术 ── 供应链装备与信息技术
```

图 1-8　供应链管理理论体系

八、供应链管理易图分析

（一）供应链管理易图

供应链管理易图包括四个环，从里向外有环境目标环、四流环、供应链流程环和供应链模型环，如图 1-9 所示。

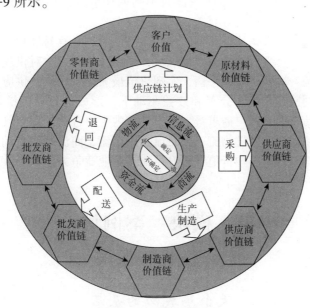

图 1-9　供应链管理易图

（二）供应链管理易图分析

1. 环境目标环

环境目标环是供应链管理易图的中心环节。对企业来说，市场环境存在确定因素（可控因素、内部环境、供应因素）和不确定因素（不可控因素、外部环境、需求因素）两个方面。传统的企业管理将企业自身作为内部系统来分析环境，而供应链管理是从更大的供应链系统分析环境，采用各种技术和方法，将环境中更多的不确定因素转化为确定因素，实现供应链系统整体利益最优。当然，在当前技术条件下，如果将某些不确定因素转化为确定因素时所产生的成本大于收益，企业一般会放弃转换，放弃对系统中该部分的管理、优化，以达到供应链系统总体最优的目标。市场环境的确定因素和不确定因素在不断变化，但又具有相对稳定性。

2. 四流环

四流环是供应链系统中的四个流，包括**商流、信息流、资金流和物流，是供应链系统的血液**。市场环境的确定因素和不确定因素不断变化，供应链企业为了实现为客户创造价值，提升供应链竞争力，需要通过四流来实现。四流是客观存在的，随着经济的发展、市场的变化，每个流都在随之变化。

3. 供应链流程环

供应链流程环体现供应链实现价值的方法，是供应链四流实践的体现，是对贯穿从最终用户到原始供应商的关键商业流程的整合，**这些流程为客户以及其他利益相关者提供能够创造价值的产品、服务和信息**。供应链流程环主要有供应链运作参考模型（SCOR）和全球供应链论坛（GSCF）供应链流程模型。

4. 供应链模型环

供应链模型环是供应链系统的具体形式和体系。由于社会分工和业务外包等的推动，供应链系统形成。不同的供应链系统可能有不同的环节数，与供应链系统环境、技术条件、产品特性、管理者的价值观等有关。

供应链管理易图与太极图比较相似。现代供应链管理具有易经理念，强调分析供应链环境，通过管理商流、资金流、物流、信息流，采用合适的方法对供应链各环节的流程进行优化、整合、协调，达到供应链平衡，实现价值最大化。同样，供应链管理理念是开放的、包容的，供应网链是在社会分工和效益驱动下，形成的各种网链模型。根据市场环境、信息技术、产品特性、客户需求等，每个环节内生出合适的运营管理方法，环节之间采用合适的流程，使整个供应链物流、信息流、资金流、商流顺畅流动，形成适应客户需求的供应链管理策略，创造客户价值，提升供应链企业竞争力。

第二模块　案例讨论

案例一　供应链管理——沃尔玛成功的基石

沃尔玛公司由美国零售业的传奇人物山姆·沃尔顿先生于 1962 年在阿肯色州成立。

经过几十年的发展，沃尔玛公司成为美国最大的私人雇主和世界上最大的连锁零售商，多次荣登《财富》杂志世界 500 强榜首及当选最具价值品牌。

（一）沃尔玛的两个核心服务

1. 天天低价

自成立以来，沃尔玛一直坚持"天天低价"的经营理念和经营目标。

为了达到这个目标，沃尔玛依靠先进的技术手段和基础设施投入，建立了庞大的全球商品采购系统，并以此为基础，通过供应链管理战略，将上游供应商、零售门店和后方物流配送等协调一致，使商品采购、门店运营和物流配送等关键环节得到有效控制和管理，在为顾客提供优质产品的同时，实现了"天天低价"的承诺。

2. 超值产品

沃尔玛的另外一个核心服务就是提供超值的产品。山姆会员店坚持"我们所做的一切都是为您省钱"。作为会员顾客的采购代理，山姆会员店采取大包装、低利润的经营方式，以会员特惠价格向商业会员和个人会员提供超值名牌商品。山姆会员店商品种类一般在4 000 种左右，每一种商品都经过精挑细选，能完全满足会员对各类商品的品质追求。

支撑沃尔玛两大核心服务的核心能力在于其高效的供应链管理。可以说，供应链管理既是沃尔玛成功的基石，也是令竞争对手望而生畏的市场屏障。

（二）沃尔玛供应链管理的方式和特点

沃尔玛的供应链管理主要由六部分组成。

1. 顾客需求管理——得到最低价

沃尔玛坚信，"顾客第一"是其成功的供应链管理的精髓。沃尔玛的创始人山姆·沃尔顿说过："我们的老板只有一个，那就是我们的顾客。是他付给我们每月的薪水，只有他有权解雇上至董事长的每一个人。道理很简单，只要他改变一下购物习惯，换到别家商店买东西就是了。"

沃尔玛毫不犹豫的退款政策，确保每位顾客都永无后顾之忧。沃尔玛有四条退货准则：①如果顾客没有收据——微笑，给顾客退货或退款；②如果你拿不准沃尔玛是否出售这样的商品——微笑，给顾客退货或退款；③如果商品售出超过一个月——微笑，给顾客退货或退款；④如果你怀疑商品曾被不恰当地使用过——微笑，给顾客退货或退款。

2. 供应商和合作伙伴管理——唇齿相依

建立产销联盟是沃尔玛构建其"物流帝国"过程中一项具有战略意义的举措。沃尔玛不但创造了生产商与零售商新型合作关系，而且将这种关系进一步深化，使产和销相互渗透融合，并逐步形成销售商对供应商进行控制的产销新格局。

经过长期的实践和改进，沃尔玛与大多数供应商建立了联盟关系，即通过签订长期性的采购合同，直接从供应商那里进货，省去了各级批发代理环节。这样就大大地降低了流通费用和相应的成本。

同时，它还通过要求生产商为其生产自有品牌商品，使各店铺内具有更多的廉价商品，让顾客获得实惠。另外，沃尔玛通过已建立的联盟，强制供应商实现最低成本，提高收益率，与供应商形成联动关系，辅助供应商降低产品成本，如对生产场所、存货控制、劳动力成本及管理工作进行质询和记录，来迫使其进行流程再造，使供应商同沃尔玛一起致力于降低产品成本的运作。

沃尔玛公司建立了以自己为核心企业，连接供应商与顾客的全球供应链，它要求降低上游企业的原材料采购成本、制造成本、存货成本等，同样也要求供应商的供应商降低成本。此外，沃尔玛公司还参与到上游企业的生产计划中去，与上游企业共同商讨和制订产品计划、供货周期，甚至帮助上游企业进行新产品的研发和质量控制等方面的工作。

及时将消费者的意见反馈给供应商，供应商可通过信息系统查询沃尔玛的产销计划，以此作为安排生产、供货和送货的依据，保证生产出的产品是顾客所需求的，降低了经营风险。

通过以上举措，沃尔玛与供应商建立了长期稳定的合作伙伴关系，取得了双赢的结局。

3. 物流配送系统管理——自主、灵活、高效

沃尔玛物流系统示意如图 1-10 所示。

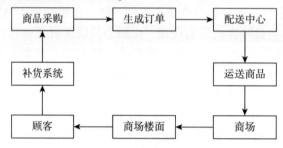

图 1-10　沃尔玛物流系统示意

沃尔玛的配送中心在这个闭环中发挥着极其重要的作用，这些巨型建筑的平均面积超过 11 万平方米，相当于 24 个足球场那么大。在配送中心，计算机掌管着一切。供应商将商品送到配送中心后，先经过核对采购计划、商品检验等程序，分别送到货架的不同位置存放。

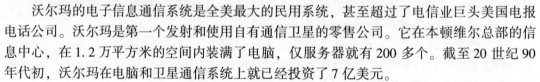

沃尔玛配送中心
扩展资料

4. 供应链交互信息管理——加快商品流转

信息共享是实现供应链管理的基础。供应链的协调运行建立在节点主体间高质量的信息传递与共享的基础上。因此，有效的供应链管理离不开信息技术的可靠支持。沃尔玛除了配送中心外，投资最多的便是电子信息通信系统。

沃尔玛的电子信息通信系统是全美最大的民用系统，甚至超过了电信业巨头美国电报电话公司。沃尔玛是第一个发射和使用自有通信卫星的零售公司。它在本顿维尔总部的信息中心，在 1.2 万平方米的空间内装满了电脑，仅服务器就有 200 多个。截至 20 世纪 90 年代初，沃尔玛在电脑和卫星通信系统上就已经投资了 7 亿美元。

20 世纪 80 年代初，沃尔玛较早地开始使用商品条码和电子扫描器实现存货自动控制。采用商品条码可代替大量手工劳动，不仅缩短了顾客结账时间，更便于利用计算机跟踪商品从进货到库存、配货、上架、售出的全过程，及时掌握商品销售和运行信息，加快商品流转速度。

20 世纪 80 年代末，沃尔玛开始利用电子数据交换系统（EDI）与供应商建立自动订货系统。该系统又称无纸贸易系统，通过计算机联网，向供应商提供商业文件，发出采购指令，获取收据和装运清单等，同时也使供应商及时精确地把握其产品销售情况。1990 年沃尔玛已与 1 800 家供应商实现了电子数据交换，成为 EDI 技术在美国的最大用户。

沃尔玛还利用更先进的快速反应系统代替采购指令，真正实现了自动订货。此系统利用

条码扫描和卫星通信，与供应商每日交换商品销售、运输和订货信息。正是依靠先进的电子通信手段，沃尔玛才做到了商品的销售与配送中心保持同步，配送中心与供应商保持同步。

5. "无缝"供应链的运用

物流不仅包括了物资流动和存储，还包含了上下游企业的配合程度。沃尔玛之所以能够取得成功，很大程度上在于沃尔玛采取了"无缝点对点"的物流系统。"无缝"指的是使整个供应链达到一种非常顺畅的联结。沃尔玛的供应链是指产品从工厂到商店的货架这个过程应尽可能平滑，就像一件外衣一样是没有缝的。在供应链中，每一个供应者都是这个链中的一个环节，沃尔玛使整个供应链成为一个非常平稳、光滑、顺畅的过程。这样，沃尔玛的运输、配送以及对订单与购买的处理等所有过程，都是一个完整网络中的一部分，这样大大降低了物流成本。

在衔接上游客户上，沃尔玛有一个非常好的系统，可以使供货商们直接进入沃尔玛的系统，沃尔玛称之为"零售链接"。通过零售链接，供货商们可以随时了解销售情况，对货物的需求量进行预测，以决定生产情况，这样它们的产品成本也可以降低。

6. 线上线下的协同效应

1）建立配送中心。虽然继续使用第三方公司对订单进行处理，但沃尔玛官网通过自己的配送中心控制商品配送和客户服务。2000 年 8 月，沃尔玛公司在佐治亚建立了一个配送中心，单独用于存储和配送来自沃尔玛官网的订单商品。同时，沃尔玛总公司与沃尔玛官网公司签订了分销协议，以便让沃尔玛官网能充分分享沃尔玛公司多年的物流经验，为顾客节约每一分钱。

2）整合店面与网络之间的关系，积极提供新服务。例如，顾客可以在网上实时查询店内商品是否有库存；可以在沃尔玛官网上面订购轮胎，然后到当地的沃尔玛商店去安装；医药部门允许顾客从网上下订单，然后到当地的实体店取货；顾客可以把照片放在店里，然后通过上网查看最终的版本，并通过电子邮件发给朋友。如果顾客对网购的商品不满意，可以到当地的实体店退换。店里没有的商品，网站上可能会有；推出"今日到达"（Pick Up Today）项目，即允许顾客在网上订货，并选择由快递送货上门，或到指定的门店提货。对沃尔玛而言，该项目的目标顾客还包括那些沃尔玛实体店覆盖不到的人。

沃尔玛的优势来源于技术和规模，特别是物流、配送和库存控制技术。此外，沃尔玛还拥有世界一流的信息技术管控、卫星定位系统和电视调度系统。它的可携式条形码阅读机、SMART 灵敏营运数据网络、GDS 采购系统、零售联机和加速结账系统都是全球领先的。这些硬件和软件上的优势，使线下业务飞速增长，也为线上业务提供了有力支撑。

2009 年，沃尔玛与联邦快递进行合作，在洛杉矶和波士顿地区推出了新服务，即顾客在网上下订单，沃尔玛可以将商品免费配送到顾客所在地的联邦快递公司网点，这种服务是对"网到店"（Site to Store）的模仿，弥补了有些地方没有实体店或实体店稀疏带来的不足。

总之，网站为沃尔玛带来了额外的订单，雄厚的实体也支持了网上业务的发展，"网到店"服务则使线上线下的协同效应得到有效释放。

（案例来源：刘尚棋. 沃尔玛的供应链管理及成功的原因［EB/OL］.（2013-6-8）［2022-3-24］. https://wenku. baidu. com/view/740e60dca1c7aa00b52acb81. html. 案例经编者整理、改编）

思考题：沃尔玛从哪些方面进行供应链管理？

案例二　Zara 供应链的极速传奇

当货车的载货量只有一半时，你会让它发车并跨越整个欧洲吗？你会每周两次，把衣服挂在衣架上直接发到日本零售店吗？你会在衣服上架仅仅两周后，就把它们从柜台上撤掉吗？

这些看起来不可思议的做法，是西班牙时装公司 Zara 的做法。正是这些离经叛道的供应链管理经验，让 Zara 公司大获成功。从 1991 年到 2003 年，公司销售额从 3.67 亿欧元增加到 46 亿欧元，足足增长了 12 倍有余，而纯利润也从 0.31 亿欧元增加到 4.47 亿欧元，激增近 14 倍。2003—2005 年，许多竞争对手的财务状况都不尽如人意，但 Zara 的销售额和净利润以平均每年超过 20% 的速度持续增长。

对于当前传统的供应链管理思想，Zara 不以为然。事实上，它的某些做法如果单独来看的话，是值得怀疑的。比方说，零售服装业的许多同行采取外包战略，Zara 却把几乎一半的生产揽在自己的怀里；Zara 会刻意保留一些额外的产能，而不是像其他同行那样把生产能力发挥到极致；Zara 放弃了对规模经济的追求，采取小批量的方式生产和配送服装；Zara 不借助外部合作伙伴进行设计、仓储、分销和物流，而是自己全包全揽。Zara 拥有一个能够自我强化的系统，建立在以下三大原则上。

1. 建立闭合的沟通回路

Zara 的供应链能够又快又顺畅地把信息从购物者那里传递给设计师和生产管理人员，这些信息既包括实际的数据，也包括一些逸闻趣事。它还要对原材料和产品（包括店铺内展示的存货）在流动过程中的每一个环节进行实时追踪，最终的目的就是在最终客户与设计、采购、生产和分销等上游运营环节之间实现尽可能快速和直接的沟通。

2. 保持整条供应链的单一节奏

快速协调、保持同步是 Zara 供应链一条极为重要的准则。为了达到这个目的，该公司采取的方法用"小钱花得糊涂，大钱花得精明"这句话来形容最为恰当。无论任何事情，只要有助于提高和巩固整条供应链的运行速度和响应速度，它都会投入资金去做。

3. 利用资本资产提高供应链的灵活性

Zara 在生产和分销设施方面投入了大量资金，用来提高供应链的响应速度，以便应对市场上新出现的需求以及需求的波动。复杂的产品由自己生产，而简单的产品实行外包。

为了建立这样一个快速响应的供应链系统，Zara 付出了多年的努力。但如果有人想提高自己公司供应链的响应速度，无须花费数十年，因为可以学习 Zara 的经验。虽然 Zara 的某些具体做法可能只适合高科技或者某些产品生命周期跟时装一样非常短暂的行业，但是对供应链实行端到端（End to End）的控制去获得利润的思想可以应用到任何一个行业。从 Zara 的经验当中，管理者们不仅可以学习如何适应变幻莫测的顾客需求，而且可以学习如何抵御各种时髦的管理风潮和善变的行业实践。

（案例来源：卡斯拉·费尔多斯，Zara 供应链的极速传奇，2006 年 5 月）

思考题：Zara 极速供应链是什么类型供应链，成功的秘密是什么？

案例三　海尔供应链管理

海尔集团从 1984 年开始创业，通过几十年的艰苦奋斗，把一个濒临破产的小厂发展成为国内外著名的跨国公司。在这几十年里，很多企业退出了历史舞台，海尔之所以发展得越来越好，与它的供应链管理模式有着密不可分的关系。从1998年开始，海尔就提出要注重供应链的管理，以优化供应链为中心，在全集团范围内对原业务流程进行了重新设计和再造，与国际化大公司全面接轨，强化了企业的市场应变能力，大大提升了海尔的市场快速反应能力和竞争能力，保证了企业的可持续发展。而且，在供应链管理方面，海尔财务公司也发挥了重要作用。海尔集团供应商中有许多中小型企业，它们为了配合海尔的大量订单需要发展配套生产，但是很难从银行贷款，就算能够贷款，利息也很高。这时海尔出现了一时的供应链断裂。为了解决供应商融资难、融资成本高的问题，海尔集团财务有限责任公司（简称海尔财务公司）将集团账面大额应付账款做质押为供应商提供融资。这样做同时也丰富了海尔财务公司的业务，增加了财务公司的利润来源，还推动了集团的流程再造。在供应链金融延伸方面，海尔做得很出色，值得我国企业学习。

海尔在供应链管理上面，并不是像一些企业一样纸上谈兵。它针对自身的情况，具体问题具体分析，还会随着周边环境的改变随时调整自己的供应链管理模式。

1. 供应链管理关键是核心业务和竞争力

正如张瑞敏所说，供应链管理最重要的理念就是企业的核心业务和竞争力。因为企业的资源有限，企业很难在各行各业中都获得竞争优势，要想发展，必须将资源集中在某个所专长的领域即核心业务上。海尔之所以能够以自己为中心构建起高效的供应链，就在于它们有着不可替代的核心竞争力，并且仰仗这种竞争力把上下游的企业串在一起，形成一个为顾客创造价值的有机链条。而供应链中的各个伙伴之所以愿意与海尔结成盟友，也正是看中了它的竞争力。

众所周知，海尔的核心竞争力主要是以海尔文化为基础所形成的市场开拓能力和技术创新能力。海尔在获取客户和用户资源上有着别的企业不可比的超常能力。

2. 强化创新能力

要在供应链管理中取胜，就要强化创新能力，满足市场的需求。海尔内部有一个理念，就是先有市场后有工厂。要使自己的产品有市场，最重要的就是围绕顾客需要，生产顾客需要的产品。海尔的科研人员很欣赏这样一句话："想出商品来。"想出商品，就是想出新市场，也就是要创造新市场。企业通过创造市场引导消费来领先市场。而做大市场的前提，就是让产品有个性化，并不断保持创新的活力。

在这方面，海尔有足够的发言权。在它的核心业务冰箱领域上，海尔做到了"想出商品来"。亚洲第一代四星级电冰箱、中国第一代豪华型大冷冻电冰箱、中国第一代全封闭的抽屉式冷冻电冰箱、中国第一台组合电冰箱都是海尔制造生产的。紧接着是中国第一台宽气候带电冰箱、中国第一代保湿无霜电冰箱、中国第一台全无氟电冰箱，每一个新品都创造了一个新市场、新消费群。正是这源源不断的新产品，保证了海尔经济效益的稳步增长。

3. 以供应链为基础的业务流程再造

海尔的业务流程再造以供应链的核心管理思想为基础，以市场客户需求为纽带，以海尔企业文化和战略经营单位管理模式（SBU）为基础，以订单信息流为中心，带动物流和资金流的运行，实施"三个零"（服务零距离、资金零占用、质量零缺陷）为目标的流程再造。它通过供应链同步的速度和SST（索酬、索赔、跳闸）的强度，以市场效益工资激励员工，从而完成订单，构建企业的核心竞争力。

4. 注重供应链管理中的信息技术

海尔的供应链纽带离不开信息技术的支撑。1998 年，公司第一次通过集中化的订单处理方式进行业务重组，由按库存生产转向了按订单生产，开始了真正意义上的海尔现代物流模式。

由于物流技术和计算机管理的支持，海尔物流通过 3 个 JIT（JIT 采购、JIT 配送、JIT 分拨物流）来实现同步流程。这样的运行速度为海尔赢得了源源不断的订单。流程重构后，海尔集团所有基于订单的采购周期减到 3 天，生产过程降到一周之内；所有基于订单的配送，中心城市在 8 小时内、辐射区域在 24 小时内、全国在 4 天之内即能送达。总的来说，海尔完成客户订单的全过程时间大幅减少，资金回笼速度更快，呆滞物资库存大幅降低，同时海尔的运输和储存空间的利用率也得到了提高。

在经济和信息飞速发展的今天，竞争将不再是单个企业之间的竞争，而是供应链与供应链之间的竞争。正是由于上述的四点，海尔的供应链总成本低，对市场响应速度快，赢得了市场。海尔在抓住用户需求的同时，加强对满足用户需求的全球供应链的管理，是海尔这么多年一直走在前面的原因之一。

（案例来源：海尔集团的供应链管理［EB/OL］.（2020 - 9 - 8）［2022 - 3 - 24］. https://max. book118. com/html/2020/0908/8054030056002141. shtm. 案例经编者整理、改编）

思考题：海尔从哪些方面进行了供应链管理？

案例四 陕西省物流业供应链管理文化建设路径

（一）陕西省物流业供应链管理文化建设存在的主要问题

随着"一带一路"倡议的不断深入，中国与沿线国家及整个欧洲经济贸易往来越来越多。陕西作为丝绸之路的起点，近些年来经济有了快速增长，特别是以关中带动了周边经济的发展。经济贸易的发展对物流业提出了很高的要求，陕西省物流业也得到了一定的发展。但从整体来看，陕西省物流业的发展跟不上经济发展的需求，特别是物流业服务意识和理念等还需要提高。陕西省物流业供应链管理文化建设主要存在以下问题：

（1）企业文化建设特别是供应链管理文化建设较弱；

（2）企业供应链管理知识较缺乏，管理意识较弱，特别是企业中层基层员工；

（3）企业虽然有较强的供应链整合、协同理念，但具体做法不够，说明没有真正理解和贯彻供应链管理理念；

（4）陕西省物流企业与客户企业供应链管理文化意识较弱。

（二）陕西省物流业供应链管理文化建设路径

基于陕西省物流业企业文化建设过程中存在的问题，要适应当前陕西省经济发展的需要，重新认识供应链管理理念，可从以下方面构建物流行业供应链管理文化。

1. 总体路径

（1）针对企业各层员工，加强供应链管理理论知识的学习。

供应链管理产生于 20 世纪 80 年代，是物流高级化的代名词，此后又增加了企业管理的理论，逐渐形成当前的供应链管理概念和理论。供应链是由核心企业以及上游的供应商、供应商的供应商直到原材料供应商，核心企业的客户、客户的客户直到最终的消费者所构成的网链。供应链管理就是打破企业原有的管理模式，从供应链系统来考虑，通过对供应链的优化设计，通过计划、组织、控制等管理职能，降低成本，提升客户价值，获得更多价值的管理模式。供应链管理强调系统性、协调性。由于供应链管理的发展较复杂，不同行业人们对供应链及供应链管理的认识不同，如有人认为供应链管理就是物流管理的高级化，等等。一般认为，供应链管理包括一般产业供应链管理和物流服务供应链管理两大类。

（2）分析自身所处物流供应链环节及客户企业所处供应链环节，了解供应链企业的文化建设情况。

了解了供应链管理相关理论，接下来就要分析物流企业所处的物流供应链系统，要分析其核心物流环节和非核心环节，分析自身处于物流供应链的位置，同时了解物流供应链上核心企业的企业文化。物流企业是服务于产业供应链企业的，所以还要了解所服务的产业供应链企业，分析其核心环节和非核心环节，了解供应链上不同企业的不同企业文化，特别是核心企业的企业文化。要分析本企业的文化建设是否与客户企业的文化一致。

2. 不同类型物流企业供应链管理文化建设路径

（1）核心物流企业供应链管理文化建设路径。

陕西通汇汽车物流公司供应链管理文化建设

供应链上核心物流企业一般直接面对客户企业，在提供物流服务时要以客户价值为中心。在确定企业文化时，要考虑客户企业的价值取向设计优化供应链系统，构建相应的供应链管理文化。

（2）非核心物流企业供应链管理文化建设路径。

非核心物流企业首先要了解自身处在哪些供应链中，以及在不同供应链中所处的位置（是供应链上游还是下游），了解企业与核心企业的依赖程度、关系紧密程度等，以此来确定是否与核心企业构建一致的文化。在所处的多个供应链中，寻找与核心企业关系紧密、依赖程度高的供应链，选择与核心物流企业文化一致的供应链管理文化。当与所处的供应链核心企业关系不紧密、依赖程度一般时，可以依据企业自身情况和市场发展需求重构自身供应链管理文化体系。这样形成多元化供应链管理文化，适应和满足企业供应链运营的需要。

（3）陆港物流企业供应链管理文化建设路径。

陕西省陆港物流企业主要在西安国际港务区，众多物流企业以铁路货运企业为核心，有货运代理企业、保税仓储、报关报检、外贸加工等，形成比较复杂的内陆物流网络系统，以满足本地对外贸易的需求。物流企业首先要了解本地和国外经济贸易政策和客户企业的需求，在充分了解市场需求的情况下，以核心企业为中心构建不同的物流供应链，并构建相应供应链管理文化。核心企业要有明确、清晰的文化价值观，非核心企业根据核心企业文化来确定企业文化，形成供应链管理文化，为国际贸易供应链客户提供供应链管理服务。

（4）空港物流企业供应链管理文化建设路径。

空港物流具有一定特点，所运输货物具有重量轻、批量小、要求快速等特点。空港物流企业要根据市场需求和特点构建合理物流供应链，形成不同类型供应链网络，以客户需求为中心，构建核心企业供应链管理文化，并形成不同类型供应链管理文化。

（5）区域物流企业供应链管理文化建设路径。

不同区域的经济发展具有不同的特点，如陕北的煤炭、石油、天然气经济，陕南的水、森林、生物经济，关中的农业、制造业、商贸经济等。以陕北煤炭为例，煤炭企业比较集中，但其客户分散，运输方式主要为铁路和公路运输两种，物流企业要以煤炭企业客户为中心构建物流供应链，形成以核心物流企业为主要环节的供应链体系，构建供应链管理文化。

（三）结论

供应链管理时期，企业要发展，必须认真研究供应链管理理论与理念。真正理解供应链管理的系统整合与协同性，构建供应链管理文化体系。不同物流企业所处的环境不同，要结合企业发展的实际正确选择发展的价值理念，选择不同路径构建供应链管理文化。特别是新冠肺炎疫情下，应充分认识到供应链管理的重要性，既要重视外循环的供应链又要重视内循环的供应链建设，达到"双循环"供应链发展，供应链管理文化建设越来越重要。

思考题："双循环"经济下陕西省物流业供应链管理文化从哪些方面进行了建设？

第三模块　实训模块

一、实训题目

了解不同类型产品的供应链特征。

二、实训要求

1. 每班学生分成小组，小组成员为 5~7 人。每组确定某一产品，调查该产品供应链，了解产品供应链类型、供应链管理情况。

2. 在老师的指导下将各组产品供应链进行比较，描述不同产品供应链的特征。

3. 各组撰写一份实训报告（1 500 字）。

第四模块　小结与测试题

一、本章小结

1. 供应链管理产生的环境背景：20 世纪 80 年代末期应运而生的供应链以其敏捷度高、生产成本低、生产周期短等特点得到全球制造业的广泛重视和运用，基于供应链的管理成为 21 世纪企业的管理发展趋势。

2. 供应链是围绕核心企业，通过对信息流、物流、资金流的控制，从采购原材料开始，制成中间产品以及最终产品，最后由销售网络把产品送到消费者手中的将供应商、制造商、分销商、零售商、直到最终用户连成一个整体的功能网链结构模式。

3. 供应链管理内涵的演变发展包含四个方面：一是信息技术的发展和应用；二是企业物流需求的发展；三是物流服务业的发展；四是企业管理模式与方法的丰富。未来，供应链管理还将扩展到多个供应链之间的合作，形成"供应链网"或者"行业供应链网"。

4. 供应链管理主要涉及四个领域：供应（Supply）、生产计划（Schedule Plan）、物流（Logistics）、需求（Demand）。供应链管理是以同步化、集成化生产计划为指导，以各种技术为支持，尤其以 Internet/Intranet 为依托，围绕供应、生产作业、物流（主要指制造过程）、满足需求来实施的。

5. 传统的物流管理与供应链物流管理的区别主要体现在以下几个方面：（1）供应链管理把供应链中所有节点企业看作一个整体，供应链管理涵盖整个物流的从供应商到最终用户的采购、制造、分销、零售等职能领域过程。（2）供应链管理强调和依赖战略管理。（3）供应链管理最关键的是需要采用集成的思想和方法，而不仅仅是节点企业、技术方法等资源的简单连接。（4）供应链管理具有更高的目标，通过管理库存和合作关系达到高水平的服务，而不是仅仅完成一定的市场目标。

6. 供应链管理文化通常情况下是由节点企业在长期发展中形成的共享价值意识和企业文化发展而来。对供应链管理文化的定义较多，本书认为供应链管理文化是供应链节点企业在长期合作的过程中升华形成的共有的信念、行为准则和行为方式。

二、测试题

（一）单项选择题

1. 供应链上的节点企业可以是多个供应链的成员，众多的供应商形成交叉结构，增加了协调管理的难度。这体现了供应链的（　　）特征。
A. 复杂性　　　　　B. 动态性　　　　　C. 交叉性　　　　　D. 面向用户性

2. 体现供应链的市场中介功能，把产品分配到满足用户需求的市场，对未预知的需求做出快速反应的供应链，属于（　　）。
A. 有效性供应链　　B. 单一性供应链　　C. 反应性供应链　　D. 平衡性供应链

3. 根据供应链容量与用户需求的关系，可以把供应链分为（　　）。
A. 稳定的供应链和动态的供应链　　　　　B. 平衡的供应链和倾斜的供应链
C. 有效性供应链和反应性供应链　　　　　D. 复杂性供应链和单一性供应链

4. 汽车类产品的供应链，属于（　　）供应链。
A. A 型　　　　　　B. V 型　　　　　　C. T 型　　　　　　D. Y 型

5. 下列关于物流管理与供应链管理的关系描述中，不正确的是（　　）。
A. 物流管理是供应链管理的一个子系统
B. 物流管理是供应链管理的核心内容
C. 物流管理是供应链管理体系的重要组成部分
D. 供应链管理是物流管理的一个子集

6. 海尔的供应链实施模式属于（　　）。
A. 中枢式　　　　　B. 平台式　　　　　C. 合作式　　　　　D. 第三方管理

（二）多项选择题

1. 供应链是围绕核心企业对四个流进行控制，这四个流是指（　　）。
A. 信息流　　　B. 物流　　　C. 资金流　　　D. 业务流　　　E. 商流

2. 供应链管理涉及的主要领域有（   ）。

A. 供应   B. 生产计划   C. 物流   D. 需求   E. 营销

3. 供应链管理的实施模式主要有（   ）。

A. 中枢式   B. 平台式   C. 垄断式   D. 合作式   E. 共享式

4. 物流管理与供应链管理的区别主要表现在（   ）。

A. 存在基础   B. 导向目标不同   C. 管理层次不同

D. 管理手段不同   E. 管理模式不同

5. 供应链管理文化的特征包括有（   ）。

A. 协同性   B. 融合性   C. 多元性   D. 权变性   E. 单一性

（三）简答题

1. 供应链管理产生的背景有哪些？

2. 供应链有什么特征？

3. 供应链管理的主要内容是什么？

4. 供应链文化管理建设的内容是什么？

5. 供应链管理易图包括哪几个环？

（四）论述题

1. 试述供应链管理内涵的发展与演变。

2. 论述供应链管理文化建设的作用和意义。

第二章 供应链管理相关理论

🎯 学习目标

1. 了解业务外包的含义、优势、特点，掌握业务外包的类型和主要模式；
2. 掌握核心竞争力的含义、构建方式和构成；
3. 掌握价值链的含义和模型；
4. 掌握委托—代理理论的概念和基本模型；
5. 了解业务流程重组的原则和重构法；
6. 掌握相关理论在供应链管理中的应用。

第一模块　基础知识

一、业务外包理论

（一）业务外包的概念

业务外包（Business Outsourcing）是指企业整合外部最优秀的专业化资源，从而降低成本、提高效率，充分发挥自身核心竞争力和增强企业对环境的迅速应变能力的一种管理模式。企业为了获得比单纯利用内部资源更多的竞争优势，将其非核心业务交由合作企业完成。

1990 年，美国学者普拉哈拉德（C. K. Prahalad）和哈默尔（Gary Hamel）在其《企业核心竞争力》一文中正式提出业务外包概念。根据他们的观点，业务外包指企业基于契约，将一些非核心的、辅助性的功能或业务外包给外部的专业化厂商，利用专业化厂商的专长和优势来提高企业的整体效率和竞争力。**通过实施业务外包，企业不仅可以降低经营成本，集中资源发挥自己的核心优势，更好地满足客户需求，增强市场竞争力，而且可以充分利用外部资源弥补自身能力的不足；同时，业务外包还能使企业保持管理与业务的灵活性和多样性。**

（二）业务外包的特点

业务外包主要有三个特点。

一是**外包偏向于后台业务**。新经济时代，市场瞬息万变，企业生存的基本准则就是能及时获取终端信息，随"市"而变。为了把握终端市场，把准市场脉搏，许多企业对前台业务都是亲力而为，强化服务；而将后台业务、离市场较远的业务外包出去。

二是**外包偏向于机械性业务**。信息社会，产品的生命周期缩短、品种增加、批量减小，顾客对产品的交货周期、价格和质量的要求也越来越高。在这种背景下，满足个性化需求，已成为企业重中之重。为此，企业要将机械性、重复性的业务，通过数字化、软件化外包出去。

三是**外包业务偏向于非现场业务**。企业的重要业务需要现场作业，必须由企业自身完成，对于那些非现场的或者以网络为平台的业务可实施外包。企业可以通过互联网与合作伙伴实现资料互换、信息共享。

（三）业务外包的优势

业务外包是近年发展起来的一种新的经营策略，即企业把内部业务的一部分承包给外部专门机构。其实质是企业重新定位，重新配置企业的各种资源，将资源集中于最能反映企业相对优势的领域，塑造和发挥企业自己独特的、难以被其他企业模仿或替代的核心业务，构筑自己的竞争优势，获得使企业持续发展的能力。

企业业务外包具有两大显著优势。

第一，**业务外包能够使企业专注于核心业务**。企业实施业务外包，可以**将非核心业务转移出去**，借助外部资源的优势来弥补和改善自己的弱势，从而把主要精力放在企业的核心业务上。根据自身特点，专门从事某一领域或某一专门业务，从而形成自己的核心竞争力。

第二，**业务外包使企业提高资源利用率**。实施业务外包，企业将集中资源到核心业务上，而外包专业公司拥有比本企业更有效、更经济地完成某项业务的技术和知识。业务外包最大限度地发挥了企业有限资源的作用，加速了企业对外部环境的反应能力，强化了组织的柔性和敏捷性，有效增强了企业的竞争优势，提高了企业的竞争水平。

虚拟企业与业务外包

（四）业务外包的类型

按照企业业务外包的范围，业务外包可以分为研发外包、生产外包、物流外包以及除核心业务以外的完全业务外包等类型。

1. 研发外包

研发外包是指企业将本来应属于自己投入大量资源的研究与开发工作交给外部在此研发领域更加专业的企业、科研组织或学校去完成，即将企业价值链上的研究开发这一个环节外包给外部做研发更优秀的企业，以达到合理利用资源、增强企业竞争力的目的。

采用研发外包的方式可以分担风险、节约成本、缩短研发周期，使产品快速上市占得先机。越来越多的公司倾向于从外部寻求技术来源。研发产业主体正是为这些研发活动外部化的企业提供产品研发和服务的机构，承接外包是研发产业主体的主要经济行为之一。

2. 生产外包

生产外包是企业将自己的资源专注于新产品的开发、设计和销售，企业不再拥有自己的生产厂房和设备，而将生产及生产过程的相关研究外包给其他的合同生产企业。

3. 物流外包

物流外包是企业将物流活动外包给专业的物流公司来完成。

4. 除核心业务外的完全业务外包

除核心业务外的完全业务外包即将非核心业务全部外包，本企业只从事具有竞争优势的核心业务。

二、核心竞争力理论

（一）核心竞争力的含义

企业的核心竞争力就是企业的**决策力**。它包括把握全局、审时度势的判断力，大胆突破、敢于竞争的创新力，博采众长、开拓进取的文化力，保证质量、诚实守信的亲和力。

（二）核心竞争力的构建方法

（1）**企业的规范化管理**。企业的规范化管理是基础竞争力的管理。

（2）**资源竞争分析**。通过资源竞争分析，明确企业有哪些资源可以用于构建核心竞争力，如果有，具体应该怎样运用。

（3）**竞争对手分析**。对竞争对手的分析能够让企业知道自己的优势和劣势，企业平时要留意收集竞争对手的信息和市场信息，及时掌握对手的动态信息。

（4）**市场竞争分析**。对市场的理解直接影响到企业的战略决策。

（5）**无差异竞争**。无差异竞争是指企业在其他方面都不重视，只强调一项，那就是价格，也就是打价格战。中国很多企业经常使用这种竞争方法，可是事实上，世界上有实力、有基础的大企业轻易不采用这一方法。

（6）**差异化竞争**。差异化竞争与无差异竞争相反，是指企业不依靠价格战，而另辟蹊径，出奇招取胜。

（7）**标杆竞争**。所谓标杆竞争就是找到自己有哪些地方不如竞争对手。在超越竞争对手的时候设立标杆，每次跳过一个标杆，再设新的标杆，督促自己不断进步。

（8）**人力资源的竞争**。人力资源的竞争直接关系企业的核心竞争力，尤其是在 21 世纪，人才最重要，企业必须重视人才、培养人才、留住人才。

（三）核心竞争力的内容构成

1. 具备创新的技术

企业是否具备创新技术往往对其发展有决定性作用。**技术创新要求实现的是产品的功能性、独特性以及超越行业平均水平的尖端性**。这种优势技术会为企业带来超过普通企业的客户关注度及市场广泛度。

2. 具备创新能力的人才

在信息时代，各种智能化设备的出现大大降低了对人力资源的要求，但具备创新能力的人才依旧是不可多得的财富。因为创新技术最终也必须是由有创造才能的人才来开发设计的。所以，**创新人才始终是一个企业引领行业潮流最重要的因素，是企业构建核心竞争力的必要条件。**

3. 优秀的企业文化

企业文化，同样属于抽象意识的范畴，与一些生产要素相比，企业文化的价值往往是很难被评判的。尽管如此，在现代化的企业制度中，企业文化的地位却是被普遍认可和尊重的。这是因为，一个企业的文化内涵影响着企业的管理工作、人才队伍建设的水平等较为具体的方面。当前，是否具备优秀的文化，已经不再是企业内部员工重视的问题，越来越多的消费者在选择产品时也会考虑到。这是因为，一个有着**优秀文化内涵**的企业会在社会责任承担、质量安全等方面获得消费者的信任，这是**企业建设重要的软实力。**

4. 品牌影响力

品牌是市场竞争加剧的产物，越来越多的企业重视品牌战略的打造。在商品高度趋同的今天，消费者已经很难从使用价值的层面来判断究竟哪一种产品是满足自己需要的，使用价值已经成为一种较低层次的需求。品牌是一个企业的产品区别于其他企业产品的重要标志，也是表示企业文化、价值、特色的符号。在现代社会，**品牌影响力意味着财富的积聚程度**，拥有广泛影响力、口碑良好的品牌对企业的发展有着至关重要的作用。品牌的塑造是一条漫长的道路，但是毁灭品牌却是朝夕之间的事。所以，品牌影响力的打造需要企业长期的坚持。

三、价值与价值链理论

（一）价值理论

美国通用电气公司工程师 L. D. 麦尔斯在第二次世界大战后首先提出了"购买的不是产品本身而是产品功能"的概念，实现了同功能的不同材料之间的代用，进而发展成在保证产品功能前提下降低成本的技术经济分析方法。1947 年，L. D. 麦尔斯在从事材料采购工作时，首次把成本与功能联系起来，总结出价值分析理论。

价值分析（Value Analysis，VA），**也称价值工程**（Value Engineering，VE），**是指以产品或作业的功能分析为核心，以提高产品或作业的价值为目的，力求以最低寿命周期成本实现产品或作业使用所要求的必要功能的一项有组织的创造性活动，**有些人也称其为功能成本分析。

价值工程涉及价值、功能和寿命周期成本三个基本要素。价值工程是一门工程技术理论，其基本思想是以最少的费用换取所需要的功能。这门学科以提高工业企业的经济效益为主要目标，以促进老产品的改进和新产品的开发为核心内容。

1. 价值定义

（1）价值概念。

价值工程中所说的"价值"有其特定的含义，与哲学、政治经济学、经济学等学科关于价值的概念有所不同。价值工程中的**"价值"**就是一种**"评价事物有益程度的尺度"。**价值高说明该事物的有益程度高、效益大、好处多；价值低则说明有益程度低、效益差、好处少。例如，人们在购买商品时，总是希望"物美而价廉"，即花费最少的代价换取最多、最好的商品。价值工程把**"价值"**定义为**"对象所具有的功能与获得该功能的全部**

费用之比"，即

$$V = F / C$$

式中，V 为价值，F 为功能，C 为成本。

价值 V：对象具有的必要功能与取得该功能的总成本的比例，即效用或功能与费用之比。

功能 F：产品或劳务的性能或用途，即所承担的职能，其实质是产品的使用价值。

成本 C：产品或劳务在全寿命周期内所花费的全部费用，是生产费用与使用费用之和。

（2）功能概念。

价值工程认为，功能对于不同的对象有着不同的含义。对于物品来说，功能就是它的用途或效用；对于作业或方法来说，功能就是它所起的作用或要达到的目的；对于人来说，功能就是他应该完成的任务；对于企业来说，功能就是企业应为社会提供的产品和效用。总之，功能是对象满足某种需求的一种属性。认真分析价值工程所阐述的功能内涵，实际上它等同于使用价值的内涵，也就是说，**功能是使用价值的具体表现形式**。任何功能无论是针对机器还是针对工程，最终都是针对人类主体的一定需求的目的，最终都是为人类主体的生存与发展服务，因而最终将体现为相应的使用价值。因此，价值工程的"**功能**"**实际上就是使用价值的产出量**。一个产品的功能可以分为必要功能和不必要功能、主要功能和次要功能等。当然，这些功能随着产品的使用环境不同，也会发生变化。

（3）成本概念。

价值工程所谓的成本是指人力、**物力和财力资源的耗费**。其中，人力资源实际上就是劳动价值的表现形式，物力和财力资源就是使用价值的表现形式，因此价值工程的"成本"实际上就是价值资源（劳动价值或使用价值）的投入量，是产品的寿命周期成本。

2. 价值提高途径

以企业生产的产品为例，产品的价值是产品功能与其寿命周期费用的比值；功能指满足要求的能力，即使用价值；寿命周期费用指产品设计、制造、储存、销售、使用、维修、报废处理等全部费用，或称总费用。

因此，提高产品价值的途径有：①在不改变产品功能的情况下降低寿命周期费用；②在保持产品原有寿命周期费用的情况下提高产品功能；③既提高产品功能，又降低产品寿命周期费用；④产品寿命周期费用有所提高，但产品功能有更大幅度的提高；⑤产品功能虽有降低，但产品寿命周期费用有更大的降低。

以上分析的价值为价值工程或价值分析中的价值，是可以衡量的，计算比较容易。但在以客户为中心的市场环境下，企业越来越关注客户的价值，而客户的价值需求比较复杂，如同一件产品，由于不同客户的偏好、感受等不同，对客户产生的价值就不同。例如，某客户喜欢喝矿泉水，可口可乐对他就没有什么价值。所以，在市场经济环境下，价值不仅仅包含价值工程的价值，还包含不同顾客的喜好、感受等。价值的内涵丰富了，价值的类型多样化了，在用价值理论进行分析时就更复杂了。

3. 客户价值

目前对客户价值的研究正沿着三个不同的侧面展开：**一是企业为客户提供的价值**，即从客户的角度来感知企业提供产品和服务的价值；**二是客户为企业提供的价值**，即从企业角度出发，根据客户消费行为和消费特征等变量测度出客户能够为企业创造的价值，该客户价值衡量了客户对于企业的相对重要性，是企业进行差异化决策的重要标准；**三是企业和客户互为价值感受主体和价值感受客体的客户价值研究**，称为客户价值交换研究。

（1）客户方面。

客户方面即客户从企业的产品和服务中得到的需求的满足。

肖恩·米汉教授认为，客户价值是客户从某种产品或服务中所能获得的总利益与在购买和拥有时所付出的总代价的比较，也即顾客从企业为其提供的产品和服务中所得到的满足。即 $V_c = F_c - C_c$，其中，V_c 为客户价值，F_c 为客户感知利得，C_c 为客户感知成本。

（2）企业方面。

企业方面即企业从客户的购买中所实现的企业收益。

客户价值是指企业与客户建立了长期稳定的关系，客户愿意接受合适的产品或服务价格，企业从中得到一定利润，也即客户为企业的利润贡献。"长期的稳定的关系"表现为客户的时间性，即客户生命周期。一个偶尔与企业接触的客户和一个经常与企业保持接触的客户对于企业来说具有不同的客户价值。这一价值是根据客户消费行为和消费特征等变量所测度出的客户能够为企业创造出的价值。

（3）客户价值区分。

企业对客户实施差异化管理是客户关系管理的一个重要前提，这是双向利益驱动。从企业的角度来说，客户规模、利润贡献度等是不同的，也就是说不同客户对企业贡献的价值具有差异性。对于很多企业，80%的利润往往是由20%的客户提供的。所以企业有必要对客户进行分类并区别对待，采取不同的服务政策与管理策略，对企业有限的资源进行优化配置，以实现高产出。

对客户价值的区分可以从以下两个维度来进行。**一是客户的价值，二是客户与企业的战略匹配度**。客户终身价值应该是客户购买、客户口碑、客户信息、客户知识、客户交易五种价值的总和。客户与企业的战略匹配度（Strategy Match，SM）就是定位匹配、能力匹配、价值观匹配三个匹配度的总和。

可以将客户价值区分为四类：**战略客户、利润客户、潜力客户以及普通客户**。战略客户是客户价值高，战略匹配度也高的一类客户。利润客户是客户价值高，但战略匹配度低的一类客户。潜力客户是战略匹配度高，但客户价值低的一类客户。普通客户是战略匹配度与客户价值都低的一类客户。

（二）价值链理论

由美国哈佛商学院著名战略学家迈克尔·波特提出的"价值链分析法"（如图2-1所示），把企业内外价值增加的活动分为基本活动和支持性活动。**基本活动涉及企业进料后勤、生产、发货后勤、销售、售后服务，支持性活动涉及财务、计划、人力资源管理、研究与开发、采购等**，基本活动和支持性活动构成了企业的价值链。在不同的企业参与的价值活动中，并不是每个环节都创造价值，实际上只有某些特定的价值活动才真正创造价值，这些真正创造价值的经营活动就是价值链上的"战略环节"。企业要保持的竞争优势，实际上就是企业在价值链某些特定的战略环节上的优势。运用价值链的分析方法来确定核心竞争力，就要求企业密切关注组织的资源状态，要求企业特别关注和培养在价值链的关键环节上获得重要的核心竞争力，以形成和巩固企业在行业内的竞争优势。企业的优势既可以来源于价值活动所涉及的市场范围的调整，也可来源于企业间协调或合用价值链所带来的最优化效益。

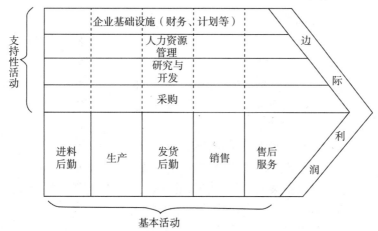

图 2-1 波特价值链

价值链列示了总价值，并且包括价值活动和利润。价值活动是企业所从事的物质上和技术上的界限分明的各项活动，这些活动是企业创造对买方有价值的产品的基石。利润是总价值与从事各种价值活动的总成本之差。

（三）供应链价值网链

如前文所述价值内涵丰富了，价值分析就更复杂。在纵向一体化管理模式下，产品零部件、产成品的生产基本由一个企业完成，在企业内部形成价值链。而在横向一体化管理模式下，产品不是由一个企业完成的，而是由供应链上多个企业完成的，不同企业又存在价值链。供应链上企业和企业之间有着复杂的竞争、合作、利益等问题，这样就有了供应链价值网链。如何用价值分析的方法分析供应链价值网链，重构业务流程，创造价值，提升价值，满足不同类型客户的价值需求，就成为我们需要解决的问题。供应链的价值网链如图 2-2 所示。

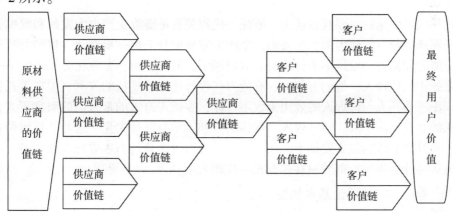

图 2-2 供应链的价值网链

四、委托—代理关系理论

（一）委托—代理理论概述

委托—代理理论是建立在非对称信息博弈论的基础上的。**非对称信息**（Asymmetric Information）指的是**某些参与人拥有但另一些参与人不拥有的信息**。信息的非对称性可以从以下两个角度进行划分：一是非对称发生的时间，二是非对称信息的内容。从非对称发生的时间看，非对称性可能发生在当事人签约之前，也可能发生在签约之后，分别称为事前非对称和事后非对称。研究事前非对称信息博弈的模型称为逆向选择模型（Adverse Selection），研究事后非对称信息的模型称为道德风险模型（Moral Hazard）。从非对称信息的内容看，非对称信息可能是指某些参与人的行为，研究此类问题的称为隐藏行为模型（Hidden Action）；也可能是指某些参与人隐藏的知识，研究此类问题的模型称为隐藏知识模型（Hidden Knowledge）。

委托—代理理论是制度经济学契约理论的主要内容之一，主要研究的**委托代理关系是指一个或多个行为主体根据一种明示或隐含的契约，指定、雇用另一些行为主体为其服务，同时授予后者一定的决策权**，并根据后者提供的服务数量和质量对其支付相应的报酬。授权者就是委托人，被授权者就是代理人。

委托—代理关系起源于"专业化"的存在。当存在"专业化"时就可能出现一种关系，在这种关系中，代理人由于有相对优势而代表委托人行动。现代意义的委托代理的概念最早由罗斯提出："如果当事人双方，其中代理人一方代表委托人一方的利益行使某些决策权，则代理关系就随之产生。"委托—代理理论从不同于传统微观经济学的角度来分析企业内部、企业与企业之间的委托代理关系，它在解释一些组织现象时优于一般的微观经济学。

委托—代理理论是过去几十年里契约理论最重要的发展之一。它是20世纪60年代末70年代初一些经济学家深入研究企业内部信息不对称和激励问题时发展起来的。委托—代理理论的中心任务是研究在利益相冲突和信息不对称的环境下，委托人如何设计最优契约激励代理人。

委托—代理理论的主要观点认为，**委托—代理关系是随着生产力大发展和规模化大生产的出现而产生的**。其原因为，一方面，生产力发展使分工进一步细化，权利的所有者由于知识、能力和精力的原因不能行使所有的权利了；另一方面，专业化分工产生了一大批具有专业知识的代理人，他们有精力、有能力代理行使好被委托的权利。但在委托代理的关系中，由于委托人与代理人的效用函数不一样，委托人追求的是自己的财富更大，而代理人追求的是自己的工资、津贴收入、奢侈消费和闲暇时间最大化，这必然导致两者的利益冲突。在没有有效的制度安排下，代理人的行为很可能最终损害委托人的利益。不管是经济领域还是社会领域，都普遍存在委托—代理关系。

（二）委托—代理理论基本模型

近20多年来，委托—代理理论的模型方法发展迅速，主要有三种：第一种是由威尔逊（Wilson，1969）、斯宾塞、泽克豪森（Spence and Zeckhauser，1971）和罗斯（Ross，1973）最初使用的"状态空间模型化方法"（State Space Formulation），其主要的优点是每种技术关系都很自然地表现出来。但是，此方法无法得到经济上有信息的解（Informative

Solution）；第二种是由莫里斯（Mirrlees，1976）最初使用，霍姆斯特姆（Holmstrom，1979）进一步发展的"分布函数的参数化方法"（Parameterized Distribution Formulation），这种方法可以说已成为标准化方法；第三种模型化方法是"一般分布方法"（General Distribution Formulation），这种方法最抽象，对代理人的行动及发生的成本没有很清晰的解释，但是它能得到非常简练的一般化模型。

在对称信息情况下，代理人的行为是可以被观察到的。委托人可以根据观测到的代理人行为对其进行奖惩。此时，帕累托最优风险分担和帕累托最优努力水平都可以达到。

在非对称信息情况下，委托人不能观测到代理人的行为，只能观测到相关变量，这些变量由代理人的行动和其他外生的随机因素共同决定。因而，委托人不能使用"强制合同"（Forcing Contract）来迫使代理人选择委托人希望的行动，激励兼容约束是起作用的。于是委托人的问题是选择满足代理人参与约束和激励兼容约束的激励合同以最大化自己的期望效用。当信息不对称时，最优分担原则应满足莫里斯—霍姆斯特姆条件（Mirrlees-Holmstrom Condition），这是由莫里斯（1976 年）提出，由霍姆斯特姆进一步解释的。非对称信息与对称信息时的最优合同不同。

似然率小知识

五、业务流程重构理论

企业的最终目标是满足顾客不断变化的要求，每个企业都会受到来自环境的约束。因此，企业业务流程重构一定存在着某些共同的准则和基本的方法。**业务流程重构**需要以顾客满意为核心，接受环境和资源的约束，以流程而非职能为中心进行流程的总体思考，在明确标准下充分授权，以实现流程处理的高效率和高效益。正因为流程重构方法具有普遍性，所以流程重构才具有价值。

（一）业务流程重构原则

业务流程重构本质上采用**系统优化**的方法，**认真分析每个作业流程和作业活动，把流程中的非增值活动加以剔除，简化流程的工作内容，然后将所有增值活动进行重新组合和优化**。业务流程重构是对企业业务操作合理性的再思考，对改进管理效果、提高管理效率具有重要意义。业务流程重构需要遵循如下原则。

1. 以客户满意为核心

业务流程以顾客需求以及资源投入为起点，以满足客户需求、为企业创造有价值的产品和服务为终点，它决定企业资源的运行效率和效果。企业的价值和目标是通过满足顾客需求而实现的。因此，顾客的需求决定业务流程的内容。一方面，顾客的需求内容不同、需求方式不同，其要求企业所提供的产品或服务就会不同；另一方面，企业的产品或服务的内容或模式不同，也会导致企业的业务流程发生变化。顾客满意是流程质量的最终评价标准。为此，企业需要在适当的时间、方便的地方、以较低的价格为顾客提供高质量的产品或服务，如果偏离这个中点，流程重构就会失去意义。

2. 以流程而非职能为中心

人们通常认为流程与职能是相互排斥的要素。这主要是因为大多数企业在经营管理过程中，部门之间的相互配合往往不尽如人意，影响各自职能的顺利实现。企业部门之间常常产生相互推诿、扯皮的现象，既而影响企业管理的效果。建立以流程为中心的管理模式，就可以很好地调整流程和职能部门的交点，以便于对市场和环境的变化做出迅速的反应，解决组织体系僵化的问题。如果把员工个人和部门的考核和整个流程的执行情况结合起来，企业内的目标就会趋于一致，部门之间目标分散且相互扯皮的问题就可以得到缓解。企业要把注意力放在流程与职能部门的交点上，这些交点代表了各职能部门在各个流程中所起到的作用，是流程和职能管理的结合点，这样可以避免工作的盲目性，增强工作的有效性。

3. 遵循环境及资源约束

企业在进行各种业务流程设计时，要充分考虑国家相关法律和法规的限制，不可以违法操作。另外，业务流程重构还必须考虑到企业人员、制度、文化、设备、技术等资源的约束，如果忽略这些资源的约束，就会出现"革命性变化过热"的现象，使流程重构走向流程再造的结局，结果将以失败而告终。企业通过销售人员每月填报的市场信息统计表，可以及时、准确地获取市场动态信息，这对于企业决策十分重要。但是，如果销售人员责任心不强，或者信息收集缺乏必要的技术手段，那么这种方式所获取的信息就会失真，企业依靠这些失真信息进行决策，就不可能不出问题。所以，流程重构要充分考虑人员素质、技术手段等方面因素，切不可想当然。

4. 在明确规定下充分授权

企业往往把决策者、执行者和监督者三者分立，其中隐含的假设是，执行者没有时间也不愿意监督并控制工作过程，他们缺乏决策者的知识和见识。整个科层制管理体系就建立在这种假设之上。有效的流程管理是在明确规定的前提下的充分授权，企业须明确权力下放后的相关责任和义务，授权者只是过程的裁判者和结果的验收者；授权者拥有一定的自由和权力，但并非绝对的自由，他们必须按照事先设计好的工作标准和工作流程严格规范自己的行为，并自觉接受来自上下工序的检查和监督。授权不足会导致流程时间延长、顾客满意度低、员工士气和创新能力减弱等问题。但是，如果授权不受约束，或者授权后缺乏流程控制，又可能会导致工作失控。中国企业的授权管理需要具备一定的环境条件，企业在缺乏有效体制监控的情况下授权，往往具有较大风险。

5. 将分散资源视为集中资源

不论是人力资源、生产设备、还是原材料库存等资源，将其分散使用可以为使用主体提供更为快捷的服务。但是，分散资源会给管理者带来麻烦，产生资源闲置性浪费等不经济行为。所以，企业需要建立必要的数据库系统，实行标准化业务流程处理方式，在获得规模效应的同时，保持各自必要的灵活性和优质服务。科龙公司集团采购中心实施统一招标、分散采购的案例证明了"化分散为集中"的流程重构所带来的巨大效益，既保持了采购规模化带来的价格优势，又满足了各企业采购时间的个性化需求。

6. 在信息源头一次性获取信息

每个部门对信息都有具体的要求，往往会各自设计不同形式的表格来收集各自所需的信息。企业很多时候不得不容忍信息重复收集所带来的拖延、记录错误和庞大的行政费用开支。这种重复性工作同时也给下属部门带来许多麻烦，使下属部门整天忙于应付总部的各种表格。企业的销售、财务、人力资源等部门都需要相关的市场数据，但是每个部门对数据的内容、时间要求各不相同。如果各部门自行其是，就会出现各种报表满天飞的现象，给分公司人员造成不必要的负担。通过流程重构，把市场最基本的数据信息按照统一的表格格式，按规定时间存入相关数据库或销售公司总部，哪个部门如果需要数据就可以去轻松查询，减少重复的工作量，减少数据失误，提高工作效率。

7. 公平和效率兼顾

公平和效率总是一对矛盾体，效率表现为时间短、费用低，而公平则表现为机会均等以及一定程度的结果平衡。在业务流程重构中，要处理好效率和公平之间的关系，不可以为了提高效率而牺牲公平，也不可以为了公平而牺牲效率。要坚持效率优先，兼顾公平。例如，在物资采购流程中，所有物资采购不可能都通过招投标方式进行，因为这样虽然可以提高公平性，但是企业的效率会大大降低。所以，一般来说，企业只对那些大宗物资进行集中招标采购，而对于其他物资，则可以根据具体情况采用询价采购、竞争性谈判、单一来源采购等多种方式进行采购。这种兼顾公平和效率的物资采购方式，可以在控制重要或主要物品价格的同时，保持企业的工作效率。

（二）"ESICO"业务流程重构法

业务流程重构的目的是更好、更快、更省。更好是指进一步提高组织利益相关者的满意度；更快是指提高顾客响应速度；更省是指以最高的效率实现前两个任务。理论上讲，所有企业组织的最终目的都应该是为顾客增加价值，业务流程重构的最终目标就应以此为核心。**业务流程重构包含清除非增值活动**（Eliminationg）、**简化工作内容**（Simplification）、**整合相关工作**（Integration）、**控制关键环节**（Controllment）、**企业系统最优化**（Optimization）五个环节，简称"ESICO"业务流程重构法，具体内容如下。

1. 清除非增值活动（Elimination）

清除所有非增值活动是所有业务流程重构的主要目标。如何在消除或减少这些非增值活动的同时，不给流程运行带来负面的影响，是流程重构要解决的重要问题。按照日本丰田公司的估计，许多制造业工厂可能有85%的工人没有做工作，其中有5%的人看不出来是在工作，25%的人在等待工作，30%的人在为增加库存而工作，25%的人在以低效的标准或方法工作。

流程重构需要对这些非增值活动进行清除，具体清除内容包括：①减少过量生产和过量供应，降低资源浪费；②减少等待时间；③减少物料、人员等生产资源在运输、转移和移动中的时间；④减少不必要的工艺过程；⑤减少库存物资和报批文件；⑥减少生产过程中的缺陷、故障与返工，降低人工成本、物料成本以及机会成本；⑦减少重复性任务；⑧统一信息输入输出格式，减少数据重复输出；⑨减少不必要的监督和控制岗位设置，加强自我约束机制；⑩减少不必要的部门协作，强调独立工作。

2. 简化工作内容（Simplification）

清除不必要的工作任务是保证所有任务具有价值的前提，但是有价值的活动未必是最简洁、高效的活动。如果有价值的活动中依然存在着动作冗余或内容冗余，那么同样也会造成流程时间延迟、企业资源浪费等问题。简化工作内容就是通过对有价值活动的简化，达到流程更加简洁、高效的目的。工作内容简化包括以下几个方面：①简化各种表格，尽量保持表格数据最少；②简化活动过程，把多余的过程删除；③简化工艺技术，使操作更简单、明了；④简化动作，把多余的动作剔除。

3. 整合相关工作（Integration）

经过简化的任务需要经过整合，使其保持流畅和连贯，以更好地满足顾客需要。相关工作任务整合包括：①**整合工作**，如授权一个人完成一系列简单工作任务，而不是将这些任务交给很多人去做，整合工作可以加快物流和信息流的速度；②**整合团队**，尽可能使团队成员在地理位置上保持紧密，这样可以使物料、信息的传递距离最短；③**整合顾客**，把自己的服务内容和顾客的业务流程整合到一起，为顾客提供增值服务，这样既可以保留顾客，又能够阻挡竞争对手进入；④**整合供应商**，同整合顾客一样，整合供应商可以消除企业和供应商之间烦琐的手续，提高彼此的工作效率。

4. 控制关键环节（Controlment）

流程是实现现代企业管理的最优过程，没有控制的过程，不能称为流程。企业管理需要约束，关键业务处理更需要控制，靠良心或大而化之的制度来管理企业是会出问题的，对流程的关键环节实施控制是保证流程有效的必要手段。企业物料采购流程重构中，有三个环节应作为关键环节受到严格控制，分别是供应商选择、采购价格确定、采购资金支付。

5. 企业系统最优化（Optimization）

业务流程重构中，流程的局部优化固然重要，但是企业系统最优化才是终极目标。有些流程重构虽然可以做到局部优化，但是对于整个公司来说未必是最好的。很多企业人事辞退流程规定，下属公司可以在支付经济补偿金后直接与富余人员解除劳动关系，这对于下属公司节约人力成本或许是个不错的选择。但是，从整个集团的角度来看，如果把此流程改变一下，就可能产生完全不同的效果。如果把流程改变为：下属公司须先将富余人员退回到集团人力资源部，由集团人力资源部在其他下属公司进行调配，最后为其重新安排岗位。这样，既可以减少辞退员工所要支付的补偿金，又可以减少招聘新人的招聘费和培训费，还有利于维护员工队伍的稳定。显然，后者的处理流程对于整个集团来说是最优的，而前者的处理流程只是对下属公司实现了最优。

第二模块　案例讨论

案例一　快递企业价值链分析及其应用

（一）快递企业价值链的内涵

快递企业价值链是快递企业通过快递服务过程中的各作业活动为客户创造价值的动态过程。传统意义上的"客户"是快递企业的外部客户，"各作业环节"是企业的内部客户，只有内外兼顾，同步提高内部服务质量和外部服务价值，优化快递企业的服务价值链，才可以充分发挥内部资源和获得持续的外部资源，有助于快递企业长远发展。内部服务质量是快递服务流程中各环节的服务效率、服务质量。外部服务价值是顾客对快递企业服务的心理感受，包括服务质量、服务效率、员工服务的态度和能力等。当前，国内外企业管理理论界探讨的价值链管理主要针对制造业企业，专门针对快递企业的价值链，尤其是核心业务的价值链研究较少。这里的核心业务是指直接影响快递企业近期业绩、提供现金流维持企业生存与发展的那些业务，目前国内各大快递企业的主营业务收入主要来源于文件、包裹的同城、城际递送。因此，快递企业核心业务价值链是针对快递企业的文件、包裹递送服务展开的。

（二）快递企业价值链分析

一般来说，快递企业核心业务的服务流程主要包括收件、分拣（包括分发处理和接收处理）、运输、派件等环节，它们构成了快递企业价值链的主要活动，为快递企业创造价值。根据通用的企业价值链模型，构建快递企业核心业务的基本价值链，如图 2-3 所示。

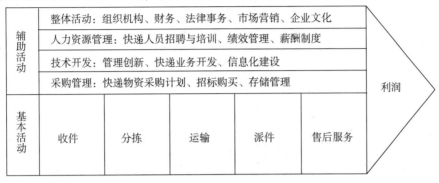

图 2-3　快递企业核心业务价值链

1. 快递企业价值链基本活动

（1）收件。收件主要包括预约取件、收件准备、接收取件信息、验视快件、面单填写和快件包装等方面。收件作为快递企业与客户接触的第一环节，快递业务员应该着装整洁，佩戴工作牌，表现出应有的专业性，给客户树立良好的第一形象，以赢得客户的信赖。正确的快件包装能有效减少货物的损坏，在收件过程中应该针对不同货物采用不同的包装方式、包装材料。

（2）分拣。分拣主要包括快件入仓、分拨、出仓、留仓件处理及快件操作信息上传等方面。分拣作为快递企业技术要求最高的环节，是快件快速而准确地传递的保证。若分拣的某个作业出现失误，将给后续作业造成连锁并且是成倍增加的压力，甚至可能给客户造成无法挽回的损失。现在很多快递企业有分拣流水线，大大地加快了分拣速度，但是应该加强分拣质量的控制，尽量避免出现分拣失误。

（3）运输。运输是占快递成本最高的环节，也是快递作业活动中最重要的作业活动。因为速度是快递企业的第一生命，而快件的快慢取决于运输。快递企业获得快递业务后，首先应该为快件选择合理的运输方式，规划运输路径，然后综合利用自有运输网络和商业航班网络，为快件安排航线航班、预定舱位。同时，快递企业应该具备高效紧密的地面运输的能力，充分提高干线和支线物流班车的使用效率，最大限度地发挥物流中心、运输设备的利用率，从而降低快件单位成本。

（4）派件。派件作为快递服务流程中的最后环节，是快递企业服务质量的重要体现。当前我国快递企业普遍存在"重收件，轻派件"的现象，严重影响了快递企业在快递客户心中的形象。派件快递员在派件过程中应该遵守派件礼仪，严格按照《快递服务国家标准》中的派件流程进行派件。

（5）售后服务。售后服务是快递企业快递服务的延续，是保持或提高消费者可察觉收益的活动。它主要包括以下几个方面：衡量客户满意度，对客户满意度进行追踪调查和评估，是持续改善服务的关键；规划好营销后服务系统，主要是建立客户资料库，以便做到对客户了如指掌，不定期进行意见反馈，为客户提供个性化服务；快件的跟踪查询服务；接受并妥善解决各种快递服务投诉等。

2. 快递企业价值链辅助活动

（1）整体活动。快递企业的整体活动包括组织机构、财务、法律事务、市场营销、企业文化等。快递企业作为服务型企业，应该创建"服务至上"的快递企业文化。快递企业在服务上的竞争，关键不是服务项目和产品的多少，因为这些都是可以模仿的，而在于服务文化，因为建立和改变快递企业文化需要一段漫长的过程。快递企业法律事务的主要任务是建立、完善法律风险防范机制。

（2）人力资源管理。快递企业的人力资源管理包括人力资源计划、岗位人员配置、人员招聘、人员培训、绩效考核、薪酬制度等。当前我国快递企业在进行员工培训时，可参照《快递服务国家标准》和《快递业务员国家职业标准》来进行，从工作理念、管理理论、工作技能、服务意识等方面全面提升员工综合素质。更重要的是，我国快递企业应该改进原有的人力资源策略，实现人才的合理流动，实现快递企业的可持续发展。

（3）技术开发。快递企业的技术开发包括管理创新、快递业务开发、信息化建设等。随着我国快递业的竞争加剧，快递企业必须以其快递服务网络为基础，以信息技术为支撑，在传统的"递送"基础上开发出以满足客户多样化需求为目的的附加值较高的服务产品。这就要求快递企业必须配备先进的计算机网络、先进的通信系统、网络GPS条形码技术及与快递服务相关的系统软件，加快信息管理系统的打造。

（4）采购管理。快递企业的采购管理包括快递物资采购计划、招标购买、存储管理等，其中包括办公设备、物流设施、包装物资等的采购。

（三）快递企业价值链分析的应用——以客户投诉为例

近年来，随着我国快递业的迅猛发展，快递业的客户投诉问题日益增多。虽然快递企业的服务质量主要体现在其核心服务（是否能够快速、准确、安全递送快件）上，但是如果不能正确地面对和处理客户投诉，将严重影响快递企业形象，阻碍快递企业的发展。因此，快递企业通过对各类投诉进行归类、分析、处理，并制定有针对性的防范措施以避免同类投诉事件重复发生。价值链分析是做好客户投诉分析的一个有效工具，虽然客户投诉表面上是快递客户针对具体服务事件的不满，但是沿着快递企业价值链的相反方向，对企业的各项作业活动进行分析，有助于快递企业找到客户投诉的原因，提高快递服务质量。

客户投诉案例

快递企业客户投诉事件的价值链分析如表2-1所示。

表2-1　快递企业客户投诉事件的价值链分析

价值链环节	存在的问题
整体活动	法律法规不健全，服务意识不强，调度能力不强
人力资源管理	从业人员素质不强，责任心不高，须加强职业素质教育和培训

续表

价值链环节	存在的问题
快递服务	快递业务流程标准化程度不够；快递企业对服务过程中的不确定性因素预测能力不强；快递包装不规范；客户存在侥幸心理，未为货物买保险
售后服务	售后服务热线难打；客服人员不擅沟通，不能对客户进行有效安抚；赔偿不积极

以客户投诉为例来说明快递企业价值链分析的应用，只是从定性的角度说明了快递企业价值链分析的实用性。而从定量的角度，应用快递企业价值链分析需要建立在作业成本法的基础上，由于目前作业成本法在我国还没有广泛推广，单项作业的成本不易计算出来，实施价值链分析的成本较高。但是作业成本法可以使企业管理人员根据企业作业活动的实际成本变化进行具有针对性的价值链分析。

（案例来源：马凌，唐静. 快递企业价值链分析及其应用 [J]. 商业时代. 2010 (24).）

思考题：企业价值链的构成内容是什么？

案例二 海尔物流业务流程重组分析

（一）海尔物流系统构成

海尔的物流系统包括物流运作系统和物流协调系统两部分，如图 2-4 所示。物流运作系统包括原料供应物流、成品转移物流、销售物流三个部分。物流协调系统包括产品市场预测、物料需求计划、订单处理、营运规划、物流机构五个部分。

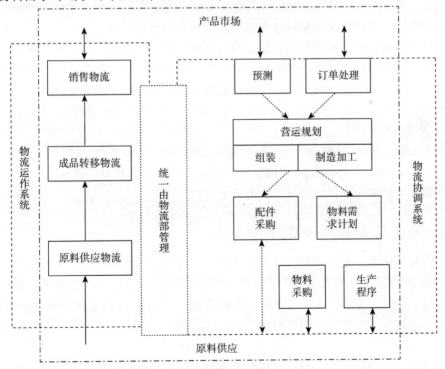

图 2-4 海尔整体物流结构功能示意

其中，物流机构是物流协调系统的重要组成部分。物流机构，如运输队、仓储科、计划科等，独立经营，各自为政。集团执行推进计划后，成立了专门的物流推进本部，包括采购部、配送部、储运部，主要负责物流链前半段的原料采购和生产线配送、产品转移；销售物流，如销售中转库的位置决策、库存水平设置、配送作业等，由商流部门负责。海尔物流系统及机构设置如图2-5所示。

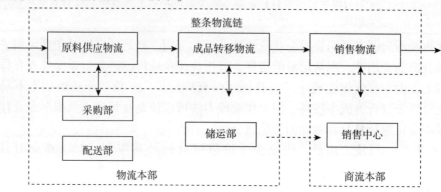

图2-5　海尔物流系统及机构设置

（二）所存在问题分析及解决策略

问题1：物流职能由于机构的分置而被强行分割，导致成品转移物流和销售物流的脱节，各部门为追求部门内费用的最优，而使总费用达不到最佳。

解决办法：各部门物流职能统一集中于物流部门，使商流和物流适当分离。这需要获得最高管理层的强有力支持，要由足够权力决策者出面协调各部门利益。

问题2：成品转移物流中的物流网点受已成型销售网点的影响和制约，使物流网点分布零散、规模小，难以实现批量运输和仓库利用率高的优势。

解决办法：摒弃成品转移和销售物流中自下向上的规划方式，改变成品直接向销售中转库配送的方式。采用二级分送的模式，在各地设置几个成品配送中心，生产下线后批量运输至成品配送中心，再由配送中心以整车或零担的方式配送至销售中转库。适当地削减各地规模较小的销售中转库，消除小库消耗率高、产出值低而给物流总成本带来的负面影响。

（案例来源：海尔配送管理业务流程重组及物流合理化［EB/OL］．［2022-3-24］．https://www.taodocs.com/p-121454349.html.案例经编者整理、改编。）

思考题：如何看待海尔物流的业务流程重组？

案例三　沃尔玛企业核心竞争力分析

沃尔玛公司作为一家美国的世界性连锁企业，由美国零售业的传奇人物山姆·沃尔顿先生于1962年在阿肯色州成立，以营业额计算为全球最大的公司。沃尔玛主要涉足零售业，是世界上雇员最多的企业，曾连续三年在美国《财富》杂志全球500强企业中居首。经过几十年的发展，沃尔玛公司已经成为美国最大的私人雇主和世界上最大的连锁零售企业。

沃尔玛提出"帮顾客节省每一分钱"的宗旨，实现了价格最便宜的承诺，沃尔玛还向顾客提供超一流服务的新享受。公司一贯坚持"服务胜人一筹，员工与众不同"的原则。

走进沃尔玛，顾客便可以感受到宾至如归的周到服务。同时，沃尔玛推行"一站式"购物新理念。顾客可以在最短的时间内以最快的速度购齐所有需要的商品，正是这种快捷便利的购物方式吸引了现代消费者。此外，虽然沃尔玛为了降低成本，一再缩减广告方面的开支，但在对各项公益事业的捐赠上，却不吝啬，广为人善。有付出便有收获，沃尔玛在公益活动上大量的长期投入以及活动本身所具的独到创意，大大提高了品牌知名度，成功塑造了品牌在广大消费者心目中的卓越形象。

沃尔玛公司建立了良好的企业核心竞争力，使其能在全球市场乘风破浪、勇往直前。

第一，有竞争优势的资源。这使沃尔玛能利用外部环境中的机会，降低潜在威胁并建立竞争优势的资源。零售业的关键是顾客满意度。"天天平价"作为沃尔玛长期奉行的经营宗旨，也正是沃尔玛着眼于顾客的举措。这里的"平价"不是定期或不定期的减价促销活动，而是长期稳定地保持商品低加价率。

第二，稀缺资源。企业占有的资源越稀缺，越能满足顾客的独特需求，从而越有可能变成企业的核心竞争力。为此，沃尔玛针对不同的目标消费者，采取不同的零售经营形式，分别占领高、低档市场。例如，设立针对中层及中下层消费者的沃尔玛平价购物广场，只针对会员提供各项优惠及服务的山姆会员商店，以及深受上层消费者欢迎的沃尔玛综合性百货商店等。会员制是一种新兴的零售形式。山姆会员商店是沃尔玛经营的一大特色，是它夺取市场战胜西尔斯的一大法宝。

第三，不可被模仿的资源。沃尔玛一直在中国市场积极开发和推广沃尔玛"自有品牌"，推出"质优价更优"的自有品牌商品，覆盖了食品、家居用品、服装、鞋类等主打品类。自有品牌商品的生产厂家都经过严格的审核和产品检测，确保每件商品都拥有领先同类品牌的优良品质；同时，自有品牌商品均由生产厂家直接生产，节省了中间环节，使售价比同类商品更具竞争力。沃尔玛是一个极其注重品牌保护的企业，2011年7月沃尔玛公司向世界知识产权论坛提交申请，称争议域名 OurWalmart.com 带有其标志"Walmart"，侵害其权益。据了解，OurWalmart.com 域名可访问，网站是一个沃尔玛员工反映相关问题的平台，薪金、工作时间等问题都可从这个平台上看到，网站旨在为员工反映的问题提供解决方案，是一个非营利组织。

第四，不可替代的资源。沃尔玛家族创业时白手起家，发家后虽富犹穷，通过慈善事业机构捐赠了许多福利项目，如关爱儿童、支持教育、保护环境、实施绿色环保计划。沃尔玛真正将经营上升到"文化营销、人文关怀"的高度，回报社会，树立了良好的社会形象，同时取得了很好的社会效益，是别的企业无法替代的。

第五，持久的资源。资源的贬值速度越慢，就越有利于形成核心的竞争力。一些品牌的资源实际上在不断升值，而通信技术和计算机技术迅速的更新换代却对建立在这些技术之上的核心竞争力构成了严峻的挑战。但沃尔玛有着卓越的供应链管理。卫星通信系统是沃尔玛供应链的最大优势，它的全球供应链以先进的信息技术为依托，构成了一整套先进的供应链管理系统。统一、集中、实时监控的供应链管理系统，是沃尔玛能从根本上改变以往零售商的地位，直接"控制生产"。基于信息技术的高效运作，降低成本，创造价值，不断提高生产率，从而高水准地为客户服务，为商界树立了成功的典范。

沃尔玛的核心竞争力正是扎根于顾客至上、员工满意的核心企业文化中。"天天低价"是沃尔玛对顾客长期不变的承诺。品种繁多、价廉物美的商品，方便的购物时间，免费的停车场以及微笑、友善、热情、愉快的购物环境，维系了忠诚的客户群体。沃尔玛对员工利益的关注激励着员工一起行动，不断创新，比竞争者更快、更好地满足顾客需求。通过与供应商建立长久稳定、互利互惠的合作关系，并借助强大的信息网络系统管理这种关系，不仅保证了为顾客提供"天天低价"的优质产品，而且能以最快速度对顾客需求变化做出反应，从而在竞争中形成明显的竞争优势。

（案例来源：沃尔玛的供应链管理及成功的原因[EB/OL].（2013-6-8）[2022-3-24]. https://wenku.baidu.com/view/740e60dca1c7aa00b52acb81.html.案例经编者整理、改编。）

思考题： 什么是企业核心竞争力？企业核心竞争力资源有哪些？

第三模块　实训模块

一、实训题目

了解某企业价值链构成。

二、实训要求

1. 每班学生分成小组，小组成员为 5 ~ 7 人。每组确定某一企业，调查该企业价值链，了解价值链构成。

2. 在老师的指导下将各组企业价值链进行比较，描述不同企业价值链的特征。

3. 各组撰写一份价值链分析报告（1 500 字）。

第四模块　小结与测试题

一、本章小结

1. 业务外包是指企业整合外部最优秀的专业化资源，从而降低成本、提高效率，充分发挥自身核心竞争力和增强企业对环境的迅速应变能力的一种管理模式。

2. 企业的核心竞争力就是企业的决策力，它包括把握全局、审时度势的判断力，大胆突破、敢于竞争的创新力，博采众长、开拓进取的文化力，保证质量、诚实守信的亲和力。

3. 由美国哈佛商学院著名战略学家迈克尔·波特提出的"价值链分析法"，把企业内外价值增加的活动分为基本活动和支持性活动。基本活动涉及进料后勤、生产、发货后勤、销售、售后服务，支持性活动涉及财务、计划、人力资源、管理、研究与开发、采购等，基本活动和支持性活动构成了企业的价值链。

4. 业务流程重构本质上采用系统优化的方法，认真分析每个作业流程和作业活动，把流程中的非增值活动加以剔除，简化流程的工作内容，然后将所有增值活动进行重新组合和优化。业务流程重构是对企业业务操作合理性的再思考，对改进管理效果、提高管理效率具有重要意义。

5. 委托—代理理论的主要观点认为，委托—代理关系是随着生产力大发展和规模化大生产的出现而产生的。其原因为，一方面，生产力发展使得分工进一步细化，权利的所有者由于知识、能力和精力的原因不能行使所有的权利；另一方面，专业化分工产生了一大批具有专业知识的代理人，他们有精力、有能力代理行使好被委托的权利。

二、测试题

(一) 单项选择题

1. 企业将自己的资源专注在新产品的开发、设计和销售上，不再拥有自己的生产厂房和设备，而将生产及生产过程的相关研究外包给其他的合作企业。这种外包类型属于（　　　）。

A. 研发外包　　　　B. 生产外包　　　　C. 物流外包　　　　D. 完全业务外包

2. 下列选项中，不属于业务外包特点的是（　　　）

A. 外包偏向于后台业务　　　　　　B. 外包偏向于机械性业务
C. 外包偏向于非现场业务　　　　　　D. 外包偏向于前台业务

3. 下列选项中，不属于委托—代理的基本模型的是（　　　）

A. 状态空间模型化方法　　　　　　B. 分布函数的参数化方法
C. 非对称信息模型　　　　　　　　D. 一般分布方法

4. 下列关于委托—代理关系产生背景的描述中，不正确的是（　　　）。

A. 委托—代理关系是随着生产力大发展和规模化大生产的出现而产生的

B. 委托—代理关系中，委托人和代理人追求的都是自己的财富更大化，二者效用函数一样，不存在利益冲突

C. 委托—代理关系产生的原因之一是生产力发展使得分工进一步细化，权利的所有者由于知识、能力和精力的原因不能行使所有的权利了

D. 委托—代理关系产生的原因之二是专业化分工产生了一大批具有专业知识的代理人，他们有精力、有能力代理行使好被委托的权利

5. 下列关于非对称信息模型的描述中，正确的是（　　　）。

A. 信息的非对称性可以从非对称发生的时间和信息内容进行划分，采用不同的模型进行研究

B. 从非对称发生的时间看，非对称性发生在当事人签约之前，称为事前非对称，研究事前非对称信息博弈的模型称为道德风险模型

C. 从非对称发生的时间看，非对称性发生在当事人签约之后，称为事后非对称，研究事后非对称信息博弈的模型称为逆向选择模型

D. 从非对称信息的内容看，非对称信息是某些参与人的行为，此类问题的研究属于隐藏知识模型

6. "ESICO" 业务流程重构法的第一步是清除非增值活动，以下不属于可清除的内容的是（　　　）。

A. 物料供应　　　　　　　　　　B. 不必要的等待时间
C. 不必要的工艺过程　　　　　　D. 重复性任务

（二）多项选择题

1. 下列选项中，属于业务外包的类型的有（　　　）
A. 研发外包　　　　　　　　　　B. 生产外包
C. 物流外包　　　　　　　　　　D. 除核心业务外的完全业务外包
E. 全球范围业务外包

2. 核心竞争力由（　　）方面的内容构成。
A. 具备创新的技术　　　　　　　B. 具备创新能力的人才
C. 优秀的企业文化　　　　　　　D. 品牌影响力
E. 具备判断力的领导

3. 下列关于委托—代理关系的描述中，正确的有（　　　）。
A. 委托方可以是一个或多个行为主体
B. 委托代理关系可以是一种明示或者隐含的契约
C. 代理方在提供服务的过程中完全没有决策权力
D. 代理方需要向委托方提供约定的服务
E. 委托方根据代理方提供的服务数量和质量提供相应的报酬

4. 波特价值链中，基本活动包括（　　　）。
A. 生产　　　　　B. 销售　　　　　C. 进料后勤　　　　D. 发货后勤
E. 售后服务

5. 提高产品价值的途径有（　　　）。
A. 在不改变产品功能的情况下降低寿命周期费用
B. 在保持产品原有寿命周期费用的情况下提高产品功能
C. 既提高产品功能，又降低产品寿命周期费用
D. 产品寿命周期费用有所提高，但产品功能有更大幅度的提高
E. 产品功能虽有降低，但产品寿命周期费用有更大幅度的降低

6. 下列选项中，属于业务流程重构原则的有（　　　）。
A. 以客户满意为核心　　　　　　B. 以流程而非职能为中心
C. 公平和效率兼顾　　　　　　　D. 在明确规定下充分授权
E. 将分散资源视为集中资源

（三）简答题

1. 简述业务外包的优势。
2. 简述业务外包的主要模式。
3. 什么是核心竞争力，企业如何构建自己的核心竞争力？
4. 简述"ESICO"业务流程重构法的五个环节。

（四）论述题

1. 什么是价值链？选择某一企业描绘出价值链构成图。
2. 阐述海尔配送业务流程重构的方案和具体做法。

第三章　供应链管理战略与方法

学习目标

1. 了解企业竞争环境变化的特点；
2. 了解竞争战略和供应链战略的区别和联系；
3. 掌握如何实现企业竞争战略与供应链战略的匹配；
4. 掌握双赢的战略合作模式是供应链协同管理的关键；
5. 掌握 QR 与 ECR 两种供应链管理方法。

第一模块　基础知识

一、企业竞争环境的变化

进入 20 世纪 90 年代以来，由于科学技术的不断进步、经济的不断发展、全球化信息网络和全球化市场的形成及技术变革的加速，围绕新产品的市场竞争也日趋激烈。技术进步和需求多样化使得产品寿命周期不断缩短，企业面临着缩短交货期、提高产品质量、降低成本和改进服务的压力。所有这些都要求企业能对不断变化的市场做出快速反应，源源不断地开发出满足用户需求的、定制的"个性化产品"去占领市场以赢得竞争，市场竞争也主要围绕新产品的竞争而展开。毋庸置疑，这种状况在 21 世纪依然存在，企业面临的环境也更为严峻。

(一) 企业面临的环境特点

1. 信息爆炸的压力

大量信息的飞速产生和通信技术的发展迫使企业把工作重心从如何迅速获得信息转到如何准确地过滤和有效利用信息上。

2. 技术进步越来越快

新技术、新产品的不断涌现，一方面使企业受到前所未有的压力，另一方面也使每个企业员工受到巨大的挑战，企业员工必须不断地学习新技术，否则将面临由于掌握的技能过时而遭淘汰的压力。

3. 高新技术的使用范围越来越广

全球高速发展的信息技术使信息的获取变得更加容易，这也使得越来越多的人能在越来越短的时间内掌握最新技术。面对一个机遇，可以参与竞争的企业越来越多，大大加剧了国际竞争的激烈性。以计算机及其他高新技术为基础的新生产技术在企业中的应用是20世纪的主要特色之一，例如，计算机辅助设计、计算机辅助制造、柔性制造供应链管理系统、自动存储和拣出系统、自动条码识别系统等，在世界各国尤其是工业发达国家的生产和服务中应用广泛。虽然高新技术应用的初始投资很高，但它会带来许多竞争上的优势。高新技术的应用不仅仅能够节省人力，降低劳动成本，更重要的是提高了产品和服务质量，降低了废品和材料损耗，缩短了对用户需求的响应时间。由于可以在很短的时间内把新产品或服务推上市场，给企业赢得了时间上的优势。这种趋势在21世纪新技术条件下得到进一步加强。

4. 市场和劳务竞争全球化

企业在建立全球化市场的同时也在全球范围内造就了更多的竞争者。尽管发达国家认为发展中国家需要订单和产品，许多发展中国家却坚持它们更需要最新技术，它们也希望能成为国际市场上的供应商。商品市场国际化的同时也创造了一个国际化的劳动力市场。教育的发展使得原本相对专门的工作技能成为大众化的普通技能，从而使工人的工资不得不从他们原有的水准上降下来，以维持企业的竞争优势。

5. 产品研制开发的难度越来越大

越来越多的企业认识到新产品开发对企业创造收益的重要性，因此许多企业不惜工本予以投入，但是资金利用率和投入产出比却往往不尽如人意。原因之一是产品研制开发的难度越来越大，特别是那些大型、结构复杂、技术含量高的产品，在研制中一般需要各种先进的设计技术、制造技术、质量保证技术等，不仅涉及的学科多，而且大都多学科交叉。因此，如何能成功地解决产品开发问题是摆在企业面前的头等大事。

6. 可持续发展的要求

人类只有一个地球，维持生态平衡和保护环境的呼声越来越高。一个又一个的环境保护问题摆在人们面前。在全球制造和国际化经营趋势越来越明显的今天，各国政府将环保问题纳入发展战略，相继制定出各种各样的政策法规，以约束本国及外国企业的经营行为。随着发展中国家工业化程度的提高，如何在全球范围内减少自然资源的消耗成为全人类能否继续生存和持续发展的大问题。一位销售经理曾说："过去生产经理常问我该生产什么，现在是我问他能生产什么。"原材料、技术工人、能源、淡水资源、资金及其他资源越来越少，各种资源的短缺对企业的生产形成很大的制约，而且这种影响在将来会越加严重。在市场需求变幻莫测、制造资源日益短缺的情况下，企业如何取得长久的经济效益，是企业制定战略时必须考虑的问题。

7. 全球性技术支持和售后服务

赢得用户信赖是企业长盛不衰的重要因素之一。赢得用户不仅要靠具有吸引力的产品质量，而且还要靠销售后的支持和服务。许多世界著名企业拥有健全而有效的服务网，就是最好的印证。

8. 用户的要求越来越苛刻

随着时代的发展，大众知识水平的提高和激烈竞争带给市场的产品越来越多、越来越好，用户的要求和期望越来越高，消费者的价值观发生了显著变化，需求结构普遍向高层次发展。一是对产品的品种规格、花色品种、需求数量呈现多样化、个性化要求，而且这种多样化要求具有很高的不确定性；二是对产品的功能、质量和可靠性的要求日益提高，而且这种要求提高的标准是以不同用户的满意程度为尺度的，由此产生了判别标准的不确定性；三是要求在满足个性化需求的同时，产品的价格要像大批量生产那样低廉。制造商将发现，最好的产品不是他们为用户设计的，而是他们和用户一起设计的。全球供应链使得制造商和供货商紧密联系在一起来完成一项任务。这一机制也同样可以把用户结合进来，使生产的产品真正满足用户的需求和期望。

（二）21 世纪市场竞争的新特点

1. 产品寿命周期越来越短

随着消费者需求的多样化发展，企业的产品开发能力也在不断提高。目前，国外新产品的研制周期大大缩短。例如，美国电话电报公司（AT&T）新电话的开发时间从过去 2 年缩短为 1 年，惠普公司新打印机的开发时间从过去的 4.5 年缩短为 22 个月，而且这一趋势越来越明显。与此相应的是产品的生命周期缩短，革新换代速度加快。由于产品在市场上存留时间大大缩短，企业在产品开发和上市时间的活动余地也越来越小，给企业造成巨大压力。例如现在的计算机，上市不到半年就可能过时，就连消费者都有些应接不暇。虽然在企业中流行着"销售一代、生产一代、研究一代、构思一代"的说法，然而这毕竟需要企业投入大量的资源，一般的中小企业在此等环境面前显得力不从心。许多企业曾一阵红火，但由于后续产品开发跟不上，造成产品落伍，濒临倒闭。

2. 产品品种数飞速增加

因消费者需求的多样化越来越突出，厂家为了更好地满足其要求，便不断推出新的品种，从而引起了一轮又一轮的产品开发竞争，结果是产品的品种数成倍增长。以日用百货为例，据有关资料统计，从 1975 年到 1991 年，品种数已从 2 000 种左右增加到 20 000 种左右。尽管产品数已非常丰富，但消费者在购买商品时仍然感到难以称心如意。为了吸引用户，许多厂家不得不绞尽脑汁不断增加花色品种。但是，按照传统的思路，每一种产品都生产一批以备用户选择的话，那么制造商和销售商都要背上沉重的负担。库存占用了大量的资金，严重影响了企业的资金周转速度，进而影响了企业的竞争力。

3. 对交货期的要求越来越高

随着市场竞争的加剧，经济活动的节奏越来越快。其结果是每个企业都感到用户对时间方面的要求越来越高。这一变化的直接反应就是竞争的主要因素的变化。20 世纪 60 年代，企业间竞争的主要因素是成本，到 70 年代时竞争的主要因素转变为质量，进入 80 年代以后竞争的主要因素转变为时间。这里所说的时间因素主要是指交货期和响应周期。用户不但要求厂家要按期交货，而且要求的交货期越来越短。企业要有很强的产品开发能力，不仅指产品品种，更重要的是指产品上市时间，即尽可能提高对客户需求的响应速度。例如，在 90 年代初期，日本汽车制造商平均 2 年向市场推出一个新车型，而同期的美国汽车制造商推出相同档次的车型却要 5 ~ 7 年。对于现在的厂家来说，市场机会几乎稍纵即逝，留给企业思考和决策的时间极为有限。一个企业对用户要求的反应稍微慢一点，很快就会被竞争对手抢占先机。因此，缩短产品的开发、生产周期，在尽可能短的时间内满足用户要求，已成为当今所有管理者最为关注的问题之一。

4. 对产品和服务的期望越来越高

进入 21 世纪的用户对产品质量、服务质量的要求越来越高。用户已不满足于从市场上买到标准化生产的产品，而希望得到按照自己要求定制的产品或服务。这些变化导致产品生产方式革命性的变化。传统的标准化生产方式是"一对多"的关系，即企业开发出一种产品，然后组织规模化大批量生产，用一种标准产品满足不同消费者的需求。然而，这种模式已不能再使企业获得效益。现在的企业必须具有根据每一个顾客的特别要求定制产品或服务的能力，即所谓的"一对一"的定制化服务（Customized Service）。企业为了能在新的环境下继续保持发展，纷纷转变生产管理模式，采取措施从大量生产（Mass Production）转向定制化大量生产。

由此可见，**企业面临外部环境变化带来的不确定性**，包括**市场因素**（顾客对产品、产量、质量、交货期的需求和供应方面）和**企业经营目标**（新产品、市场扩展等）的**变化**。这些变化增加了企业管理的复杂性，主要表现在以下几个方面。

定制化大量生产
小案例

1）大量的不确定性因素存在。现在的企业面临的环境，无论是企业内部环境，还是外部环境，均存在许多事先难以预测的不确定性因素。对少品种、大批量的生产，一般认为是一种平稳的随机过程；而对多品种、小批量的需求，则是非平稳过程或单件类型等的突发事件。

2）大维数的离散事件动态过程。这一点主要是对加工—装配式产品生产而言的。与化工、石油、电力等连续生产过程的企业不同，加工—装配式的制造企业是一种离散过程，尽管也有流水线，但是它的零件是在不同设备上一个个生产出来的，它的最终产品是由各种零件装配而成的。这种过程在生产组织上遇到了计算上的复杂性困难，要想得到优化结果几乎是不可能的。

3）过程中具有大量的非线性与非结构化问题。在现代制造业的生产管理过程中，除了可以用现有理论和数学方法描述的结构化问题外，还有目前尚不能或只能部分地描述的非结构化成分。对于结构化部分，也有不少过程呈现非线性关系。这说明人们对生产管理中的许多规律还没有掌握，只能靠管理人员的经验甚至是直觉来把握。

企业要想在这种严峻的竞争环境下生存下去，必须具有较强的适应环境的变化和处理由环境引起的不确定性的能力。

二、竞争战略和供应链战略

公司的竞争战略定义了公司企图通过其产品和服务来满足的一组顾客需求。例如戴尔（Dell）的订单制造模式，其竞争战略强调合理价格下的客户化和多品种，客户要等一周左右的时间才能得到其产品。相比之下，另一些顾客则乐意到零售商处在销售人员的帮助下，当天买回一台计算机。Dell 的顾客在线采购，侧重的是品种和客户化。因此，一个公司的竞争战略是基于客户的优先考虑来定义的，它瞄准了一个或多个顾客段，并通过其产品和服务来满足这些顾客的需求。

为了执行公司的竞争战略，公司的价值链，从新产品开发、经营、生产、分销到服务，以及财务、会计、信息、人事等辅助职能都要发挥作用，每个职能部门必须制定各自相应的战略。

从价值链的观点来看，供应链战略指明了生产、分销和服务所要做好的工作。**供应链战略包括传统的供应商战略、生产战略、客户关系战略和物流战略，供应链中有关库存、运输、生产设施和信息传递的决策也都是供应链战略的一部分。**

三、供应链管理战略的匹配

任何公司要获得成功，其供应链战略和竞争战略必须相吻合。**战略吻合**(Strategic Fit)**意味着竞争和供应链战略具有相同的目标，竞争战略所要满足的客户优先**(Customer Priorities)**和供应链战略所要建立的供应链能力之间要保持一致。**实现战略吻合是供应链设计阶段所要考虑的一个关键问题。

公司的所有职能都会对公司价值链产生影响。这些职能必须相互配合，任何单独的职能都不能确保整个价值链的成功，但任何单独的职能的失败都将导致公司的价值链的失败。公司的成功与失败同下面**两点紧密相关。**

1）各职能战略要和竞争战略协调、吻合，所有职能战略要相互支持并帮助公司实现其竞争战略的目标。

2）各职能部门必须恰当地组织其业务流程和资源，成功执行各部门的职能战略。

为了取得战略吻合，一个公司必须保证它的**供应链能力支持其满足既定顾客段**(Customer Segments)**需求的能力。**要做到这一点，有以下三个基本步骤。

第一步：**理解顾客**。要理解顾客，公司必须了解所服务的顾客段的需要。总的来说，不同顾客段的顾客需求会随下面几个属性而改变。

1）每一次所需的数量。例如，修复生产线所需的紧急材料订单总是较小，而建设新生产线所需的材料订单总是较大。

2）顾客能接受的响应时间。紧急订单所能容忍的响应时间较短，而新建订单所能容忍的响应时间往往较长。

3）需求的产品品种。如果从单一供应商那里可以得到所有维修所需的配件，紧急订单的顾客往往愿意付出较高的额外费用，而新建订单的顾客却不愿意。

4）要求的服务水平。紧急订单的顾客期望商品具有很高的可用性，如果有些部件不是立即可用的，他就会到别处采购；而新建订单的顾客却不一定。

5）产品的价格。新建订单的顾客往往对价格较为敏感，而紧急订单的顾客则不那么敏感。

6）期望的产品革新率。高档百货商店的顾客期望更多的新产品和新颖的服装设计；而像沃尔玛这种日用超级商场的顾客对革新产品则不太敏感。

同一顾客段的顾客倾向于具有相同的需求特性，而不同顾客段的顾客的需求特性差别较大。尽管顾客的需求随许多属性而变化，但仍需要一个关键的衡量指标来捕捉这些属性的变化，然后用这个指标来帮助定义最适合公司的供应链。初看起来，每种顾客需求似乎应不同看待；但实际上，它们都能被转变成"隐性需求不确定性"这一衡量指标。**隐性需求不确定性**(Implied Demand Uncertainty)**是供应链必须满足的那部分需求所存在的

Dell 的战略吻合
小案例

隐性需求不确定性
小案例

不确定性。

由于每一单独的顾客需求对隐性需求不确定性都有明显的影响，可以用它作为区分不同需求类型的标尺；也可以考虑以隐性需求不确定性为变量的不同需求类型的分布。隐性需求不确定性谱如图3-1所示。

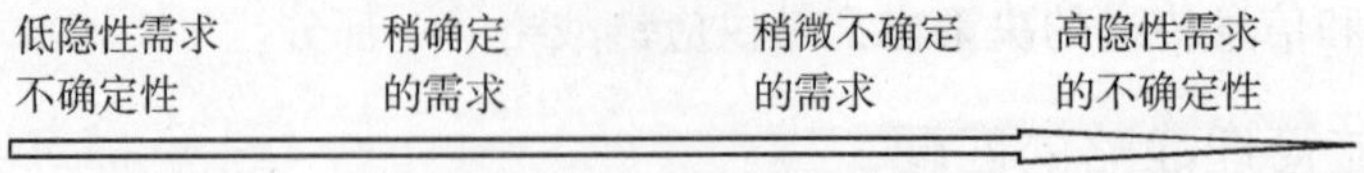

低隐性需求 不确定性	稍确定 的需求	稍微不确定 的需求	高隐性需求 的不确定性

图3-1　隐性需求不确定性谱

实现供应链战略和竞争战略吻合的第一步是理解顾客，找出所服务的顾客段的需求类型在隐性需求不确定性谱上的位置。

第二步：**理解供应链**。如同顾客需求，供应链也有许多不同的特性。如果想找一个单一的概念，所有的供应链特性对它都有贡献，那么**这个概念就是供应链响应能力和效率之间的平衡**。

供应链响应反映了供应链的以下五种能力：①响应需求数量的大范围变化；②只需很短的提前期；③提供多样（大量品种）产品；④具有高度的产品创新能力；⑤能提供很高的服务水平。

这些能力类似于引起隐性需求不确定性的需求特性。这些能力越高，供应链就越灵敏。然而，要提高五种能力，得花费成本。例如，要响应需求数量的大范围变化，就必须增加生产能力，也就增加了成本。

供应链效率反映了供应链生产、商品配送的成本，成本越高，效率越低。所以增强响应就意味着增加成本、降低效率。对所有的供应链而言，**定位其响应能力都是一项关键战略选择**。

如上所述，实现供应链战略和竞争战略吻合的第二步是理解供应链并在供应链响应谱图上的定位。

第三步：**实现战略吻合**。在考虑了顾客特性和供应链特性的基础上，应进一步考虑如何使供应链很好地适合竞争战略所瞄准的顾客需求。如果以隐性需求不确定性为横轴，以供应链响应为纵轴，则图中的一点代表供应链响应和隐性需求不确定性的一种结合，如图3-2所示。这样一来，实现战略吻合的问题就变成找出图中战略吻合区。

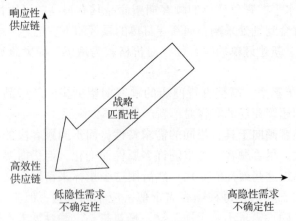

图3-2　供应链响应和隐性需求不确定性

以计算机为例，其需求具有高度的隐性需求不确定性。如果商家采用高效的供应链策略，则明显不符合其竞争需求；反过来，如果采用高响应的供应链策略，就能较好地符合其竞争需求。再考虑日用品供应，日用品需求的隐性需求不确定性较小，商家必须采用高效的供应链策略以降低成本。因此，要实现战略吻合，则隐性需求不确定性越大，供应链的响应也应越高：公司的竞争机制战略（其隐性需求不确定性）和供应链（其供应链的响应）应尽量往战略吻合区调整。为了实现战略吻合，公司价值链中所有职能战略都必须支持公司的竞争战略。供应链的低层策略，如制造策略、库存策略、提前期策略、采购策略和运输策略等，都必须与供应链的响应能力相协调。因此，位于供应链响应谱上不同位置的公司应该采用相应的职能策略。竞争战略与职能战略的吻合高响应能力的供应链，其所有职能策略都要专注于提高响应能力；而高效率供应链的所有职能策略都要专注于提高效率。

实现供应链战略和竞争战略吻合的第三步是匹配供应链响应能力和隐性需求不确定性。公司价值链中所有职能策略都必须与供应链的响应相协调。

四、推动式供应链与拉动式供应链的战略选择

（一）推动式供应链与拉动式供应链的概念

有效性供应链和反应性供应链是从供应链本身功能来划分的。按照供应链的驱动方式来划分，可将供应链划分为推动式供应链和拉动式供应链。

1. 推动式供应链

推动式供应链以制造商为核心企业，根据产品的生产和库存情况，有计划地把商品推销给客户，其驱动力源于供应链上游制造商的生产，其模式如图3-3所示。在这种运作方式下，供应链上各节点比较松散，追求降低物理功能成本，属卖方市场下供应链的一种表现。由于不了解客户需求变化，这种运作方式的库存成本高，对市场变化反应迟钝。

图3-3　推式供应链模式

2. 拉动式供应链

拉动式供应链以客户为中心，比较关注客户需求的变化，并根据客户需求组织生产，其模式如图3-4所示。在这种运作方式下，供应链各节点集成度较高，有时为了满足客户差异化需求，不惜追加供应链成本，属买方市场下供应链的一种表现。这种运作方式对供应链整体素质要求较高，从发展趋势来看，拉动方式是供应链运作方式发展的主流。

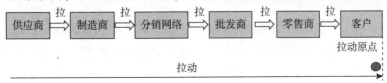

图3-4　拉式供应链模式

（二）推动式供应链与拉动式供应链的特点

现实生活中完全采取推动式供应链或者完全采取拉动式供应链的并不多见，因为单纯的推动式供应链或拉动式供应链虽然各有优点，但也存在缺陷。

1. 推动式供应链的特点及缺陷

在一个推动式供应链中，**生产和分销的决策都是根据长期预测的结果做出的。** 准确地说，制造商是利用从零售商处获得的订单进行需求预测。事实上，企业从零售商和仓库那里获取订单的变动性要比顾客实际需求的变动大得多，这就是通常所说的牛鞭效应，这种现象会使企业的计划和管理工作变得很困难。例如，制造商不清楚应当如何确定生产计划，如果根据最大需求确定，就意味着大多数时间里必须承担高昂的资源闲置成本；如果根据平均需求确定生产能力，在需求高峰时期就需要寻找昂贵的补充资源。同样，对运输能力的确定也面临这样的问题：是以最高需求还是以平均需求为准呢？因此在一个推动式供应链中，经常会发现由于紧急的生产转换，引起运输成本增加、库存水平变高或生产成本上升等情况。

推动式供应链对市场变化做出反应需要较长的时间，可能会导致一系列不良反应。 比如在需求高峰时期，难以满足顾客需求，导致服务水平下降；当某些产品需求消失时，会使供应链产生大量的过时库存，甚至出现产品过时等现象。

2. 拉动式供应链的特点以及需要具备的条件

在拉动式供应链中，**生产和分销是由需求驱动的，这样生产和分销就能与真正的顾客需求而不是预测需求相协调。** 在一个真正的拉动式供应链中，企业不需要持有太多库存，只需要对订单做出反应。

拉动式供应链有以下优点：①通过更好地预测零售商订单的到达情况，缩短提前期；②由于提前期缩短，零售商的库存可以相应减少；③由于提前期缩短，系统的变动性减小，尤其是制造商面临的变动性变小了；④由于变动性减小，制造商的库存水平将降低；⑤系统的库存水平下降，可以提高资源的利用率。

当然拉动供应链也有缺陷，最突出的表现是由于拉动系统不可能提前较长一段时间做计划，因而生产和运输的规模优势也难以体现。

拉动式供应链虽然具有许多优势，但要获得成功并非易事，需要具备相关条件：第一，必须有快速的信息传递机制，能够将顾客的需求信息（如销售点数据）及时传递给不同的供应链参与企业；第二，能够通过各种途径缩短提前期，如果提前期不太可能随着需求信息缩短时，拉动式系统是很难实现的。

（三）推拉式供应链战略连续谱

在不同的环境下，供应链的驱动方式不同，就形成了不同的供应链战略。环境变化是连续的，供应链战略也是连续的，这就形成了供应链战略连续谱，如图3-5所示。

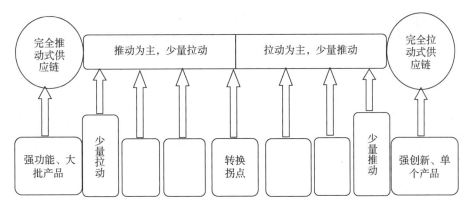

图 3-5 推拉式供应链战略连续谱

图 3-5 左端为完全推动式供应链，当市场为卖方市场、客户需求很稳定、产品需求量大时，采用这种方式可以降低成本。而当市场为买方市场、客户需求很不确定、产品需求量小甚至为单件时，采用拉动式方式可以满足客户个性化、多样化需求。中间为推拉结合的方式，由于环境的不同供应链系统的推拉转化点不同，形成不同的供应链战略。

（四）推动式供应链与拉动式供应链的选择

对一个特定的产品而言，应当采用什么样的供应链战略呢？企业是应该采用推动式还是拉动式战略？前面主要从市场需求变化的角度出发，考虑的是供应链如何处理需求不确定的运作问题。**在实际的供应链管理过程中，不仅要考虑来自需求端的不确定性问题，还要考虑来自企业自身生产和分销规模经济的重要性。**

在其他条件相同的情况下，**需求不确定性越高，就越应当采用根据实际需求管理供应链的模式——拉动式战略；相反，需求不确定性越低，就越应该采用根据长期预测管理供应链的模式——推动式战略。**

同样，在其他条件相同的情况下，规模效益对降低成本起着重要的作用。组合需求的价值越高，就越应当采用推动式战略，根据长期需求预测管理供应链；如果规模经济不那么重要，组合需求也不能降低成本，就应当采用拉动式战略。

五、供应链一体化战略

企业在一定阶段需要扩展，扩张战略可分为一体化扩张战略和多样化扩张战略。一体化扩张战略又可分为纵向一体化战略和横向一体化战略。

（一）纵向一体化战略

纵向一体化战略也称垂直一体化战略，是指生产或经营过程相互衔接、紧密联系的企业的一体化，是一种在供销两个不同方向上扩大企业生产经营规模的增长方式，可分为前向一体化和后向一体化。前向一体化指企业的业务向消费它的产品或服务行业发展；后向一体化指企业向为它目前的产品或服务提供作为原料的产品或服务的行业扩展。

前向一体化战略是企业自行对本公司产品做进一步深加工，或者对资源进行综合利用，或公司建立自己的销售组织来销售本公司的产品或服务。例如，钢铁企业轧制各种型材，并将型材制成各种不同的最终产品。

后向一体化则是企业自己供应生产现有产品或服务所需要的全部或部分原材料或半成

品，目的是加强核心企业对原材料供应、产品制造、分销和销售全过程的控制，使企业能在市场竞争中掌握主动权，从而增加企业各个业务活动阶段的利润。例如钢铁公司自己拥有矿山和炼焦设施。

纵向一体化是一种典型的价值链体系，在这种体系下产生出完整的价值传递过程，作为企业的战略制定者可以不断向纵深渗透。

纵向一体化是企业经常选择的战略体系，但是任何战略都存在风险和不足。当然，纵向一体化的初衷，是希望建立起强大的规模生产能力来获得更高的回报，并通过面向销售终端的方略获得来自市场各种信息的直接反馈，从而通过不断改进产品和降低成本来取得竞争优势。

（二）横向一体化战略

横向一体化战略也叫**水平一体化战略**，是指企业为了扩大生产规模、降低成本、巩固市场地位、提高竞争优势、增强实力而与同行业企业进行联合的一种战略。企业采用横向一体化战略的实质是资本在同一产业和部门内的集中，主要目的是实现规模经济以获取竞争优势。

采用**横向一体化战略**，企业可以有效地**实现规模经济，快速获得互补性的资源和能力**。此外，通过收购或合作的方式，企业可以有效地建立与客户之间的固定关系，遏制竞争对手的扩张意图，维持自身的竞争地位和竞争优势。

横向一体化战略也存在一定的风险，如过度扩张所产生的巨大生产能力对市场需求规模和企业销售能力都提出了较高的要求；同时，在某些横向一体化战略如合作战略中，还存在技术扩散的风险。此外，组织上的障碍也是横向一体化战略所面临的风险之一，如大企业病、并购中存在的文化不融合现象等。

（三）供应链一体化战略连续谱

供应链一体化战略有纵向一体化战略和横向一体化战略，从纵向一体化到横向一体化的转变是一个连续的过程，这就形成一体化战略连续谱，如图3-6所示。

图3-6的左端为完全纵向一体化，就是大而全或小而全的企业管理模式。右端为完全横向一体化，就是将所有非核心业务外包，企业只保留单一最核心业务。图的中间为转换拐点，拐点左端企业以纵向一体化为主，拐点右端以横向一体化为主。

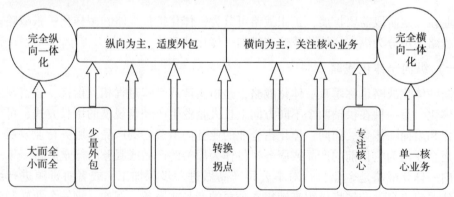

图3-6　供应链一体化连续谱

（四）供应链一体化战略选择条件

企业供应链一体化战略是一个连续的过程，选择什么战略需要考虑企业供应链内部条件和外部环境。

纵向一体化战略的适宜条件：市场为卖方市场；客户需求稳定、单一；原材料资源、客户资源更重要。

横向一体化战略的适宜条件：市场为买方市场；客户需求多样化、个性化；企业所在行业竞争较为激烈；企业所在行业规模经济较为显著；企业所在行业增长潜力较大；企业具备横向一体化所需的资金、人力资源等。

六、两种供应链管理策略方法

（一）快速反应（QR）方法概述

1. 快速反应（QR）方法产生的背景和含义

（1）QR产生的背景。

QR（Quick Response，快速反应）是美国纺织与服装行业发展起来的一种供应链管理策略。20世纪60—70年代，美国的纺织行业出现了大幅度萎缩，纺织品进口数量大幅上升，到80年代，进口产品几乎占据美国纺织品市场的40%。1984年美国84家大型企业结成"爱国货运动协会"，该协会在积极宣传美国产品的同时，委托托克特萨尔蒙公司调查研究提升美国纤维产业竞争力的方法。研究报告表明，美国纤维业的主要问题是：尽管在整个产业链的某些环节存在生产效率较高的现象，但是整个产业链的效率却非常低。从原材料到消费者购买，总时间为66周。托克特萨尔蒙公司的研究报告提出，通过信息的共享以及生产商与零售商之间的合作，确立起能对消费者的需求做出迅速响应的QR体制。这项研究导致了快速反应（QR）策略的应用和发展。

（2）QR的含义。

QR是指在供应链中为了实现共同的目标，**零售商与制造商之间进行的紧密合作**。实行QR的目的是减少原材料到销售点的时间和整个供应链上的库存，最大限度地提高供应链的运作效率。

一般来说，供应链的共同目标包括：①**提高顾客服务水平**，即在正确的时间、正确的地点，用正确的商品来响应消费者的需求；②**降低供应链的总成本**，增加零售商和厂商的销售额，从而提高零售商和厂商的获利能力。

这种新的贸易方式意味着双方要建立起贸易伙伴关系来提高向最终消费者的供货能力，同时降低整个供应链的库存量和总成本。

QR的重点是对消费者需求做出快速反应。QR的具体策略有**商品即时出售**、**自动物料搬理**等。实施QR可分为以下三个阶段。

第一阶段：**对所有的商品单元条码化**，即对所有商品消费单元用EAN/UPC条码标识，对商品储运单元用ITF-14条码标识，而对贸易单元则用UCC/EAN-128条码标识。利用EDI传输订购单报文和发票报文。

第二阶段：在第一阶段的基础上**增加与内部业务处理有关的策略**。如自动库存补给与商品即时出售等，并采用EDI传更多的报文，如发货通知报文、收货通知报文等。

第三阶段：与贸易伙伴密切合作，**采用更高级的 QR 策略**，以对顾客的需求做出快速反应。一般来说，企业内部业务的优化相对来说较为容易，但在贸易伙伴间进行合作时，往往会遇到诸多障碍，在 QR 实施的第三阶段，每个企业必须把自己当成集成供应链系统的一个组成部分，以保证整个供应链的整体效益。

2. QR 的优点

1）对厂商而言，QR 能提供更好的顾客服务，降低了流通费用和管理费用，能施行更好的生产计划。

2）对零售商而言，QR 能提高销售额，减少削价的损失，降低采购成本和流通费用，加快库存周转，降低管理成本。

采用快速反应的方法后，虽然单位商品的采购成本会增加，但通过频繁地小批量采购商品，顾客服务水平会提高，零售商更能适应市场的变化，同时其他成本，如库存成本和清仓削价成本等也会降低。

3. QR 成功的条件

QR 成功须具备以下五个条件。

1）改变传统的经营方式，革新企业的经营意识和组织。

2）开发和应用现代信息处理技术。

3）与供应链相关方建立战略伙伴关系。

4）改变传统的对企业商业信息保密的做法。

5）供应方必须缩短生产周期和商品库存。

4. QR 的实施步骤

实施 QR 需要经过六个步骤。每一个步骤都需要以前一个步骤为基础，并比前一个步骤有更高的回报，但是需要额外的投资。

（1）运用条形码和电子数据交换技术（EDI）。

零售商首先必须安装通用产品代码（UPC 码）、销售时点信息（Point of Sale，POS）扫描和 EDI 等技术设备。

EDI 是在计算机间交换商业单证，这种单证需要遵从一定的标准，如 ANSIX1.2。

快速反应要求厂商和零售商完成本阶段的 EDI，重新设计业务流程，以支持全面实现 EDI 后带来的角色和责任的变化。

（2）建立固定周期的自动补货系统。

基本消费商品的销售模式一般不会受流行趋势的影响，其销售量是可以预测的，因而补货周期也可以是固定的。为实现保证满足销售商的多次、重复订货要求，能够更快、更频繁地运输重新订购的商品，以保证店铺不出现缺货，供应商可以根据目前的状况建立固定周期的自动补货系统。

自动补货就是由零售商、批发商使用基于过去和目前销售数据及其可能变化的软件进行定期预测，同时考虑目前的存货情况和其他一些因素，确定订货数量，在仓库或店内自行补货，以保证销售的连续性。通过对商品实施快速反应，合作伙伴企业之间保证所需商品能敞开供应，从而使消费者可以选择更多品种，并及时购买到所需的商品。

（3）建立先进的预测和补货联盟。

为了保证补货业务的流畅，零售商和制造商需要联合起来检查销售数据，制订关于未来需求的计划和预测，在保证有货和减少缺货的情况下降低库存水平。还可以进一步由制造商管理零售商的存货和补货，以加快库存周转速度，提高投资毛利率。

（4）**实施零售空间管理。**

根据每个店铺的需求模式来规定其经营商品的品种和补货业务。一般来说，对于品种、数量、店内陈列和培训或激励售货员等决策，消费品制造商也可以参与甚至制定决策。

（5）**联合开发商品。**

厂商和零售商联合开发像服装等生命周期短的商品，缩短从新产品概念到新产品上市的时间，并通过店内的新产品实时试销，准确把握消费动态，根据消费者的需要及时调整设计和生产。联合开发新产品，使厂商和零售商的关系更加紧密，提高了双方合作的意愿和效率。

（6）**快速反应的集成。**

以消费者为中心，通过重新设计业务流程，组织绩效评估系统和信息系统，将快速反应的前期步骤和公司的整体业务结合起来，支持供应链的整体战略。通过集成的信息技术，使零售商和消费品制造商密切合作，加快完成产品从设计、生产、补货、采购到销售等的整个业务流程。

5. QR 的未来发展

近年来，尽管 QR 的原则没有变化，但 QR 的策略及技术却今非昔比。最初，供应链上的每一个业务实体（如制造商、零售商或承运商）都单独发挥作用。因此，每一个企业都对其贸易伙伴的业务不感兴趣，更谈不上同其贸易伙伴共享信息。随着市场竞争的加剧，业主及经营者逐渐认识到，应改进自己的业务系统，提高产品的质量，以便为顾客提供最好的服务，但他们很少考虑内部系统的改变给其顾客和供应商带来的不利影响。

20 世纪 80 年代末到 90 年代初，在市场竞争的强大压力之下，一些先导企业开始考虑评估和重构它们的经营方式，从而导致对供应链和信息流的重组活动。在 20 世纪 80 年代，人们对供应链的优化聚集点是技术解决方案，现在已转变为重组它们经营的方式以及与贸易伙伴的密切合作方面。例如，宝洁公司与沃尔玛公司通过密切合作来确定库存水平和营销策略。

目前在欧美国家，QR 的发展已跨入第三个阶段，即**联合计划、预测与补货**（简称为CPFR）**阶段**。CPFR 是一种建立在贸易伙伴之间密切合作和标准业务流程基础上的经营理念，它应用一系列技术模型，这些模型具有如下特点：①开放，但有安全的通信系统；②适应于各行各业；③在整个供应链上是可扩展的；④能支持多种需求（如新数据类型，各种数据库系统之间的连接等）。

CPFR 研究的重点是**供应商、制造商、批发商、承运商及零售商之间协调一致的伙伴关系**，以保证供应链整体计划、目标和策略的先进性。

然而，值得提出的是，即使在美国，如今也有一半以上的零售商不允许别人访问它们的 POS 扫描数据，而这些数据对于供应商来说至关重要。因此，它们不得不用高库存来应付因缺货造成的损失，但这样做却大大提高了存货成本，不利于供应链效益的提高。要真正实现 CPFR，零售商必须向其贸易伙伴开放自己的 POS 扫描数据。

6. QR 战略的再造

要实现对顾客需求的快速反应，企业必须从多个环节入手，**着重改善整个供应体系，**

提高整个供应链的运作效率。当然企业也可全部实施这些环节，或选取几个企业需要加强的环节进行再造。

（1）同步生产。

同步生产是指产品设计、原材料采购、生产的各工序、营销等经营环节在同一时间内发展。同步生产首先要求生产的零部件要满足顾客的需求，还要求有很准确的短期预测能力。它是通过缩短运作时间和特别的运作方法来实现的。这种方法随着生产流程的不同而有不同的类型。

通常它们包括以下内容：①生产设备的投资是灵活的；②以能扩大生产能力的拉动模式为指导，重新设计企业流程；③转变强调的重点，生产顺序从固定物→质量→可变物转变到可变物→质量→固定物；④在生产线之外采取行动以增强流程的可靠性；⑤规定工作效率的下限和废品率的上限；⑥维修、妥善保管在流程中要使用的原材料和零部件；⑦利用生产改进小组进行流程分析，确定病症所在，并对此加强管理。

（2）供应商合理化。

企业在减少供应商的数量时必须谨慎。供应商的数量既要满足企业顾客、产品、财务的需要，还要符合对潜在的风险做出的系统评价。许多企业和部门把供应商合理化描述为把行动的目的放在供应商的权利上，供应商合理化是手段，企业自身的合理化才是目的。减少供应商的数量会导致执行一个特殊的供应链战略，或者成为实现这种战略的工具。给顾客传递适当的价值，要求交易双方有密切的合作关系，为实现这个目标，双方会投入非常多的时间和资源。这需要企业对此关注、承诺、投入资源。因此，这意味着企业只可能和少数一些供应商有合作关系。

确定满足企业目标的供应商的数量时，应考虑以下因素：①企业与供应商关系的密切程度；②信息技术的应用；③在单独投资、双方投资和多方投资的情况下，各自的投资成本；④评价未来供应商的能力；⑤具有能够建立和管理与供应商的合作关系的人力资源；⑥在没有绩效时，维持该战略需要的时间和成本；⑦市场渠道、技术和财务的风险估计；⑧为维持技术和竞争优势而投资，存在失败的可能性；⑨从合并而扩大规模中得到的成本、价格优势；⑩竞争程度的削弱对企业的影响。

当企业间具有开放的、公开的、牢固的合作关系时，企业资源的集中、低成本、高效的生产率、供应链管理都能够最大限度地得到实现。

（3）自动库存补给。

自动库存补给管理的方法主要用于制造业和工程中的有多种用途、低价值的商品。它的目的是在订货和补给流程中提高效率，并让供应商有更多的自由空间去直接对采购商的要求做出反应。双方要对特殊商品的配送数量、固定的仓库地点达成一致。两个包装袋中每一个都装有要配送的一定数量的商品，并存放在仓库的箱子中。当生产需要更多的商品时，就使用其中的袋子。供应商经常检查采购商的仓库，补充袋子，电子化处理开票手续。当箱子被补充了，这个仓库就成为采购商的财产了。

许多企业经常使用这种方法，这种方法需要双方具有很高的相互信任度，要处理好的问题是如何在采购商的控制、有效性和供应商的自由行动之间获得很好的平衡。

（4）货物交付。

库存管理其实是在供应成本、生产成本、仓储成本和给顾客提供高水平的服务之间寻找最佳平衡点，但很少有企业能够找到这个最佳平衡点。和贸易伙伴间的不同类型的合作关系一样，共同管理库存和有效补给的方法也能使企业效益提高。

在共同管理库存这种方式的安排下，仓库应由供应商所有，但建在采购商使用的地点。预测需求和补充存货的合适水平取决于供应商。供应商和采购商共同形成的系统要求双方相互开放、共享资源。这一系统为企业提供了三种优势：低的存货水平、减少了缺货的风险、增加了支付方式。供应商通过与采购商联合，在生产中负有责任，并能直接与消费者接触，了解消费者信息，从而获得利益。

供应商和采购商在交付货物时，需要用合适的协议。这个协议要反映双方的能力、合作关系的性质和各种支出的种类。具体来说，要在协议中体现以下方面：①仓储水平的最低和最高限度；②补给的周期；③明确要生产的产品，考虑健康、安全和环境保护问题；④对数据的提供、预测、补给和仓储负责；⑤库存财产权的分割和转移原则；⑥供应商管理库存。供应商管理库存是以通过双方密切合作形成的交付货物的方式为基础的。交付货物的方式一般由采购方使用，而供应商管理库存的方法由供应商使用。这种方式有相当大的优越性，特别是在第一层的供应商、零售商和分销商之间。

对于产品转移，即供应商管理库存的方法包括：

A. 使用第三方的资源，由采购商组织的第三方进行经营管理；

B. 使用供应商拥有所有权的车辆、设备，由第三方管理；

C. 使用采购商拥有所有权的车辆、设备，由第三方管理；

D. 由供应商组织的第三方管理；

E. 供应商通过拥有股权实行管理；

F. 采购商通过拥有股权实行管理。

可以根据供应商和采购商各自的实力、在流程中需要的第三方的实力、更换第三方分销商的难易程度、需要配送的规模和频率、每种方法的总成本等因素确定采用供应商管理库存的方法。

（5）供应链的能力开发。

企业在再造 QR 时，应对供应链能力进行整合规划，要大力开发其能力，具体而言，要着重留意以下几点：①回顾供应商选择的标准，以查明供应商在哪些方面需要改进，确定是否需要清除水平很差的供应商；②确定选择供应商的标准，以使企业在产品生产和关联关系的管理上获得能力；③对供应商的资格进行审查，建立信息跟踪和回报的体系；④通过与供应商的日常联系、技术训练、讨论会等形式收集反馈意见。

（二）有效客户反应（ECR）方法概述

ECR（Efficient Consumer Response）即**有效客户响应**，也称高效消费者响应、高效客户反应。它是从美国食品杂货业发展起来的一种供应链管理策略，是一种新型的商品流通模式。1993 年年初由食品业发起时，一些制造商、经纪人、批发商和零售商组成了有共同目标的联合业务小组，其目标是通过降低和消除供应链上的无谓浪费来提高消费者价值。ECR 欧洲执行董事会对此的定义是：ECR 是一种通过制造商、批发商和零售商各自经济活动的整合，以最低的成本，最快、最好地实现消费者需求的流通模式。

1. ECR 产生的背景

ECR 是美国食品杂货行业开展供应链体系结构的一种实践，可以说 ECR 吹响了美国食品杂货行业全面推动供应链管理的号角。ECR 之所以能在美国食品杂货行业得到认可和实践，离不开其产生背景。

（1）销售增长放慢。

20世纪70—80年代，日杂百货行业的增长率放慢，主要是因为消费者的食品支出降低，这就迫使零售商为维持市场份额而展开激烈的竞争，竞争的中心集中在增加商品的花色品种上。这种做法进一步降低了存货的周转率和售价，对利润形成了更大压力。

（2）权力的转移。

另一个主要的变化，是厂商和零售商之间的权力转移。过去，零售商是很分散的地区性行业，现在这种情况发生了很大的变化，因为零售商借助通信技术和信息技术组建了一些全国性的大公司。零售行业的这种整合导致了**交易的权力从供应商逐渐转向购买方**。

（3）敌对关系的产生。

交易权力的转换，加上行业增长率的下降引起的激烈竞争，导致厂商和零售商之间的关系恶化，甚至到了相互不信任的地步。同时，组织效率的低下及绩效衡量系统的过时，使这种情况进一步恶化。

（4）组织职能的紊乱。

食用日杂百货行业各个部门和其他部门是隔绝的，各部门只是努力提高自己的效率，由于各部门的激励体系不同，这种隔绝状况加深了，有时各部门的工作目标甚至是针锋相对的。厂商和零售商之间的关系也是如此。例如，厂商衡量业绩的一个主要指标是送货的效率，而零售商衡量业绩的主要指标是利润。

（5）远期购买和转移购买。

为了同时满足零售商和厂商的目标，双方增加了一些新的业务，最终增加了经营成本。厂商采用了促销策略，即报价很高，然后利用节日或为了满足季节送货目标而对高价进行打折，采购者可以通过大量低价购进，在厂商促销期结束后高价卖出的办法获利。这些业务带来了额外的库存、运输和其他成本，但获得的额外收益抵消了这些成本。

现在这些额外的收益要大打折扣了，为保持竞争优势，所有的零售商和批发商都开展了远期购买和转移购买的业务。传统的竞争优势没有了，但额外的成本却仍然存在。

（6）附加折扣。

为获得更大的竞争优势，大的零售商要求厂商提供其他的好处，如减免费用、返款、减价和特别的促销资金等，结果厂商只好提高价格来弥补附加折扣的成本。

（7）自有品牌商品大量涌现。

20世纪80年代末自有品牌商品大量涌现。由于日杂百货业的厂商把价格提得很高，以弥补给零售商的附加折扣，自有品牌商品对消费者越来越有吸引力。直接从制造商那里进货可大大提高零售商的收益，同时这些商品使用的是零售商的自有品牌，在别处买不到。

（8）新的零售形式出现。

在20世纪80年代末，日杂百货行业又出现了一些新的零售形式，向传统的零售形式发起了挑战。这些新形式包括批发俱乐部、大型综合超市和折扣商店，它们成功的原因是强调每日低价、绝对低价进货及快速的存货流转。

2. ECR的含义和特征

（1）ECR的含义

ECR是一个由生产厂家、批发商和零售商等供应链组成的，需各方相互协调和合作，并以更好、更快、更低的成本满足消费者需要的供应链管理系统。

ECR 的战略主要集中在四个领域：效率的店铺空间安排，效率的商品补充，效率的促销活动，效率的新商品开发与市场投入。

（2）ECR 的特征。

1）**管理意识的创新**。ECR 要求产销双方的交易关系是一种合作伙伴关系，简单地说，是一种双赢型关系。

2）**供应链整体协调**。ECR 要求进行跨部门、跨职能和跨企业的管理和协调，使商品流和信息流在企业内和供应链内顺畅地流动。

3）**涉及范围广**。ECR 所涉及的范围必然包括零售业、批发业和制造业等多个行业。

（3）ECR 的应用原则。

应用 ECR 时必须遵守**五个基本原则**。

1）以较少的成本，不断致力于向**食品杂货供应链**顾客提供更优的产品、更高的质量、更好的分类、更好的库存服务以及更多的便利服务。

2）ECR 必须由相关的商业带头人启动。该商业带头人应决心通过代表共同利益的商业联盟取代旧式的贸易关系而达到获利的目的。

3）必须利用准确、适时的信息支持有效的市场、生产及后勤决策。这些信息将以 EDI 的方式在贸易伙伴间自由流动，它将影响以计算机信息为基础的系统信息的有效利用。

4）产品必须随其不断增值的过程，从生产至包装，直到流动至最终顾客的购物篮中，以确保顾客能随时获得所需产品。

5）必须建立共同的成果评价体系。该体系注重整个系统的有效性（即通过降低成本与库存，以及更好地利用资产，实现更优价值），清晰地标识出潜在的回报（即增加的总值和利润），促进对回报的公平分享。

总之，ECR 是供应链各方推进真诚合作来实现消费者满意和实现基于各方利益的整体效益最大化的过程。

（4）ECR 系统的构建。

构筑 ECR 系统的具体目标是实现低成本的流通、基础关联设施建设、消除组织间的隔阂、协调合作满足消费者需要。ECR 系统构造示意如图 3-7 所示。

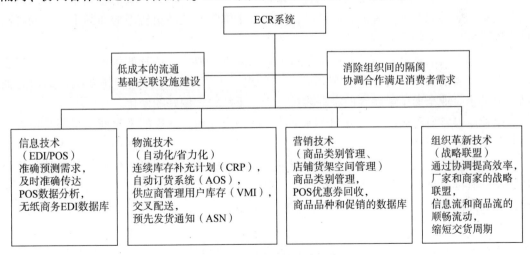

图 3-7　ECR 系统构造示意

组成 ECR 系统的技术要素有以下几种。

1）营销技术：主要是商品类别管理（CM）和店铺货架空间管理（SM）。

2）物流技术：ECR 系统要求及时配送（JIT）和顺畅流动。实现这一要求的方法有连续库存补充计划（CRP）、自动订货系统（AOS）、预先发货通知（ASN）、供应商管理用户库存（VMI）、交叉配送、店铺直送（DSD）等。

3）信息技术：电子数据交换（EDI）和 POS 销售时点信息。

4）组织革新技术：需要把采购、生产、物流、销售等按职能划分的组织形式改变为以商品流程为基本职能的横向组织形式。

（5）ECR 的战略。

事实表明，ECR 能够大幅度地降低成本。食品行业的厂商、批发商和零售商采用以下几种战略来达到这一目标：**有效的店内布局、有效的商品补货、有效的促销、有效的产品**，如图 3-8 所示。

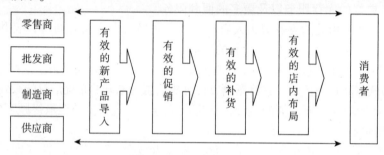

图 3-8　ECR 与供应链过程

品类管理是 ECR 的核心，通过向消费者传递价值来提高业绩。品类管理利用最新的信息技术并关注消费者的需求，能够使零售商和制造商针对某一品种优化其产品、定价、促销和渠道管理战略。

1）有效的店内布局。

实施这一战略，其目的是**通过有效地利用店铺的空间和店内布局以最大限度地提高商品的获利能力**。利用计算机化的空间管理系统，零售商可以提高货架的利用率。有效的商品分类要求店铺储存消费者需要的商品，把商品范围限制在高销售率的商品上，从而提高所有商品的销售业绩。

了解消费者的意见是商品品种决策对企业的要求。消费者调查的信息有力地帮助了企业了解消费者的购买行为。如，尼尔森公司的电子顾客调查方案调查顾客购买的所有商品，有助于企业全面了解顾客的家庭购买行为，了解顾客偏好的变化。

企业应经常监测店内空间分配以确定产品的销售业绩。优秀的零售商至少每月检查一次商品的空间分配情况，甚至每周检查一次。这样能使品种经理对新产品的导入、老产品的撤换、促销措施及季节性商品的摆放制定及时准确的决策。同时，分析各种商品的投资回报率，有助于企业了解商品的销售趋势，使企业对商品的空间分配进行适当的调整，从而保证商品的销售，实现事先确定的投资收益水平。

2）有效的补货。

该战略是**通过努力降低系统的成本**，从而降低商品的售价。其目的是将正确的产品在正确的时间和正确的地点以正确的数量和最有效的方式送达消费者。有效补货的构成要素主要包括：①POS 机扫描；②店铺商品预测；③店铺的电子收货系统；④商品的价格和促销数据库；⑤动态的计算机辅助订货系统；⑥集成的采购订单管理；⑦厂商订单履行系统；⑧动态的配送系统；⑨仓库电子收货；⑩直接出货；⑪自动化的会计系统；⑫议付。

3）有效的促销。

有效的促销战略的主要内容是**简化贸易关系**，将经营重点从采购转移到销售。快速周转消费品行业现在把更多的时间和金钱用于对促销活动的影响进行评价。消费者则可以从这些新型的促销活动所带来的低成本中获利。有效的促销活动主要有三种：广告促销、消费者促销、贸易促销。

近年以来，促销费用的重点从广告促销转到贸易促销，而消费者促销基本上没有很大变化。

4）**有效的新产品导入**。

不管哪一个行业，新产品导入都是一项重要的创造价值的业务。它们能够为消费者带来新的兴趣、快乐，为企业创造新的业务机会。特别是食品工业，在这个方面表现得更加活跃。

有效的产品导入包括**让消费者和零售商尽早接触到这种产品**。首要的策略就是零售商和厂商应为了双方的共同利益而密切合作。这个业务包括把新产品放在一些店铺内进行试销，然后按照消费者的类型分析试销的结果。根据这个信息决定怎样处理这种新产品，处理办法包括淘汰该产品、改进该产品、改进营销技术、采用不同的分销策略等。

（三）QR 与 ECR 的比较

1. QR 和 ECR 的差异

两者适用的产品不同：QR 适用于普通商品，ECR 适用于干货食品。

改革的重点也有所不同：对于食品行业（ECR）来说，改革的**重点是效率和成本**；对于普通店铺（QR）来说，**重点是补货和订货的速度**，目的是最大限度地消除缺货。

2. QR 和 ECR 的共同特征

QR 和 ECR 的共同特征是：①共同的外部变化；②解决恶劣的关系；③共同的威胁；④共同的目标；⑤共同的战略；⑥类似的错误。

第二模块 案例讨论

案例一 **双赢的战略合作模式是供应链协同管理的关键**

——对话木星咨询资深顾问吴栋材

《中国制造业信息化》：在制造业领域，供应链管理对于离散型与流程型企业在应用的需求上有哪些特殊性？

吴栋材：流程型企业在整个供应链管理中，由于每个业务流程的环节衔接得非常紧密，因此对时效性的要求会更高；离散型企业对比时效性的要求就没有流程型企业那么高，如生产线断了也不会造成太大影响，但由于其涉及的物料品种繁多，供应商也会相对较多，对这种大协作的概念要求更强一些。

《中国制造业信息化》：目前对于制造业的供应链管理（SCM）应用存在哪些问题和困境？

吴栋材：存在的问题和困境主要体现在整个链条（包括链组、企业）之间还没有形成相互的协作。其一，企业之间不断博弈，而竞争环境在发生变化，企业的盈利模式发生变动，至少要建立一个完整的框架型体系；其二，各个企业之间的管理水平还没有达到很高的要求，信息化应用程度还不够；其三，各个企业之间连接得还不够，没有形成一个统一的信息交流平台。

《中国制造业信息化》：现实中有这种情况，一个供应商为多家制造厂供货，并根据客户的重要程度及订单大小选择优先供货，由此造成需方在生产过程中存在很多不确定因素，只能与多家供应商进行合作。对此您有何看法？

吴栋材：从整个供应链体系来看，供应链都是网状的，不会是前面一家、后面一家的一种线状的链条。处于供应链中的每个企业的供应商都很多，客户也会很多，也是网状的。这样企业对 SCM 的管理就形成了很多不确定性的因素，企业更顾及前端的客户，这就是企业对如何建立一种双赢的模式还尚不清晰。此外，企业相互之间没有建立一个良好的信息沟通平台。现在的制造业对时间要求都更高，反应更快，因此对时效性的要求就更加严格。

《中国制造业信息化》：企业该如何建立一套完整的供应链体系，并实现企业产业链上下游的协同管理？

吴栋材：从目前中国的制造业企业来看，整个 SCM 应用还处于发展阶段。因为涉及跨行业跨企业间的协作，因此存在利益的博弈。希望企业能够站在一个比较高的位置来规划和设计企业在信息化方面的长远目标。第一，企业间要建立起一种双赢的战略合作模式，这样才能够更好地规划其 SCM 运作方式；第二，这种双赢战略合作模式建立以后，要以供应链的链主为核心建立一种供应链管理的模式，在业务模式之间建立一个比较通畅的业务流程体系；第三，在供应链管理当中建立一个信息沟通和共享的平台；第四，再分解到各个企业之间，根据产业链条的总体战略规划，各自规划和建设自身内部的信息化。但要在企业本身完成数字化管理的基础之上，才能进行企业供应链管理的协同。

《中国制造业信息化》：当前有少数的大型企业已经实现了从设计阶段开始就让供应商参与，通过这样达到了供应链管理的进一步优化。那么什么样的企业可以做到这一点？

吴栋材：这就是供应商早期的介入，从设计阶段就开始有合作，是一种较为前沿的战略合作。供需双方不光是简简单单的供需关系，核心厂商在设计阶段就可以请零部件供应商来参与设计。面对同一类型的客户需求，供应商可以将自己的市场经验以及客户的反馈等有价值的信息提供给核心厂商。这种协作模式可以让双方建立一种更加紧密的合作关系，在 SCM 体系中是更高级的合作模式，对双方的协作要求会更高。

（案例来源：双赢的战略合作模式是供应链协同管理之关键——对话木星咨询资深顾问吴栋材[EB/OL].（2013-7-22）[2022-3-25]. https://www.docin.com/p-680581699.html. 案例经编者整理、改编。）

思考题： 为什么双赢的战略合作模式是供应链协同管理的关键？

案例二　福特汽车公司：供应链战略如何选择？

供应链系统的主管特里·塔凯（Teri Takai）在她的日历上留出了一时间来思考高级经理们所提出的建议：公司该如何利用不断出现的信息技术（如互联网技术）和来自高新科技行业的思想来变革与供应商之间的相互作用方式？高级经理们所提出的问题被认为对福特的前途具有极其重要的意义。对于这一问题，特里·塔凯领导的小组成员有着不同的观点。

一些人认为，新技术不可避免地会使全新的商业模式得到盛行，福特需要从根本上重新设计其供应链及其他活动，否则的话，将面临落后的危险。这一群体赞成"虚拟一体化"，参考如戴尔等公司的供应链构建福特的供应链。戴尔公司通过大胆地利用技术，减少了流动资金，降低了库存过时的风险。该主张的支持者认为，尽管由于历史原因以及由于汽车产品的内在复杂性，汽车行业十分复杂，但是没有理由认为这种商务模式不能为福特公司应尝试的方向提供一个概念性的蓝图。

另一群体比较谨慎，认为汽车行业与相对较新的行业，如计算机制造业之间的差别是很重要和巨大的。一些人注意到，相对于戴尔计算机公司，福特的供应商网络具有更多的层次，涉及更多的公司，并且福特的采购组织历来就比戴尔的采购组织起着更加显著和独立的作用。在仔细分析的时候，这些差别以及其他方面的不同引起了许多复杂的问题，因此很难确定合适和可行的流程重新设计的范围。

在阅读她领导的小组所提供的文件时，特里·塔凯想起了首席执行官雅克·纳塞（Jac Nasser）在全公司范围内对股东价值和客户反应所做的强调。

（案例来源：福特汽车公司：供应链战略 ［EB/OL］. （2020-8-15）［2022-3-25］. https://wenku.baidu.com/view/d0754ee3ba68a98271fe910ef12d2af90342a822.html. 案例经编者整理、改编。）

思考题：你认为福特汽车公司是否能够采用戴尔的直销供应链模式？为什么？

案例三　沃尔玛推品类组合框架管理工作

沃尔玛在连锁大卖场中充分展示了其在供应链上节约成本的功夫后，又在品类管理上狠下功夫，来抢夺市场份额。为此，沃尔玛开发了一种被称为"超速增长，快速增长，展示需要"的品类管理组合框架。它根据每个品类的销售增长潜力和沃尔玛的规模优势进行组合。

（1）"超速增长"类商品，其销售增长速度必须是同类别商品的两倍。

例如，在一次电话会议中，沃尔玛的执行副总裁和首席商品官弗雷明举例说，宠物产品就是一个快速增长的品类，同时沃尔玛也有规模优势。沃尔玛将增加"超速增长"类商品的单品数量。

（2）"快速增长"类商品是销售在增长，但没有达到"超速增长"的幅度的商品。

这类商品的销售稳定，沃尔玛有规模优势，而且能提供极富竞争力的价格。

例如，布类商品，沃尔玛有巨大的规模优势，但商品线不够宽。因此，顾客不会把沃尔玛作为此类商品的主要购物场所。沃尔玛不会像对待宠物类商品那样，在这类商品上大量投资。这类商品的单品数会相对稳定。

（3）"展示需要"类商品的销售呈下降趋势。

这类商品的任务是为能让沃尔玛实现一站式购物。在这类商品上，沃尔玛可能没有规模优势或无法成为顾客的主要采购场所，但沃尔玛对这类商品的单品数也会进行优化。

"这一做法使我们有机会将商品组合和供应商库进行真正的合理化，提高生产力，并对超速商品加大投资。"弗雷明先生说，"我们绝不应该促销展示需要类商品，因为它们的销售在下降，不应该给这些商品留促销空间。在这一框架下，我们会更有效，而且我认为对顾客来说也会更好。"

（案例来源：沃尔玛推品类组合框架管理工作充分发挥规模优势［EB/OL］.（2016-4-26）［2022-3-25］.https://www.50yc.com/information/hangye-wuliu/4467.案例经编者整理、改编。）

思考题：什么是品类管理？为什么供应链管理中品类管理很重要？

第三模块　实训模块

一、实训目的

了解某企业供应链实施战略。

二、实训过程

将全班分成6组，每组6~8人。每组自主选择企业，调研企业供应链战略及实施情况。

三、实训要求

1. 调研在老师的指导下完成。
2. 每组撰写调研报告，报告不少于1 500字。
3. 每组制作PPT，在课堂上进行展示。

第四模块　小结与测试题

一、本章小结

1. 企业竞争环境的变化特点包括：信息爆炸的压力；技术进步越来越快；高新技术的使用范围越来越广；市场和劳务竞争全球化；产品研制开发的难度越来越大；可持续发展的要求；全球性技术支持和售后服务；用户的要求越来越苛刻；产品寿命周期越来越短；产品品种数飞速膨胀；对交货期的要求越来越高；对产品和服务的期望越来越高。

2. 企业竞争战略与供应链战略的含义。公司的竞争战略定义了公司企图通过其产品和服务来满足的一组顾客需求。供应链战略指明了生产、分销和服务所要做好的工作。

3. 企业竞争战略与供应链战略匹配的步骤：第一步，理解顾客；第二步，理解供应链；第三步，实现战略吻合。

4. 供应链战略的两个战略连续谱：推动式与拉动式供应链战略连续谱，纵向一体化与横向一体化供应链战略连续谱。

5. 供应链管理战略方法：有效客户响应（ECR）与快速反应（QR）两种供应链管理战略方法。

二、测试题

（一）单项选择题

1. 与 20 世纪相比，21 世纪的市场竞争具备新的特点，以下描述不正确的是（   ）。

A. 对产品和服务的期望越来越高　　　　B. 产品品种数越来越多

C. 对交货期的要求越来越高　　　　　　D. 产品寿命周期越来越长

2. 下列选项中，描述拉动式供应链特点的是（   ）。

A. 供应链上各节点比较松散　　　　　　B. 以客户为中心

C. 以制造商为核心企业　　　　　　　　D. 属于卖方市场下供应链的一种表现

3. 下列关于推动式供应链的描述中，正确的是（   ）。

A. 生产和分销的决策是根据长期预测的结果做出的

B. 生产和分销是由需求驱动的，与真正的顾客需求相协调

C. 通过更好地预测零售商订单的到达情况，可以缩短提前期

D. 系统的库存水平可以得到很大程度的下降

4. QR 实施可分为三个阶段，下列选项中，不属于这三个阶段的是（   ）。

A. 对所有的商品单元条码化，从而利用 EDI 传输订购单报文和发票报文

B. 在第一阶段的基础上增加与内部业务处理有关的策略，如自动库存补给与商品即时出售等

C. 与贸易伙伴密切合作，采用更高级的 QR 策略，以对顾客的需求做出快速反应

D. 改变传统的经营方式，革新企业的经营意识和组织

5. 下列关于 QR 优点的描述中，不正确的是（   ）。

A. 对厂商而言，可以更好地提供顾客服务

B. 对厂商而言，可以降低流通费用

C. 对零售商而言，可以减少削价的损失

D. 对零售商而言，将增加总体采购成本

6. 下列关于 ECR 特征的描述中，不正确的是（   ）。

A. 管理意识的创新　　　　　　　　　　B. 供应链整体协调

C. 新的零售形式　　　　　　　　　　　D. 涉及范围广

7. 下列关于 ECR 和 QR 差异的描述中，不正确的是（   ）。

A. 适用的产品不同，改革的重点不同

B. QR 适用于普通商品，ECR 适用于干货食品供应链整体协调

C. 对于 QR 来说，改革的重点是效率和成本

D. 对于 QR 来说，重点是补货和订货的速度，目的是最大限度地消除缺货

（二）多项选择题

1. 随着科学技术的进步和经济的不断发展，企业面临的环境逐渐发生了显著变化。下列选项中，属于企业面临环境的特点的有（　　　）。

A. 信息爆炸的压力越来越大，技术进步越来越快

B. 高新技术的使用范围越来越广

C. 市场和劳务竞争全球化

D. 产品研制开发的难度越来越大

E. 用户的要求越来越苛刻，有可持续发展的要求

2. 下列关于推动式供应链特点的描述中，不正确的是（　　　）。

A. 以制造商为核心企业　　　　　　　B. 以客户为中心

C. 供应链各节点集成度较高　　　　　　D. 属于买方市场下供应链的一种表现

E. 生产和分销是由需求驱动的

3. 下列关于推动式供应链与拉动式供应链战略的选择描述中，正确的有（　　　）。

A. 在其他条件相同的情况下，需求不确定性较高时，采用拉动战略

B. 在其他条件相同的情况下，需求不确定性较低时，采用拉动战略

C. 在其他条件相同的情况下，需求不确定性较高时，采用推动战略

D. 在其他条件相同的情况下，需求不确定性较低时，采用推动战略

E. 供应链战略的选择与需求不确定性关系不大

4. QR 成功实施须具备的五个条件有（　　　）。

A. 改变传统的经营方式，革新企业的经营意识和组织

B. 开发和应用现代信息处理技术

C. 与供应链相关方建立战略伙伴关系

D. 改变传统的对企业商业信息保密的做法

E. 供应方必须缩短生产周期和商品库存

5. 下列选项中，属于 ECR 系统构造的技术要素的有（　　　）。

A. 信息技术　　　　B. 物流技术　　　　C. 营销技术　　　　D. 组织革新技术

E. 谈判技术

（三）简答题

1. 企业的竞争战略和供应链战略的区别是什么？

2. 什么是推动式供应链和拉动式供应链？

3. 简述 QR 的实施步骤。

4. 简述 ECR 的应用原则。

5. 简述 ECR 和 QR 的含义和共同特征。

（四）论述题

1. 以福特汽车为例，阐述如何实现企业竞争战略与供应链战略的匹配。

2. 结合某企业，阐述如何实现 QR 战略的再造。

第四章 供应链关系管理

学习目标

1. 了解供应链合作关系的概念、意义，掌握供应链合作关系的构成，了解供应链合作与竞争的关系；

2. 了解供应商关系管理的概念和意义；

3. 掌握供应商关系的类型；

4. 了解客户关系管理的含义、出现成因；

5. 掌握客户关系管理成功的关键因素。

第一模块 基础知识

一、供应链关系管理概述

（一）什么是供应链合作关系

供应链合作关系一般是指在供应链内部**两个或两个以上独立的成员之间形成的一种协调关系，以保证实现某个特定的目标或效益**。建立供应链合作伙伴关系的目的，在于通过提高信息共享水平，减少整个供应链产品的库存总量，降低成本，提高整个供应链的运作绩效。

随着市场需求不确定性的增强，合作各方要尽可能削弱需求不确定性的影响和风险。供应链合作伙伴关系绝不应该仅考虑企业之间的交易价格本身，还有很多方面值得双方关注。例如，制造商总是期望其供应商提高服务水平，做好技术创新，实现产品的优化设计，等等。

供应链合作伙伴关系的潜在效益，往往在供应链合作伙伴关系（Supply Chain Partnership，SCP）建立后三年左右甚至更长的时间，才能转化成实际利润或效益。企业只有着眼于供应链管理整体竞争优势的提高和长期的市场战略并能忍耐一定时间，才能从供应链的合作伙伴关系中获得更大效益。

（二）建立供应链合作关系管理的意义

1）**减少不确定因素，降低库存**。企业面对的供需关系上的不确定因素可以通过相互之间的合作消除。通过合作，共享需求与供给信息，能使许多不确定因素明确。

2）**快速响应市场**。集中力量于自身的核心竞争优势，能充分发挥各方的优势，并能迅速开展新产品的设计和制造，从而使新产品响应市场的时间明显缩短。

3）**加强企业的核心竞争力**。以战略合作关系为基础的供应链管理，能发挥企业的核心竞争优势，获得竞争优势。

4）**用户满意度增加**。一方面，通过建立供应链合作伙伴关系，提高供应链企业之间的运营效率，降低成本，提高质量，增加用户满意度；另一方面，供应链企业与用户建立合作伙伴关系，能够更好地了解并满足用户需求，提升用户满意度。

5）**产品设计，产品制造过程和售后服务**。供应链各环节加强合作，能够更好地根据客户需求设计产品，提高生产制造过程的效率，并保证及时、有效地为客户提供售后服务。

6）制造商帮助供应商更新生产和配送设备，加大对技术改造的投入，提高产品和服务质量，提高用户满意度。

（三）供应链合作关系的形成

一个企业在能从实施供应链战略合作关系获益之前，首先必须认识到，供应链是一个复杂的过程，供应链合作关系的建立不仅是企业结构上的变化，而且在观念上也必须有相应的改变。所以，必须一丝不苟地选择供应商，以确保真正实现供应链合作关系的利益。

供应链合作伙伴关系的发展，经历了以下四个阶段。

1）**传统关系**。20世纪60年代至70年代为以传统的产品买卖为特征的**短期合同关系**。买卖关系是基于价格的关系，买方在卖方之间引起价格竞争并在卖方之间分配采购数量，从而对卖方加以控制。

2）**物流关系**。20世纪70年代至80年代以加强基于产品质量和服务的物流关系为特征，物料在从供应链上游到下游的转换过程中进行集成，注重服务的质量和可靠性，供应商在产品组、柔性、准时等方面的要求较高。

3）**合作伙伴关系**。20世纪90年代，企业与其合作伙伴在信息共享、服务支持、并行工程、群体决策等方面合作，强调基于时间（Time-based）和基于价值（Value-based）的供应链管理。

4）**网络资源关系**。这些年来，以实现集成化战略合作伙伴关系和以信息共享的网络资源关系为特征。随着信息技术的高度发展以及在供应链节点企业间的高度集成，供应链节点企业间的合作关系最终集成为网络资源关系。

供应链合作关系的发展如图4-1所示。

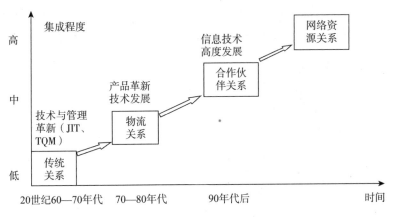

图 4-1 供应链合作关系的发展

二、供应链合作与竞争关系

竞争还是合作，是供应链上下游企业首先要考虑的问题。传统的供应链企业更多地强调竞争，现代供应链管理更强调合作。在当今科技飞速发展、经济环境变化多端的条件下，供应链企业如何竞争、如何合作？竞争与合作的比重多大？这些问题将成为供应链管理首要解决的问题。

（一）合作与竞争的关系

1. 竞争与合作是相互依存、不可分割的关系

社会生活既需要竞争，也离不开合作。合作中不能没有竞争，没有竞争的合作是一潭死水，当在合作中竞争时，竞争才能更好地实现目标；竞争中也不能没有合作，没有合作的竞争是孤独的，孤独的竞争是无力的，当在竞争中合作时，合作才能更加有效，才能共同进步与发展。

2. 合作是为了更好地竞争，竞争也是为了更好地合作

没有竞争就没有发展，没有合作就没有进步，只有把竞争与合作相互结合，才能适应时代的发展。单有合作精神或单有竞争能力是不够的。企业既要有竞争意识，也要有合作意识。在竞争中合作，在合作中竞争，力求双赢和多赢。

3. 竞争不忘合作，合作不能没有竞争

在合作中竞争，竞争才能更好地实现目标；在竞争中合作，合作才能更加有效，才能共同进步和发展。所以在学习和生活以至于将来的工作中，既要敢于竞争，又要善于竞争，在竞争中善于创造条件，发挥团队合作力量。要胜之有道，寻求合作各方的共赢。

（二）供应链竞合关系连续谱

企业经营活动是一种特殊的博弈，是一种可以实现双赢的非零和博弈。企业的经营活动必须要有竞争，也要有合作。从 20 世纪末开始，西方企业战略已从以"纯竞争战略"为主导向以"合作竞争战略"为主导转变。在如今的商战中，合作与竞争同时存在或交替出现。不少成功的经营者建立在他人成功的基础上，是共同战略的胜利。当共同创建一个市场时，商业运作的表现是合作；而当进行市场分配的时候，商业运作的表现是竞争。竞争不以伤害竞争对手为目的，重要的不是他人是否赢了，而在于自己是否赢了。供应链竞争与合作关系连续谱体现了不同环境下竞争与合作的程度，如图4-2所示。

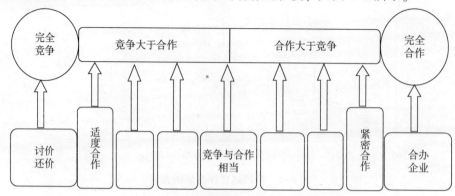

图4-2　供应链合作与竞争关系连续谱

图4-2两端是合作与竞争的极端，左端是完全竞争，即企业在信息不对称的情况下进行的讨价还价式的买卖；右端是完全合作，即两个企业通过合资等方式成为一个企业；中间为既有合作又有竞争的竞合关系。**传统企业战略过分强调竞争，供应链管理更强调合作。**供应链管理强调将合作者分为不同类型，建立不同的合作竞争关系。

三、供应商关系管理

（一）供应商关系管理概述

供应商关系管理（SRM）是用来改善与供应链上游供应商的关系的，它是一种致力于实现与供应商建立和维持长久、紧密伙伴关系的管理思想和软件技术的解决方案，它旨在改善企业与供应商之间关系的新型管理机制，实施于企业采购业务的相关领域，目标是通过与供应商建立长期、紧密的业务关系，并通过对双方资源和竞争优势的整合来共同开拓市场，扩大市场需求和份额，降低产品前期的高额成本，实现双赢的企业管理模式。同时，它又是以多种信息技术为支持和手段的一套先进管理软件和技术，它将先进的电子商务、数据挖掘、协同技术等信息技术紧密集成在一起，为企业产品的策略性设计、资源的策略性获取、合同的有效洽谈、产品内容的统一管理等过程提供一个优化的解决方案。实际上，它是一种以"扩展协作互助的伙伴关系、共同开拓和扩大市场份额、实现双赢"为导向的企业资源获取管理的系统工程。

（二）供应商关系管理相关理论基础

供应商关系管理有一些与之密切相关的理论，这些理论奠定了供应商关系管理的基础，从不同角度解释了供应商关系管理的形成原因。理论界探讨比较多的是**交易成本理论、信息理论和关联理论**。

1. 交易成本理论

科斯在1934年对企业的性质进行研究时提出了交易成本理论（交易费用论）。狭义的**交易费用指交易过程中发现的费用**，包括"发现相对价值的工作"、谈判、签约、监督履约的费用；广义的交易费用指利用市场机制的费用。

交易成本的主要内容包括：①由于活动不协调而造成的成本；②由于事先设计的错误

而事后需要更正与调整所造成的成本；③治理结构的运行机制在运作的过程中产生的成本；④保证承诺有效的约束成本。

交易成本的大小直接影响不同时期治理结构或者制度的安排。当企业扩大到一定程度以后，继续内化市场交易新增的成本（即边际组织管理费用）会不断增加，当边际交易费用等于边际组织费用时，企业就会停止扩大边界。

按照科斯的理论，随着信息技术的发展，交易费用会递减，但是随着企业扩张，企业委托代理成本、信息传递成本、影响力成本、协调费用等组织费用递增，即管理成本以递增的形式上升。边际交易费用等于边际组织费用的等式要求边际组织费用减少，这促使企业不得不缩小规模。这可以用来解释为什么企业逐渐转变过去那种"纵向一体化"的趋势，开始提倡核心竞争力，将非核心业务外包。这就对企业的供应商关系管理水平提出了更高的要求。

威廉姆斯认为，影响交易种类和交易费用的有三个维度：交易发生频率、不确定性和资产的专用性。交易发生频率高应该采用古典的缔约活动，即传统的契约型；一般频率的交易则需要采用关系性缔约活动。然而，事实证明，企业往往与交易频率高的企业建立伙伴关系。他认为，资产的专用性是决定企业规模边界的最重要变量。当资产专用性很高时，企业在协调利益冲突方面的应变优势逐步体现，企业扩大边界，将这部分业务自营。而实践证明，当资产专用性很高时，仍然有许多企业（如汽车行业）凭借将这部分业务外包给供应商而获得成功。显然，现代管理方式证明，许多企业处理这一类型与供应商的关系时的市场成本小于或者等于自营成本，但是，目前还缺乏理论论证。

2. 信息理论

信息问题首先产生于不确定性。当存在不确定性时，一般需要通过获得信息来减少不确定性的可能性。肯尼迪·阿罗认为，**企业的形成是为了减少信息获取费用，提高信息的传递效率**。他认为，企业是一个信息流程网，企业的稳定性决定了企业内部传递信息信号的有效性。从信息系统的观点来看，**顾客群和供应商在一定程度上都是企业的一部分**。供应商和企业之间存在着重要的信息交流，这种交流的密切程度有时甚至超过企业内部雇员之间的密切程度。但是，信息具备不对称性，这种不对称性可以导致逆向选择和道德风险。企业与供应商之间的信息不对称性导致供应商关系管理的复杂性。

3. 关联理论

伯纳将业务单元之间的关联分为三种类型：**有形关联、无形关联和竞争性关联**。有形关联指因为共同的客户、渠道、技术和其他因素的存在，相关业务单元有机会对价值链上的活动进行共享；无形关联指不同价值链之间管理技巧的传播；竞争性关联考虑到单个企业的竞争活动可能会波及整个行业。只有当价值活动现在或者将来在运营成本或者资产中占有重大比重的条件下，共享才能够对整体成本状况产生实质性影响。只有当价值活动的成本由规模效益、学习或者生产能力的利用模式等因素决定时，对该项价值活动的共享才有降低成本的潜力。

每种关联都是有成本的，根据其共享价值活动的成本分为三种：协调成本、妥协成本和刚性成本。协调成本指业务单元为了实现共享必须在诸如制订工作计划、确定工作重点和解决问题矛盾等方面进行协调时发生的成本，包括时间、人员和资金上的成本。妥协成本指业务单元共享一个活动时要求这个活动按照某种一致的方式运作，而这种方式对于所涉及的任何一个业务单元而言可能都不是最有利的方式，即业务单元以某种方式折中自己的需求时所承担的成本。刚性成本则有两种表现形式：一种是对竞争变化的反应方面存在潜在性的困难，即柔性和响应性下降；另一种是退出壁垒，当企业从一个没有竞争优势的业务单元中退出时，可能会损害与这一个业务单元共享活动的其他业务单元。刚性成本不是一种始终存在的成本，只有当弹性成为一种需要时，才成为一种成本，其大小取决于需要做出反应或者退出的可能性大小。

（三）供应商关系分类方法

供应商分类是指在供应市场上，采购企业依据采购物品的金额、采购商品的重要性及供应商对采购方的重视程度和信赖度等因素，将供应商划分为若干个不同的群体。供应商分类是对不同供应商进行分别管理的首要环节，只有在细分供应商的基础上，采购企业才能依据供应商的不同类别实施恰当的供应商管理策略。任何一个企业都不应该用同一模式去管理所有的采购物资和供应商。为了将供应商管理的有限精力在不同供应商间合理分配，加强管理的针对性，提高管理的效率，采购企业应根据自身特点将供应商进行分类，并依据类别进行切实的关系管理。下面分别介绍几种不同的供应商分类方法。

1. ABC 分类法

ABC 分类法是将采购企业的采购物资进行分类的方法，而不是针对供应商分类的，但是将采购物资分门别类自然就可以将提供这些物资的供应商相应地区别开来。相应地，采购精力分配也应有所侧重，针对不同重要程度的供应商采取不同的策略。ABC 分类法的思想源于 80/20（二八）原则，大意是采购数量仅占 20% 的物资的采购价值常常占到 80%，而剩余采购数量为 80% 的物资的采购价格却只有 20%。**80/20 原则将供应商按照物资的重要程度划分为两类：重点供应商和普通供应商，即占 80% 价值的 20% 的供应商为重点供应商，而其余只占 20% 价值的 80% 的供应商为普通供应商。**对于重点供应商，应投入 80% 的时间和精力进行管理与改进。这些供应商提供的物资为企业的战略物品或需集中采购的物资，如汽车制造企业需要采购的发动机和变速器，电视机制造企业需要采购的彩色显像管以及一些价值高但供应保障不力的物品。而对于普通供应商则只需投入 20% 的时间和精力就足够了。因为这类供应商所提供的物品的运作对企业的成本、质量和生产的影响较小，例如办公用品、维修备件、标准件等物资。

当然，根据 80/20 原则细分的供应商种类并不是一成不变的，随着企业生产结构和产品线的调整，企业要适时地重新划分。例如，随着液晶电视的日益普及，电视制造企业原来重点采购的显像管可能慢慢地就会成为普通物资，而该类供应商可能就会由重点供应商降级为普通供应商。

2. 二因素分类法

不同物资对企业生产建设的重要程度不同，所产生的影响也不同。在整个物资采购网络中，企业应该针对不同物资的重要程度，选择不同的供应商关系管理模式。本书根据采购物资本身的重要程度和供应市场复杂度两大依据对物资进行分类，按照这种分类方法可把各种物资分成**战略物资、重要物资、瓶颈物资和一般物资**。

1）战略物资：该类物资需求量大，价值昂贵，属于生产经营的关键物资，其质量、价格和供应的可持续性对企业生产经营有重大影响。能够提供战略物资的合格供应商不多。

2）重要物资：该类物资对企业生产经营很重要，价值昂贵，库存占有资金大，市场供应充足，企业选择余地大。

3）瓶颈物资：企业对该类物资需求量不大，但是其质量对企业的生产影响很大，而且企业对该类物资没有多少讨价还价的余地。

4）一般物资：物资本身价格不高，种类繁多，供应市场上也容易获得。

3. 二元分类法

二元分类法将供应商分为产品型供应商和服务型供应商。产品型供应商是指在产品设计、生产及价格等方面具有突出优势的供应商，而服务型供应商是指在产品质量、售后服务、交货及信息沟通上具有突出优势的供应商。

对同样作为制造商的买方来说，二元分类能体现供应商间最本质的区别，同时管理成本也较低。产品型供应商提供的产品在设计上具有较高的可靠性、实用性及创新性，能提供柔性程度高的产品以配合不同下游制造企业在不同生产及市场情况下的需要。最为关键的是，产品型供应商所提供的产品在价格上具有相当的竞争力。研究表明，价格是企业采购时最为关注的指标，因此产品型供应商的竞争优势在于其提供的价格相对较低，且产品特性突出，因而符合制造商或终端客户的需求。一般而言，成本领先以及标新立异是产品型供应商的竞争战略。服务型供应商与产品型供应商不同，其最大的优势在于产品质量好，符合对产品质量要求严格的买方需求，同时其在保养、维护等售后服务上令买方更为满意。为提高买方的满意度，服务型供应商在交货时间上更加配合买方需要，例如提供JIT或VMI等价值增值活动。同时，服务型供应商与买方建立高效、准确的信息沟通渠道，及时了解买方的需求变化并对此做出快速反应。

产品型供应商与服务型供应商之间并不存在对抗性的非此即彼的选择压力，不同的供应商能在买方价值链的不同接触点上产生相应的正向作用。例如，在汽车制造业中，发动机、离合器等关键构件对于制造商来说具有重要意义，出于产品质量及差异化优势的考虑，制造商对供应商的选择主要是基于质量。由于其单位价值较高，制造商为降低持有成本会要求供应商尽量采取JIT供货方式。但对于汽车内饰等构件，制造商一般会选择产品价格相对较低且产品设计具有实用性及创新性的供应商，力求降低整车成本，并增加整车的风格独特性，从而提高顾客价值。

买方对供应商就产品型、服务型进行分类的目标是实施针对性的管理（或合作）策略，以此提高双方的绩效并降低管理成本。针对不同类型的供应商，买方应采取不同的管理策略。

买方对产品型供应商的管理重点主要集中在：①帮助供应商提高产品质量或共同设计生产流程，制定模块化标准使其提供标准化程度更高的产品，以适应买方制造工艺的需求；②与供应商一起设计、改进物流系统，尽可能提高供应商在物流方面的绩效表现；③建立与供应商间的良好信息沟通渠道，及时交换双方对产品的使用信息，并提高信息传递的精确性，缩短信息反馈时间。

买方对服务型供应商的管理重点主要集中在：①帮助供应商分析其供应链流程或生产工艺，在保证产品质量基本不变的前提下削减成本；②及时将使用及需求信息反馈给供应商，与其共同就产品改进、新产品开发进行合作，提高其产品新异性和柔性；③及时沟通需求信息，加大需求信息提前通知时间，以弥补由于工艺、计划等因素造成的供应商数量柔性不足的劣势。

4. 合作关系层次分类法

按照采供双方的合作关系由浅到深的次序，将供应商分为短期目标型、长期目标型、渗透型、联盟型和纵向集成型。

（1）短期目标型。

短期目标型是指采购商和供应商之间是交易关系，即一般的买卖关系。双方的交易仅停留在短期的交易合同上，双方最关心的是如何谈判、如何提高自己的谈判技巧和议价能力，使自己在谈判中占据优势，而不是如何改善自己的工作而使双方都获利。供应商根据合同上的交易要求提供标准化的产品或服务，保证每一笔交易的信誉。当交易完成之后，双方的关系也就终止了，双方的联系仅仅局限在采购方的采购人员和供应方的销售人员之间，其他部门的人员一般不会参加双方之间的业务活动，双方也很少有业务活动。

（2）长期目标型。

长期目标型是指采购方与供应商保持长期的关系，双方可能为了共同的利益对改进各自的工作感兴趣，并以此为基础建立起超越买卖关系的合作。长期目标型的特点是建立了一种合作伙伴关系，双方工作的重点是从长远利益出发，相互配合，不断改进产品质量与服务质量，共同降低成本，提高共同的竞争力。双方合作的范围遍及各公司内部的多个部门。例如，采购方对供应商提出新的技术要求，而供应商目前还没有能力实现，在这种情况下，采购方可能会对供应商提供技术上和资金上的支持。当然，供应商的技术创新也会给采购方的产品改进提供契机，采购方向供应商提供支持的原因也在于此。

（3）渗透型。

渗透型是在长期目标型基础上发展起来的，其指导思想是把对方公司看成自己公司的一部分，对对方的关心程度较之上面两种大大提高。为了能够参与对方的活动，采购企业甚至会在产权上采取一些恰当的措施，如相互投资、参股等，以保证双方利益的共享与一致性。同时，在组织上也应采取相应的措施，保证双方派员加入对方的有关业务中去。这样做的好处是，供应商可以了解自己的产品在采购方企业中起到了什么作用，便于发现改进的方向；而采购方可以了解供应商是怎样制造那些物资的，从而提出可行的改进意见。

（4）联盟型。

联盟型是从供应链角度提出的，其特征是在更长的纵向链条上管理成员之间的关系，双方维持关系的难度更高，要求也更严格。联盟型往往需要一个处于供应链上核心位置的企业协调各成员之间的关系，它常被称为供应链上的核心企业。

（5）纵向集成型

纵向集成型是最复杂的关系类型，即把供应链上的成员企业整合起来，像一个企业一样。成员企业仍然是完全独立的企业，决策权属于自己。在这种关系下，每个企业都要充分了解供应链的目标、要求，在充分掌握信息的条件下，自觉地做出有利于供应链整体利益而不是企业的个体利益的决策。这一类型的供应商关系目前还只停留在学术讨论层次，实践中案例极少。

5. 模块法

供应商分类的模块法是依据供应商与本企业的相互重要程度构造的分析矩阵来分析供

应商类型的方法。模块法将供应商分为商业型供应商、重点商业型供应商、优先型供应商和伙伴型供应商四种类型。

（1）**商业型供应商**：对于供应商和采购方都不是很重要的采购业务，相应的供应商可以很方便地更换，那么这些采购业务对应的供应商就是普通的"商业型供应商"。

（2）**重点商业型供应商**：供应商认为采购方的采购业务对它们来说无关紧要，但该业务对本单位却是十分重要的，这样的供应商就是需要注意改进和提高的"重点商业型供应商"。

（3）**优先型供应商**：供应商认为采购方的采购业务对它们来说非常重要，但该项业务对本企业来说却并不十分重要，这样的供应商无疑有利于本企业，即为"优先型供应商"。

（4）**伙伴型供应商**：供应商认为本采购企业的采购业务对于它们来说非常重要，供应商自身又有很强的产品研发能力等，同时该项采购业务对本企业也很重要，这些业务对应的供应商就是"伙伴型供应商"。

6. 供应商关系谱

在了解供应商关系类型前，需要先认识供应商关系谱。**供应商关系谱**是将供应商分为**不可接受的供应商、可接受的潜在供应商**，以及五级不同层次的**已配套的供应商**。五级已配套的供应商关系谱如表4-1所示。

表4-1 五级已配套的供应商关系谱

层次	关系类型	特征	适合范围
5	自我发展型的伙伴供应商	优化协作	态度、表现好的供应商
4	共担风险的供应商	强化合作	愿意长期合作的供应商
3	运作相互联系的供应商	公开、信赖	坦诚、有合作意愿的供应商
2	需持续接触的供应商	竞争游戏	表现好的供应商
1	已认可的、触手可及的供应商	现货买进方式	方便、合理的供应商

第一层次的供应商为触手可及的关系，因采购价值低，它们对采购企业显得不很重要，因而无须与供应商或供应市场靠得太紧密，只要供应商能提供合理的交易即可。处理这类供应商的关系可采取现货买进方式。第二层次的供应商要求企业对供应市场有一定的把握，如了解价格发展趋势等。采购的着力点是对供应市场保持持续接触，在市场竞争中买到价格最低的商品。第三层次的供应关系必须做到双方运作的相互联系，其特征是公开、互相信赖。一旦这类供应商选定，双方就以坦诚的态度在合作过程中改进供应、降低成本。通常这类供应商提供的零部件对本单位来说属于战略品，但供应商并不是唯一的，本单位有替代的供应商。这类供应商可以考虑长期合作。第四层次供应商关系就成为一种共担风险的长期合作关系，其重要的特征是双方都力求强化合作，通过合同等方式将长期关系固定下来。第五层次是互相配合形成的自我发展型的伙伴供应商关系。这种关系意味着双方有共同的目标，必须协同作战，其特征是为了长期的合作，双方要不断地优化协作，最具代表性的活动就是供应商主动参与到采购方的新产品、新项目的开发业务中来，而采购企业亦依赖供应商在其产品领域内的优势来提高自己产品开发的竞争力。

7. 供应商关系发展史分类法

从供应商关系发展史可将供应商关系细分为交易性竞争关系、合作性适应关系和战略性伙伴关系。

（1）交易性竞争关系。

传统思想总是认为，供应商之间的竞争对于采购方是有利的，因为这样可以从供应商处获得更低的价格，所以供应商越多也就越有利。同时和多个供应商有往来不仅能获得低价的好处，也能保证供应的连续。这其中唯一的控制因素就是一份产品规格说明书，这也就使供应商之间的竞争最大化了。**在这种思想的指导下，供应商与采购方之间的关系只能是交易关系**。这种关系是**一种对立的关系**。就同一项产品而言，有多个供应商供货，各供应商在采购方的采购总量中所占的份额大小也就完全取决于它们的价格高低。

如果一个大公司进行采购，那么拥有上千家供应商也就不足为奇。在这种情况下，供货的质量容易参差不齐，因为不同的供应商之间的供货可能不是完全兼容的，而且买卖双方很少将质量控制作为主要管理内容。同时，由于要保持多家供应商，并管理这种复杂的关系，公司的采购成本肯定会增加，也会导致质量的下降。

（2）合作性适应关系。

到了20世纪80年代早期，采购管理的工作重心已逐渐转向质量和顾客满意方面，质量标准也从最终顾客的角度来制定。采购企业对订货要求制定了更为复杂的标准，不仅包括产品本身，也包括交货、技术服务、售后支持等。采购企业开始依靠更少的供应商，但是对供应提出了更高的要求，即要求在最短的时间里，在合适的地点，以合适的方式做某件合适的事情。然而，在某种程度上，这种供应商与采购方之间的关系仍然是对立的。**各个供应商之间也是对立的关系**。采购者所制定的产品的规格、标准越来越复杂，但是供应商却少有介入其制定过程的。

（3）战略性伙伴关系。

20世纪80年代，战略性伙伴关系迅速发展起来，战略性伙伴型的供应商与采购客户之间的关系也称为"实时供应"关系。这种关系只有少数的，甚至唯一的供应商与采购客户进行合作，合作的领域可能会涉及经济活动的很多方面，如生产、工程技术、设计、采购、营销等。**供应商积极参与了采购客户的产品设计和规格的制定过程**。这种合作的形式也是在不断变化的。此时，一揽子采购协议或者是其他更加非正式化的一些订购协议日益普遍。

（四）供应商关系管理的意义

良好的供应商关系管理对于生产企业增强成本控制、提高资源利用率、改善服务水平和增加收益起到了巨大的推动作用。实施有效的供应商关系管理可以大大节约时间和财力，更大程度地满足顾客的需要，为顾客创造价值。为了在竞争中立于不败之地，越来越多的生产企业，包括世界上许多著名的跨国公司，如IBM、Dell、沃尔玛、丰田和耐克等，都在通过科学的供应商关系管理来获得国际市场领先的竞争优势。具体说来，供应商关系管理的优势主要包含以下几个方面。

1）**降低成本**。企业通过供应商推荐材料的使用可以使很多成本降低；另外，通过与供应商的良好沟通，可以降低产品开发成本、质量成本、交易成本、售后服务成本等。据有关资料表明，运行供应商关系管理的解决方案可使企业采购成本削减20%。

2）**减少风险**。企业及时、安全地获得关键性原材料，可以降低企业及供应链中的潜在供应风险和不确定性。通过开展供应商关系管理，企业可借助供应商开发新的产品、技术，从而降低其未知技术领域的风险；同时，供应商的资产投资专用于双方合作领域，企业的投资风险也得以降低。

3）**规模经济**。在某些领域，采购方企业研究开发的庞大费用使其望而却步，企业无法单独承担起开发和生产的全过程，采购方可以通过把没有能力研发的部分技术转包给专业供应商，在加强供应商力量的同时，通过合理分配技术投资任务，专注于开发核心技术，在其核心领域追求卓越，从而达到规模经济的效果。

4）**互补技术和专利**。与供应商共同研究开发，企业间技术人员相互协作，使双方的技术和发明专利互补并应用于生产。这种思路使得采购企业和供应商联手进行技术创新成为可能，可以协助企业比竞争对手更快、更早地向市场推出新产品。

5）**提高客户满意度**。供应商关系管理使企业产品质量、交货时间、供货准时率等得到了很大程度的改善，从而大大提高了顾客的满意度和忠诚度。

四、客户关系管理

客户关系管理（Customer Relationship Management，CRM）是供应链关系管理的重要组成部分，是全球供应链论坛（GSCF）供应链流程模型中两个主要关系管理流程之一。近年来，客户关系管理越来越受到供应链企业的关注。

（一）客户关系管理的起源与发展

最早发展客户关系管理的国家是美国，美国在 1980 年年初便有所谓的"接触管理"（Contact Management），即专门收集客户与公司联系的所有信息。1985 年，巴巴拉·本德·杰克逊提出了关系营销的概念，使人们对市场营销理论的研究又迈上了一个新的台阶。到 1990 年，则演变成包括电话服务中心支持资料分析的客户关怀（Customer Care）。

1999 年，加特纳集团公司（Gartner Group Inc）提出了客户关系管理 CRM（Customer Relationship Management）的概念。该公司在早些提出的 ERP（企业资源计划）概念中，强调对供应链进行整体管理。而客户作为供应链中的一环，为什么要针对它单独提出 CRM 概念呢？

原因之一在于，人们在 ERP 的实际应用中发现，由于 ERP 系统本身功能方面的局限性，也由于 IT 技术发展阶段的局限性，ERP 系统并没有很好地实现对供应链下游（客户端）的管理，针对客户多样性，ERP 并没有给出良好的解决办法。另一方面，到 20 世纪 90 年代末期，互联网的应用越来越普及，客户信息处理技术（如数据仓库、商业智能、知识发现等技术）得到了长足的发展。结合新经济的需求和新技术的发展，加特纳集团公司提出了 CRM 概念。从概念提出开始，CRM 市场一直处于一种爆炸性增长的状态。

（二）客户关系管理（CRM）的定义

关于客户关系管理的定义，不同的研究机构有着不同的表述。

最早提出该概念的加特纳集团公司认为，所谓的客户关系管理就是为企业提供全方位的管理视角，赋予企业更完善的客户交流能力，最大化客户的收益率。

赫尔维茨集团认为，CRM 的焦点是自动化并改善与销售、市场营销、客户服务和支持等领域的客户关系有关的商业流程。CRM 既是一套原则制度，也是一套软件和技术。它的目标是缩短销售周期和缩减销售成本，增加收入，寻找扩展业务所需的新市场和渠道，以及提高客户的价值、满意度、盈利性和忠实度。CRM 应用软件将最佳的实践具体化，并使用了先进的技术来协助各企业实现这些目标。CRM 在整个客户生命期中都以客户为中心，这意味着 CRM 应用软件将客户当作企业运作的核心。CRM 应用软件简化、协调了各类业务功能（如销售、市场营销、服务和支持）的过程并将其注意力集中于满足客户的需要上。CRM 应用还将多种与客户交流的渠道，如面对面、电话接洽以及网页访问协调为一体，这样，企业就可以按客户的喜好使用适当的渠道与之进行交流。

而 IBM 则认为，客户关系管理包括企业识别、挑选、获取、发展和维护客户的整个商业过程。IBM 把客户关系管理分为三类：关系管理、流程管理和接入管理。

从管理科学的角度来考察，CRM 源于市场营销理论；从解决方案的角度考察，CRM 是将市场营销的科学管理理念通过信息技术的手段集成在软件上，得以在全球大规模地普及和应用。

作为解决方案的客户关系管理，集合了当今最新的信息技术，包括互联网和电子商务、多媒体技术、数据仓库和数据挖掘、专家系统和人工智能、呼叫中心等。作为一个应用软件的客户关系管理，凝聚了市场营销的管理理念。市场营销、销售管理、客户关怀、服务和支持构成了 CRM 软件的基石。

综上所述，客户关系管理有三层含义：①体现为新形态企业管理的指导思想和理念；②是创新的企业管理模式和运营机制；③是企业管理中信息技术、软硬件系统集成的管理方法和应用解决方案的总和。

CRM 的核心思想——客户是企业的一项重要资产，客户关怀是 CRM 的中心，客户关怀的目的是与所选客户建立长期和有效的业务关系，在与客户的每一个"接触点"上都更加接近客户、了解客户，最大限度地增加利润和利润占有率。

CRM 的核心是客户价值管理，它将客户价值分为既成价值、潜在价值和模型价值，通过一对一营销原则，满足不同价值客户的个性化需求，提高客户忠诚度和保有率，实现客户价值持续贡献，从而全面提升企业盈利能力。

尽管 CRM 最初的定义为企业商务战略，但随着信息技术的参与，CRM 已经成为管理软件、企业管理信息解决方案的一种类型。

因此，另一家著名咨询公司盖洛普（Gallup）将 CRM 定义为：策略+管理+信息技术（IT）。强调了信息技术在 CRM 管理战略中的地位。同时，也强调了 CRM 的应用不仅仅是信息技术系统的应用，还与企业战略和管理实践密不可分。

（三）客户关系管理出现的原因

1. 需求的拉动

客户的需求越来越个性化、多样化，如何与客户建立良好的关系，成为企业需要关注的问题。一方面，很多企业在信息化方面已经做了大量工作，收到了很好的经济效益。另一方面，很多企业的销售、营销和服务部门的信息化程度越来越不能适应业务发展的需要，**越来越多的企业要求提高日常销售、营销和服务的自动化和科学化。**这是客户关系管理应运而生的需求基础。

2. 技术的推动

客户信息是客户关系管理的基础。数据仓库、商业智能、知识发现等技术的发展，使得收集、整理、加工和利用客户信息的质量大大提高。

经典小案例

办公自动化程度、员工的计算机应用能力、企业信息化水平、企业管理水平的提高都有利于客户关系管理的实现。我们很难想象，一个管理水平低下、员工意识落后、信息化水平很低的企业如何从技术上实现客户关系管理。有一种说法很有道理：客户关系管理的作用是锦上添花。现在，信息化、网络化的理念已经深入人心，很多企业也有了相当的信息化基础。

3. 管理理念的更新

经过多年的发展，市场经济的观念已经深入人心。当前，一些先进企业正经历着从以产品为中心向以客户为中心的转移。有人提出了**客户联盟**的概念，也就是与客户建立共同获胜的关系，达到双赢的结果，而不是千方百计地从客户身上谋取自身的利益。

现在是一个变革的时代、创新的时代。仅仅比竞争对手领先一步，就可能意味着成功。业务流程的重新设计为企业的管理创新提供了一个工具。在引入客户关系管理的理念和技术时，不可避免地要对企业原来的管理方式进行改变，变革、创新的思想将有利于企业员工接受变革，而业务流程重组则提供了具体的思路和方法。

在互联网时代，仅凭传统的管理思想已经不够了。互联网带来的不仅是一种手段，它触发了企业组织架构、工作流程的重组以及整个社会管理思想的变革。

（四）客户关系管理成功实现的关键因素

具体到客户关系管理的实现，应该关注如下七个方面。

1）**高层领导的支持**。这个高层领导一般指销售副总、营销副总或总经理，他们是项目的支持者，主要作用体现在三个方面：首先，他们为 CRM 设定明确的目标；其次，他们是推动者，向 CRM 项目提供为达到设定目标所需的时间、财力和其他资源；最后，他们确保企业上下认识到这样一个工程对企业的重要性。在项目出现问题时，他们激励员工集思广益解决问题。

2）**专注于流程**。成功的项目小组应该把注意力放在流程上，而不是过分关注技术。技术只是促进因素，本身不是解决方案。因此，好的项目小组开展工作后，第一件事就是花费时间去研究现有的营销、销售和服务策略，并找出改进方法。

3）**技术的灵活运用**。那些成功的 CRM 项目，对技术的选择总是与要改善的特定问题紧密相关。如果销售管理部门想减少新销售员熟悉业务所需的时间，这个企业应该选择营销百科全书功能，且应是根据业务流程中存在的问题来选择合适的技术，而不是调整流程来适应技术要求。

4）**组织良好的团队**。CRM 的实施队伍应该在四个方面有较强的能力。首先是业务流程重组的能力。其次是对系统进行客户化和集成化的能力，特别是对于那些打算支持移动用户的企业。然后是对信息技术部门的要求，如网络大小的合理设计、对用户桌面工具的提供和支持、数据同步化策略等。最后是实施小组要具有改变管理方式的技能，并提供桌面帮助。

5）**重视人的因素**。很多时候，企业并不是没有认识到人的重要性，对如何做不甚明了。可以尝试如下几个简单易行的方法：①请企业未来的 CRM 用户参观客户关系管理系统，了解这个系统到底能为 CRM 用户带来什么。②在 CRM 项目的各个阶段（需求调查、解决方案的选择、目标流程的设计等），都争取最终用户的参与，使这个项目成为用户负责的项目。③在实施的过程中，从用户的角度出发，为用户创造方便。

6）**分步实现**。通过流程分析，识别业务流程重组的一些可以着手的领域，但要确定实施优先级，每次只解决几个最重要的问题，而不是"毕其功于一役"。

7）**系统的整合**。系统各个部分的集成对 CRM 的成功很重要。CRM 的效率和有效性的获得需要一个过程，这个过程可表示为：终端用户效率的提高—终端用户有效性的提高—团队有效性的提高—企业有效性的提高—企业间有效性的提高。

第二模块　案例讨论

案例一　本田公司与其供应商的合作伙伴关系

位于俄亥俄州的本田美国公司，强调与供应商之间的长期战略合作伙伴关系。本田公司总成本的 80% 用在向供应商的采购上，这在全球是最高的。它选择离制造厂近的供应源，所以与供应商能建立更加紧密的合作关系，能更好地保证 JIT 供货。制造厂库存的平均周转周期不到 3 小时。1982 年，27 个美国供应商为本田美国公司提供价值 1 400 万美元的零部件；而到了 1990 年，有 175 个美国的供应商为它提供超过 22 亿美元的零部件。大多数供应商与它的总装厂距离不超过 75 千米。强有力的本地化供应商的支持是本田公司成功的原因之一。

本田公司与供应商之间是一种长期相互信赖的合作关系。如果供应商达到本田公司的业绩标准就可以成为它的终身供应商。本田公司也在以下几个方面提供支持帮助，使供应商成为世界一流的供应商：①2 名员工协助供应商改善员工管理；②40 名工程师在采购部门协助供应商提高生产率和质量；③质量控制部门配备 120 名工程师，解决进厂产品和供应商的质量问题；④在塑造技术、焊接、模铸等领域为供应商提供技术支持；⑤成立特殊小组，帮助供应商解决特定的难题；⑥直接与供应商上层沟通，确保供应商的高质量；⑦定期检查供应商的运作情况，包括财务和商业计划等；⑧外派高层领导人到供应商所在地工作，以加深本田公司与供应商相互之间的了解及沟通。

本田与多纳勒（Donnelly）公司的合作关系就是一个很好的例子。本田美国公司从 1986 年开始选择 Donnelly 为它生产全部的内玻璃，当时 Donnelly 的核心能力就是生产车内玻璃。随着合作的加深，相互的关系越来越密切（部分原因是相同的企业文化和价值观），本田公司开始建议 Donnelly 生产外玻璃（这不是 Donnelly 的强项）。在本田公司的帮助下，Donnelly 建立了一个新厂生产本田的外玻璃。

在俄亥俄州生产的汽车是本田公司在美国销量最好、品牌忠诚度最高的汽车。事实上，它在美国生产的汽车已经部分返销日本。本田公司与供应商之间的合作关系无疑是它成功的关键因素之一。

（案例来源：马士华，林勇. 供应链管理［M］. 北京：高等教育出版社，2003.）

思考题：结合案例分析供应链合作伙伴关系。

案例二　波音公司的供应商关系管理

本案例通过考察波音公司商用飞机的业务情况来分析客户关系在其全盘业务中的重要性。该公司多年来一直把重点放在性能卓越的喷气机系列 747、757、767、777 机型上，尽管每一架飞机都是由波音公司设计和制造的，但实际上全球的供应商都为之做出了重要的贡献。长期以来，波音公司与日本的 4 家飞机制造公司——Mitsubishi 重工业公司、Kawasaki 重工业公司、Ishikawajima-Harima 重工业公司和富士重工业公司建立了良好的供应商关系。

为了解波音公司与上述 4 家供应商的关系，需要退回几十年前。当时，波音公司在日本第一次试销飞机，为了成功地向日本航空公司推销自己的产品，附加了条件——波音公司必须把某些有关的零件制造业务承包给日本的公司。为了打开和占领日本市场，波音公司的管理者接受了这种条件。

这就使双方开始了一个动态的策略变化过程，最终导致了二者目前重大的相互依赖关系。到 20 世纪 90 年代末，部件外购的成分占了一架飞机总价值的 50%。事实上，日本这 4 家公司在宽体喷气式飞机的机体中贡献了将近 40% 的价值，使用的专业技术和工具在许多方面都是全球最领先的。

这是一种双赢的伙伴关系，双方都是大赢家，日本航空公司购买了大量的飞机，帮助波音公司成为全球主导的商用机公司；同时，与波音的关系也使日本的制造厂家改进了它们的技术，从而增加了它们对波音和世界范围内其他生产商的吸引力。尽管波音公司对其供应商有很大的依赖性，公司的管理层相信他们的系统设计能力和整合技术可以防止任何供应商或若干供应商联合起来从他们手里夺走行业的控制权。

（案例来源：波音与空客供应商关系管理案例分析［EB/OL］.（2012－11－28）［2022－3－29］. https://www. docin. com/p-539367920. html. 案例经编者整理、改编。）

思考题：讨论供应商关系管理的类型，并进行分析。

案例三　上海金丰易居客户关系管理

金丰易居是 A 股上市公司金丰投资（股票简称：绿地控股，股票代码 600606）旗下专业从事房地产策划与销售代理的企业。它是集租赁、销售、装潢、物业管理于一身的房地产集团。由于房地产领域竞争日趋激烈，花一大笔钱在展会上建个样板间来招揽客户的做法已经很难达到好的效果，在电子商务之潮席卷而来时，很多房地产企业都在考虑用新的方式来吸引客户。

金丰易居在上海有 250 多家连锁门店的有形网点，以前客户有购房、租房的需求，都是通过电话、传真等原始的手段联系。由于没有统一的客服中心，而服务员的水平参差不齐，用户常常要交涉多次才能找到适合解答他们关心问题的部门。又由于各个部门信息共享程度很低，所以用户从不同部门得到的回复有很大的出入，由此给用户留下了很不好的印象，很多客户因此干脆就弃之而去。更让金丰易居一筹莫展的是，尽管以前积累了大量的客户资料和信息，但由于缺乏对客户潜在需求的分析和分类，这些很有价值的资料利用率很低。

金丰易居的 eCRM
系统实施方案

金丰易居的总经理彭加亮意识到，在互联网时代，如果再不去了解客户的真正需求，主动出击，肯定会在竞争中被淘汰。1999年5月，金丰易居与美国艾克公司接触后，决定采用该公司的 eCRM 产品。

应用艾克的客户关系管理系统之后，金丰易居很快取得了很好的效果，统一的服务平台不仅提高了企业的服务形象，还节省了人力、物力。通过挖掘客户的潜在价值，金丰易居制定了更具特色的服务方法，提高了业务量。另外，由于客户关系管理整合了内部的管理资源，管理成本降低了。

（案例来源：上海金丰易居顾客价值案例分析［EB/OL］.（2016-9-12）［2022-3-29］. http://www.51edu.com/guanli/glsj/412130.html. 案例经编者整理、改编。）

思考题： 结合案例，分析供应链客户关系管理成功实现的关键因素。

第三模块　实训模块

一、实训目的

了解某企业供应链关系管理和客户关系管理的情况。

二、实训过程

将全班分成6组，每组6~8人，每组自主选择企业，调研企业供应链关系管理及实施情况。

三、实训要求

1. 调研过程在老师的指导下完成。
2. 每组撰写调研报告，报告不少于1 500字。
3. 每组做演示文稿（PPT），在课堂上进行展示。

第四模块　小结与测试题

一、本章小结

1. 供应链合作关系一般是指在供应链内部两个或两个以上独立的成员之间形成的一种协调关系。建立供应链合作伙伴关系的目的在于通过提高信息共享水平，减少整个供应链产品的库存总量、降低成本和提高整个供应链的运作效率。

2. 竞争还是合作，是供应链上下游企业首先要考虑的问题。传统的供应链企业更多地强调竞争，现代供应链管理更强调合作。在当今科技飞速发展、经济环境变化多端的条件下，供应链企业如何竞争、如何合作？竞争与合作的比重多大？这些问题将成为供应链管理首要解决的问题。

3. 供应商关系管理（SRM）是用来改善与供应链上游供应商的关系的，它是一种致力于实现与供应商建立和维持长久、紧密伙伴关系的管理思想和软件技术的解决方案，同时它又是以多种信息技术为支持和手段的一套先进的管理软件和技术，它将先进的电子商务、数据挖掘、协同技术等信息技术紧密集成在一起，为企业产品的策略性设计、资源的策略性获取、合同的有效洽谈、产品内容的统一管理等过程提供了一个优化的解决方案。

4. 供应商分类是指在供应市场上，采购企业依据采购物品的金额、采购商品的重要性及供应商对采购方的重视程度和信赖度等因素，将供应商划分为若干个不同的群体。

5. 客户是企业的一项重要资产，客户关怀是 CRM 的中心，客户关怀的目的是与所选客户建立长期和有效的业务关系，在与客户的每一个"接触点"上都更加接近客户、了解客户，最大限度地增加利润和利润占有率。CRM 的核心是客户价值管理，它将客户价值分为既成价值、潜在价值和模型价值，通过一对一营销原则，满足不同价值客户的个性化需求，提高客户忠诚度和保有率，实现客户价值的持续贡献，从而全面提升企业盈利能力。

二、测试题

（一）单项选择题

1. 以下是供应链合作伙伴关系发展所经历的四个阶段，其中属于第二阶段的是（　　）。

A. 传统关系　　　B. 物流关系　　　C. 合作伙伴关系　　　D. 网络资源关系

2. 下列理论中，不属于供应商关系管理的理论基础的是（　　）。

A. 交易成本理论　　B. 信息理论　　　C. 价值增值理论　　　D. 关联理论

3. 根据二元分类法，在产品设计、生产及价格等方面具有突出优势的供应商，属于（　　）。

A. 产品型供应商　　B. 服务型供应商　　C. 生产型供应商　　D. 重点供应商

4. 按照模块法分类，供应商认为本采购企业的采购业务对于它们来说非常重要，同时本采购业务对本企业也很重要，此类业务对应的供应商是（　　）。

A. 商业型供应商　　　　　　　　B. 重点商业型供应商

C. 优先型供应商　　　　　　　　D. 伙伴型供应商

5. 供应商关系谱将供应商分为三类供应商，以下不属于这三类供应商的是（　　）。

A. 战略供应商　　　　　　　　　B. 不可接受的供应商

C. 可接受的潜在供应商　　　　　D. 已配套的供应商

6. 下列选项中，不属于客户关系管理出现的原因的是（　　）。

A. 需求的拉动　　　　　　　　　B. 技术的推动

C. 管理理念的更新　　　　　　　D. 供应商的要求

（二）多项选择题

1. 根据 80/20 原则和 ABC 分类法，可以将供应商分为（　　）。

A. 重点供应商　　B. 短期供应商　　C. 普通供应商　　　D. 一级供应商

E. 长期供应商

2. 按照物资重要程度和供应市场复杂度分类，可以将各种物资分为（　　　）。

A. 战略物资　　　　B. 重要物资　　　　C. 瓶颈物资　　　　D. 一般物资

E. 特殊物资

3. 按照采供双方的合作关系由浅到深的次序，将供应商分为（　　　）。

A. 短期目标型　　　B. 长期目标型　　　C. 渗透型　　　　D. 联盟型

E. 纵向集成型

4. 从供应商关系发展史分类，可以将供应商分为（　　　）。

A. 交易性竞争关系　　　　　　　　　　B. 合作性适应关系

C. 战略性伙伴关系　　　　　　　　　　D. 长期性伙伴关系

E. 短期性竞争关系

5. 下列选项中，属于客户关系管理成功实现的关键因素的是（　　　）。

A. 高层领导的支持　　　　　　　　　　B. 技术的灵活运用

C. 重视人的因素　　　　　　　　　　　D. 专注于流程，组织良好的团队

E. 分步实现，系统整合

6. 根据二元分类法，供应商分为（　　　）。

A. 产品型供应商　　　　　　　　　　　B. 服务型供应商

C. 生产型供应商　　　　　　　　　　　D. 重点供应商

E. 普通供应商

（三）简答题

1. 简述建立供应链合作关系的意义。

2. 简述供应商关系管理的优势。

3. 简述客户关系管理的三层含义。

4. 根据供应商关系谱，已配套供应商分为哪几个层次？

（四）论述题

1. 什么是供应链关系管理，供应关系管理应从哪些方面入手？

2. 举例说明客户关系管理能实现的功能与作用。

第五章 供应链系统规划与设计

学习目标

1. 了解供应链规划与设计需要说明的几个问题；
2. 了解供应链设计的原则；
3. 了解供应链系统规划与设计的主要内容；
4. 掌握不同供应链设计的策略；
5. 掌握不同供应链类型结构模型；
6. 熟悉供应链设计步骤；
7. 了解全球供应链的基本内涵。

第一模块 基础知识

为了提高供应链管理的绩效，除了必须有一个高效的运行机制外，建立一个高效精简的供应链也是极为重要的一环。虽说供应链的构成不是一成不变的，但是在实际经营中，不可能像改变办公室的桌子那样随意改变供应链上的节点企业。因此，作为供应链管理的一项重要环节，无论是理论研究人员还是企业实际管理人员，都非常重视供应链的构建问题。本模块围绕这个主题，详细讨论了供应链的构造，探讨供应链系统规划与设计的相关策略、设计原则及其设计步骤。

一、供应链系统规划与设计概述

（一）需要说明的几个问题

在供应链的设计问题上，有必要首先对以下问题作一简要的说明。

1. 供应链设计与物流系统设计

供应链包括物流、资金流、信息流和商流，即供应链在设计时要考虑四个流的设计。其中，物流系统是供应链的物流通道，是供应链管理的重要内容。物流系统设计是指原材料和外购件所经历的采购入厂—存储—投料—加工制造—装配—包装—运输—分销—零售等一系列物流过程的设计。**物流系统设计也称通道设计**（Channel Designing），**是供应链系统设计中最主要的工作之一**。设计一个结构合理的物流通道对于降低库存、减少成本、缩短提前期、实施 JIT 生产与供销、提高供应链的整体运作效率都是很重要的。但供应链设计不等同于物流系统设计，（集成化）供应链设计是企业模型的设计，它从更广泛的思维空间——企业整体角度去构画企业蓝图，是扩展的企业模型。它既包括物流系统，还包括信息和组织以及价值流和相应的服务体系建设。在供应链的设计（建设）中，创新性的管理思维和观念极为重要，要把供应链的整体思维观融入供应链的构思和建设中，企业之间要有并行的设计才能实现并行的运作模式，这是供应链设计中最为重要的思想。

2. 供应链设计与环境因素的考虑

一个设计精良的供应链在实际运行中并不一定能按照预想的那样，甚至无法达到设想的要求，这是主观设想与实际效果的差距，原因并不一定是设计或构想得不完美，而是环境因素在起作用。因此构建和设计一个供应链，一方面要**考虑供应链的运行环境**（地区、政治、文化、经济等因素），同时还应**考虑未来环境的变化对实施供应链的影响**。因此，我们要用发展的、变化的眼光来设计供应链，无论是信息系统的构建还是物流通道设计都应具有较高的柔性，以提高供应链对环境的适应能力。

3. 供应链设计与企业再造工程

从企业的角度来看，供应链的设计是一个企业的改造问题，供应链所涉及的内容，任何企业或多或少都在做。**供应链的设计或重构不是要推翻现有的企业模型，而是要从管理思想革新的角度，以创新的观念武装企业**（如动态联盟与虚拟企业、精细生产），这种基于系统进化的企业再造思想是符合人类演进式的思维逻辑的，尽管业务流程重组（Business Process Reengineering，BPR）教父哈默和钱贝一再强调其彻底的、剧变式的企业重构思想，但实践证明，实施 BPR 的企业最终还是走向改良道路。因此，在实施供应链的设计与重建时，并不在于是否打碎那个"瓷娃娃"（M. C. 杰克逊透过"新潮"管理法看系统管理学），需要的是新观念、新思维和新手段，这是我们实施供应链管理所要明确的。

4. 供应链设计与先进制造模式的关系

供应链设计既是从管理新思维的角度去改造企业，也是先进制造模式的客观要求和推动的结果。如果没有全球制造、虚拟制造等先进的制造模式出现，集成化供应链的管理思想是很难实现的。正是先进制造模式的资源配置沿着劳动密集—设备密集—信息密集—知识密集的方向发展，才使得企业的组织模式和管理模式发生相应的变化，从制造技术的技术集成演变为组织和信息等相关资源的集成。供应链管理适应了这种趋势，因此，供应链的设计应把握这种内在的联系，使供应链管理成为适应先进制造模式发展的先进管理思想。

（二）供应链设计的原则

在供应链的设计过程中，应遵循一些基本的原则，以保证供应链管理思想得以实施和贯彻。

1. 自顶向下和自底向上相结合的设计原则

系统建模存在两种设计方法，即自顶向下（自上而下）和自底向上（自下而上）。自顶向下的方法是从全局走向局部的方法，自底向上的方法是**从局部走向全局**的方法。自上而下是系统分解的过程，自下而上则是一种集成的过程。在设计一个供应链系统时，往往是先由主管高层做出战略规划与决策，规划与决策的依据来自市场需求和企业发展规划，然后由下层部门实施决策，因此供应链的设计是自顶向下和自底向上的综合。

2. 简洁性原则

简洁性是供应链的一个重要原则，为了能使供应链具有灵活、快速响应市场的能力，供应链的**每个节点都应是简洁的、具有活力的、能实现业务流程的快速组合**。如供应商的选择就应符合少而精的原则，通过和少数的供应商建立战略伙伴关系，降低采购成本，推动实施 JIT 采购法和准时生产。生产系统的设计更是应以精细思想（Lean Thinking）为指导，努力实现从精细的制造模式到精细的供应链这一目标。

3. 集优原则（互补性原则）

供应链的各个节点应**遵循强强联合的原则**，达到实现资源外用的目的。每个企业只集中精力提升各自核心的业务，就像一个独立的制造单元（独立制造岛），这些所谓单元化企业具有自我组织、自我优化、面向目标、动态运行和充满活力的特点，能够实现供应链业务的快速重组。

4. 协调性原则

供应链业绩好坏取决于供应链合作伙伴关系是否和谐，因此**建立战略伙伴关系的合作企业关系模型是实现供应链最佳效能的保证**。席酉民教授认为，和谐是描述系统是否形成了充分发挥系统成员和子系统的能动性、创造性及系统与环境的总体协调性。只有和谐而协调的系统，才能发挥最佳的效能。

5. 动态性（不确定性）原则

不确定性在供应链中随处可见，许多学者在研究供应链运作效率时都提到不确定性问题。不确定性的存在，导致了需求信息的扭曲。因此**要预见各种不确定性因素对供应链运作的影响**，减少信息传递过程中的信息延迟和失真。增加透明性，减少不必要的中间环节，提高预测的精度和时效性，对降低不确定性都是极为重要的。

6. 创新性原则

创新设计是系统设计的重要原则，**没有创新性思维，就不可能有创新的管理模式**，因此在供应链的设计过程中，创新性是很重要的一个原则。要产生一个创新的系统，就要敢于打破各种陈旧的思维框框，用新的角度、新的视野审视原有的管理模式和体系，进行大胆的创新设计。进行创新设计要注意以下几点：一是创新必须在企业总体目标和战略的指导下进行，并与战略目标保持一致；二是要从市场需求的角度出发，综合运用企业的能力和优势；三是发挥企业各类人员的创造性，集思广益，并与其他企业共同协作，发挥供应链整体优势；四是建立科学的供应链和项目评价体系及组织管理系统，进行技术经济分析和可行性论证。

7. 战略性原则

供应链的建模应有战略性观点，**通过战略的观点考虑减少不确定性影响**。从供应链战略管理的角度考虑，供应链建模的战略性原则还体现在供应链发展的长远规划和预见性上，供应链的系统结构发展应和企业的战略规划保持一致，并在企业战略指导下进行。

（三）供应链系统规划与设计的内容

供应链包含商流、物流、信息流和资金流，供应链系统规划与设计就是要对这四个流进行设计，形成合适的供应链系统。

（1）商流。

商流决定供应链的企业网络结构，包括供应链中的供应商、供应商的供应商、核心企业、客户、客户的客户和最终的客户。商流是供应链网络设计的主体。设计过程中要考虑供应链客户需求、产品、供应市场等特点。

（2）物流。

物流网络是供应链系统规划与设计的重要方面。根据供应链网络、企业经营目标、客户需求等特点，选择合适的物流企业和物流模式，形成物流网络体系。

（3）信息流。

根据供应链企业的经营目标和信息需求，采用合适的信息技术，形成供应链信息网络，实现供应链信息的畅通。

（4）资金流。

依据供应链企业经营目标和资金现状，采用合适的供应链金融模式，实现供应链资金合理化，形成完整顺畅的资金链。

二、常见的几种供应链体系结构模型

为了有效指导供应链的设计，了解和掌握供应链结构模型是十分必要的。本节着重从企业与企业之间关系的角度（即商流的角度），考察几种供应链的拓扑结构模型。

（一）供应链的模型 I 、II：链状模型

结合供应链的定义和结构模型，不难得出这样一个简单的供应链模型，如图 5-1 所示，可称其为模型 I ：链状模型。**模型 I 清楚地表明产品的最初来源是自然界**，如矿山、油田、橡胶园等，最终去向是用户。产品因用户需求而生产，最终被用户消费。产品从自然界到用户经历了供应商、制造商和分销商三级传递，并在传递过程中完成产品加工、产品装配形成等转换过程。被用户消费掉的最终产品仍回到自然界，完成物质循环，如图 5-1 中的虚线。

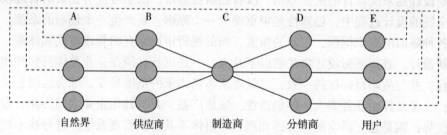

图 5-1 模型 I ：链状模型

很显然，模型 I 只是一个简单的静态模型，表明供应链的基本组成和轮廓概貌，可进一步将其简化成链状模型 II，如图 5-2 所示。**模型 II 是对模型 I 的进一步抽象**，它把商家都抽象成一个个的点，称为节点，并用字母或数字表示。节点以一定的方式和顺序联结成一串，构成一条图学上的供应链。在模型 II 中，若假定 C 为制造商，则 B 为供应商，D 为

分销商；同样地，若假定 B 为制造商，则 A 为供应商，C 为分销商。在模型Ⅱ中，产品的最初来源（自然界）、最终去向（用户）以及产品的物质循环过程都被隐含抽象掉了。从供应链研究便利的角度来讲，把自然界和用户放在模型中没有太大的作用。**模型Ⅱ着力于供应链中间过程的研究**。

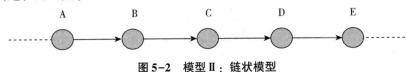

图 5-2　模型Ⅱ：链状模型

1. 供应链的方向

供应链上**物流的方向一般是从供应商流向制造商，再流向分销商**。在特殊情况下（如产品退货），产品在供应链上的流向与上述方向相反。但由于产品退货属非正常情况，退货的产品也非本书严格定义的产品，所以本书将不予考虑。本书**依照物流的方向来定义供应链的方向**，以确定供应商、制造商和分销商之间的顺序关系。模型Ⅱ中的箭头方向即表示供应链的物流方向。

2. 供应链的级

在模型Ⅱ中，定义 C 为制造商时，可以相应地认为 B 为一级供应商，A 为二级供应商，而且还可递归地定义三级供应商、四级供应商；同样地，可以认为 D 为一级分销商，E 为二级分销商，并递归地定义三级分销商、四级分销商。一般地讲，一个企业应尽可能**考虑多级供应商或分销商**，这样有利于从整体上了解供应链的运行状态。

（二）供应链的模型Ⅲ：网状模型

事实上，在模型Ⅱ中，C 的供应商可能不止一家，而是有 B1、B2、Bn 等 n 家，分销商也可能有 D1、D2、Dm 等 m 家。动态地考虑，C 也可能有 C1、C2、Ck 等 k 家，这样模型Ⅱ就转变为一个网状模型，即供应链的模型Ⅲ，如图 5-3 所示。**网状模型更能说明现实世界中产品的复杂供应关系**。在理论上，网状模型可以涵盖世界上所有厂家，把所有厂家都看作是其上面的一个节点，并认为这些节点之间存在着联系。当然，这些联系有强有弱，而且在不断地变化。通常，一个厂家仅与有限个厂家相联系，但这不影响我们对供应链模型的理论设定。网状模型对供应关系的描述性很强，适合于对供应关系的宏观把握。

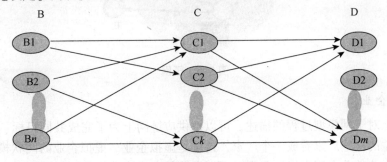

图 5-3　模型Ⅲ：网状模型

1. 入点和出点

把物流进入的节点称为入点，把物流流出的节点称为出点。入点相当于矿山、油田、橡胶园等原始材料提供商，出点相当于用户。对于有的厂家既是入点又是出点的情况，可以将代表这个厂家的节点一分为二，变成两个节点：一个为入点，一个为出点，并用实线将其框起来，如图5-4所示，A1为入点，A2为出点。

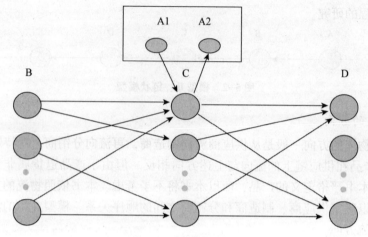

图5-4　入点和出点

2. 子网

有些厂家规模非常大，内部结构也非常复杂，与其他厂家相联系的只是其中一个部门，而且内部也存在着产品供应关系，用一个节点来表示这些复杂关系显然不行，这就需要将表示这个厂家的节点分解成很多相互联系的小节点，这些小节点构成一个网，可称为**子网**，如图5-5所示。在引入子网概念后，研究图5-5中C与D的联系时，只需考虑C1与D的联系，而不需要考虑C3与D的联系，这就简化了无谓的研究。子网模型对企业集团是很好的描述。

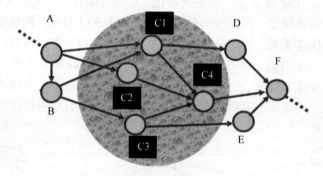

图5-5　子网

3. 虚拟企业

借助以上对子网模型过程的描述，可以把供应链网上为了完成共同目标、通力合作并实现各自利益的一些厂家看成一个厂家，这就是**虚拟企业**。虚拟企业的网状模型如图5-6所示。虚拟企业的节点用虚线框起来。虚拟企业是在经济交往中，一些独立企业为了共同的利益和目标在一定时间内结成的相互协作的利益共同体。虚拟企业组建和存在的目的就是为了获取相互协作而产生的效益，一旦这个目的已完成或利益不存在，虚拟企业即不复存在。

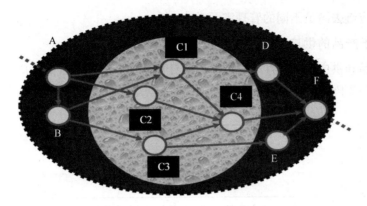

图 5-6　虚拟企业的网状模型

三、供应链体系的设计策略

设计和运行一个有效的供应链对于每一个制造企业都是至关重要的，因为它可以提高企业竞争力，提高柔性，提高用户服务水平，达到成本和服务之间的有效平衡，渗透入新的市场，通过降低库存来提高工作效率。但是供应链也可能因为设计不当而导致浪费和失败。

费舍尔（Fisher）认为，**供应链的设计要以产品为中心**。供应链的设计首先要明白用户对企业产品的真正需求。产品寿命周期、需求预测、产品多样性、提前期和服务的市场标准等，都是影响供应链设计的重要问题。必须设计出与产品特性一致的供应链，也就是所谓的基于产品的供应链设计策略（Product-Based Supply Chain Design，PBSCD）。

（一）产品类型

不同的产品类型对供应链设计有不同的要求，高边际利润、不稳定需求的革新性产品（Innovative Products）的供应链设计就不同于低边际利润、有稳定需求的功能性产品（Functional Products）。两种不同类型产品的比较如表 5-1 所示。

表 5-1　两种不同类型产品的比较（在需求上）

需求特征	功能性产品	革新性产品
产品寿命周期/年	>2	1 ~ 3
边际贡献/%	5 ~ 20	20 ~ 60
产品多样性	低（每一目录 10 到 20 个）	高（每一目录上千个）
预测的平均边际错误率/%	10	40 ~ 100
平均缺货率/%	1 ~ 2	10 ~ 40
季末降价率/%	0	10 ~ 25
按订单生产的提前期	半年至 1 年	1 天至 14 天

从表 5-1 中可以看出，功能性产品一般用于满足用户的基本需求，变化很少，具有稳定的、可预测的需求和较长的寿命周期，但它们的边际利润较低。为了避免低边际利润，许多企业在式样或技术上革新以激发消费者的购买欲望，从而获得高的边际利润，这种革新性产品的需求一般不可预测，寿命周期也较短。正因为这两种类型产品的不同，才需要

不同类型的供应链去满足不同的管理需要。

（二）基于产品的供应链设计策略

当知道产品和供应链的特性后，就可以设计出与产品需求一致的供应链。供应链设计与产品类型策略矩阵如表 5-2 所示。

表 5-2　供应链设计与产品类型策略矩阵

类型	功能性产品	革新性产品
有效性供应链	匹配	不匹配
反应性供应链	不匹配	匹配

策略矩阵的四个元素代表四种可能的产品和供应链的组合，从表 5-2 中可以看出产品和供应链的特性。管理者可以根据它判断企业的供应链流程设计是否与产品类型一致，即基于产品的供应链设计策略：**有效性供应链流程适于功能性产品，反应性供应链流程适于革新性产品，否则就会产生问题。**

（三）基于成本核算的供应链设计策略

如何设计供应链、如何选择节点是供应链管理的基础，**通过成本优化算法来进行供应链的设计**。为了便于分析供应链成本，对有关供应链成本核算作如下假定：

假定 1：节点企业以 $i=1$，2，3，…，n 表示（其中，供应链层次以 $a=1$，2，3，…，A 表示，一个层次上节点企业的序号以 $b=1$，2，3，…，B 表示，所以一个节点 i 可以表示为 $A \cdot B$）。

假定 2：物料单位成本随着累积单位产量的增加和经验曲线的作用而降低。成品、零部件、产品设计、质量工程的改善都可能导致单位物料成本的降低。

假定 3：假定从一个节点企业到另一个节点企业的生产转化时间在下一个节点企业的年初。

假定 4：当一个节点企业在年初开始生产时，上一节点企业的工时和原材料成本根据一定的技术指数转化为此节点企业的初值。

假定 5：在全球供应链管理中，围绕核心企业核算成本，汇率、通货膨胀率等转换为核心企业所在国家的标准。

（四）供应链成本结构及其函数

供应链成本主要包括物料成本、劳动力成本、运输成本、设备成本和其他变动成本等，其成本函数构造分别如下。

1. 物料成本函数（Materials Cost Function）

从假定 2 可知，物料成本随累积产量的增加而降低，供应链的总物料成本计算公式为：

$$M_{it} = m_i(m_{it}) \int_0^{n_t} n^{f_i} \mathrm{d}n$$

式中：

M_{it}——i 节点企业在 t 年生产 n_t 产品的总物料成本（时间转化为当地时间）；

m_i——i 节点企业的第一个部件的物料成本（时间坐标轴的开始点）；

m_{it}——i 节点企业 t 年的物料成本的通货膨胀率；

n_t——第 t 年内的累计产量；

f_i——$\ln (F_i)/\ln (2)$，F_i 指物料成本经验曲线指数，$0 \leqslant F_i \leqslant 1$；

n——累计单位产量，$n = 1, 2, 3, n_t$。

2. 劳动力成本函数（Labor Cost Function）

供应链的节点企业可能分布在本国的不同地方，也可能分布在世界各地，各地的劳动力价值、成本无法统一衡量，这里直接以工时为基础计算供应链的劳动力成本，其计算公式为：

$$L_{it} = l_i(l_{it}) \int_0^{n_t} n^{g_i} \mathrm{d}n$$

式中：

L_{it}——i 节点企业在第 t 年（时间转化为当地时间）生产 n_t 产品的总劳动成本；

l_i——i 节点企业的单位时间劳动成本；

l_{it}——i 节点企业 t 年的单位工时的通货膨胀率；

n_t——第 t 年内的累计产量；

g_i——$\ln (G_i)/\ln (2)$，G_i 指劳动力学习经验曲线指数，$0 \leqslant G_i \leqslant 1$；

n——累计单位产量，$n = 1, 2, 3, n_t$。

3. 运输成本函数（Transportation Cost Function）

运输成本是影响供应链总成本的重要因素之一，交货频率高低和经济运输批量大小都决定着运输成本的大小，其计算公式为：

$$T_{it} = \sum_{m=1}^{M} S_{tm}(s_{it}) d_{mt}$$

假定从节点 i 到节点 m 的单位成本为 t，s_{it} 为 i 节点企业 t 年运输的通货膨胀率，m 节点在第 t 年的累计需求为 d_{mt}，所以供应链的总运输成本为 T_{it}。

4. 设备和其他变动成本函数（Utilities and other Variable Cost Function）

假定 u_i、v_i 分别代表 i 节点企业的一个单位的设备和其他变动成本（如管理费用等），其通货膨胀率指数分别为 u_{it} 和 v_{it}，则在 t 年 i 节点企业生产 n_t 单位产品的总的设备和变动成本为：

$$U_{it} = [u_i(u_{it}) + v_i(v_{it})] n_t$$

5. 供应链的总成本函数（Total Cost Function）

以上成本都是针对一定时间轴上可能的 i 节点企业的组合，在时间 T 内相关的节点 i 组成一个节点组合序列；所有可能的节点组合序列用 K 表示，对于每一个节点组合序列 k，供应链的总成本 $TC(k)$ 表示为：

$$TC(k) = \sum_{t=1}^{T} \Big[\sum_{i \in k} (M_{it} + L_{it} + T_{it} + U_{it}) e_{it}(v_{it}) \Big]$$

式中：

M_{it}、L_{it}、T_{it}、U_{it}，意义同上；

e_{it}——汇率（i 节点企业对核心企业的汇率）；

v_{it}——i 节点企业在 t 年的现值折扣率；

K——一个节点组合序列。

而一个节点组合序列的平均单位成本可用下式表示：

$$CAU(k) = TC(k)/n_t$$

四、基于产品的供应链设计步骤

基于产品的供应链设计步骤，可以归纳为八步，如图5-7所示。

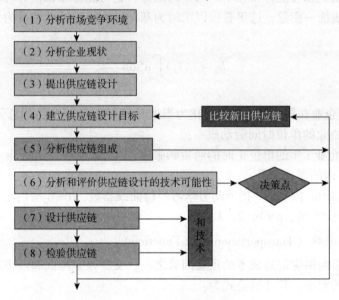

图5-7　供应链设计的步骤模型

第一步，**分析市场竞争环境**。其目的在于找到针对哪些产品市场开发供应链才有效，为此，必须知道现在的产品需求、产品的类型和特征。在分析市场特征时要向卖主、用户和竞争者进行调查，提出诸如用户想要什么、他们在市场中的分量有多大之类的问题，以确认用户的需求和因卖主、用户、竞争者产生的压力。这一步骤的输出是每一产品按重要性排列的市场特征。同时对于市场的不确定性要有分析和评价。

第二步，**分析企业现状**。主要分析企业供需管理的现状（如果企业已经有供应链管理，则分析供应链的现状），这一个步骤的目的不在于评价供应链设计策略的重要性和合适性，而是着重研究供应链开发的方向，分析、总结企业存在的问题及影响供应链设计的阻力等因素。

第三步，**提出供应链设计**。针对存在的问题提出供应链设计项目，分析其必要性。

第四步，**建立供应链设计目标**。根据基于产品的供应链设计策略提出供应链设计的目标，主要目的在于获得高用户服务水平和低库存投资、低单位成本两个目标之间的平衡。同时还应包括以下目标：进入新市场、开发新产品、开发新分销渠道、改善售后服务水平、提高用户满意程度、降低成本、通过降低库存提高工作效率等。

第五步，**分析供应链组成**。提出组成供应链的基本框架。供应链中的成员组成分析主要包括制造工厂、设备、工艺和供应商、制造商、分销商、零售商及用户的选择及其定位，以及确定选择与评价的标准。

第六步，**分析和评价供应链设计的技术可能性**。这不仅仅是某种策略或改善技术的推荐清单，也是开发和实现供应链管理的第一步。在可行性分析的基础上，结合本企业的实际情况，为开发供应链提出技术选择建议。

第七步，**设计供应链**。在这一阶段主要解决的问题有：供应链的成员组成（供应商、设备、工厂、分销中心的选择与定位、计划与控制）；原材料的来源问题（包括供应商、流量、价格、运输等问题）；生产设计（需求预测、生产什么产品、生产能力、供应给哪些分销中心、价格、生产计划、生产作业计划和跟踪控制、库存管理等问题）；分销任务与能力设计（产品服务于哪些市场、运输、价格等问题）；信息管理系统设计；物流管理系统设计等。

在供应链设计过程中，要应用到许多工具和技术，包括归纳法、集体解决问题、流程图、模拟和设计软件等。

第八步，**检验供应链**。供应链设计完成以后，应通过一定的方法、技术进行测试检验或试运行，如不行，返回第四步重新进行设计；如果没有什么问题，就可实施供应链管理了。

五、全球供应链

全球供应链（Global Supply Chain）是指在全球范围内组合供应链，它要求以全球化的视野将供应链系统延伸至整个世界范围，根据企业的需要在世界各地选取最有竞争力的合作伙伴。

全球供应链是实现一系列分散在全球各地的相互关联的商业活动，包括采购原料和零件，处理并得到最终产品，产品增值，对零售商和消费者的配送，在各个商业主体之间交换信息，其主要目的是降低成本、扩大收益。**全球供应链涉及运输和仓储等主要物流环节和基本业务的全球化，采购、外包、供应链流程的全球化。**

全球供应链管理强调在全面、迅速地了解世界各地消费者需求的同时，对其进行计划、协调、操作、控制和优化，在供应链中的核心企业与其供应商以及供应商的供应商、核心企业与其销售商乃至最终消费者之间，依靠现代网络信息技术，实现供应链的一体化和快速反应，达到商流、物流、资金流和信息流的协调通畅，以满足全球消费者需求。

第二模块 案例讨论

案例一 惠普台式打印机供应链的构建

1. 惠普公司及台式打印机概况

惠普公司成立于 1939 年。惠普台式机于 1988 年开始进入市场，并成为惠普公司的主要成功产品之一。但随着台式机销售量的稳步上升（1990 年达到 600 000 台，销售额达 4 亿美元），库存的增长也紧随其后。在实施供应链管理之后，库存增长情况得到改善。

DeskJet 打印机是惠普的主要产品之一。该公司有 5 个位于不同地点的分支机构负责该种打印机的生产、装配和运输。从原材料到最终产品，生产周期为 6 个月。在以往的生产和管理方式下，各成品厂装配好通用打印机之后直接进行客户化包装，为了保证顾客订单 98% 的即时满足率，各成品配送中心需要保证大量的安全库存（一般需要 7 周的库存量）。产品将分别销往北美洲、欧洲和亚洲一些国家。

2. 存在的问题

（1）惠普打印机的生产、研究开发节点分布在 16 个国家，销售服务部门节点分布在 110 个国家，而其总产品超过 22 000 类。欧洲和亚洲地区对于台式打印机电源供应（电压 110 伏和 220 伏的区别，以及插件的不同）、语言（操作手册）等有不同的要求。以前这些都由温哥华的公司完成，北美、欧洲和亚太地区是它的三个分销中心。这样一种生产组织策略，称为工厂本地化（Factory Localization）。惠普的分销商都希望尽可能降低库存，同时尽可能快地满足客户的需求。这导致惠普公司保证供货及时性的压力很大，从而不得不采用备货生产（Make-To-Stock）的模式以保证对分销商供货准时的高可靠性，因而分销中心成为有大量安全库存的库存点。制造中心是拉动式的，其计划的生成是为了通过 JIT 模式满足分销中心的目标安全库存，同时它本身也必须拥有一定的零部件、原材料安全库存。

（2）零部件原材料的交货质量（到货时间推迟、错误到货等问题是否存在）、内部业务流程、需求等的不确定性，是影响供应链运作的主要因素。需求的不确定性导致库存堆积或者分销中心的重复订货。

（3）需要用大约一个月的时间将产品海运到欧洲和亚太分销中心，这么长的提前期导致分销中心没有足够的时间去对快速变化的市场需求做出反应，而欧洲和亚太地区就只能以大量的安全库存来保证对用户需求的满足。

（4）占用了大量的流动资金。若某一地区产品缺货，为了应急，可能会将原来为其他地区准备的产品拆开重新包装，造成更大的浪费。但是，提高产品需求预测的准确性，也是一个主要难点。

3. 任务

减少库存和提供高质量的服务成为温哥华惠普公司管理的重点，并着重进行供应商管理以降低供应的不确定性，减少机器闲置时间。企业管理者希望在不牺牲顾客服务水平前提下改善这一状况。

4. 解决方案

惠普重新设计供应链。供应商、制造点（温哥华）、分销中心、经销商和消费者组成惠普台式打印机供应链的各个节点，供应链是一个由采购原材料、把它们转化为中间产品和最终产品、最后交到用户手中的过程所组成的网络。如图 5-8 所示，该图展示了供应链解决方案。

在这个新的供应链中，主要的生产制造过程由在温哥华的惠普公司完成，包括印刷电路板组装与测试（Printed Circuit Board Assembly and Test，PCAT）和总机装配（Final Assembly and Test，FAT）。

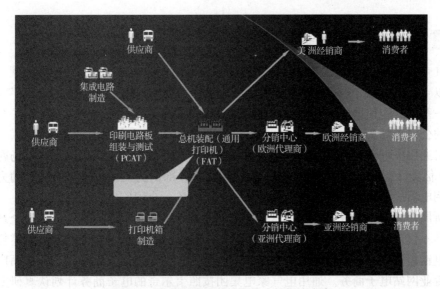

图 5-8　惠普台式打印机新供应链解决方案

PCAT 过程中，电子组件（诸如 ASICs、ROM 和粗印刷电路板）组装成打印头驱动板，并进行相关测试；FAT 过程中，电动机、电缆、塑料底盘和外壳、齿轮、印刷电路板组装成打印机，并进行测试。其中的各种零部件原材料由惠普的子公司或分布在世界各地的供应商供应。在温哥华生产通用打印机，通用打印机运输到欧洲和亚洲后，再由当地的分销中心或代理商加上与地区需求一致的变压器、电源插头和用当地语言写成的说明书，完成整机包装后由当地经销商送到消费者手中。通过将定制化工作推迟到分销中心进行（延迟策略），实现了根据不同用户需求生产不同型号产品的目的。这样一种生产组织策略，称为分销中心本地化。并且，惠普在产品设计上做出了一定变化，电源等客户化需求的部件设计成了即插即用的组件，从而改变了以前由温哥华的总机装配厂生产不同型号的产品，保持大量的库存以满足不同需求的情况。为了达到98%的订货服务目标，原来需要7周的成品库存量现在只需要5周的库存量，一年大约可以节约3 000万美元，电路板组装与总装厂之间也基本实现无库存生产。同时，打印机总装厂对分销中心实施 JIT 供应，以使分销中心保持目标库存量（预测销售量+安全库存量）。通过供应链管理，惠普公司实现了降低打印机库存量的目标，提高了服务水平。通过改进供应商管理，减少了因原材料供应而导致的生产不确定性和停工等待时间。

5. 效果

安全库存周期减少为5周，从而减少了库存总投资的18%，仅这一项改进便可以每年节省3 000万美元的存储费用。由于通用打印机的价格低于同类客户化产品，从而又进一步节省了运输、关税等费用。除了降低成本，客户化延迟使得产品在企业内的生命周期缩短，从而对需求预测不准确性或是外界的需求变化都具有很好的适应性，一旦发现决策错误，可以在不影响顾客利益的情况下，以较小的损失较快地加以纠正。

（案例来源：一个经典的供应链管理案例——惠普台式打印机供应链的构建［EB/OL］.（2013-4-30）［2022-3-29］. https：//wenku. baidu. com/view/39ef729e6bec0975f465e2bc?bfetype＝new. 案例经编者整理、改编。）

思考题：惠普台式打印机改造后的供应链有哪些特点？

2001 年 7 月 4 日，欧盟委员会正式否决了通用电气和霍尼韦尔之间的并购案。通用电气计划以 410 亿美元并购霍尼韦尔，这笔交易号称是"工业史上最大的并购案"的失败，产生了一系列的连锁反应，其中包括通用董事长韦尔奇可能提前退休。韦尔奇是全世界最受尊崇的公司领导人之一，他在 2000 年已经任命伊梅尔特作为自己的接班人。实际上，韦尔奇对通用电气公司贡献巨大，现在通用电气公司总资产 4 370 亿美元，市场融资总量约 5 000 亿美元，股东人数约 210 万，公司主要业务部门为飞机发动机集团、动力系统集团、家用电器、运输系统集团、金融服务、资讯服务、全国广播公司等。

众所周知，通用电气公司在韦尔奇领导下建立的销售系统十分发达，遍布全球，强大销售网络不仅包括其与沃尔玛、家得宝（Home Depot）等美国乃至全球最大的零售商的排他性家电销售协议，还包括无数的小个体家电零售店、通用电气迅速建立并推而广之的家电销售专业网站电子商务。通用电气家电集团按照韦尔奇的电子商务计划认真研究如何在互联网时代让消费者保持对通用电气品牌的认同，同时又不伤害到传统零售商的利益，让网络与传统的渠道融合起来。通用电气家电集团的例子仅仅是个案，这种强势的销售网络遍布通用电气所属的 11 个事业集团。通用电气公司的表现如此出色，关键得益于通用电气公司的供应链系统，其采购销售网络非常强大，而中间的生产制造环节的规模相对小一些。

2000 年夏天，北京一家医院向通用电气购买一台 X 光机，交货条件十分严格，要求一个月内在北京交货，否则将取消交易。按照客户的要求，通用电气中国公司迅速启动全球供应链系统，严格履行了双方的约定，顺利交货，得到了客户的赞许。

实际上，这不是任何公司都能做到的，下面的过程将展现本次产品营销的真相。通用电气医疗系统的这种 X 光机的整机系统集成是在北京做的。当时，这种产品需要从中国大陆采购 117 个配件，从韩国和中国台湾采购 4 个，从欧洲国家采购 4 个，从北美采购 18 个。在印度通用电气的工厂中，需要采购 1 个配件，而为了做这个配件，通用电气印度的这家工厂又需要在当地的企业采购 112 个零件，并且要从东欧、北非、中国采购"第二级"配件。为了生产这种 X 光机，通用电气在墨西哥有另外一个工厂专门生产适合 X 光机的悬挂系统，这家当地企业又需在墨西哥本地采购 300 多个配件，从美国和加拿大还要采购 48 个配件。为了集成一台 X 光机整机，所需的 719 个配件要从全球 76 家公司采购，这就是一个全球链。通用电气各个不同事业集团的所有具体大类、型号产品都拥有这样一个个完整的供应链。通用电气各产品的零部件都不是整机厂直接生产的，全部通过外包，而且都是外包到全世界的。

通用电气认为，全球化的含义是利润空间的全球化，哪儿的产品或配件最便宜、哪儿的服务最好，就要到哪儿采购。通用电气坚信在全球采购链条上，只有一个规则——成本最低，利润最大。通用电气公司早在 1999 年就开始以电子商务方式进行全球采购，整个运行的过程全是透明的，任何公司的价格都在网上，全部公开透明竞价。原有的供应商一时不能适应，一度对电子商务恨之入骨。

值得提及的是，尽管通用电气采购非常强势，但整个供应链系统的"链主"还是遵循最基本的市场规律：供需关系决定着杀价的主动方。在全球采购中，当供大于求时，求者为主；当供不应求时，供者为主。通用电气公司已经渐渐摒弃传统的拼命压价采购方式，不再千方百计地使供应商让步，或寻找多个供应商并采取分而治之的方式，而是转而采用一种新的方式，通过利用供应商的综合实力来增强自己在最终市场的竞争力。通用电气公司的总裁韦尔奇不为通用电气的强势所惑，非常清醒地认识全球市场。他常常讲："在全球的供应链条上，通用电气大多时候只是其中一个环节，当通用电气塑料集团成为摩托罗拉手机、佳能打印机、苹果电脑、联想电脑等厂商的供应商时，一样要面对它们的杀价；而最终消费者是一定要'杀'整机厂的价格。整个杀价的链条是完整的，所有环节降低成本的同时也是相互让利的过程。"

通用电气全球供应链正是依托其电子商务平台，实施全球化经营。自从通用电气在采购部门开始让它的供货商采取网上拍卖的方式后，通用电气从供货商那里得到的报价当年就下降了85%，扣除与协作商约定的共同分享部分，通用电气的成本降低30%~50%，有的项目竟达到了60%。2000年一年，通用电气家电系统销售的微波炉产品有600万台，其全部通过采购，主要来源于韩国的LG和三星等公司，通用电气家电同时还从中国大量采购电器。

通用电气公司深知，任何一家公司的采购都是通过供应商尽量提高产品的附加值，它包括建立一个能以最低成本生产主要材料或服务的供应商群，某种程度上是把供应商作为延伸公司供应链不可或缺的一部分。

（案例来源：案例五：通用公司打造全球供应链［EB/OL］.（2011-1-2）［2022-3-29］. https://wenku.baidu.com/view/89be26a30029bd64783e2c68.html. 案例经编者整理、改编。）

思考题：通用公司为什么要打造全球供应链？

案例三　华为供应链的全球化之路

为了实现"供应链能够支撑公司海外业务发展"的目标，顺利完成对全球客户的合同履行和交付，华为提出以"简单化、标准化和IT自动化"为原则，以提高海外业务的处理效率和运作效率、满足全球客户的订单要求为任务，以建设一个响应速度快、运作成本低、质量水平高、具有竞争优势的全球化供应链体系为战略目标的全球供应链变革方案。

下面来看看华为的供应链是如何走上全球化之路的。

1. 解决标准化还是个性化的两难问题

在海外供应链管理的实际工作中，变革团队面临全球供应链到底是标准化还是个性化的两难问题。

由于各个国家和地区存在差异，如存在不同的消费习惯、不同的政策法规、不同的经济发展水平，原先在国内市场相对成熟的流程和运作体系，无法简单复制到全球各个特定的市场，针对各市场的策略必须具备灵活性才能适应各区域的特点。

一方面，全球供应链需要利用国内总部的优势资源；另一方面，由于各个国家的市场需求不一样，在产品、销售模式、服务模式等方面均有不同的要求，这样一来，全球配置资源、全球化的成本优势就被抵消了，产品和服务的成本上升。

所以华为GSC变革项目组需要在总部集中管理和本地化管理之间取得平衡。集中管理有规模优势，资源共享，成本较低；本地化管理贴近客户，响应快速，客户满意度高。

由华为总部派出的先遣部队和变革项目组根据本地业务的特点，选择合适的策略，以实现成本、效率、客户服务水平之间的平衡，包括组织结构的设计，全球供应网络的布局，产品模式、销售和服务模式的设计，等等。

华为全球供应链（GSC）变革项目组认识到，任何管理系统的设计都应以帮助公司实现最终的财务目标为目的，即增加销售收入、降低交易和运作成本、快速响应客户。要实现这一目标，具体的解决方案应该是灵活的、变通的，而不是一成不变的。对于供应链流程的共性部分，需要利用总部平台的规模优势进行集中化管理；对于个性化需求，则需要定制服务，从总部平台调取资源为各地区分部服务。总部扮演好平台支持和服务的角色，地区分部则扮演好内部客户的角色，向总部拿资源，贡献市场收益。有了解决新问题的思路和方法，华为开展了一系列 GSC 变革的行动，从硬件到软件，变革项目组制定了一系列变革方案。

2. 建设全球化的供应能力

在硬实力上，华为开始对全球资源进行整合，建设全球化的供应能力。

以前，华为的业务主要在国内市场，物流由华为自己掌握；而在海外，华为需要将物流服务外包给大量的第三方、第四方物流公司。一方面，华为与全球化的大型物流公司建立战略合作伙伴关系，以保证产品能及时从深圳的工厂运送到全球各地的地区供应中心，再从各个地区供应中心交付到世界的各个角落；另一方面，华为将本地物流外包给一些本地的物流公司，由它们负责从本地海关送货到客户基站或站点，这些本地的物流公司由本地办事处负责认证、考核和管理，物流成本相对较低，服务也能够得到保证。

华为全球化供应
能力建设过程

3. 培养国际化团队的工作能力

在增强全球供应链硬实力的同时，华为也在同步强化供应链的软实力。华为开始加强本地化建设和对国际化团队能力的培养，提升全体员工的全球化工作能力。

一直以来，华为都将国际化、职业化、成熟化作为发展目标，在国际化方面更是提出"市场国际化、技术国际化、资金国际化、人才国际化"的具体要求。

在国际化能力建设中，除了建立地区供应中心、采购中心、物流中心外，华为还加快海外供应链本地化建设的步伐，大量招聘和启用本地员工，加强对本地员工的培训，将本地员工培养为业务骨干，使其了解、熟悉本部的运作，进而加强供应链一体化的沟通与协作。

此外，华为还引进大批具有国际化视野的职业经理人和专业人士，提升供应链员工队伍的素质和能力。对于与海外接洽的业务人员，华为将英语能力作为任职的基本要求，任职人员必须具备英语口语交流和文档阅读的能力；对于管理层的选拔，华为也以能否适应国际化为标准，对于不能胜任的，则会下调职务。在这一过程中，华为内部的文档资料和流程系统也逐步实现双语化。如今，华为在全球 170 多个国家拥有 4 万多名外籍员工，初步实现了人才的全球化。

4. 持续的供应链变革和精细化管理

ERP 系统的上线和全球供应网络的建立为华为的全球供应链构建了基础。但是，没有任何一种供应链运营模式能够适用于所有业务和全球所有地区。全球化的供应链系统要求根据不同国家及地区特定的法律、法规和客户需求，从细节着眼，制定个性化的管理模式，持续推进精细化管理，对现有系统做出补充。例如，不同的地区有不同的库存要求、不同的交付要求、不同的物流运输条件，华为在全球化发展过程中，不断激励和驱动一线员工，不断创新和优化全球供应链管理系统。

到 2008 年，华为已打通全球供应网络，形成良好的全球供应链。华为的全球供应链俨然成为其核心竞争力的一部分，有效支撑了公司的高速发展。通过全球供应链的持续变革和精细化管理，华为远远甩掉了同时代国内最有力的竞争对手——中兴通讯，离通信行业领导者的目标更近了一步。

5. 华为全球供应链管理变革的成果和启示

从 2005 年到 2007 年，华为通过三年的努力，初步实现了海外业务管理的信息化，在供应链领域陆续规划并启动了全球供应链（GSC）管理、全球化供应网络（GSN）管理、供应商关系管理（SRM）、供应商电子协同、国家计划统计调转、流通加工能力建设、客户电子交易等项目，对全球供应环境下的业务、组织、流程和信息技术进行了设计和优化。通过持续打造柔性的供应链能力，华为的供应链赢得了快速度、高质量和低成本的竞争优势。

华为推行的全球供应链管理变革，保证了新流程和管理系统的落实，使供应链能力和客户服务水平得到持续改善；华为全球供应网络的布局、全球供应链体系的构建，串联起了华为在全世界各个国家和地区的业务组织，有效支持了华为海外业务的扩张，帮助华为更好地抓住市场机遇、创造更多的经济效益，也为华为未来的全球化高速发展奠定了良好的基础。

从具体的绩效表现来看，华为全球供应链与变革之前相比取得了明显的改善：及时齐套发货率达到 82%；库存周转率达到 3.67 次/年；客户投诉率下降到 0.5%。

10 年时间，华为前后投入了 20 多亿元，通过虚心学习和苦练，终于将管理标准化，建立起一套与全球体系、西方规则全面接轨的制度与流程。翻越这座"大山"的"梯子"是 IBM 等西方公司给予华为的。2008 年，在欢送 IBM 顾问的晚宴上，华为一位负责管理变革的副总裁感慨地说："尽管对 IBM 来说，这只是一个商业咨询项目。但对华为而言，却意味着脱胎换骨。"

（资料来源：财资一家. 华为供应链的全球化之路［EB/OL］.（2020-7-6）［2022-3-29］. https://www.sohu.com/a/405960345_494793.）

思考题：华为全球供应链变革对我国企业的启示？

第三模块　实训模块

一、实训目的

了解现实企业供应链结构类型，能够设计某产品供应链。

二、实训过程

将全班分组，每组 3~4 人，每组自主选择企业，调研企业供应链结构类型；每组自主选择某产品或某企业设计一个供应链体系。

三、实训要求

1. 调研过程在老师的指导下完成。
2. 每组撰写调研报告，报告不少于 2 000 字。
3. 每组做 PPT，在课堂上进行展示。

第四模块　小结与测试题

一、本章小结

1. 在供应链的设计问题上，有必要说明的几个要素：供应链设计与物流系统设计，供应链设计与环境因素的考虑，供应链设计与企业再造工程，供应链设计与先进制造模式的关系。

2. 在供应链规划设计时的原则：自顶向下和自底向上相结合的设计原则；简洁性原则；集优原则（互补性原则）；协调性原则；动态性（不确定性）原则；创新性原则；战略性原则。

3. 供应链系统规划与设计的主要内容包括商流、物流、信息流、资金流四个网络体系。

4. 常见的几种供应链体系结构模型，包括静态链状供应链模型Ⅰ、动态链状供应链模型Ⅱ、网状供应链模型Ⅲ。

5. 供应链设计策略是指基于产品的供应链设计策略和基于成本核算的供应链设计策略。

6. 全球供应链（Global Supply Chain）是指在全球范围内组合的供应链，它要求以全球化的视野，将供应链系统延伸至整个世界范围，根据企业的需要在世界各地选取最有竞争力的合作伙伴。

二、测试题

（一）单项选择题

1. 从企业的角度来看，供应链设计是一个（　　）的问题。

A. 企业改造　　　　B. 企业重组　　　　C. 企业竞争　　　　D. 企业合作

2. 下列供应链体系结构模型中，更能说明现实世界中产品复杂的供应关系的是（　　）。

A. 模型Ⅰ　　　　　B. 模型Ⅱ　　　　　C. 模型Ⅲ　　　　　D. 模型Ⅳ

3. 费舍尔认为，供应链体系设计以（　　）为中心。

A. 链上企业　　　　B. 产品　　　　　　C. 用户　　　　　　D. 物流

4. 有效性供应链适用于（　　）产品。

A. 革新性　　　　　B. 功能性　　　　　C. 定制性　　　　　D. 概念性

5. 反应性供应链适用于（　　）产品。

A. 革新性　　　　　B. 功能性　　　　　C. 定制性　　　　　D. 概念性

（二）多项选择题

1. 供应链设计时需要考虑的环境因素包括（　　）。

A. 供应链的运行环境　　　　　B. 未来环境的变化

C. 设计者的家庭环境　　　　　D. 自然环境

E. 员工的生活环境

2. 供应链设计的原则包括（　　）。

A. 自顶向下及自底向上结合的设计原则　B. 复杂性原则

C. 静态与动态结合原则　　　　　D. 创新性原则

E. 互补性原则

3. 影响供应链设计的因素包括（　　）。

A. 产品寿命周期　　B. 需求预测　　　C. 产品多样性　　D. 提前期

E. 服务的市场标准

4. 供应链成本主要包括（　　）。

A. 物料成本　　　　B. 劳动成本　　　C. 运输成本　　　D. 设备成本

E. 其他变动成本

5. 关于供应链上的虚拟企业的说法，正确的是（　　）。

A. 虚拟企业是供应链上为完成共同目标通力合作并实现各自利益的厂家的集合

B. 虚拟企业是供应链上相互协作的利益共同体

C. 只要供应链存在，虚拟企业即存在

D. 虚拟企业组建和存在的目的是获取因协作而产生的效益

E. 虚拟企业有着完全一致的经营目标

（三）简答题

1. 简述物流系统设计和供应链系统设计的区别与联系。
2. 供应链设计的基本原则有哪些？
3. 简述常见的供应链体系结构模型。
4. 供应链体系的设计策略有哪些？

（四）论述题

1. 基于产品的供应链设计包含哪些步骤？每个步骤分别有什么样的目标？需要做什么样的工作？
2. 企业是如何进行价值创造的？

第六章　供应链计划管理

学习目标

1. 了解计划管理的概念和本质；
2. 熟悉供应链计划的概念、基本组成、意义；
3. 掌握供应计划的概念、供应计划的优化；
4. 掌握需求计划的含义、需求计划对企业的影响；
5. 掌握配送计划的意义、系统结构和实施因素；
6. 了解供应链运营计划模式框架。

第一模块　基础知识

一、计划与供应链计划

（一）计划管理概述

供应链企业应将各项经营活动纳入统一计划进行管理。**企业计划管理**的内容包括：根据有关指令和信息组织有关人员编制各种计划；协助和督促执行单位落实计划的任务，组织实施，保证计划的完成；利用各种生产统计信息和其他方法（如经济活动分析、专题调查资料等）检查计划执行情况，并对计划完成情况进行考核，据此评定生产经营成果；在计划执行过程中，当环境发生变化时，及时对原计划进行调整，使计划仍具有指导和组织生产经营活动的作用。企业通过对计划的制订、执行、检查和调整，能合理地利用人力、物力和财力等资源，有效地协调企业内外各方面的生产经营活动，提高企业经济效益。

1. 计划的内涵

计划是经营管理者在特定时间段内为实现特定目标体系，对为完成特定目标体系而展开的经营活动所做出的统筹性策划安排。"计"是在特定时段内，为完成特定目标体系，而对展开的经营活动所处综合环境、企业内外影响因素以及企业自身发展的历史性对比等项因素加以归纳总结和科学分析。"划"是依据"归纳总结和科学分析"所得出的结论，制定相应的措施、办法以及执行原则和标准。

"计"是战略性的，"划"是战术性的。由此可以看出，计划本身的内涵就具有全面性，关键问题是对计划内涵的深刻理解程度。例如，"编制计划与计划的编制"，从字面上看，虽然只是"计划"二字的位置不同，但其所隐含的意义是截然不同的。也就是说，计划是经过充分研究、讨论和分析后制定出来的，绝不是依照往年惯例、不加分析地编制出来的。

通过对什么是计划的讨论，得出了"计划"二字本身就具备**全面性、系统性和统筹性**的特征。因此企业任何经营活动，无论大小，计划的有无不同，会导致截然不同的经营效果。

2. 计划的重要性

任何一项经营活动只要有了计划书，就说明企业的经营活动在执行前经过了科学预测、全面分析、系统筹划，以及针对计划执行过程中可能出现的偏差制定了相应的措施，从而确保了企业经营活动结果是可预测的、可控制的。反之，没有计划书其经营活动必然是盲目的，其经营活动的结果也将是不可预测的、不可控制的，那么这个企业的经营班子也必然是失败的。

在市场经济条件下，企业间的竞争异常激烈，企业要生存、要发展、要保持可持续发展的态势，其任何一项经营活动都不允许处于盲目、盲动的状态，其经营效果必须处于可控状态之下。换言之，**计划是企业经营决策者意志和理念的具体体现**。因此，计划是企业经营活动的基础，经营决策者为实现自己的意志和理念，必须不断地夯实和巩固这个基础，不断提高计划的科学性。

3. 计划管理的本质

就计划本身而言，按照企业经营活动的特性划分，类别繁多，主要存在以下个性差异：计划内容不同，操作方法不同，所涉及的执行人不同，计划结果的考核方法也不同。但是各类计划具备一个共有的特性，即计划的普遍性。计划的编制、审核、执行和考核过程是统一的，对统一过程的管理，称为计划管理。

计划管理本质上属于控制类管理，是对企业经营活动的控制，这种控制首先是企业自身的控制，其次才是同级监察、审计部门的控制和上级职能部门的控制。企业自身的控制是计划管理的责任主体，对经营结果负责；同级审计部门和上级职能部门的控制是计划管理的监督主体，对经营活动的质量负责。计划管理责任主体的控制对象是计划执行体系的效率和计划实施过程的有效性；计划管理监督主体的控制对象是计划实施全过程的规范化、程序化、标准化和制度化程度，发现问题及时纠偏。

（二）供应链计划

供应链计划（Supply Chain Planning，SCP）已经成为当前供应链管理的焦点。

1. 供应链计划概念

供应链计划是指依据供应链总体经营目标和客户需求预测，从供应链系统的角度对供应链总体和不同环节所做出的战略性规划和具体运作计划。

SCP 系统是指一个组织计划执行和衡量企业全面物流活动的系统。它由预测、供应计划以及分销需求计划等组成。它通常运行在基于许多大型主机系统的集成应用系统之上。

随着对再造的重视，软件提供商一个显著的努力是将 SCP 的功能转移到一个客户/服务器或个人电脑环境中。

SCP 系统的优势之一是能够帮助用户在自己的终端进行更多的控制，而不必再等待基于主机的批循环处理。改善 SCP 的功能并将它集成到一个统一的系统中，就要保证对一直到现在尚未解决的自动化孤岛的全面整合。这种转移背后的驱动力量是对客户快速反应的需求、对成本削减管理的需求以及来自用户对更好的物流计划与排程工具的需求。

2. 供应链计划的基本组成

根据全球供应链管理委员会提出的供应链运作参考模型（SCOR），**供应链计划主要包括采购计划、供应计划、生产制造计划、销售配送计划、回收计划等**。在此基础上，对供应链计划各部分进行细化，形成供应链计划体系。生产企业供应链计划体系如图 6-1 所示。

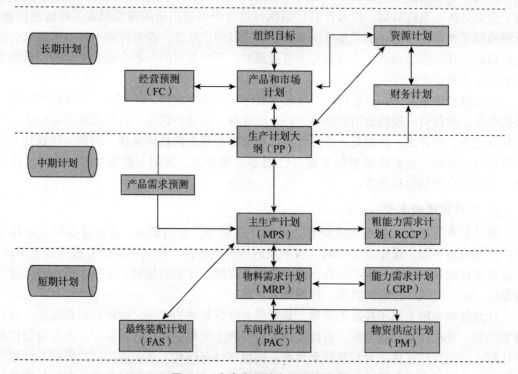

图 6-1　生产企业供应链计划体系

本章主要就供应计划、生产计划与排程、需求与配送计划进行论述。

3. 供应链计划管理的目的及意义

（1）供应链计划管理的目的。

供应链计划的最终目的是满足客户需求，降低成本，实现利润，具体表现为：提升客户的最大满意度（提高交货的可靠性和灵活性）；降低公司的成本（降低库存，减少生产及分销的费用）；企业整体"流程品质"最优化（错误成本去除，异常事件消弭）。

（2）供应链计划管理的意义。

1）**提高客户满意度**：这是供应链管理与优化的最终目标，也是供应链管理和优化的一种方法。

2）**提高企业管理水平**：流程上的设计对提高企业管理水平和管理流程具有不可或缺的作用。同时，随着企业供应链流程的推进、实施和应用，企业管理的系统化和标准化将会有极大的改进，这些都有助于企业管理水平的提高。

3）**节约交易成本**：整合供应链将降低供应链内各环节的交易成本，缩短交易时间。

4）**降低存货水平**：通过扩展组织的边界，供应商能够随时掌握存货信息，组织生产，及时补充，因此企业已无必要维持较高的存货水平。

5）**降低采购成本，促进供应商管理**：由于供应商能够方便地取得存货信息，应用于采购管理的人员等可以从低价值的劳动中解脱出来，从事具有更高价值的工作。

6）**缩短循环周期**：通过供应链的自动化，预测的精确度将大幅度提高，这将导致企业不仅能生产出需要的产品，而且能减少生产的时间，提高客户满意度。

7）**收入和利润增加**：通过组织边界的延伸，企业能按时履行合同，增加收入并维持和增加市场份额。

8）**网络的扩张**：供应链本身就代表着网络，一个企业建立了自己的供应链系统，本身就已经建立起了业务网络。

二、供应计划管理

供应计划主要是指供应链企业的物资供应计划。物资供应计划（Material Supply Plan）是企业在计划期内，为保证生产任务的完成，确定各种物资需求量而编制的计划；是企业进行订货采购工作和组织生产物资供应工作的依据；是促进生产发展，做好物资管理工作的重要手段。物资供应计划是供应链企业经营计划的重要组成部分，通过物资供应计划，可确定企业在计划期内进行生产等所需的各种物资的需求量。科学地编制企业物资供应计划，不仅直接影响本企业生产建设的正常进行和企业经济效益，还会影响整个国民经济的物资平衡和物资分配工作的顺利进行，制约社会整个物资流通的良性循环和国民经济的发展。所以，加强企业物资供应计划管理，对于供应链企业经济管理和发展国民经济都具有十分重要的意义。

（一）物资供应计划概述

1. 企业物资供应计划的内容

物资供应计划的内容包括企业物资供应全过程中的各阶段、各过程、各环节的计划，一般可分为以下几类。

1）按照**物资用途**分为生产产品用物资计划、设备维修用物资计划、技术组织措施用物资计划、基本建设用物资计划、专用基金用料计划、新产品试制和科学研究用物资计划等。

2）按照**物资来源**分为统配和部管物资的申请及订货计划、三类物资市场采购计划、物资协作计划、拨料加工计划、物资节约和综合利用计划、清仓利库计划等。

3）按照**供应环节**分为进料入库计划、物资运输计划、储存保管计划、发料计划等。

4）按时间分为长期计划、年度计划、季度计划、月度计划等。

5）按照**物资的自然属性**分为钢材供应计划、木材供应计划、化工原料供应计划、机电产品供应计划等。

以上各种物资供应计划，由于其性质、范围和要求不同，在编制过程中应根据各自的具体情况，实事求是地进行编制，并采取行之有效的措施认真执行，及时进行检查、分析和调整，以保证供好、管好、用好各种物资，确保生产建设任务的完成。

2. 编制物资供应计划的要求

科学编制企业物资供应计划，要求做到**系统性、全面性、准确性、及时性、连续性和协调性**。

（1）物资供应计划的系统性要求。

在编制物资供应计划时，必须把物资供应工作的各个职能部门、各个环节、各个岗位和个人，从上到下，看作一个完整的体系，把各个方面系统地、有机地联结起来，做到互相衔接，紧密配合，层层保证，互不脱节，从而连成一串，结为一体。

（2）物资供应计划的全面性要求。

企业物资供应工作既要在物资上保证企业生产，又要实现企业财务计划对它提出的降低物资成本、降低流通费用和节约物资储备资金占用的要求；同时，还要考虑企业外部的资源可能和运输条件。这就要求在编制计划时，全面考虑企业内外各方面的要求和条件，统筹兼顾。

（3）物资供应计划的准确性要求。

物资供应计划是具体指导物资供应活动的行动纲领，要求供应计划必须正确无误。如果是"毛估"的计划，则会失之毫厘，差之千里。所以物资供应部门必须认真全面分析各方面的问题，做到定量定性地掌握数据和规划，把计划编好。

（4）物资供应计划的及时性要求。

物资供应计划是直接指导企业日常物资供应活动的行动计划，它的及时编制和下达，对于发挥计划的作用有直接影响。如果计划不能及时编制和下达，则会使工作陷入被动或盲目局面。

（5）物资供应计划的连续性和协调性要求。

编制物资供应计划要处理好计划期和计划前后期的关系。在编制计划时，不能只看计划期的情况，还要看前期计划的实际完成情况、有利条件与不利条件，以及下期计划发展变化趋势、可行性程度，这样才可能避免计划前后不协调和发展脱节现象，保持计划的连续性和协调性。

3. 企业物资供应计划的指标体系

企业物资供应计划的指标有四个，即计划期物资需用量、计划期初物资库存量、计划期末物资储备量、计划期待购物资量。

（1）**计划期物资需用量**。

计划期物资需用量是对计划期内需用物资量的预测。它是编制企业物资供应计划的重要依据，是影响企业物资储备量的重要因素。

（2）**计划期初物资库存量**。

计划期初物资库存量是指计划期开始第一天的库存量，它是保证计划期期初生产所必需的储备物资之一。如果计划的编制是在计划期开始之后，则有实际库存数字可以利用。但我们常常是在计划期前编制物资供应计划，故有必要对期初库存量进行核算，其计算公式为：

计划期的预计库存量=计划前期的期初实际库存量+计划前期的预计收入量- 计划前期的预计需用量

（3）计划期末物资储备量。

计划期末物资储备量是指计划期内最后一天的库存量，它是保证计划期下一年度生产正常进行的必要条件。计划期末的库存量，就是企业确定的合理的周转储备量。总体说来，就某一物资而言，最低储备量≤期末库存量≤最高储备量；就价值总量而言，各项物资储备价值金额之和≤物资储备资金定额。

（4）计划期待购物资量。

计划期待购物资量等于计划期物资需用量加上计划期初的物资库存量再减去计划期末的物资储备量。

4. 编制物资供应计划的准备工作

（1）开展市场调研，掌握物资动态。

市场调研，是指包括市场调查和市场预测在内的一系列调查研究和科学预测工作。市场调查，就是通过各种调查方式和方法，系统地搜集有关商品的供、产、需以及其相互关系的数据和资料，进行加工整理，从而如实反映市场（包括国内市场和国际市场）的供求现状。市场预测是指在做好市场调查的基础上，运用科学的方法，对影响市场需求的各种因素进行科学的计算和分析，测算出未来一定时期内市场对产品的需求量和变化趋势。

（2）收集企业内部资料。

企业物资供应计划是企业生产经营活动在物资方面的综合反映，所以物资供应计划的编制需要企业物资管理部门收集详尽的企业内部资料，这些资料包括：产品生产计划；产品生产的具体安排和在制品数量；产品目录；物资订货、验收标准；产品设计更改单；修订的物资消耗定额；物资节约利用措施计划；自制工艺装备计划与需用物资计划；自制非标准备计划与需用物资计划；经营维修需用物资计划；其他用物资计划；各类物资资源情况等。

（3）物资供应计划的编制。

1）年度物资供应计划的编制。

①**审核数据，计算指标**。数据的准确性直接影响计划的质量，所以编制计划时必须对各类物资数据进行认真的审核。在数据准确的前提下，根据生产、建设和科研计划，计算出计划期物资需用量、计划期初物资库存量、计划期末物资储备量和计划期待购物资量。

②**综合平衡**。物资供应计划的综合平衡主要是一个企业物资供应计划与企业其他计划之间的平衡。具体来讲，企业物资供应计划和其他计划，如生产计划、设备维修计划、基本建设计划、科研计划、成本削减计划、存库计划、运输计划、资金使用计划、借贷计划等，构成一个企业的计划管理体系，各计划之间存在着相互依存、相互制约、相互促进的关系。例如，物资储备量所占用资金要同财务计划的储备资金相衡；物资供应计划所确定的品种、规格、数量、供货时间等应同生产计划、运输计划、库存计划相协调。

③**编制计划**。物资供应计划一般由三部分组成，即物资核算表、待购物资表和文字说明。物资核算表主要是对计划期所需要的物资进行核算（包括产品直接用料和间接用料）。其主要内容包括计划期任务量、物资消耗定额、物资消耗的统计资料。待购物资表是企业在确定了计划期物资需用量、计划期期初库存量、计划期期末储备量的基础上着手编制的。物资核算表是待购物资表的基础。文字说明主要是为了反映数字不能表达和无法反映的情况，供企业决策层了解情况、审核计划、平衡分配时参考。

2）季、月物资供应计划的编制。

①季度物资供应计划。季度物资供应计划是在年度物资供应计划的基础上编制的，是**由年度到月度，由长期到短期的中间环节**，由企业物资部门在季度到来之前分别核算并汇总出主要物资的详细品种规格，与本期库存、本期储备、本期资源进行平衡，经过平衡不足部分从市场购入，保证生产计划的顺利完成。季度物资供应计划的编制可参照年度物资供应计划。

②月份物资供应计划。月份物资供应计划是季度物资供应计划的具体化，是根据工业企业各个时期的具体条件，把年度、季度物资供应计划中规定的指标，**按照月份具体地安排到车间、班组，层层落实**，从而保证企业生产作业计划的完成。月份物资供应计划包括备用料部门提出的用料计划和物资供应部门编制的作业计划。

（二）供应计划的优化

供应计划的目的是优化供应，帮助准备各种资源以满足由需求计划产生的预测需求。在生成计划时，不仅需要考虑包括原料、产能、分销等制约因素，还需要进一步考虑与供应商、外包厂商、运输服务公司的协作，以便它们相应调整自己内部的供应计划，减少实现需求时出现物料短缺的情况。**一旦供应短缺导致不能满足所有客户需求，供应计划将依据公司战略目标调配紧缺资源以满足关键客户、关键产品或盈利最大的项目。**供应计划优化包括以下几种。

1）通过备用库存管理和精确的库存水平设置，使库存及连带的库存过期和价值损失的风险降至最低。

2）优化采购决定，以最大限度地减少运输成本。

3）在遇到物料、产能和分销瓶颈时合理分配资源，以保障对有优先权的客户或对企业有战略意义的产品的优先供应和优质服务。

三、供应链管理环境下的生产计划与控制

（一）供应链环境下的生产计划

供应链管理环境下的生产计划与传统生产计划有显著不同，因为在供应链管理下，与企业具有战略伙伴关系的企业的资源通过物流、信息流和资金流的紧密合作而成为企业制造资源的拓展。在制订生产计划的过程中，主要面临以下三方面的问题。

1. 柔性约束

柔性实际上是对承诺的一种完善。承诺是企业对合作伙伴的保证，只有在这基础上，企业间才能具有基本的信任，合作伙伴也因此获得相对稳定的需求信息。然而，由于承诺的下达在时间上超前于承诺本身付诸实施的时间，因此，尽管承诺方一般来讲都尽力使承诺与未来的实际情况接近，误差却是难以避免的。柔性的提出为承诺方缓解了这一矛盾，使承诺方有可能修正原有的承诺。可见，**承诺与柔性是供应合同签订的关键要素。**

柔性理解小知识

2. 生产进度

生产进度信息是企业检查生产计划执行状况的重要依据，也是滚动制订生产计划过程中用于修正原有计划和制订新计划的重要信息。在供应链管理环境下，**生产进度计划属于**

可共享的信息。这一信息的作用在于以下两个方面。

1）供应链上游企业通过了解对方的生产进度情况实现准时供应。企业的生产计划是在对未来需求做出预测的基础上制订的，它与生产过程的实际进度一般是不同的，生产计划信息不可能实时反映物流的运动状态。供应链企业可以借助现代网络技术，使实时的生产进度信息能为合作方所共享。上游企业可以通过网络和双方通用的软件了解下游企业的真实需求信息，并准时提供物资。在这种情况下，下游企业可以避免不必要的库存，而上游企业可以灵活、主动地安排生产和调拨物资。

2）原材料和零部件的供应是企业进行生产的首要条件之一，供应链上游企业修正原有计划时应该考虑到下游企业的生产状况。在供应链管理下，企业可以了解到上游企业的生产进度，然后适当调节生产计划，使供应链上的各个环节紧密地衔接在一起。其意义在于可以避免企业与企业之间出现供需脱节的现象，保证供应链上的整体利益。

3. 生产能力

企业完成一份订单不能脱离上游企业的支持，因此，**在编制生产计划时要尽可能借助外部资源，有必要考虑如何利用上游企业的生产能力**。任何企业在现有的技术水平和组织条件下都具有一个最大的生产能力，但最大的生产能力并不等于最优的生产负荷。在上下游企业间稳定的供应关系形成后，上游企业从自身利益出发，更希望所有与之相关的下游企业在同一时期的总需求与自身的生产能力相匹配。上游企业的这种对生产负荷量的期望可以通过合同、协议等形式反映出来，即上游企业提供给每一个相关下游企业一定的生产能力，并允许一定程度上的浮动。这样，下游企业在编制生产计划时，就必须考虑到上游企业的这一能力上的约束。

（二）供应链管理环境下生产计划的制订

在供应链管理下，企业的生产计划编制过程有了较大的变动，与原有的生产计划制订过程相比，有了新的特点。

1. 具有纵向和横向的信息集成过程

这里的**纵向指供应链由下游向上游的信息集成，而横向指生产相同或类似产品的企业之间的信息共享**。

在生产计划过程中，上游企业的生产能力信息在生产计划的能力分析中独立发挥作用。通过在主生产计划和投入产出计划中分别进行的粗、细能力平衡，上游企业承接订单的能力和意愿都反映到了下游企业的生产计划中。同时，上游企业的生产进度信息也和下游企业的生产进度信息一同作为滚动编制计划的依据，其目的在于保持上下游企业间生产活动的同步。

外包决策和外包生产进度分析是集中体现供应链横向集成的环节。在外包中所涉及的企业都能够生产相同或类似的产品，或者说在供应链网络上是属于同一产品级别的企业。企业在编制主生产计划时所面临的订单，在两种情况下可能转向外包：一是企业本身或其上游企业的生产能力无法承受需求波动所带来的负荷；二是所承接的订单通过外包所获得的利润大于企业自己进行生产的利润。无论在何种情况下，都需要承接外包的企业的基本数据来支持企业的获利分析，以确定是否外包。同时，由于企业对该订单的客户有直接的责任，因此也需要承接外包的企业的生产进度信息来确保对客户的供应。

2. 丰富了能力平衡在计划中的作用

在通常的概念中，能力平衡只是一种分析生产任务与生产能力之间差距的手段，企业根据能力平衡的结果对计划进行修正。在供应链管理下制订生产计划过程中，能力平衡发挥了以下作用。

1）为修正主生产计划和投入产出计划提供依据，这也是能力平衡的传统作用。

2）能力平衡是进行外包决策和零部件（原材料）急件外购的决策依据。

3）在主生产计划和投入产出计划中所使用的上游企业能力数据，反映了上游企业在合作中所愿意承担的生产负荷，可以为供应链管理的高效运作提供保证。

4）在信息技术的支持下，本企业和上游企业能力状态的实时更新，可使生产计划具有较高的可行性。

3. 计划的循环过程突破了企业的限制

在企业独立运行生产计划系统时，一般有三个信息流的闭环，而且都在企业内部：

①主生产计划—粗能力平衡—主生产计划；

②投入产出计划—能力需求分析（细能力平衡）—投入产出计划；

③投入产出计划—车间作业计划—生产进度状态—投入产出计划；

在供应链管理下，生产计划的信息流跨越了企业，从而增添了新的内容：

①主生产计划—供应链企业粗能力平衡—主生产计划；

②主生产计划—外包工程计划—外包工程进度—主生产计划；

③外包工程计划—主生产计划—供应链企业生产能力平衡—外包工程计划；

④投入产出计划—供应链企业能力需求分析（细能力平衡）—投入产出计划；

⑤投入产出计划—上游企业生产进度分析—投入产出计划；

⑥投入产出计划—车间作业计划—生产进度状态—投入产出计划。

需要说明的是，以上各循环中的信息流都只是各自循环所必需的信息流的一部分，但可对计划的某个方面起决定性的作用。

（三）供应链管理环境下的生产控制新特点

供应链环境下的**企业生产控制**和传统的企业生产控制模式不同。前者**需要更多的协调机制**(企业内部和企业之间的协调)，体现了供应链的战略伙伴关系原则。供应链环境下的生产协调控制包括如下几方面的内容。

1. 生产进度控制

生产进度控制的目的在于依据生产作业计划，检查零部件的投入和产出数量、产出时间和配套性，保证产品能准时装配出厂。供应链环境下的进度控制与传统生产模式的进度控制不同，因为许多产品是协作生产或转包的业务。和传统的企业内部的进度控制比较来说，其控制的难度更大，必须建立一种有效的跟踪机制进行生产进度信息的跟踪和反馈。生产进度控制在供应链管理中有重要作用，因此必须解决供应链企业之间的信息跟踪机制和快速反应机制。

2. 供应链的生产节奏控制

供应链的同步化计划需要解决供应链企业之间的生产同步化问题，只有各供应链企业之间以及企业内部各部门之间保持步调一致，供应链的同步化才能实现。供应链形成的准时生产系统，要求上游企业准时为下游企业提供必需的零部件。供应链中任何一个企业不能准时交货，都会导致供应链不稳定或中断，导致供应链对用户的响应性下降，因此严格控制供应链的生产节奏对供应链的敏捷性是十分重要的。

3. 提前期管理

基于时间的竞争是 21 世纪一种新的竞争策略，具体到企业的运作层，主要体现为提前期的管理，这是实现 QR、ECR（有效客户效应）策略的重要内容。供应链环境下的生产控制中，提前期管理是实现快速响应用户需求的有效途径。缩短提前期，提高交货期的准时性是保证供应链获得柔性和敏捷性的关键。缺乏对供应商不确定性有效控制是供应链提前期管理中的一大难点。因此，建立有效的供应提前期的管理模式和交货期的设置系统是供应链提前期管理中值得研究的问题。

4. 库存控制和在制品管理

库存在应付需求不确定性时有积极的作用，但是库存又是一种资源浪费。在供应链管理模式下，实施多级、多点、多方管理库存的策略，对提高供应链环境下的库存管理水平、降低制造成本有着重要意义。基于 JIT 的供应与采购、供应商管理库存（Vendor Managed Inventory，VMI）、联合库存（Pooling）管理等是供应链库存管理的新方法，对降低库存有重要作用。因此，建立供应链管理环境下的库存控制体系和运作模式对提高供应链的库存管理水平有重要作用，是供应链企业生产控制的重要手段。

四、需求计划与配送计划管理

（一）需求计划

需求计划的目标是形成一个精确可靠的关于市场需求的认识。要做好需求计划，就必须了解产品的结构以及产品是如何被销售出去的。产品构成是需求计划的基础，它决定了企业怎样进行销售预测。需求计划运用统计方法计算对基本面做出初步的预测，然后以此为起点，通过与大型客户和分销合作伙伴的合作对其包含的信息作进一步的调整修改。销售预测还需要对照已有的重要工作的时间进度，这样才能使需求计划与内外活动保持同步。企业必须评估每一个产品的产品生命周期并进行持续跟踪以发现差异。引入新产品必须综合上一代产品的在库库存和采购管道中的半成品及零部件数量，从而做到物尽其用。**需求分析既要最大限度地减少预测错误，同时又要充分考虑需求的变数。**生产模式不同（按订单生产、按库存生产和按模块定制生产），反映缓冲保护区的设置也就不同。正因如此，需求计划也会因为生产的模式不同而有所区别。

1. 需求计划给供应链企业带来的最主要利益

需求计划给供应链企业带来的最主要利益包括以下几个方面。

（1）精简企业库存。

在理论上可以达到客户服务水平的最小库存是需求变化的函数。虽然市场的需求变化不受企业控制，但是透过需求计划这一环节可以对需求有比较清楚的认识。将基本面的需求与夸大的需求区分开来可以减少预测错误；将基于产品系列或型号和其零部件的连带需求和选项功能的独立需求区分开来可以澄清需求内容；对区域性需求的识别可以帮助企业有针对性地准备库存。通过与销售伙伴加

供应链需求计划
面临的困难

强沟通合作，可以让企业清楚了解需求状况。计划周期的缩短可以帮助企业向供应计划环节更快传达需求信息从而避免企业堆积大量库存。

（2）降低库存过期风险。

产品的生命周期的缩短意味着产品需求和销售价格会快速贬值，对构成产品的零部件也是同样的道理。想要把库存过期的风险降至最低，关键是要做到产品及产品零件的供给与预计的产品周期及市场推广应用保持同步。通过分析偶然性事件以及某些特定事件对需求的影响，可以把已经纳入计划的事件与库存调整联系起来。这种按需求操纵零部件库存的做法可以降低库存过期的风险。

（3）提升对具有战略意义的销售渠道客户的服务水平。

区分客户群并相应进行内部调整对占有预期市场份额很关键。销售预测流程协同公司分配业务规则达成默契，来自享受优先权的客户或有特定送货地址的客户给出预测并在公司主计划系统中保留相应的资源，以确保公司对具有战略意义的客户提供优质服务。

（4）进一步改进引入新产品的流程。

市场需求与利润空间在新产品引入阶段达到最高峰。通常类似的产品会很快加入竞争。为达到利润目标，确保供应与需求在新产品引入阶段的平衡是极其重要的。但不幸的是，企业正面临支持新技术的零件供应问题。而与客户、分销合作伙伴、供应商一同探讨可以更快、更准确地制订供需平衡计划，供给的不稳定与需求的不确定由此降低到最小，从而大大增加成功引入新产品的机会。

2. 需求计划中的关键流程

需求计划中包含了**需求预测**、**需求协作**、**预测汇总**等几个关键流程。

（1）需求预测。

需求预测是指根据决策层设定的目标和销售渠道合作伙伴的协作预测而制定的一个不考虑制约因素的总预测方案，它涵盖了大型活动、需求变化限度、产品生命周期等。而像自上而下的预测、自下而上的预测、产品生命周期计划、大型活动预测、从属性需求预测等子流程，都是为最终达成一个需求预测的共识而做的铺垫。

自上而下的预测是把公司总的销售目标转化为按产品系列分类的产品销售数量的预测。各个产品销售与全部销售目标的比例关系是参考以往历史经验按公司的分配要求或规则而决定的。通常按客户或产品系列归类合并以后的历史数据要比零散的历史数据更为精确，也更有参考价值，因此，对归类合并以后的数据作统计分析更有意义。在无法参考历史数据的情况下，更多的是采用公司一贯的规则来决定预测在各个产品系列之间的分配。这类预测通常每月或每季度进行一次，以决定后面几个月或季度的预测。

自下而上的预测可以让不同的销售公司、销售代表以及营运部门的计划员对不同产品系列提供他们认为最好的预测。这个操作流程发挥了集体智慧的优势，它借鉴参考了销售代表、各地的市场信息并考虑了运营方面的制约因素等。可以将它与自上而下的预测做比较，以发现关于公司预测及财务目标方面的问题。通常这种预测是按周进行的，当然也要视预测所需时间和需求改变情形对预测周期做进一步的优化调整。同时，销售团队和运营部门的计划员一起在预测中按客户或销售区域加入针对某一产品系列的独立需求。这个信息会自动合并到总的需求中并与自上而下的预测作比较。在使用产品单元的平均售价时，可以把销售数量预测转化成销售额并自动合并。自下而上的预测还可以通过与客户的需求计划合作关系来产生。

产品生命周期计划就是对产品的新旧交替进行预测及管理，它使企业能更准确地预测产品数量的递减或递增趋势。由于没有历史做参考，对新产品的预测通常很难。如果新产品与老产品之间会有相似的表现，就可以参照旧产品执行产品计划。当出现截然不同的全新产品时，新产品计划可以根据规律预测产品的生命周期，然后在各个生命周期阶段分配销售预测数量。

大型活动预测反映了已经纳入可以预计的未来事件对销售产生的影响。公司市场计划应根据与这些事件相关的因素进行调整。企业的促销活动或价格调整就是一个影响需求的与活动有关的因素。市场预测应根据这类因素做调整。

从属性需求预测适用于可作为选项配置生产的生产环境及相关产品类型。在这种情况下，客户只在下订单的时候才确定配置。但是为了准备库存，企业必须预测并采购所有客户可能需要的配置并及时采购，把每种配置占所有从属性需求预测的百分比称作从属系数。预测汇总时主要是确定产品系列层面上的销售数量。

从属性需求预测是分析销售预测中选项配置的从属系数。从属系数被用来把针对产品或产品系列的销售预测分解成零部件或选项的数量。从属系数往往随时间和销售地区的差异而不同。

（2）预测汇总。

预测汇总是把以上提到的各种放在一起并考虑所有重要的信息，最终达成一个完整的销售预测。

预测汇总被用作供应计划的信息输入，当客户订单在短期内转化为真实订单时，这些订单必须要在销售预测中剔除，而得出的净预测才能用于供应计划。由于正式订单是确定的需求，企业已对客户做了承诺，所以在供应计划中应严格区分预测与实际订单。通过区分订单和净预测，企业在做供应计划时可以分配紧缺物料，解决正式订单的处理准备工作。

（3）需求协作。

当客户有一套完整的销售预测工作流程时，采用需求协作的方式能保证客户向它下游的供应商及时准确地传送需求信息。应用互联网技术可以实现快速的需求合作预测。**预测可以从供应链的任何一头发起，即供应商可以给客户发出一个基本预测，便于客户在此基础上做回应，也可以是客户先提供一个对基本面的预测，然后让供应商做出评估**。除了预测信息，关于销售速度、库存水平等方面的信息同样可以通过需求协作的方式在企业和客户间沟通传递。

根据与销售渠道合作伙伴和客户的协作方式，销售预测中需求变化限度都做了量化的规定，这个量化指标规定了企业应储备多少库存来消化需求的变化。

（二）配送计划管理

配送计划是供应链计划管理的重要内容，配送计划的制订和执行直接影响供应链的库存和客户的需求。因此，**供应链企业必须重视配送计划管理**。

1．配送计划概述

（1）配送计划的概念。

配送计划是指供应链企业特别是配送部门或配送企业（配送中心）在一定时间内编制的配送作业计划。它是配送中心运营管理的首要职能和中心环节。

（2）配送计划的种类。

配送中心的配送计划一般包括**配送主计划、日配送计划和特殊配送计划**。

1）配送主计划。配送主计划是指针对未来一定时期内，对已知客户需求进行前期的配送规划，便于对车辆、人员、支出等做出统筹安排，以满足客户的需要。例如，为迎接家电行业每年3—7月空调销售旺季的到来，配送中心可以提前根据各个客户前一年的销售情况及今年的预测情况，预测今年空调销售旺季的配送需求量，并据此制定空调销售旺季的配送主计划，提前安排车辆、人员等，以保证销售任务的完成。

2）日配送计划。日配送计划是配送中心逐日进行实际配送作业的调度计划，例如，订单增减、取消、配送任务细分、时间安排、车辆调度等。制订定每日配送计划的目的是使配送作业有章可循。与配送主计划相比，配送中心的日配送计划更具体、频繁。

3）特殊配送计划。特殊配送计划是指配送中心针对突发事件或者不在主计划规划范围内的配送业务，或者不影响正常性每日配送的业务所做的计划。它是配送主计划和日配送计划的必要补充，如空调在特定商场进行促销活动，可能会导致短期内配送需求量突然增加，这就需要制订特殊配送计划，增强配送业务的柔性，提高服务水平。

（3）配送计划的内容。

配送计划的主要内容应包括配送的时间、车辆选择、货物装载以及配送路线、配送顺序等的具体安排。

1）按日期排定用户所需商品的品种、规格、数量、送达时间、送达地点、送货车辆与人员等。

2）优化车辆行走路线与运送车辆趟次，并将送货地址和车辆行走路线在地图上标明或在表格中列出。需要根据用户的具体位置、沿途的交通情况等，选择配送距离短、配送时间短、配送成本低的线路。除此之外，还必须考虑有些客户或其所在地点环境对送货时间、车型等方面的特殊要求，如有些客户一般不在上午或晚上收货，有些道路在某高峰期实行特别的交通管制等。因此，确定配送批次顺序应与配送线路优化综合起来考虑。

3）按用户需要的时间并结合运输距离确定起运提前期。

4）按用户要求选择送达服务方式。配送计划确定之后，向各配送点下达配送任务。依据计划调度运输车辆、装卸机械及相关作业班组与人员，并指派专人将商品送达时间、品种、规格、数量通知客户，使客户按计划准备好接货工作。

（4）配送计划的编制。

编制配送计划的主要依据有以下几种。

1）**客户订单**。一般情况下，客户订单对配送商品的品种、规格、数量、送货时间、送达地点、收货方式等都有要求。因此，客户订单是拟订运送计划的最基本的依据。

2）**客户分布、运输路线、距离**。客户分布是指客户的地理位置分布。客户位置离配送据点的距离长短、配送据点到达客户收货地点的路径选择，直接影响输送成本。

3）**配送货物的体积、形状、重量、性能、运输要求**。配送货物的体积、形状、重量、性能、运输要求，是决定运输方式、车辆种类、载重、容积、装卸设备的重要因素。

4）**运输、装卸条件**。运输道路交通状况、运达地点及其作业地理环境、装卸货时间、天气情况等对输送作业的效率也起较大的约束作用。

（5）配送计划的制订。

在充分掌握必需的信息资料后，由电子计算机编制，最后形成**配送计划表**，或由计算机直接向具体执行部门下达指令。

人工编制计划时，其主要步骤是：

①按日汇总各用户需求资料，用地图表明，也可用表格列出；

②计算各用户送货所需时间，以确定起送提前期；

③确定每日各配送点的配送计划，可以图上或表上作业法完成，也可通过计算编制；

④按计划的要求选择配送手段；

⑤以表格形式拟订详细配送计划。

随着信息技术的发展，现代供应链企业越来越多地采用配送资源计划（DRPⅡ）制定配送计划。

2. 配送资源计划

配送资源计划（DRPⅡ）是一种在流通领域中配置物资资源的技术，它是以业务流程优化为基础，以销售与库存综合控制管理为核心的，集采购、库存、销售、促销管理、财务及企业决策分析功能于一体的高度智能化的企业配送业务解决方案。它能够实现物流企业高效率的集成化管理，具有优化流程与规范化管理、降低经营成本、优化资源分配等功能。

（1）系统构成。

配送资源计划是基于信息技术和预测技术对不确定的顾客需求进行预测分析以规划确定配送中心的存货、生产、派送等能力的计划系统。通过配送资源计划系统可以实现成本、库存、产能、作业等的良好控制，从而达到顾客完全满意和供应链成本降低的目的。配送资源计划系统主要由库存管理、质量控制、预测仿真、运输管理、采购管理、计划/调度管理、订单管理、数据库接口与数据传输模块组成。

1）库存管理。该模块既保证物料供应又保持较低的库存水平，包括交互的库存量查询、货位控制（通过货位自动分配算法实现）、周期盘点、各种类型材料库存（不良品和多余品等）、出入库记录、退货管理等功能。

2）质量控制。该模块包括质量标准、质量信息跟踪、不合格品停止发货、质量统计报告及质量记录与分析等功能。

3）预测仿真。通过对原始数据的回归分析和时间序列分析，对库存、订单、产能进行预测，对库存线路进行交互仿真查询。

4）运输管理。建立承运商数据库，并以此数据库针对不同发货地点优选承运商；对待发货物自动产生运单和发货通知，分类产生货运费用报告、到货及时率报告；对发出和收到货物进行跟踪记录、报关记录及分析。

5）采购管理。建立供应商数据库，根据计划和短缺报告进行订单下达、订单追踪及物料监控。

6）计划/调度管理。通过实际订单情况和对顾客需求的预测，产生生产计划和资源（人员、设备、物料、场地）年度和月度需求计划，并在此基础上进行每周排产。

7）订单管理。对各种不同类型顾客的不同类型订单进行记录、追踪、查询和分析，不同类型订单主要有正常订单、赔货订单，需特别注意的是顾客退货订单的记录、追踪、查询。

8）数据库接口与数据传输。对不同数据库系统的数据，通过 ODBC/JDBC 及 SHELL

语言，进行 DRP Ⅱ 和财务系统、其他仓库与配送中心的数据交换。

（2）实施因素。

针对中国的国情和国际成功物流企业的经验，发展适合中国的 DRP Ⅱ 系统，进一步提升中国物流企业的竞争优势已经迫在眉睫。要成功实施 DRP Ⅱ 还得注意以下问题。

一是**要正确认识 DRP Ⅱ 与 CRM、ERP 等的关系**。虽然 DRP Ⅱ 和 CRM 都具有销售管理的功能，但含义却不尽相同。CRM 主要是通过提高销售人员的工作效率和知识共享程度来提高客户的满意度。CRM 中的销售管理主要提供销售员、销售队伍、销售佣金、客户信息、联系人信息、销售机会（项目）、竞争对手信息、客户交互过程等功能，它主要是给销售员用的，而不像 DRP Ⅱ 是给销售订单处理人员和财务人员使用的。DRP Ⅱ 是 ERP 系统销售订单管理、库存管理和产品管理的扩展，两者之间有千丝万缕的联系。但 ERP 主要关注企业内部信息化，而 DRP Ⅱ 则将管理范围扩展到外部的分销渠道上。在大多数 ERP 产品中，DRP Ⅱ 更多的是负责进销存，在需求预测、库存预测和优化、多业务单元处理等方面，功能比较薄弱，难以实现物流企业对分销配送管理的要求。

二是**要专注流程**。在实施 DRP Ⅱ 系统时，物流企业应该把注意力放在流程上，而不是过分关注技术。技术只是促进因素，本身不是解决方案。因此，要成功实施 DRP Ⅱ，第一件事就是花费时间去研究现有的分销、销售和服务策略并找出改进方法。

三是**要灵活运用技术**。在那些成功的 DRP Ⅱ 项目中，技术的选择总是与要改善的特定问题紧密相关。如果物流企业想定时预测市场需求，那么这个企业就应该在 DRP Ⅱ 系统中强化需求预测功能。企业在设计 DRP Ⅱ 系统时，正确的做法是根据业务流程中存在的问题来选择合适的技术，而不是调整流程来适应技术要求。

四是**组织能力较强的 DRP Ⅱ 实施队伍**。DRP Ⅱ 的实施队伍应该在两个方面有较强的能力，首先是业务流程重组的能力，其次是对系统进行客户化和集成化的能力，特别对那些打算支持移动用户的物流企业，更是如此。

五是**从客户的角度来设计 DRP Ⅱ**。可以尝试以下几个简单易行的方法来关注客户：请未来的 DRP Ⅱ 用户参观配送管理系统，了解这个系统到底能为用户带来什么；在 DRP Ⅱ 项目的各个阶段（需求调查、解决方案的选择、目标流程的设计等），都争取最终用户的参与，使这个项目成为用户负责的项目；在实施的过程中，从用户的角度出发，为用户创造方便。

六是**分步实现、系统整合**。欲速则不达。通过流程分析，可以识别业务流程重组的一些可以着手的领域，但要确定实施优先级，每次只解决几个最重要的问题。

五、供应链运营计划管理框架

供应链各环节均有各自不同的运营计划管理方式，相邻组织之间也有不同的合作方式，不同的运营计划方式适应不同环境条件，这样就形成多种多样的供应链运营管理模式。下面以制造商为核心的供应链模型为例，描述不同的供应商关系类型、采购方式、生产方式、销售配送方式与分销渠道方式、供应链物流模式、合作关系类型以及顾客价值类型对供应链运营模式的影响，如图6-2所示。

图6-2为以制造商为核心的供应链运营计划管理模型，从图6-2可以看出，基于客户价值的供应链管理模式非常多，非常灵活。在具体实践应用管理过程中，以物联网技术为支撑，需要综合**考虑产品类型、市场环境、关系类型、物流方式等因素**，以满足客户价值，寻求适合的供应链管理模式。例如，无人机在物流管理中的应用就会影响供应链物流

系统仓储布局，产生新的供应链物流运营方式，从而提高物流效率，降低成本。

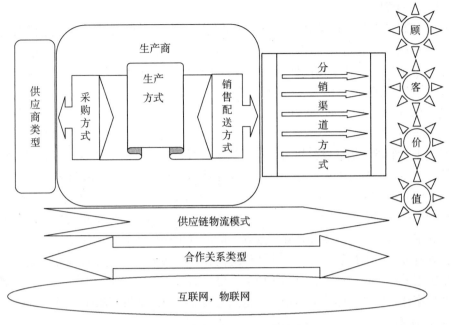

图 6-2 供应链运营计划管理模型

第二模块 案例讨论

案例一 丰田公司的 JIT 计划模式

JIT 计划模式的核心是把供应商纳入自己的供应体系，严格按产出计划由后工序拉动，实现小批量零库存。

1. 长期能力协调

丰田公司设有生产规划科，专门制订长期生产计划，此计划不要求精确的车型和数量，只根据市场走势估计 3 年内可能要生产的车型和数量。每半年制订一次，滚动制作。此计划需要通知供应链上的合作企业，让它们知道丰田公司 3 年内的生产规模和采购规模，使供应商做好必要的长期生产能力准备，制订相应的长期能力计划。

2. 月度能力协调

月度计划是指制订其后 3 个月的计划，计划的依据是客户订单和适当的预测。由于丰田公司是按需生产，国外客户的计划主要根据已获得的订单安排；国内客户先按订单安排，不足部分依靠预测方法。国外订单先由当地销售部门汇总形成采购文件，再把全部汇总文件发送到设在东京的海外规划部，汇总整理后送到生产管理部。所有文件信息的传达都是通过计算机网络，速度很快，能达到准时的要求。由于是按订单排计划，因此车型和数量都确定了。此类计划是滚动制订，第一个月基本上是确定的计划、可以执行的计划；第二个月和第三个月作为内定计划，下一次做计划时再进行调整。这类计划的作用是为各级生产商提供月度的能力、物资与资金准备信息。由于生产对象大致明确，准备工作可以有的放矢。

3. 月生产计划

每月中旬制订下月生产计划，到中旬末计划完毕后，再根据最新订单进行微调。到下旬，开始计算该生产计划的全部物料需求，并决定各种型号的车每天的生产量、生产工序组织、生产节拍等。计算工作由计算机完成，工作量大。该计划生产的车都是有明确客户的，下线就可以提走。该计划的作用有两个：一是做好月度可执行的生产计划；二是提供给供应商，做好月度内的供应计划。

4. 日投产顺序计划

准时化生产的准时概念已经以日、小时计量，所以有了月生产计划还不足以实施准时化生产，须进一步制订按日的生产作业计划，而此计划又不同于一般的日计划，其最大特点是除了计划中的品种数量参数外，还有投产顺序，即计算混合装配线上的各种车型的投入顺序。日投产顺序计划提前两天制订，每天做一次，计划只提供给整车总装配线、几个主要部件装配线和主要协作厂商。该计划除了起到一般的日生产作业计划的作用外，更重要的是为全系统实施看板生产做最后的准备。主要供应商在提前两天的时间内接到此计划后，立即通过看板系统把采购信息传递到各自的供应商，供应商或制造或发货，保证第二天各部件装配线按投产顺序计划生产，然后陆续把部件送到总装配线，保证投产顺序计划的顺利执行。

5. 直供体系

供应商按照协议直接将产品送到客户企业工序生产现场的方式，称为直达供应和直送工位体系。实行协作厂商的产品直达供应，实际上是拉动式生产方式从主机厂到协作厂的延伸。由于取消了有缓冲作用的中间仓库，实行起来的风险增大了。但是，由于丰田的供货体系突出了整体利益，双方互信互利，质量保证，接收货物质量免检，协作厂又近距离分布在主机厂方圆 50 千米以内。因而实现了重要部件按小时供货，次重要部件按日供货，不重要部件按周供货。据统计，有 16% 的协作厂按周交货，52% 的协作厂按日交货，32% 的协作厂按小时交货。

（案例来源：丰田公司的 JIT 计划模式［EB/OL］.［2022-3-30］. https://www. taodocs. com/p-6244548. html. 案例经编者整理、改编。）

思考题：什么是 JIT 管理模式？

案例二 MRP 应用实例

安培公司生产一系列的电表，电力公司将电表安装在住宅建筑上，用以测量电力的使用量。用于单户家庭的电表有适于不同电压和电流范围的两种基本类型。除了完整的电表以外，也单独出售组件，以供维修或供不同的电压或电力负荷转换用。MRP 系统的问题在于确定生产计划以识别每一种产品及其需求期与适当的数量，然后检查计划的可行性，并做出必要的改动。

步骤一：需求预测。

电表及组件的需求来源于两个方面：发出固定订单的老客户与对这些产品产生正态随机需求的不确定顾客。随机需求的预测需要结合科学适用的手段以及历史数据，电表 A、电表 B 及组件 D 三个月期（3—5 月份）的需求量如表 6-1 所示。生产电表也需要其他零配件，为了使该例子简单明了、保持可控性，其他零部件暂时不考虑。

表6-1　来自确定顾客订单与随机源的产品需求　　　　　　　　　单位：个

月份	电表 A		电表 B		组件 D	
	已知	随机	已知	随机	已知	随机
3	1 000	250	410	60	200	70
4	600	250	300	60	180	70
5	300	250	500	60	250	70

步骤二：制订主生产计划。

对于表6-1所示的电表和组件需求，假设当月第一个星期就已经获知为满足确定与随机需求所需的总数量。这个假设是合理的，因为管理层宁愿每一个月生产单一批量的电表，而不是同时生产多批量的电表。

基于上述这些条件，在已知第9、13、17周的生产计划的情况下，可制作如图6-2所示的主生产计划。这个主生产计划需要接受检验，如考察资源的可获得性、能力的可获得性等，然后根据检验结果修改并重新运行。

表6-2　满足需求的主生产计划　　　　　　　　　　　　　　　单位：个

	周期								
	9	10	11	12	13	14	15	16	17
电表 A	1 250				850				550
电表 B	470				360				560
组件 D	270				250				320

步骤三：确认物料清单文件（BOM）。

需要采购的物料清单（也称产品结构）如图6-3所示。

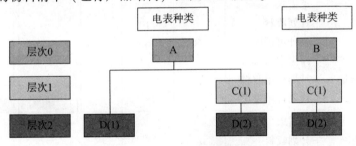

图6-3　产品结构

图6-3中表示出了组成各个电表的组件和零部件，括号中也标出了各个产品需要的组件和零部件的个数。

电表 A 和 B 产品采用经典的底层编码方式。在这里，所有的产品都被置于其出现的结构层级的最低层级。电表 A 和 B 由通用组件 C 和零件 D 组成，为了进一步简化问题，我们将集中研究其中的一个零件，即零件 D，它是一个变压器。

从产品结构图中可以看出，组件 C 也用零件 D，该组件也用于生产电表 A。组件 C 直接用于生产电表 A 和 B，所以一般会先生产部分的组件 C 作为安全库存。在最终装配过程中，如果需要装配电表 A，还会需要一个零件 D。

步骤四，确认各种可利用资源，检查初步制订的主生产计划的可实施性。

库存记录文件中体现的现有产品及组件的数量和提前期数据如表6-3所示。

表6-3　现有产品及组件的数量和提前期数据

产品	现有库存/个	提前期/周	安全库存/个	订单数量/个
A	50	2	0	0
B	60	2	0	10（第5周）
C	40	1	5	0
D	200	1	20	100（第4周）

表6-3中的相关数据包括程序开始运行时的现有库存、提前期、安全库存以及已经发出订单的现状。安全库存是希望保留的一种产品的最小库存状态，例如，对组件C，不希望其库存低于5个单元；电表B有一份10个单元的订单，计划要求在第五周到货，另一份有100个单元的零件D（变压器）的订单，计划第四周到货。

步骤四，MRP的程序逻辑运算。

展开式的电表A与B及组件C与零件D的物料需要计划如表6-4所示。

表6-4　展开式的电表A与B及组件C与D的物料需求计划　　单位：个

产品	计划项	周期 4	5	6	7	8	9
A： 提前期：2周 现有库存：50个 安全库存：0 订单数量：按需求量	毛需求						1 250
	计划收料						
	预计可用库存	50	50	50	50	50	50
	净需求						1 200
	计划订单收料						1 200
	计划订单发出				1 200		
B： 提前期＝2周 现有库存：60个 安全库存：0 订单数量＝按需求量	毛需求						470
	计划收料		10				
	预计可用库存	60	60	70	70	70	70
	净需求						400
	计划订单收料						400
	计划订单发出				400		
C： 提前期：1周 现有库存：40个 安全库存：5个 订单数量：2000	毛需求				400+1 200		
	计划收料						
	预计可用库存	35	35	35	35	435	435
	净需求				1 565		
	计划订单收料				2 000		
	计划订单发出			2 000			
D： 提前期：1周 现有库存：200个 安全库存：20个 订单数量：5000个	毛需求			4 000	1 200		270
	计划收料	100					80
	预计可用库存	180	280	280	1 280	80	190
	净需求			3 720			5 000
	计划订单收料			5 000		5 000	
	计划订单发出						

此处将分析限制在满足第 9 周毛需求 1 250 个电表 A、470 个电表 B 以及 270 个电压器 D 的问题上。

系统管理的每种产品保持其各自的 MRP 记录，记录包含毛需求量、计划接收量、预计可用库存、净需求、计划订单收料与计划订单发出数据。其中：毛需求是对某一产品的总体需求，这些需求可能来自外部订单，也可能来自内部制造需求；计划接收量是那些已经发出订单并预计在这个时期期初会到货的产品，一旦发出书面订单，在此之前的"计划"订单就变成计划接收量；预计可用库存是预计某一时期期初的库存数量。计算如下：

$$预计可用库存量（t 周期）= 预计可用库存（t{-}1 期）- 毛需求（t{-}1 期）+ 计划接收（t{-}1 期）+ 计划订单收料（t{-}1 期）- 安全库存$$

净需求是当预计可用库存加上计划接收量还不能满足毛需求时所需要的数量，计划订单收料是满足该期净需求的订单批量。计划订单发出时间等于计划订单收料时间加上提前期。

从电表 A 开始，预计可用库存为 50 个，第 9 周之前都没有净需求，直到第 9 周，需要额外的 1 200 个以满足主生产计划中 1 250 个的需求。因此，第 9 周的计划接收数量为 1 200 个；由于提前期为 2 周，该订单必须在第 7 周发出。

电表 B 第 5 周有计划订单 10 个，预计第 6 周的可用库存是 70 个，为满足第 9 周的 470 个的毛需求，需要额外 400 个的净需求。为了满足该需求，400 个的订单必须在第 7 周发出。

电表 A 和 B 的生产中都需要使用组件 C，所以为满足第 7 周的发货，对于第 7 周 C 的需求总量是 1 600 个，预计可用库存是 40 减去 5 个安全库存，为 35 个，所以净需求变成 1 565 个。C 组件的批量订货策略为 2 000 个，提前期是 1 周，因为有 2 000 个的组件 C 应在第 6 周发出，第 8 周之后就剩下 435 个。

零件 D 由于有不同的需求源，由于 BOM 中两个 D 做一个 C，所以 4 000 个的 D 零件需要在第 6 周收到，另外加上第 7 周需要的 1 200 个 D，第 9 周需要 270 个订单，第 6 周需要 3 720（4 000-100-200+20）个的净需求。零件 D 的批量订货数量为 5 000 个。当第 9 周订单数量无法满足，净需求变成 190 个时，第 9 周收货量为 5 000 个。

（案例来源：[讲解] MRP 应用实例[EB/OL].（2016-4-7）[2022-3-30].https://www.docin.com/p-1521363053.html. 案例经编者整理、改编。）

思考题：讨论 MRP 和 ERP 的关系。

案例三 联华生鲜食品加工配送中心案例

一、订单管理

联华门店的要货订单通过联华数据通信平台实时传输到生鲜配送中心，在订单上生成各商品的数量和相应的到货日期。生鲜配送中心接收到门店的要货数据后，立即在系统中生成门店要货订单，按不同的商品物流类型进行不同的处理。

（1）储存型的商品：系统计算当前的有效库存，对比门店的要货需求以及日均配货量和相应的供应商送货周期，自动生成各储存型商品的建议补货订单，采购人员根据此订单和实际情况做一些修改，即可形成正式的供应商订单。

（2）中转型商品：此种商品没有库存，直进直出，系统根据门店的需求汇总按到货日期直接生成供应商的订单。

（3）直送型商品：根据到货日期，分配各门店直送经营的供应商，直接生成供应商直送订单，并通过 EDI 系统直接发送到供应商。

（4）加工型商品：系统按日期汇总门店要货订单，根据各产成品/半成品的 BOM 表计算物料耗用，比对当前的有效库存，系统生成加工原料的建议订单，生产计划员根据实际需求加以调整，发送采购部生成供应商原料订单。

各种不同的订单在生成完成或手工创建后，通过系统中的供应商服务系统自动发送给各供应商，时间间隔在 10 分钟内。

二、物流计划

在得到门店的订单并汇总后，物流计划部根据第二天的收货、配送和生产任务制订物流计划。

（1）线路计划：根据各线路上门店的订货数量和品种进行线路的调整，保证运输效率。

（2）批次计划：根据总量和车辆人员情况设定加工和配送的批次，实现循环使用资源，提高效率；在批次计划中，将各线路分别分配到各批次中。

（3）生产计划：根据批次计划，制订生产计划，将量大的商品分批投料加工，设定各线路的加工顺序，保证和配送运输协调。

（4）配货计划：根据批次计划，结合场地及物流设备的情况，进行配货的安排。

三、储存型物流运作

商品进货时先要接受订单的品种和数量的预检，预检通过方可验货，验货时须进行不同要求的品质检验，终端系统检验商品条码和记录数量。在商品进货数量上，定量的商品的进货数量不允许大于订单的数量，不定量的商品提供一个数值范围。对于需要按重量计量的进货，系统与电子秤系统连接，自动去皮取值。

拣货采用播种方式，根据汇总取货，汇总单标识从各个仓位取货的数量，取货数量为本批配货的总量，取货完成后系统预扣库存，被取商品从仓库仓间拉到待发区。在待发区的配货分配人员根据各路线、各门店配货数量对各门店进行播种配货，并检查总量是否正确，如不正确向上校核。如果商品的数量不足或其他原因造成门店的实配量小于应配量，配货人员通过手持终端调整实发数量，配货检验无误后使用手持终端确认配货数据。在配货时，冷藏商品和常温商品被分置在不同的待发区。

四、中转型物流运作

供应商送货同储存型物流运作一样需要先预检，预检通过后方可进行验货配货；供应商把中转商品卸货到中转配货区，中转商品配货员使用中转配货系统按商品各路线、各门店的顺序分配商品，数量根据系统配货指令的指定执行，贴物流标签。将配完的商品采用播种的方式放到指定的路线门店位置上，配货完成后统计单个商品的总数量、总重量，根据配货的总数量生成进货单。

中转商品根据发货单确定进货单，没有库存，多余的部分由供应商带回，如果不足就在门店间进行调剂。三种不同类型的中转商品的物流处理方式如下。

（1）不定量需称重的商品。

设定包装物皮重；由供应商将单件商品上秤，配货人员负责系统分配及其他控制性的操作；电子秤称重，每箱商品上贴物流标签。

（2）定量的大件商品。

设定门店配货的总件数，汇总打印一张标签，贴于其中一件商品上。

（3）定量的小件商品（通常需要冷藏）。

在供应商送货之前先进行虚拟配货，将标签贴于周转箱上；供应商送货时，取自己的周转箱，按周转箱标签上的数量装入相应的商品；如果发生缺货，将未配到的门店（标签）作废。

五、加工型物流运作

生鲜的加工按原料和成品的对应关系可分为两种类型：组合和分割。两种类型在BOM设置和原料计算及成本核算方面都存在很大的差异。在BOM中，每个产品设定一个加工车间，只属于唯一的车间，在产品上区分最终产品、半成品和配送产品，商品的包装分为定量和不定量的加工，对于称重的产品/半成品需要设定加工产品的换算率（单位产品的标准重量），原料的类型区分为最终原料和中间原料，设定各原料相对于单位成品的耗用量。生产计划/任务中需要对多级产品链计算嵌套的生产计划/任务，并生成各种包装生产设备的加工指令。对于生产管理，在计划完成后，系统按计划内容生成标准领料清单，指导生产人员从仓库领取原料以及生产时的投料。在生产计划中考虑产品链中前道工序与后道工序的衔接，各种加工指令、商品资料、门店资料、成分资料等下发到各生产自动化设备。

加工车间人员根据加工批次、加工调度，协调不同量商品间的加工关系，满足配送要求。

六、配送运作

商品分拣完成后，都堆放在待发库区，按正常的配送计划进行配送。这些商品在晚上送到各门店，门店第二天早上将新鲜的商品上架。在装车时按计划依路线门店顺序进行，同时抽样检查准确性。在货物装车的同时，系统能够自动算出包装物（笼车、周转箱）的各门店使用清单，装货人员也据此来核对差异。在发车之前，系统根据各车的配载情况生成各运输的车辆随车商品清单、各门店的交接签收单和发货单。

商品到门店后，由于数量的高度准确性，在门店验货时只要清点总的包装数量，退回上次配送带来的包装物，完成交接手续即可。一般一个门店的配送商品交接只需要5分钟。

（案例来源：上海联华生鲜食品加工配送中心物流案例［EB/OL］.（2011-10-21）［2022-3-30］. https://wenku. baidu. com/view/dfc9cffa0242a8956bece4ed? pu&bfetype = new. 案例经编者整理、改编。）

思考题：联华生鲜食品配送中心的物流配送计划有哪些？

第三模块　实训模块

实训一：调研企业 MRP 应用情况

实训目的：通过调研了解企业 MRP 应用情况。

实训内容：设计调研问卷，到企业调研 MRP 应用状况、MRP 应用模块以及应用过程中存在的问题。

实训二：调研企业 DRP 应用情况

实训目的：通过调研了解企业 DRP 应用情况。

实训内容：设计调研问卷，到企业调研 DRP 应用状况、DRP 应用模块以及应用过程中存在的问题。

第四模块　小结与测试题

一、本章小结

1. 计划是经营管理者在特定时间段内为实现特定目标体系，对要完成特定目标体系而展开的经营活动所做出的统筹性策划安排。计划管理本质上属于控制类管理，是对企业经营活动的控制。

2. 供应链计划（Supply Chain Planning，SCP）系统正成为当今物料管理的焦点。供应链计划主要包括采购计划、供应计划、生产制造计划、销售配送计划、回收计划等方面。

3. 供应计划的目的是优化供应，帮助准备各种资源以满足由需求计划产生的预测需求。

4. 供应链管理环境下的生产计划与传统生产计划有显著不同，是因为在供应链管理下，与企业具有战略伙伴关系的企业的资源通过物流、信息流和资金流的紧密合作而成为企业制造资源的拓展。

5. 需求计划的目标是形成一个精确可靠的关于市场需求的认识。要做好需求计划，就必须了解产品的结构以及产品是如何被销售出去的。

6. 配送资源计划简称 DRP Ⅱ，是指在流通领域中配置物资资源的技术，它能够实现流通领域内物流资源按照时间、数量的需求计划和需求到位，但不适用于生产领域。

7. 供应链运营计划管理框架是基于供应链计划，汇总供应链各环节及各环节之间的运营方式构成多种多样的供应链运营计划管理模式。

二、测试题

（一）单项选择题

1. 下列关于计划管理的说法中，正确的是（　　）。

A. 计划管理的内容在任何时候都是一致的

B. 计划管理首先需要上级职能部门进行控制

C. 计划管理责任主体的控制对象是计划的内容

D. 计划管理本质上属于控制类管理，是对企业经营活动的控制

2. 供应计划的目的是（　　）。

A. 优化供应　　　　B. 优化库存　　　　C. 优化产能　　　　D. 优化产品

3. 需求计划的基础是（　　　）。

A. 销售预测　　　　B. 需求预测　　　　C. 现有库存　　　　D. 产品构成

4. 需求计划给供应链带来的最主要的利益包括（　　　）。

A. 保持精简的库存　　　　　　　　B. 降低货物贬值和库存过期的风险

C. 使得客户服务水平不确定　　　　D. 进一步改进引入新产品的流程

5. 下列关于配送资源计划的说法中，不正确的是（　　　）。

A. 不适用于生产领域

B. 如果一个企业既有生产也有流通，可以使用配送资源计划

C. 是一种企业内物品配送计划系统管理模式

D. 是目前物流企业提升竞争优势、打造核心竞争力的关键

（二）多项选择题

1. 供应链计划主要包含（　　　）。

A. 采购计划　　　　B. 供应计划　　　　C. 生产制造计划　　　　D. 销售配送计划

E. 回收计划

2. 供应链计划管理的目的有（　　　）。

A. 提升客户的满意度　　　　　　　　B. 降低公司成本

C. 增加库存，减少缺货风险　　　　　D. 优化企业整体流程

E. 增加交易时间，确保客户黏性

3. 供应计划管理过程中，不同层面的信息流和物流造成供应计划执行的复杂性，主要体现在（　　　）方面。

A. 信息失真　　　　B. 信息来源广泛　　　　C. 信息不对称　　　　D. 信息解读不一致

E. 信息不规范

4. 供应链管理环境下的生产控制的新特点有（　　　）。

A. 生产进度控制　　　B. 生产节奏控制　　　C. 提前期管理　　　D. 返品管理

E. 库存管理及在制品管理

5. 供应链库存管理的新方法有（　　　）。

A. 基于 JIT 的供应与采购　　　　　　B. 供应商管理库存

C. 联合管理库存　　　　　　　　　　D. 消费者指导库存

E. 安全库存

6. 需求计划的关键流程包含（　　　）。

A. 需求预测　　　　B. 销售预测　　　　C. 预测汇总　　　　D. 库存统计

E. 订单统计

（三）简答题

1. 简述供应链计划管理的意义。

2. 应当如何优化供应计划？

3. 供应链管理环境下的生产计划制订有哪些特点？

4. 需求计划为供应链企业带来了哪些利益？

5. 什么是 DRP Ⅱ?

(四) 论述题

1. 请论述 DRP Ⅱ 的系统构成及在中国实施 DRP Ⅱ 的注意事项。

2. 供应链管理环境下的生产计划与传统生产计划有何不同?

第七章　供应链环境下的采购管理

第一模块　基础知识

一、采购与采购管理概述

（一）采购的含义

现代企业物流管理、供应链管理中的一个至关重要的环节就是采购活动。一般认为，**采购是指单位或个人基于生产、销售、消费等目的，购买商品或劳务的交易行为**。根据人们取得商品的方式，采购可以从狭义和广义两方面来进行区分。

1. 狭义的采购

狭义的采购是指以购买的方式，由买方支付对等的代价，向卖方换取物品的行为过程，即所谓的"一手交钱，一手交货"或"银货两讫"。在此概念中，货币成为交易的中介，买方若没有货币则采购行为难以实现，这种以货币换取商品的方式是最普遍的采购途径。

2. 广义的采购

广义的采购是指除了以购买的方式获取商品以外，还可以通过租赁、借贷、交换等途径取得商品的使用权，以达到满足需求的目的。

1）租赁。一方以支付租金的方式取得他人物品的使用权，如租房、租车、租厂房、租设备等。

2）借贷。一方以无须支付任何代价的方式取得他人物品的使用权，使用完毕后返还原物品。这种无偿借用他人物品的方式，通常是基于借贷双方的情谊与密切关系，特别是借方的信用。

3）交换。通过以物易物的方式取得物品的所有权及使用权，无须支付货款。其实，交换是最古老的采购途径，但在现代社会也不乏其例。

对于企业而言，**采购是从组织外部获取资源的活动过程**。所谓组织外部就是指涉及市场、供应商及其他企业、组织等的主体，所获取的资源是有偿的，包括物料、产品、工程和服务等。

（二）采购的特点

采购的特点主要指企业对生产资料的采购区别于其他采购行为的特殊性。具体来说，采购具有以下特点。

1. 物资采购数量大

物资采购主要是指生产资料采购，物资采购数量大，主要是与生活资料采购数量相比较而言。**物资采购的数量大是由于产品生产过程中物资消耗量大**。鉴于物资采购数量大的特点，在采购过程中必须注意以下三点。

1）必须掌握各种物资的储备定额，把采购批量限制在储备定额之内，防止超储积压。

2）组织好运输工作，提前做运输计划，合理选择运输路线、运输工具和方式等。

3）处理好采购批量、采购次数、采购费用和储存费用之间的关系，在一般情况下，求得费用最低的效果。

2. 采购技术性高

采购工作的技术性要求较高且严格，具体可以分为以下四个方面。

1）采购属于劳动对象的商品，要严格按照工艺技术要求进行采购，切忌片面追求采购价格的低廉。

2）采购属于劳动手段的商品，要按照工装设备的技术要求采购，切忌采购粗制滥造的甚至是淘汰的工装设备。

3）采购工作人员必须具备识别、鉴别能力，识别的职能着重在商品使用功能能否满足消费要求上，鉴别的职能着重在商品的真伪、质量的好坏、效能的高低和性能的强弱上。

4）必须完善采购商品检验、测试手段，加强验收工作，提高采购商品质量和采购工作水平。

3. 采购筛选性强

采购筛选性强，即对专用、通用的大型设备的购买进行技术经济评价。这是由大型专用和通用设备的使用周期长、投资额大和在生产中的关键作用等因素决定的。在技术上论证、评价、筛选的依据是采购设备的高效性、可靠性、节能性、简易性等，这些都是在采购工作中必须把握的。

4. 采购选择性强

社会产品生产过程中的物资消耗和设备使用具有很强的专用性。这种专用性反映了某些方面需要物资的替代性差。**物资专用性和替代性差的特点，体现在采购上就是选择性较强的特点**。工艺技术的具体要求是选择的依据，物资本身的外在、内在质量特征是选择的标准，适用性是选择的目的。

5. 采购具有齐备性

采购的齐备性是指根据生产过程消耗和使用的各种物资的配备关系，组织批量生产或工程项目需要的各种物资数量配套采购的过程。采购的齐备性对组织连续生产建设是非常重要的。要搞好配套采购，达到供应齐全的要求，具体应注意以下几点。

1）必须掌握生产建设过程中的各种物资消耗和使用的数量配比关系，作为进行配套采购的依据。

2）生产建设活动是一个批量连续过程，这就要求确定一个合理的配套采购量。

3）经常检查采购的齐备性。

6. 采购具有连续性和均衡性

在一般情况下，企业的生产和经营活动具有连续性和均衡性。**采购活动的连续性**是指每日平均消耗的商品数量和储备总量，按事先确定的采购间隔日期，不间断地采购商品的行为。**采购活动的均衡性**是指要均衡地确定每次采购批量和采购间隔期。

鉴于此，要实现采购的连续性和均衡性，企业必须做到以下四点。

1）掌握平均每月物资消耗量和储备定额。

2）掌握资源的供求状况。

3）必须做好运输的事先安排，加强运输的计划性。

4）供货渠道的可靠性和稳定性是保证采购连续性和均衡性的关键因素。

7. 采购的计划性强

采购具有较强的针对性、协作性、系统性以及定质、定量、定时、定点等诸多特性，这就要求采购活动必须在采购计划的指导和控制下进行。

（三）采购的地位

采购是一门专业，是一种技术性、实用性、操作性很强的工作，是商品生产及交换整体供应链中的重要组成部分，是企业经营管理的一个核心过程，更是公司获取经营利润的重要来源之一。

1. 采购的价值地位

在全球范围内，企业的产品成本构成中，采购的原材料及零部件成本占企业总成本的比例因行业而异，为30%～90%，平均水平在60%以上。从世界范围看，一个典型企业的采购成本（包括原材料和零部件）要占60%，工资和福利占20%，管理费用占15%，利润占5%。而在中国的企业中，各种物资的采购成本要占到企业销售成本的70%以上。显然，**采购成本是企业成本管理中的主体和核心部分**，采购是企业管理中最有价值的部分。

许多企业在控制成本时将最多的时间和最大的精力放在不到总成本40%的企业管理费用以及工资和福利上，而忽视其主体部分——采购成本。事实上，产品成本中的材料部分每年都存在 5% ~20% 的潜在降价空间，而材料价格每降低 2%，在其他条件不变的前提下，经营资产回报率可增加 15%，即具有利润杠杆作用。

2. 采购的供应地位

在商品生产和交换的整体供应链中，每个企业既是顾客又是供应商。为了满足最终顾客的需求，企业都力求以最低的成本将高质量的产品以最快的速度投放到市场，以获取最大利润。

从整体供应链的角度看，企业为了获取尽可能多的利润，都会想方设法加快物料和信息的流动。这就必须依靠采购的力量，充分发挥供应商的作用。供应商提高其供应可靠性及灵活性、缩短交货周期、增加送货频率，可以极大地改进企业的工作，如缩短生产总周期、提高生产效率、减少库存、增强对市场的应变能力等。

3. 采购的质量地位

供应商上游质量控制得好，不仅可以为下游质量控制打好基础，而且可以降低质量成本，减少企业对来货的检验工作。**采购物资**不只是价格问题（而且大部分不是价格因素），更多的是质量水平、质量保证能力、售后服务、产品服务水平、综合实力等。有些物资看起来买得很便宜，但不能正常工作，需要经常维修，这就大大增加了使用的总成本。如果买的是假冒伪劣品，则会蒙受更大的损失。

质量是产品的生命。**一般，企业都根据质量控制的程序将其划分为来货质量控制、过程质量控制及出货质量控制。**由于产品中价值 60% 的部分是经采购由供应商提供的，因此企业产品质量不仅要在企业内部限制，更多的应控制在供应商的质量过程中，这也是上游质量控制的体现。经验表明，一个企业要是能将 1/3 的质量管理精力用在供应商的质量管理上，那么企业自身的质量（过程质量及产品质量）水平至少可以提高 50%。可见，**通过采购将质量管理延伸到供应商是提高企业自身质量水平的基本保证。**

采购能对质量成本的削减做出贡献。当供应商交付产品时，许多公司会做进料检查和质量检查。采购任务的一部分是使企业的质量成本最小化，减少所采购物资的来料检查和质量检查成本，可以通过选择将生产置于完善的控制之下并拥有健全的质量组织的供应商来实现。

4. 采购管理的战略地位

与供应商建立伙伴关系，不但能够减少所采购的物资或服务的价格，而且能够通过多种方式增加企业的价值，这些方式主要有**支持企业的战略、改善库存管理、稳步推进与主要供应商的关系、密切了解供应市场的趋势**等。在不用直接投资的前提下，充分利用供应商的能力为自己开发生产专用产品，既节约资金、降低风险，又能以最快的速度提升生产能力。因此，加强采购管理对企业提升核心竞争力也具有十分重要的意义。

（四）采购的作用

1. 采购在产品中的作用

随着时代的发展和技术的进步，产品的开发周期极大地缩短，这就要求企业的采购必须将供应商纳入产品早期开发。这样不仅可以利用供应商的专业技术优势缩短产品开发时间、降低产品开发费用及产品制造成本，而且可以更好地满足产品功能的需要，提高产品在整个市场上的竞争力。

2. 采购在企业经营中的作用

现在许多企业将供应商管理作为企业发展的战略之一，将供应商看作自身产品开发与生产的延伸，与供应商建立战略伙伴关系。

在不用直接进行投资的前提下，企业充分利用供应商的能力为自己开发生产产品，一方面可以节约资金、降低投资风险；另一方面可以以最快的速度提升生产能力、扩大产品生产规模。而且很多企业与供应商的合作不仅局限于原材料和零部件领域，还扩大到半成品甚至成品领域。

根据上述分析可知，采购不仅仅是购买物品，还是企业经营的一个核心环节，是获取利润的重要资源，在企业的产品开发、质量保证、整体供应链以及经营管理中起着极其重要的作用。走出传统采购的认识误区，正确确定采购的地位、认识采购的作用，是当今每个企业在全球化、信息化市场经济中赖以生存的一个基本保障，更是现代企业谋求发展壮大的必然要求。

（五）采购管理的含义

采购管理是指为保障企业物资供应而对企业采购进货活动进行的管理活动。广义上是指为了达到机构的日常管理与战略目标而获取供应商的商品和资源的管理活动。采购管理与采购之间既紧密联系又有区别。

采购管理是对整个企业采购活动的计划、组织、指挥、协调和控制，是面向整个企业的管理活动。它不但面向企业全体采购员，而且面向企业组织其他人员（进行有关采购的协调配合工作），一般由企业的采购科（部、处）长或供应科（部、处）长，或企业副总（以下统称为采购科长）来承担。其责任就是要保证整个企业的物资供应，权力是可以调动整个企业的资源。

相对来说，采购只是指具体的采购业务活动，是作业活动，一般是由采购人员承担的工作，只涉及采购人员个人。采购人员完成采购科长布置的具体采购任务，只拥有调动采购科长分配的有限资源的权力。

（六）采购管理的职能与目标

1. 采购管理的职能

企业作为国民经济一个基本细胞，承担着为社会提供产品或服务的功能。但是企业在不断形成自己的产品和服务时，除了企业自己的已有物力资源外，还需要不断地从市场获取各种资源，特别是各种原料、设备、工具等，这就需要采购。

就物资采购的具体职能来说，一方面，它要实现对整个企业的物资供应；另一方面，它是企业联系整个资源市场的纽带。

2. 采购管理的目标

采购管理的目标是保证企业的物资供应，在一定条件下，能够以合适的价格在适当的供应商那里采购到适当数量的物资和服务。

1）合适的供应商。选择供应商是采购管理的首要目标。对于采购方来讲，选择的供应商是否合适，会直接影响采购方的利益。如数量、质量是否有保证，价格是否降到最低，能否按时交货等。供应商的选择主要应考察供应商的整体实力，包括生产供应能力、信誉等，以便建立双方互相信任的长期合作关系，实现采购与供应的双赢战略。

2）适当的质量。采购商进行采购的目的是满足生产需要。因此，为了保证企业生产的产品的质量，首先应保证所采购的材料能满足企业生产的质量要求。保证质量，应该做到"适当"。一方面，如果产品质量太好，会增加采购成本，同时也会造成功能过剩；另一方面，所采购材料质量太差，就不能满足企业生产对原材料的要求，会影响最终产品质量，甚至会危及生命。

3）适当的时间。采购管理对采购的时间有严格的要求，即要选择适当的采购时间，一方面保证供应不间断；另一方面又不能过早地采购，以避免出现积压，占用过多的仓库面积，加大库存成本。

4）适当的数量。适当的数量是物资采购非常重要的目标之一。采购适时适量，就是要防止超量采购和少量采购。如果超量采购，会出现产品积压；如果少量采购，可能造成供货间断，采购次数加大，提高成本。要求采购做到既保证供应，又使成本最低。

5）适当的价格。费用最省是物资采购要始终贯穿于方方面面的准绳。在物资采购的每个环节、每个方面都要发生各种各样的费用，因此在物资采购的全过程中，企业要运用各种各样的采购策略使总的采购费用最少。一方面，采购价格过高，加大采购成本，产品将失去竞争力，供应商也将失去一个稳定的客户，这种供需关系不能长久维持；另一方面，采购价格过低，供应商利润过少，或无利可图，将会影响供应商的供货积极性，甚至出现以次充好等行为，时间一长，采购方将失去一个供应商。

（七）采购管理的作用

采购管理是企业总体经营战略的重要组成部分，关系企业的生存和发展，具有十分重要的作用。

1. 采购管理是企业正常生产的保证

任何企业的生产经营活动都由供、产、销三个环节组成。企业缺少了采购供应这个环节，就没有原材料、燃料、零部件、辅助材料及所需的一切物资，企业就无法组织生产。没有采购，企业的生产经营就成了无源之水、无本之木。

2. 采购管理是企业产品质量的基本保证

企业产品的质量当然与企业的生产加工过程有关，加工不当会影响产品质量，但是，没有合格的原材料、合格的设备和工具，就根本无法生产出合格的产品，更不用说优质的产品。

3. 采购成本是产品成本的主体部分

采购成本由订货费、保管费、购进费和进货费构成。采购成本，是产品成本的主体。采购成本的少许变化都会对产品的成本产生显著影响。过高的采购成本会降低企业的效益，削弱产品的市场竞争力。

4. 采购是企业与市场资源的接口

采购人员采购物资，主要和资源市场打交道。但是资源市场与销售市场是混杂在一起的，采购人员在获取资源市场信息的同时，也能获取大量的销售市场信息，这些信息可为领导决策提供重要参考。

5. 采购是企业科学管理的开端

企业的物资供应是直接和生产相联系的，采购方式决定和影响着生产方式。科学的采购方式，必然要有与其相适应的科学的生产方式，并要求与供应和生产相关的整个企业管理模式发生根本性变革，实现企业管理的规范化、科学化和现代化。

6. 采购决定着企业产品周转速度

采购是企业生产的开端。采购不仅是企业生产的基本保证，而且在很大程度上决定了企业产品的周转速度。采购人员必须解决采购物品的适时，适量问题，必须实现与生产等环节的高度统一。这种统一，不但保证了生产而且节约了资金。否则，要么物料不到位，车间停工待料影响生产；要么到货物料超过需求，造成物料积压问题，使物料周转速度放缓，物料保管费用增加，甚至花费大量的人力、物力去处理积压问题，造成更大的浪费。

7. 做好采购工作可以合理利用物质资源

节约和合理利用物质资源，是开发利用物质资源的头等大事。采购工作须贯彻节约的方针，通过采购工作合理利用物质资源。

1）通过合理采购，企业可以防止优料劣用、长材短用。

2）优化配置物质资源，防止优劣混用。在采购中要力求优化配置和整体效应，防止局部优化损害整体优化，部分优化损害综合优化。

3）在采购工作中，要应用价值工程分析，力求功能与消耗匹配。

4）通过采购，企业可以引进新技术、新工艺，提高物质资源利用率。

5）要贯彻执行有关的经济、技术、政策、法律法规，如产业政策、综合利用和节能降耗等政策，拒购被淘汰的产品，防止违反政策或法律法规的行为发生，做到资源的合理利用。

二、传统采购与供应链采购模式

采购管理是物流管理的重点内容之一，它在供应链企业之间的原材料和半成品生产合作交流方面架起一座桥梁，沟通生产需求与物资供应的联系。为使供应链系统实现无缝衔接，并提高供应链企业的同步化运作效率，就必须加强采购管理。传统的采购管理模式已不能适应环境的需要，在供应链管理模式下，采购工作要做到五个恰当：**恰当的数量、恰当的时间、恰当的地点、恰当的价格、恰当的来源**。

（一）传统的采购模式

传统采购的重点放在如何与供应商进行商业交易的活动上，特点是重视交易过程中的价格比较，通过供应商的多头竞争，从中选择价格最低的作为合作者。虽然质量、交货期也是采购过程中的重要考虑因素，但在传统的采购方式下，质量、交货期等都是通过事后把关的办法进行控制，如到货验收等。因此，供应商与采购部门之间经常要进行报价、询价、还价等谈判，并且多头进行，最后从多个供应商中选择一个价格最低的供应商签订合同。传统采购模式的主要特点表现在如下几个方面。

1. 传统采购过程是典型的非信息对称博弈过程

选择供应商是传统采购活动中的首要任务。在采购过程中，采购一方为了能够从多个竞争性的供应商中选择最佳的供应商，往往会保留私有信息，因为给供应商提供的信息越多，供应商的竞争筹码就越大，这样对采购方不利。因此，采购方尽量保留私有信息，而供应商也在和其他的供应商竞争中隐瞒自己的信息。这样，采购、供应双方都不进行有效的信息沟通，这就是非信息对称的博弈过程。

2. 验收检查是采购部门的一项重要的事后把关工作，质量控制的难度大

质量与交货期是采购一方要考虑的另外两个重要因素，但是在传统的采购模式下，要有效控制质量和交货期只能通过事后把关的办法。因为采购方很难参与供应商的生产组织过程和有关质量控制活动，相互的工作是不透明的。因此需要通过各种有关标准如国际标准、国家标准等，进行检查验收。缺乏合作的质量控制会导致采购部门对采购物品质量的不重视。

3. 供需关系是临时的或短时期的合作关系，而且竞争多于合作

在传统的采购模式中，供应与需求之间的关系是临时性或者短时性的合作，而且竞争多于合作。由于缺乏合作与协调，采购过程中各种抱怨和扯皮的事情比较多，很多时间消耗在解决日常问题上，没有更多的时间用来进行长期性预测与计划工作，供应与需求之间这种缺乏合作的气氛增加了许多运作中的不确定性。

4. 响应用户需求能力差

由于供应与采购双方在信息的沟通方面缺乏及时的信息反馈，在市场需求发生变化的情况下，采购方也不能改变供应方已有的订货合同。因此采购方在需求减少时库存增加，需求增加时出现供不应求的情况。重新订货需要增加谈判过程，因此供需之间对用户需求的响应没有同步进行，缺乏应付需求变化的能力。

（二）供应链管理环境下采购的特点

在供应链管理的环境下，企业的采购方式和传统的采购方式有所不同。这些差异主要体现在如下几个方面。

1. 从为库存而采购到为订单而采购的转变

在传统的采购模式中，采购的目的很简单，就是为了补充库存，即为库存而采购。采购部门并不关心企业的生产过程，不了解生产的进度和产品需求的变化，因此采购过程缺乏主动性，采购部门制订的采购计划很难适应制造需求的变化。在供应链管理模式下，采购活动是以订单驱动方式进行的，制造订单的产生是在用户需求订单的驱动下产生的，制造订单驱动采购订单，采购订单再驱动供应商。这种准时化的订单驱动模式，使供应链系统得以准时响应用户的需求，从而降低了库存成本，提高了物流的速度和库存周转率。订单驱动的采购方式有如下特点。

1）由于供应商与制造商建立了战略合作伙伴关系，签订供应合同的手续大大简化，不再需要双方的询盘和报盘的反复协商，交易成本也因此大为降低。

2）在同步化供应链计划的协调下，制造计划、采购计划、供应计划能够并行进行，缩短了用户响应时间，实现了供应链的同步化运作。采购与供应的重点在于协调各种计划的执行。

3）采购物资直接进入制造部门，减少了采购部门的工作压力和不增加价值的活动过程，实现了供应链精细化运作。

4）信息传递方式发生了变化。在传统采购方式中，供应商对制造过程的信息不了解，也无须关心制造商的生产活动。但在供应链管理环境下，供应商能共享制造部门的信息，提高了供应商应变能力，减少了信息失真。同时，在订货过程中不断进行信息反馈，修正订货计划，使订货与需求保持同步。

5）实现了面向过程的作业管理模式的转变。订单驱动的采购方式简化了采购工作流程，采购部门的作用主要是沟通供应与制造部门之间的联系，协调供应与制造的关系，为实现精细采购提供基础保障。

2. 从采购管理向外部资源管理转变

在建筑行业中，当采用工程业务承包时，为了对承包业务的进度与工程质量进行监控，负责工程项目的部门会派出有关人员深入承包工地，对承包工程进行实时监管。这种方法也适用于制造企业的采购业务活动，这是**将事后把关转变为事中控制的有效途径，被称为供应管理或外部资源管理。**

外部资源管理并不是通过采购方（下游企业）的单方面努力就能取得成效的，需要供应商的配合与支持。为此，供应商应该从以下几个方面提供协作：①帮助拓展用户（下游企业）的多种战略；②保证高质量的售后服务；③对下游企业的问题做出快速反应；④及时报告所发现的可能影响用户服务的内部问题；⑤基于用户的需求，不断改进产品和服务质量；⑥在满足自己能力需求的前提下提供一部分能力给下游企业（能力外援）。

如何有效地进行
外部资源管理

3. 从一般买卖关系向战略协作伙伴关系转变

供应链管理模式下采购管理的第三个特点是供应与需求的关系从简单的买卖关系向双方建立战略协作伙伴关系转变。在传统的采购模式中，供应商与需求企业之间是一种简单的买卖关系，因此无法解决一些涉及全局性、战略性的供应链问题，而基于战略伙伴关系的采购方式为解决这些问题创造了条件。这些问题主要体现在以下几个方面。

第一，**库存问题**。在传统的采购模式下，供应链的各级企业都无法共享库存信息，各级节点企业都独立地采用订货点技术进行库存决策，不可避免地产生需求信息的扭曲现象，因此供应链的整体效率得不到充分提高。但在供应链管理模式下，通过双方的合作伙伴关系，供应与需求双方可以共享库存数据，因此采购的决策过程变得透明多了，减少了需求信息的失真现象。

第二，**风险问题**。供需双方通过战略性合作关系，可以降低由不可预测的需求变化带来的风险，如运输过程的风险、信用风险、产品质量风险等。

第三，**通过合作伙伴关系可以为双方共同解决问题提供便利的条件**。通过合作伙伴关系，双方可以共同协商制订战略性的采购供应计划，不必要为日常琐事消耗时间与精力。

第四，**降低采购成本问题**。通过合作伙伴关系，供需双方都从降低交易成本中获得好处。由于避免了许多不必要的手续和谈判过程，信息的共享避免了信息不对称决策可能造成的成本损失。

第五，战略性的伙伴关系消除了供应过程的组织障碍，为实现准时采购创造了条件。

（三）准时采购策略

1. 准时采购的基本思想

准时采购也叫 JIT 采购法，它是一种先进的采购模式，是一种管理思想。它的基本思想是：在恰当的时间、恰当的地点，以恰当的数量、恰当的质量提供恰当的物品。它是从准时生产发展而来的，是为了消除库存和不必要的浪费而进行持续性改进。要进行准时化生产必须有准时的供应，因此准时采购是准时化生产管理模式的必然要求。它和传统的采购方法在质量控制、供需关系、供应商的数目、交货期的管理等方面有许多不同，其中，**供应商的选择**（数量与关系）、**质量控制是核心内容**。

准时采购包括供应商的支持与合作以及制造过程、货物运输系统等一系列的内容。准时采购不但可以减少库存，还可以加快库存周转、缩短提前期、提高购物的质量、获得满意交货等效果。

2. 准时采购对供应链管理的意义

准时采购对于供应链管理思想的贯彻实施有重要的意义。从前面的论述中可以看到，供应链环境下的采购模式和传统的采购模式的不同之处在于采用订单驱动的方式。订单驱动使供应与需求双方都围绕订单运作，也就实现了准时化、同步化运作。要实现同步化运作，采购方式就必须是并行的，当采购部门产生一个订单时，供应商即开始着手物品的准备工作。与此同时，采购部门编制详细采购计划，制造部门也进行生产的准备过程，当采购部门把详细的采购单提供给供应商时，供应商就能将物资在较短的时间内交给用户。当用户需求发生改变时，制造订单又驱动采购订单发生改变，这样一种快速的改变过程，如果没有准时的采购方法，供应链企业很难适应这种多变的市场需求。因此，准时采购增加了供应链的柔性和敏捷性。

综上所述，**准时采购策略体现了供应链管理的协调性、同步性和集成性，供应链管理需要通过准时采购来保证供应链的整体同步化运作。**

3. 准时采购的特点

准时采购和传统的采购方式有许多不同之处，主要表现在如下几个方面。

（1）采用较少的供应商，甚至单源供应。

传统的采购模式一般是多头采购，供应商的数目相对较多。从理论上讲，采用单供应源比多供应源好。一方面，管理供应商比较方便，也有利于降低采购成本；另一方面，有利于供需之间建立长期稳定的合作关系，质量上比较有保证。但是，采用单一的供应源也有风险，如供应商可能因意外原因中断交货，以及供应商缺乏竞争意识等，这些对采购方都不利。

在实际工作中，许多企业也不愿意成为单一供应商。原因很简单，一方面，供应商是独立性较强的商业竞争者，不愿意把自己的成本数据披露给用户；另一方面，供应商不愿意成为用户的一个产品库存点。实施准时采购，需要减少库存，但库存成本原先是在用户一边，现在转移到了供应商。因此用户必须意识到供应商的这种忧虑。

（2）对供应商的选择标准不同。

在传统的采购模式中，供应商是通过价格竞争而选择的，供应商与用户的关系是短期的合作关系，当发现供应商不合适时，可以通过市场竞标的方式重新选择供应商。但在准时采购模式中，由于供应商和用户是长期的合作关系，供应商的合作能力将影响企业的长期经济利益，因此对供应商的要求就比较高。在选择供应商时，需要对供应商进行综合的评估，在评价供应商时，价格不是主要的因素，质量才是最重要的标准。这种质量不单指产品的质量，还包括工作质量、交货质量、技术质量等多方面的内容。高质量的供应商有利于建立长期的合作关系。

（3）对交货准时性的要求不同。

准时采购的一个重要特点是要求交货准时，这是实施精细生产的前提条件。交货准时取决于供应商的生产与运输条件。作为供应商来说，要使交货准时，可从以下两个方面着手。一是不断改进企业的生产条件，提高生产的可靠性和稳定性，减少延迟交货或误点现象。作为准时化供应链管理的一部分，供应商同样应该采用准时化的生产管理模式，以提高生产过程的准时性。二是不可忽视运输问题。在物流管理中，运输问题是一个很重要的问题，它决定了准时交货的可能性。特别是全球的供应链系统，运输过程长，可能要先后经过不同的运输工具，需要中转运输，因此要进行有效的运输计划与管理，使运输过程准确无误。

（4）对信息交流的需求不同。

准时采购要求供应与需求双方高度共享信息，保证供应与需求信息的准确性和实时性。由于双方的战略合作关系，企业对生产计划、库存、质量等各方面的信息都可以及时交流，以便在出现问题时能够及时处理。

（5）制定采购批量的策略不同。

小批量采购是准时采购的一个基本特征。准时采购和传统采购的一个重要不同之处在于，准时化生产需要减少生产批量，直至实现"一个流生产"，因此采购的物资也应采用小批量办法。当然，小批量采购自然增加运输次数和成本，对供应商来说，这是很为难的事情，特别是供应商在国外等远距离的情形下，实施准时采购的难度就更大。解决的办法可以是采用混合运输、代理运输等方式，或尽量使供应商靠近用户等。

4. 准时采购的原理与方法

前面分析了准时采购的特点，从中可以看到，准时采购和传统的采购方法有显著差别。要实施准时采购，需要注意以下三点。

1）选择最佳的供应商并对供应商进行有效的管理，是准时采购成功的基石。

2）供应商与用户的紧密合作是准时采购成功的钥匙。

3）卓有成效的采购过程质量控制是准时采购成功的保证。

如何有效地实施准时采购呢？下面的几个方法可以作为参考。

1）**创建准时采购班组**。世界一流企业的专业采购人员有三个责任：寻找货源、商定价格、发展与供应商的协作关系并不断改进。因此，专业化的高素质采购队伍对实施准时采购至关重要。为此，首先应成立两个班组，一个是专门处理供应商事务的班组，该班组的任务是认定和评估供应商的信誉、能力，或与供应商谈判签订准时化订货合同，向供应商发放免检签证等，同时要负责供应商的培训与教育。另外一个班组是专门消除采购过程中浪费的班组。这些班组人员对准时采购应有充分的了解和认识，必要时要进行培训，如果这些人员本身对准时采购的认识和了解不彻底，就不可能指望供应商的合作了。

2）**制订计划**，确保准时采购策略有计划、有步骤地实施。要制定采购策略，改进当前的采购方式，减少供应商的数量、正确评价供应商、向供应商发放签证等。在这个过程中，要与供应商一起商定准时采购的目标和有关措施，保持经常性的信息沟通。

3）**精选少数供应商，建立伙伴关系**。选择供应商应从这几个方面考虑：产品质量、供货情况、应变能力、地理位置、企业规模、财务状况、技术能力、价格、其他供应商的可替代性等等。

4）**进行试点工作**。先从某种产品或某条生产线试点开始，进行零部件或原材料的准时化供应试点。在试点过程中，取得企业各个部门，特别是生产部门的支持是很重要的。通过试点，总结经验，为正式实施准时化采购打下基础。

5）**做好供应商的培训工作，确定共同目标**。准时采购是供需双方共同的业务活动，单靠采购部门的努力是不够的，需要供应商的配合。只有供应商也对准时采购策略和运作方法有了认识和理解，才能获得供应商的支持和配合，因此需要对供应商进行培训。通过培训，大家取得一致的目标，相互之间就能够很好地协调，做好采购的准时化工作。

6）**向供应商颁发产品免检合格证书**。准时采购和传统的采购方式的不同之处在于，买方不需要对采购产品进行比较多的检验手续。要做到这一点，供应商须提供百分之百的合格产品。当其达到这一要求时，即发放免检手续的免检证书。

7）**实现配合准时化生产的交货方式**。准时采购的最终目标是实现企业的生产准时化，为此，要实现从预测的交货方式向准时化适时交货方式转变。

8）**继续改进，扩大成果**。准时采购是一个不断完善和改进的过程，需要在实施过程中不断总结经验教训，从降低运输成本、提高交货的准确性和产品的质量、降低供应商库存等各个方面进行改进，不断提高准时化采购的运作绩效。

5. 准时采购实践分析

为了对准时采购的目的、意义和影响因素有一个初步的了解，美国加利福尼亚州立大学的研究生针对汽车、电子、机械等企业的经营者，进行了一次准时采购的效果问卷调查。该次调查共调查了 67 家美国公司，这些公司有大有小，其中包括著名的惠普公司、苹果计算机公司等。这些公司有的是制造商，有的是分销商，有的是服务企业，调查的对象为公司的采购与物料管理经理。

通过调查，得出以下几个结论。

1）准时采购成功的关键是与供应商的关系，而最困难的问题也是缺乏供应商的合作。供应链管理所倡导的战略伙伴关系为实施准时采购提供了基础性条件，因此在供应链环境下实施准时采购比传统管理模式下实施准时采购更加有现实意义和可能性。

2）难找到"好"的合作伙伴是影响准时采购的第二个重要因素。在传统的采购模式下，企业之间的关系不稳定，具有风险性，影响了合作目标的实现。供应链管理模式下的企业是协作性战略伙伴，为准时采购奠定了基础。

3）缺乏对供应商的激励是准时采购的另外一个影响因素。要成功地实施准时采购，必须建立一套有效的供应商激励机制，使供应商和用户一起分享准时采购的好处。

4）准时采购不单是采购部门的事情，企业的各部门都应为实施准时采购创造有利的条件，为实施准时采购共同努力。

三、采购计划

（一）采购计划的含义

采购计划是指企业管理人员在了解市场供求情况、认识企业生产经营活动过程和掌握物料消耗规律的基础上，对计划期内物料采购管理活动所做的预见性的安排和部署。它包括两方面的内容：一是采购计划的制订，二是采购订单的确定。

广义的采购计划是指为了保证供应各项生产经营活动的物料需要量而编制的各种采购

计划的总称。狭义的采购计划是指每个年度的采购计划，即对企业计划年度内生产经营活动所需采购的物料的数量和采购的时间等所进行的安排和部署。

（二）采购计划的分类

按计划期的长短分类，可以把采购计划分为年度物料采购计划、季度物料采购计划、月度物料采购计划等。

按物料的使用方向分类，可以把采购计划分为生产产品用物料采购计划、维修用物料采购计划、基本建设用物料采购计划、技术改造措施用物料采购计划、科研用物料采购计划、企业管理用物料采购计划。

按自然属性分类，可以把采购计划分为金属物料采购计划、机电产品物料采购计划、非金属物料采购计划等。

（三）采购计划的作用

采购计划的作用主要有以下三点。

1）可以有效地规避风险，减少损失。

2）为企业组织采购提供了依据。

3）有利于资源的合理配置，以取得最佳的经济效益。

（四）采购计划的目的

企业的采购计划要发挥作用，以达到如下的目的。

1）预计采购物料所需的时间和数量，防止供应中断，影响产销活动。

2）避免物料储存过多，积压资金，占用存储空间。

3）配合企业生产计划与资金调度。

4）使采购部门事先有所准备，选择有利时机购入物料。

5）确定物料耗用标准，以便管制物料采购数量与成本。

（五）采购计划的制订

采购计划的制订，一般可从三个方面考虑。

1）根据前期销售情况进行统计分析，预测本期应该进货的品种、名称、型号、规格和数量。

2）参照库存量，库存多的可少进；如果资金充裕，销路好的产品也可适当多进。

3）根据当前市场行情，进行适当调整。

四、供应关系模式

（一）两种供应关系模式

在供应商与制造商关系中，存在两种典型的关系模式：传统的竞争关系和合作性关系（或者叫双赢关系）。

1. 两种关系模式的采购特征

竞争关系模式是价格驱动的。这种关系的采购策略表现为以下几种。

1）买方同时向若干供应商购货，通过供应商之间的竞争获得价格好处，同时保证供应的连续性。

2）买方通过在供应商之间分配采购数量，对供应商加以控制。

3）买方与供应商保持的是一种短期合同关系。

双赢关系模式是一种合作的关系，这种供需关系最先是在日本企业中采用。**它强调在合作的供应商和生产商之间共同分享信息，通过合作和协商协调相互的行为**。这种关系的采购策略表现为以下几种。

1）制造商对供应商给予协助，帮助供应商降低成本、改进产品质量、加快产品开发进度。

2）通过建立相互信任的关系提高效率，降低交易或管理成本。

3）长期的信任合作取代短期的合同。

4）比较多的信息交流。

前面介绍的**准时采购采用的就是合作性的关系模式，供应链管理思想的集中表现就是合作与协调**。因此，建立一种双赢的合作关系对于实施准时化采购有很重要的意义。

2. 双赢关系对实施准时采购的意义

从前面对准时采购原理和方法的探讨中可以看到，供应商与制造商的合作关系对于准时采购的实施是非常重要的，只有建立良好的供需合作关系，准时化策略才能得到彻底贯彻落实，并取得预期的效果。

从供应商的角度来说，如果不实施准时采购，由于缺乏和制造商的合作，库存、交货批量都比较大，而且在质量、需求方面都无法获得有效的控制。通过建立准时化采购策略，把制造商的 JIT 思想扩展到供应商，加强了供需之间的联系与合作，在开放性的动态信息交互下，面对市场需求的变化，供应商能够做出快速反应，提高了供应商的应变能力。对制造商来说，通过和供应商建立合作关系，实施准时采购，管理水平得到了提高，制造过程与产品质量得到了有效控制，成本降低了，制造的敏捷性与柔性增加了。

概括起来，双赢关系对于采购中供需双方的作用表现在以下几个方面。

1）供应商方面。增加对整个供应链业务活动的共同责任感和利益的分享；增加对未来需求的可预见性和可控能力，同时，长期的合同关系使供应计划更加稳定；成功的客户有助于供应商的成功；高质量的产品增强了供应商的竞争力。

2）制造商方面。增加对采购业务的控制能力；通过长期的、有信任的订货合同保证了满足采购的要求；减少和消除了不必要的对进购产品的检查活动。

建立互惠互利的合同是巩固和发展供需合作关系的根本保证。互惠互利包括了双方的承诺、信任、持久性。信守诺言是商业活动成功的一个重要原则，没有信任的供应商或没有信任的采购客户都不可能产生长期的合作关系，即使建立起合作关系也是暂时的。持久性是保持合作关系的保证，没有长期的合作，双方就没有诚意做出更多的改进和付出。机会主义和短期行为对供需合作关系将产生极大的破坏作用。

（二）双赢供应关系构建

双赢关系已经成为供应链企业之间合作的典范，因此，要在采购管理中体现供应链的思想，对供应商的管理就应集中在如何和供应商建立、维持双赢关系上。

1. 信息交流与共享机制

信息交流有助于减少投机行为，有助于促进重要生产信息的自由流动。为加强供应商与制造商的信息交流，可以从以下几个方面着手。

1）在供应商与制造商之间经常进行有关成本、作业计划、质量控制信息的交流与沟通，保持信息的一致性和准确性。

2）实施并行工程。制造商在产品设计阶段让供应商参与进来，这样供应商可以在原材料和零部件的性能和功能方面提供有关信息，为实施 QFD（质量功能配置）的产品开发方法创造条件，把用户的价值需求及时转化为供应商的原材料和零部件的质量与功能要求。

3）建立联合的任务小组，解决共同关心的问题。在供应商与制造商之间应建立基于团队的工作小组，双方的有关人员共同解决供应过程及制造过程中遇到的各种问题。

4）供应商和制造商经常互访。供应商与制造商采购部门应经常互访，及时发现和解决各自在合作活动过程中出现的问题和困难，营造良好的合作氛围。

5）使用电子数据交换（EDI）和互联网技术进行快速的数据传输。

2. 供应商的激励机制

要保持长期的双赢关系，对供应商的激励是非常重要的，没有有效的激励机制，就不可能维持良好的供应关系。在激励机制的设计上，要体现公平、一致的原则。给予供应商价格折扣和柔性合同以及采用赠送股权等方式，使供应商和制造商共享成功，同时也使供应商从合作中体会到双赢机制的好处。

3. 合理的供应商评价方法和手段

要实施供应商的激励机制，就必须对供应商的业绩进行评价，使供应商不断改进。没有合理的评价方法，就不可能对供应商的合作效果进行评价，将大大挫伤供应商的合作积极性和合作的稳定性。对供应商的评价要抓住主要指标或问题，比如交货质量是否改善了，提前期是否缩短了，交货的准时率是否提高了等。通过评价，把结果反馈给供应商，和供应商共同探讨问题产生的根源，并采取相应的措施予以改进。

第二模块　案例讨论

案例一 广东电器有限公司供应商管理及采购管理规定

一、制定目的

为规范供应商管理及采购流程，有效管理供应商及保障公司营销业务的需求，特制定本规章。

二、适用范围

本公司所有代工生产（OEM）成品、OEM 生产所需物料采购，悉依本规章处理。

三、权责单位

（1）综管部负责规章制定、修改、废止之起草工作。

（2）总经办负责本规章制定、修改、废止之核准。

四、内容

（1）供应商管理规定。

（2）采购管理流程。

五、供应商管理规定

（一）供应商开发

1. 供应商信息收集

必须收集可为我公司提供经营所需的有效供应商信息，包含公司名称、公司地址、公司电话、经营规模、所供物品。

2. 供应商信息筛选

根据收集的所有供应商信息，筛选出具有相对其他供应商更适合我公司经营所需产品或物料的供应商。

3. 供应商调查

采购部实施采购前，应对拟开发的厂商组织供应商调查工作，目的是了解供应商的各项管理能力，以确定其可否列入合格供应商名单并填写供应商调查表。

评核之结果由各单位做出建议，供总经理核定是否准予成为本公司的合格供应商，并列出合格供应商明细表。

（二）供应商调查评估

（1）价格评估：对供应商所供应产品的价格及付款方式进行评估，确定能否符合我公司价格及付款条件。

（2）技术评估：评估供应商所供应产品能否达到我公司所需物料的工艺要求。

（3）品质评估：评估供应商所供应产品的品质能否达到我公司所需物料的品质要求。

（三）供应商评审

1. 评估项目

供应商交货的评估项目及分数比例如下（满分100分）：

（1）品质评审：40分。

（2）交期评审：25分。

（3）价格评审：15分。

（4）服务评审：15分。

（5）其他评审：5分。

2. 评分办法

（1）品质评审。

由仓库依进料验收的批次合格率评分，每个月进行一次，其计算公式为：进料批次合格率=（检验合格批数/总交验批数）×100%。

评分：得分=40×进料批次合格率

（2）交期评审。

由综管部依订单规定的交货日期进行评分，方式如下：

如期交货得分25分；延迟1~2日，每批次扣2分；延迟3~4日，每批次扣5分；延迟5~6日，每批次扣10分；延迟7日以上不得分。

本项得分以0分为最低分。综管部每月将同一供应商当月各批订单交货评分进行平均，得出该月的交期评估得分。

（3）价格评审。

由价格评审小组综合考虑品质、交期、服务等后确定产品基本参考价格，并对供应商产品报价进行评分，与基本参考价格一致的为 15 分，差异越大的分值越低。

（4）服务评审。

1）抱怨处理评分。诚意改善：8 分。尚能诚意改善：5 分。改善诚意不足：2 分。置之不理：0 分。

2）退货交换行动评分。由综管部对不良退货交换行动评分。按期更换：7 分。偶尔拖延：5 分。经常拖延：2 分。置之不理：0 分。

（5）其他评审。

由综管部汇总仓库、财务或其他单位对供应商的评价、抱怨予以评分，满分 5 分。

3. 评审办法

供应商的评估每月进行一次。

将各项得分汇入供应商评估表，并合计总得分。

每半年计算一次厂商得分，计算公式为：半年平均得分＝每月得分总和/评估月数。

4. 评审分等

供应商评估等级划分如下：

平均得分为 90～100 分的，为 A 等；平均得分为 80～89 分的，为 B 等；平均得分为 70～79 分的，为 C 等；平均得分为 60～69 分的，为 D 等；平均得分为 0～59 分的，为 E 等。

5. 评审处理

（1）A 等厂商为优秀厂商，予以付款、订单、检验的优惠奖励。

（2）B 等厂商为良好厂商，由综管部提请厂商改善不足。

（3）C 等厂商为合格厂商，由仓库、综管等部门予以必要的建议。

（4）D 等厂商为辅导厂商，由仓库、综管等部门予以建议，三个月内未能达到 C 等以上予以淘汰。

（5）E 等厂商为不合格厂商，予以淘汰。

被淘汰厂商如欲再向本公供货，需再经过供应商调查评估。

（四）供应商奖惩

1. 奖励方式

对于优秀的供应商，有下列奖励方式：A 等供应商，可优先取得交易机会；A 等供应商，可优先支付货款或缩短票期；A 等供应商，年终可获公司"优秀供应商"奖励。

2. 惩处方式

凡因供应商品质不良或交期延误而造成损失的，由供应商负责赔偿。C 等、D 等供应商，应接受订单减量措施；E 等供应商即予停止交易；D 等供应商 3 个月内未能达到 C 等以上供应商的标准，视同 E 等供应商，予以停止交易。

因上述原因停止交易的供应商，如欲恢复交易，需接受重新调查评核，并采用逐步加量的方式交易。信誉不佳的供应商酌情作延期付款的惩处。

六、采购管理流程

（一）请购

仓库主管依物料需要状况、库存数量、请购前置期等要求，开立请购单。

请购单应注明物料名称、编号、规格、数量、需求日期及注意事项。

请购单一联送交综管部，一联自存，一联交财务部。

（二）采购方式

1. 合约采购

OEM 成品及 OEM 生产所需的物料，综管部应事先选定供应商，议定供应价格及交易条件，办理合约采购，以确保物料供应来源，简化采购作业。采购方法以集中采购较为有利，依定时或定量的方式进行采购。

2. 一般采购

除上述之外的物料，综管部依请购单逐步办理采购作业。

（三）采购订单

综管部依仓库出具的请购单，编制广东电器有限公司订购单（必须与请购单一致），经总经理批准后进行订单下达。

采购订单必须注明所采购物品的名称、型号、数量、价格、金额、包装方式、交货时间、交货地点、交货方式、付款时间、付款方式等，如有特殊说明必须详细注明。

采购订单一联送交供应商，一联自存，一联交财务部，一联交与仓库。

（四）采购跟催

采购订单下达后，综管部负责订单跟催，确保供应商于订单约定交期内按约定交货方式交货。

有任何异常情况必须与营销部门进行沟通以防影响营销运作。

因供应商品质、交期原因对公司造成不利影响或损失的，综管部按供应商管理规定对相关供应商进行损失索赔。

（五）采购入库

供应商按送货到仓库，仓库主管人员对供应商送货进行产品、品质、数量与采购单进行对核及检验。如完全符合采购订单所约定条件，仓库主管人员进行送货签认，办理正常入仓手续，开具进仓单。

进仓单一联送交供应商，一联交与综管部，一联自存，一联交财务部。

如送货产品品质不符合要求，则必须通知综管部进行处理并开具退货单，退货单必须注明退货原因、数量、金额。

退货单一联送交供应商，一联交与综管部，一联自存。

（六）退货

综管部开具退货单联系供应商进行退货。

（七）请款

综管部收到仓库开具的进仓单后，依据进仓单到总经理处进行请款，经总经理批准后交与财务进行货款支付。

（八）货款支付

财务于请款批准后 30 天内支付货款，具体货款支付方式以采购单所约定条件为准。

（案例来源：供应商管理制度及操作流程［EB/OL］.（2012－5－8）［2022－3－30］. https://www. doc88. com/p-653275777004. html. 案例经编者整理、改编。）

思考题：1. 广东电器有限公司是如何进行采购流程管理的？

2. 供应链管理环境下采购方式有哪些转变？

案例二 利丰贸易对供应商网络的管理

对利丰贸易来说，采购和生产过程中最大的挑战不是找到供应商或制造商，而是管理供应链中的材料供应商和制造商。消费者的口味变化迅速，产品变得越来越对时间敏感，使得利丰贸易必须缩短生产周期以适应不断变化的顾客需求。此外，现代消费者对产品的材质是否符合标准、生产过程是否环保及工人权益是否受到保障等问题也十分关心。

为了保证能够达到顾客对产品质量的要求，利丰贸易必须严密监测生产过程的每个阶段，但这并不意味着利丰贸易要取得工厂的控制权。如果从染毛线到缝服装的每一个细节都必须详细检查，利丰贸易需要花上比现在多数倍的人力资源。因此，利丰贸易不会在细节上指定工厂应该怎样完成它们的工作，而是集中于规范最后的产品和生产过程，保证制成品可以符合顾客的要求。例如，指示承办染色的供应商达到最终产品的交货规格、纺织品付运的日期、产品颜色、质量和付运地点等方面的要求。

利丰贸易不会去影响每个供应商或制造商完成工作的方式，因为它将自身定位为整个供应商网络的指挥者。在整个生产过程中，利丰贸易只需确保每个供应商都达到指标，并且最终产品符合质量标准及准时交付到顾客手中。但是，利丰贸易是一间"无烟工厂"，它没有自己的工厂，没有生产工人，也不用承担经营工厂的责任，那么它如何做到令四十多家供应商都全心全意为每张订单保证产品的质量及准时交货的呢？

利丰贸易对供应商的管理策略主要有 4 个方面。

（1）控制订单，使订单量占供应商产能的 30%～70%。这样，一方面可以使利丰贸易成为供应商举足轻重的客户，使其在质量和生产配置上尽力配合利丰贸易客户的快速生产需要；另一方面又不致使供应商完全依赖利丰贸易，供应商仍有机会去和别的客户合作，在新的工作过程中吸收新的技术与能力，最后回馈到利丰贸易上。

（2）协助供应商升级。因为利丰贸易的客户群广泛，供应商与利丰贸易合作，有机会从制造低档产品升级到制造高档产品。利丰贸易提供重要的激励给供应商，使它们有机会改进自身的表现和技术标准。利丰贸易的员工为每一类产品供应商建立了详细、可测量的基准，并且严密监测供应商的产能水平和产品质量。利丰贸易会详细地向供应商反馈它们的表现、优点和不足等信息，供应商能与利丰贸易一道持续改进。这种相互合作创造了一个强有力的平台，令供应商可以不断提高它们的业绩。利丰贸易会帮助伙伴升级，一同争取订单，共同分享利润，这正是利丰贸易的供应商网络得以壮大的一个重要原因。

（3）提供金融及技术支持。利丰贸易愿意与供应商分担责任，协助供应商解决其采购和生产的问题，必要时利丰贸易还会向供应商提供信息技术及融资来推动生产。例如，在 1997 年亚洲金融危机期间，许多工厂不能获得信贷支持购买需要的原材料，利丰贸易便提供经费给一些有生产实力的工厂，令工厂生产得以延续。在某些情况下，制造商购买原材料的数量较少，利丰贸易则通过它庞大的网络整合采购额，为制造商取得一个更好的价格和更加快速的交货日期。

（4）进行日常监控。利丰贸易的质检员经常直接进出工厂，检查供应商是否严格按照利丰贸易客户的标准进行生产。如发现不按照协议生产，利丰贸易就会与工厂协商改善，若工厂始终不能达标，利丰贸易便会终止与该工厂的合作。

简而言之，利丰贸易为网络中的成员提供知识和技术指导，激励网络中所有供应商和制造商与利丰贸易共同合作。利丰贸易在整个网络中处理信息交流，以及与顾客和供应商的关系，达到缩短生产时间、减少费用和降低风险的目标，与合作伙伴共同创建符合各类顾客需求的供应链。

虽然上述对供应商的管理方法十分有效，但真正令供应商乐意与利丰贸易合作、结成战略联盟的，则是利丰贸易长期一贯的诚信经营及与伙伴共存共荣的精神。

（案例来源：利丰研究中心. 供应链管理：香港利丰集团的实践［M］. 北京：中国人民大学出版社，2009.）

思考题：利丰贸易是如何管理供应商网络的？为什么？

第三模块　实训模块

实训一：采购物品分类

实训目的：能够运用采购知识对企业采购物品进行分类。

实训内容：确定某一企业，了解该企业采购的所有物品，根据物品的重要性、价值等对其进行分类，并阐述应如何进行管理。

实训二：供应商评价与选择

实训目的：能够运用现代信息技术和采购知识搜寻并选择供应商。

实训内容：模拟企业采购经理，搜寻供应商，并选择合适的供应商。

第四模块　小结与测试题

一、本章小结

1. 现代企业供应链管理的一个至关重要的环节是采购活动。一般认为，采购是指单位或个人基于生产、销售、消费等目的，购买商品或劳务的交易行为。根据人们取得商品的方式不同，采购可以从狭义和广义两方面来进行区分。狭义的采购是指为保障企业物资供应而对企业采购进货进行的管理活动。广义的采购是指为了达到机构的日常管理与战略目标而获取供应商的商品和资源的管理活动。采购管理与采购之间既紧密联系又有区别。

2. 供应链管理环境下采购的特点：从为库存而采购到为订单而采购的转变；从采购管理向外部资源管理转变；从一般买卖关系向战略协作伙伴关系转变。

3. 准时采购也叫 JIT 采购法，其是一种先进的采购模式。它的基本思想是：在恰当的时间、恰当的地点，以恰当的数量、恰当的质量提供恰当的物品。

4. 采购计划是指企业管理人员在了解市场供求情况、认识企业生产经营活动过程和掌握物料消耗规律的基础上，对计划期内物料采购管理活动所做的预见性的安排和部署。

5. 两种供应关系模式。

在供应商与制造商关系中，存在两种典型的关系模式，即传统的竞争关系和合作性关系（或者叫双赢关系）。

6. 双赢关系已经成为供应链企业之间合作的典范，因此，要在采购管理中体现供应链的思想，对供应商的管理就应集中在如何和供应商建立、维持双赢关系上。包括信息交流与共享机制、供应商的激励机制、合理的供应商评价方法和手段。

二、测试题

（一）单项选择题

1. 下列选项中，（　　　）不是供应链管理环境下采购的特点。

A. 为订单而采购　　　　　　　　　B. 从采购管理向外部资源管理转变

C. 为库存而采购　　　　　　　　　D. 从一般买卖关系向战略协作伙伴关系转变

2. 制订采购计划的作用不包括（　　　）。

A. 有效规避风险，减少损失　　　　B. 为企业组织采购提供依据

C. 有利于资源的合理配置　　　　　D. 增加库存，从而降低风险

3. 从供应商与客户关系特征来看，供应链管理环境下的客户关系表现为（　　　）。

A. 竞争性关系　　　　　　　　　　B. 战略性合作关系

C. 合作性关系　　　　　　　　　　D. 合同性关系

4. 供应链管理思想的集中表现是（　　　）。

A. 合作与协同　　　　　　　　　　B. 竞争与对峙

C. 情感联系　　　　　　　　　　　D. 各自利益最大化

5. 传统的竞争关系是（　　　）驱动的。

A. 价格　　　　　B. 质量　　　　　C. 产品供应及时性　　　D. 售后服务

（二）多项选择题

1. 战略协作伙伴关系相比一般买卖关系，有（　　　）优势。

A. 减少库存问题　　　　　　　　　B. 降低风险

C. 降低采购成本　　　　　　　　　D. 消除供应过程中的组织障碍

E. 为解决问题提供便利条件

2. 采购计划包含（　　　）。

A. 采购计划制订　　　　　　　　　B. 采购管理制度

C. 采购人员招募　　　　　　　　　D. 采购订单制定

E. 生产订单制定

3. 按照计划期的长短，将采购计划分为（　　　）。

A. 年度采购计划　　　　　　　　　B. 季度采购计划

C. 月度采购计划　　　　　　　　　D. 总体采购计划

E. 生产物料采购计划

4. 双赢关系对于供应商的意义在于（　　　）。

A. 增加对整个供应链业务活动的共同责任感和利益的分享

B. 增加对未来需求的可预见性和可控能力

C. 使供应关系更加稳定

D. 有助于供应商的成功

E. 高质量的产品增强了供应商的竞争力

5. 为了维持双赢关系，制造商应当（   ）。

A. 建立信息交流与共享机制

B. 建立供应商的激励机制

C. 依靠建立私人感情的方式与供应商维系关系

D. 使用合理的供应商评价方法及手段

E. 向供应商索取一定的返点

（三）简答题

1. 什么是准时采购？准时采购对供应链管理的意义是什么？

2. 简述准时采购与传统采购的区别。

3. 制订采购计划时需要考虑哪些因素？

4. 供应商与制造商关系的典型模式是什么？其采购特征分别是什么？

（四）论述题

1. 请论述传统采购模式与供应链环境下的采购模式的区别。

2. 影响准时化采购的关键因素有哪些？如何有效实施准时采购？

第八章 供应链环境下的生产运作管理

学习目标

🎯 **学习目标**

1. 了解生产运作管理的含义、内容和任务；
2. 了解生产的不同类型；
3. 掌握供应链环境下生产运营管理系统的总体构想；
4. 掌握推动式与拉动式生产的特点；
5. 掌握 ERP、JIT 和 TOC 的应用及三者之间的关系。

第一模块　基础知识

一、生产运作管理概述

（一）基本概念

生产运作管理（Production and Operation Management）是指对生产与运作活动的计划、组织、实施和控制。

生产与运作活动是指"**投入—变换—产出**"的过程，即投入一定的资源，经过一系列多种形式的变换，使其价值增值，最后以某种形式的产出供给社会的过程，也可以说是一个社会组织通过获取和利用各种资源向社会提供有用产品的过程。

其中，投入包括人力、设备、物料、信息、技术、能源、土地等劳动资源要素，产出包括有形产品和无形产品两大类，中间的变换过程，也就是劳动过程、价值增值过程，即运作过程。

（二）生产运作管理的任务

1. 生产运作系统运动规律

生产运作管理作为一个子系统，有它本身的运动规律，其运动规律如图 8-1 所示。

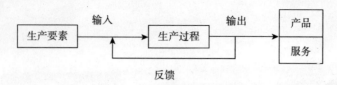

图8-1　生产系统的运动规律

生产系统的运动规律就是输入生产要素，经过生产过程，输出产品和服务，并且在生产过程的进行中不停地进行信息反馈。

2. 生产运作管理系统的组成

（1）产品与服务。

产品是具有一定使用价值的成品或半成品，服务主要指无形产品。产品与服务的要求取决于用户和市场的需要，即品种对路、质量优良、价格便宜、交货及时。

（2）生产要素。

生产要素包括人、财、物。人指劳动力，财指资金，物指土地、建筑物、机器设备、工艺设备、原材料、零部件、能源等。

生产要素的作用：是从事生产活动的前提条件；是实现生产管理目标的保证。

生产要素的三个要求：在质量、数量、时间上必须符合生产过程的要求；生产要素在生产过程中要有效地结合起来；生产要素在生产过程中应形成一个有机的整体。

（3）生产过程。

生产过程指产品的形成过程，也是人力、物力、财力的消耗过程。

生产过程指要求实现生产管理目标，以最经济的生产方式（消耗尽可能少的方式），对产品的品种、数量、质量、成本、交货期进行具体的计划，并确保实施。

（4）反馈。

反馈是指把生产过程输出的信息返回到输入的一端。其作用是对生产过程的控制提供良机。其目的是保证生产过程的正常进行和生产计划任务的完成。

3. 生产运作管理的任务

运用组织、计划、控制等职能把投入生产过程的各种生产要素有效地结合起来，形成有机的体系，按照最经济的生产方式生产出满足社会需要的产品。

（三）生产运作管理的内容

生产管理要实现自己的任务，就需要做许多工作，它的工作内容如图8-2所示。

1）生产准备和组织，是指生产的物质准备工作、技术准备工作和组织工作。

2）生产计划，是生产运作管理的精华，指与产品有关的生产计划工作和负荷分配工作。

3）生产控制，指围绕着完成计划任务所进行的检查，调整管理工作。

4）先进生产运作模式，是现代生产与运作管理的热点。

为适应企业国际化和企业激烈的竞争形势，应尽快提高企业管理水平，使生产经营一体化。

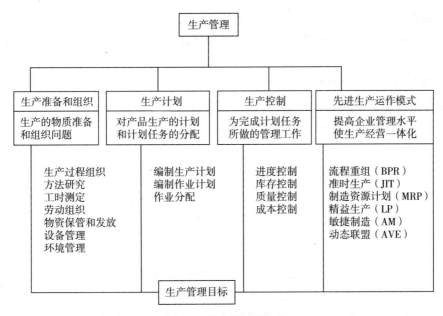

图8-2 生产管理的内容

（四）生产运作的类型

1. 按生产运作的性质分

按生产运作的性质分，可分为物质生产运作型和劳动服务型两大类。

（1）物质生产运作型。

物质生产运作型的生产运作过程是通过将生产要素输入，经物理、化学变化，转化为有形物品的输出。

对物质生产部门而言，生产运作活动的覆盖范围随着生产系统的前伸和后延大为扩展。生产运作系统的前伸是指生产运作系统在以市场为导向的同时，将其功能扩展到战略制定、产品创新设计乃至与资源的供应合为一体。生产系统的后延是指企业的生产职能扩展到产品销售和售后服务等方面。

（2）劳动服务型。

劳动服务型运作的产出不是物质产品，而是无形的产品，即服务。

两者的共性是生产运作过程都是从投入到转换再到产出，其区别如表8-1所示。

表8-1 物质生产运作型和劳动服务型的区别

类型	产品	资金	效绩
物质生产运作型	可存储	资金密集	质量、成本、交货期（可计量）
劳动服务型	不可存储	劳动密集	顾客满意（难以计量）

2. 按生产运作工艺特性分

按工艺特性，可分为加工装配型和流程型两大类。

（1）加工装配型。

加工装配型的产品是由离散的零部件装配而成的，物料运动呈离散状态。其生产运作的特点是工艺过程的离散性。

（2）流程型。

流程型的物料是均匀、连续地按一定工艺顺序运动的。其生产运作特点是工艺过程的连续性。

3. 按组织生产运作的特点分

按照加工装配企业组织生产运作的特点，可以分为备货型（Make to Stock，MTS）与订货型（Make to Order，MTO）生产运作两种，如图 8-3 所示。

图 8-3　生产运作组织分类

备货型生产运作是指在没有接到用户订单时按已有的标准产品或产品系列进行生产，生产的目的是补充成品库存。通过成品库存来满足用户随时的需求，如轴承。

订货型生产运作是指按用户的订单进行生产，如锅炉、船舶等。

备货型与订货型生产运作的主要区别如表 8-2 所示。

表 8-2　备货型（MTS）与订货型（MTO）生产的主要区别

项目	MTS	MTO
产品	标准产品	按用户要求生产，无标准产品、大量的变形产品和新产品
对产品的需求	可以预测	难以预测
价格	事先确定	难以确定
交货期	不重要，由成品库随时供货	很重要，订货时确定
设备	多采用专用高效设备	多采用通用设备
人员	专业化人员	多种操作技能人员

4. 按生产专业化程度分类

按生产专业化程度可分为：大量生产，单件生产，成批生产，多品种小批量生产。

随着科学技术的进步，人们生活条件不断改善，消费者的价值观念变化很快，消费需求多样化，从而引起了产品寿命周期的相应缩短。为了适应市场需求，企业越来越多地采用多品种、小批量的生产方式。

二、供应链环境下生产运作管理系统的总体构想

在生产计划与控制系统的集成研究中，到目前为止，较完善的理论模型是马士华教授于 1995 年提出的三级集成计划与控制系统模型，即把生产计划（MPS）、物料需求计划（MRP）和作业计划三级计划，与订单控制、生产控制和作业控制三级控制系统集于一体。该模型的核心在于提出了制造资源网络和能力状态集的概念，并对制造资源网络的建立和生产计划提前期的设置提出了相应模型和算法，并在 MRP Ⅱ 软件开发中运用了这一模型。在集成化供应链的概念出现之前，这一理论模型是完善的。但是理论总要随实际需求

而不断发展，随着集成供应链管理思想的出现，该模型对资源概念、能力概念的界定都没有体现出供应链管理思想，没有体现扩展企业模型的特点。因此需要研究出新的体现集成化供应链管理思想的生产计划与控制理论模型，以适应全球化制造环境下的全球供应链管理企业生产管理模式的要求。

（一）供应链管理环境下的生产计划与控制系统中几个概念的新拓展

1. 供应链管理对资源（Resource）概念内涵的拓展

传统的制造资源计划 MRP Ⅱ 对 "企业资源" 这一概念的界定是局限于企业内部的，并统称为物料（Materials），因此 MRP Ⅱ 的核心是物料需求计划（MRP）。在供应链管理环境下，资源分为**内部资源**（In-source）和**外部资源**（Out-source）。因此在供应链环境下，资源优化的空间由企业内部扩展到企业外部，即从供应链整体系统的角度进行资源的优化。

2. 供应链管理对能力（Capacity）概念内涵的拓展

生产能力是企业资源的一种，在 MRP Ⅱ 系统中，常把资源问题归结为能力需求问题或能力平衡问题。但正如对资源概念一样，MRP Ⅱ 对能力的利用也是局限于企业内部的。**供应链管理把资源的范围扩展到供应链系统，其能力的利用范围也因此扩展到了供应链系统全过程。**

3. 供应链管理对提前期（Lead Time）概念内涵的扩展

提前期是生产计划中一个重要的变量，在 MRP Ⅱ 系统中也是一个重要的设置参数。但 MRP Ⅱ 系统强调一个企业内部不同部门或生产部门内部不同环节之间，上一环节提前一定时间生产或提供物料，即需有一定提前期。供应链管理涉及供应链上下游不同企业，企业之间的供应应有一个提前期，以准时交货，即供应链管理强调准时——**准时采购、准时生产、准时配送**。

（二）供应链管理环境下生产管理组织模式

在供应链管理环境下，生产管理组织模式和现行生产管理组织模式一个显著的不同就是：供应链管理环境下，生产管理是开放性的、以团队工作为组织单元的多代理制。在供应链联盟中，企业之间以合作生产的方式进行，企业生产决策信息通过 EDI/Internet 实时地在供应链联盟中由企业代理通过协商决定，企业建立一个合作公告栏（在 Internet 上），实时地和合作企业进行信息交流。在供应链中要实现委托代理机制，对企业应建立一些行为规则：**自勉规则；鼓励规则；激励规则；信托规则；最佳伙伴规则**。

企业内部也是基于多代理制的团队工作模式，团队有一主管负责团队与团队之间的协调。协调是供应链管理的核心内容之一，供应链管理的协调主要有三种形式，即**供应—生产协调、生产—分销协调、库存—销售协调**。

（三）供应链管理环境下生产计划的信息组织与决策特征

供应链管理环境下的生产计划信息组织与决策过程具有如下几个方面的特征。

1. 开放性

经济全球化使企业进入全球开放市场，不管是基于虚拟企业的供应链还是基于供应链的虚拟企业，开放性都是当今企业组织发展的趋势。供应链是一种网络化组织，供应链管理环境下的企业生产计划信息已跨越了组织的界限，形成开放性的信息系统。决策的信息资源来自企业的内部与外部，并与其他组织进行共享。

2. 动态性

供应链环境下的生产计划信息具有动态的特性，是市场经济发展的必然。为了适应不断变化的顾客需求，使企业具有敏捷性和柔性，生产计划的信息随市场需求的更新而变化，具有模糊的提前期和模糊的需求量，要求生产计划具有更多的柔性和敏捷性。

3. 集成性

供应链是集成的企业，是扩展的企业模型，因此供应链环境下的企业生产计划信息是不同信息源的信息集成，集成了供应商、分销商的信息，甚至消费者和竞争对手的信息。

4. 群体性

供应链环境下的生产计划决策过程具有群体特征，因为供应链是分布式的网络化组织，具有网络化管理的特征。供应链企业的生产计划决策过程是一个群体协商过程，企业在制订生产计划时不但要考虑企业本身的能力和利益，同时还要考虑合作企业的需求与利益，是群体协商决策过程。

5. 分布性

供应链企业的信息是跨越部门和企业的，甚至是全球化的。通过 Internet/Intranet、EDI 等信息通信和交流工具，企业能够把分布在不同区域和不同组织的信息进行有机集成与协调，使供应链活动同步进行。

（四）供应链的协调控制机制

要实现供应链的同步化运作，需要建立一种供应链的协调机制。协调供应链的目的在于使信息无缝地、顺畅地在供应链中传递，减少因信息失真而过量生产、过量库存的现象，使整个供应链能根据顾客的需求而步调一致，也就是使供应链获得同步化响应市场需求的变化。

供应链的协调机制有两种划分方法。第一种是根据协调的职能划分，可分为两类：一是不同职能活动之间的协调与集成，如生产—供应协调、生产—销售协调、库存—销售协调等协调关系；另一类是根据同一职能不同层次活动的协调，如多个工厂之间的生产协调。第二种是根据协调的内容划分，供应链的协调可划分为信息协调和非信息协调。

（五）供应链的协调控制模式

供应链的协调控制模式分为**中心化协调、分散协调和混合式协调**。中心化协调控制模式把供应链作为一个整体纳入一个系统，采用集中方式决策，因而忽视了代理的自主性，也容易导致"组合约束爆炸"，对不确定性的反应比较迟缓，很难适应市场需求的变化。分散协调控制过分强调代理模块的独立性，对资源的共享程度低，缺乏通信与交流，很难做到供应链的同步化。比较好的控制模式是分散与集中相结合的混合模式。各个代理一方面保持各自的独立性运作，另一方面参与整个供应链的同步化运作体系，保持了独立性与协调性的统一。

（六）供应链的信息跟踪机制

供应链各个代理之间是服务与被服务的关系，服务信号的跟踪和反馈机制可使企业生产与供应关系同步进行，消除不确定性对供应链的影响。因此，应该在供应链系统中建立服务跟踪机制，以降低不确定性对供应链同步化的影响。

供应链的服务跟踪机制提供供应链两方面的协调辅助：非信息协调和信息协调。非信息协调主要指完善供应链运作的实物供需条件，采用 JIT 生产与采购、运输调度等；信息协调主要通过企业之间的生产进度的跟踪与反馈来协调各个企业的生产进度，保证按时完成用户的订单，及时交货。

供应链企业在生产系统中使用跟踪机制的根本目的是保证对下游企业的服务质量。在企业集成化管理的条件下，跟踪机制才能发挥其最大的作用。跟踪机制在企业内部表现为客户（上游企业）的相关信息在企业生产系统中的渗透。其中，客户的需求信息（订单）成为贯穿企业生产系统的一条线索，成为生产计划、生产控制、物资供应相互衔接、协调的手段。

（七）跟踪机制的外部运行环境

跟踪机制的提出与对供应链管理的深入研究密不可分。

供应链管理下企业间的信息集成可在以下三个部门展开。

1. 采购部门与销售部门

采购部门与销售部门是企业间传递需求信息的接口。需求信息总是沿着供应链从下游传至上游，从一个企业的采购部门传向另一个企业的销售部门。由于本书讨论的是供应链管理下的销售与采购环节，稳定而长期的供应关系是必备的前提，所以可将注意力集中在需求信息的传递上。

从常用的概念来看，企业的销售部门应该对产品交货的全过程负责，即从订单下达到企业开始，直到交货完毕的全过程。然而，供应链管理下的战略伙伴关系建立以后，销售部门的职能简化了。销售部门在供应链上下游企业间的作用仅仅是一个信息的接口，它负责接收和管理有关下游企业需求的一切信息。除了单纯意义上的订单外，还有下游企业对产品的个性化要求，如质量、规格、交货渠道、交货方式等，这些信息是企业其他部门的工作所必需的。

同销售部门一样，采购部门的职责也得以简化。采购部门原有的工作是保证生产所需的物资供应。它不仅要下达采购订单，还要确保采购的物资保质、保量、按时入库。在供应链管理下，采购部门的主要工作是将生产计划系统的采购计划转换为需求信息，以电子订单的形式传达给上游企业。同时，它还要从销售部门获取与所采购的零部件和原材料相关的客户个性化要求，并传达给上游企业。

2. 制造部门

制造部门的任务不仅仅是生产，还包括对采购物资的接收以及按计划对下游企业配套的供应。在这里，制造部门实际上兼具运输服务和仓储管理两项辅助功能。制造部门能够完成如此复杂的工作，原因在于生产计划部门对上下游企业的信息集成，同时也依赖于战略伙伴关系中的质量保证体系。

此外，制造部门还担负着在制造过程中实时收集订单的生产进度信息，经过分析后提供给生产计划部门的任务。

3. 生产计划部门

在集成化管理中，企业的生产计划部门肩负着大量的工作，集成了来自上下游生产计划部门、企业自身的销售部门和制造部门的信息。其主要功能有以下几种。

1）**滚动编制生产计划**。来自销售部门的新增订单信息、来自企业制造部门的订单生产进度信息、来自上游企业的外购物资的生产计划信息以及来自上游企业的需求变动信息，共同构成了企业滚动编制生产计划的信息支柱。

2）**保证对下游企业的产品供应**。下游企业的订单并非一成不变，从订单到达时起，供方和需方的内外环境就一直不断变化着，最终的供应时间实际上是双方不断协调的结果，其协调的工具就是双方不断滚动更新的生产计划。生产计划部门按照最终的协议指示制造部门对下游企业进行供应。这种供应是与下游企业生产计划相匹配的准时供应。由于生产出来的产品不断发往下游企业，制造部门不会有过多的在制品和成品库存压力。

3）**保证上游企业对本企业的供应**。这一功能是与上一功能相对应的。生产计划部门在制造部门提供的实时生产进度分析的基础上，结合上游企业传来的生产计划（生产进度分析）信息，与上游企业协商确定各批订单的准确供货时间。上游企业将按照约定的时间将物资发送到本企业。采购零部件和原材料的准时供应，降低了制造部门的库存压力。

三、推动式与拉动式生产

（一）推动式生产

推动式生产是指按照 MRP 的计算逻辑运作的传统的标准生产方式，即各个部门都按照规定的生产计划进行生产，前一工序无须为后一工序负责，生产出产品后按照计划把产品送达后一工序即可。

企业一般采用推动式生产系统。计划部门根据市场需求，对最终产品的生产进行分解，将相应的生产任务和提前期传达给各个生产部门，最后细化为每个零部件的投入产出计划和相应的订购计划。而对于各个部门而言，需要按照计划组织生产，生产结束后将实际完成情况汇报给计划部门，同时将完成品送往工序上的下一个生产部门。因此，总体的生产是一种从工序上最初的生产部门向工序上最终生产部门的一个"推动"过程。

在推动式生产方式下，生产控制就是要保证按生产作业计划的要求按时、按质、按量完成任务，每一工序的员工注重的是自己所在工序的生产效率。在推动式生产系统中，各个工序之间相互独立，在制品存货量较大，容易产生很多浪费。

首先，推动式生产方式不能满足适时生产的要求。如果采用推动式生产方式，同时要保证能够对于所有产品准时交货，那么就必须将所有产品以及产品分解的零部件生产的交货期进行完全精确的计算。这就需要引入大量的数据，如设备更换模具的时间、每个零部件的精确生产时间。这种计算本身就需要投入大量的人力和物力。而且，如果出现异常状况，则要对整个计划重新进行修正、调整，如安排紧急订货或者加班等，以此保证按时完成任务。但是这些调整措施都是代价高昂的。

其次，由于推动式生产方式的复杂性，以及各种不确定因素如次品、设备损坏的影响，制造商为了保证按时交货，必须保有相当水平的安全库存。而从 JIT 的观点来看，保持高水平的库存占用了大量的资金，同时产生很多不必要的诸如搬运、放置、保养等的浪费。

（二）拉动式生产

正由于推动方式的缺陷，JIT 理念提出了拉动式的生产方式。拉动式生产是指一切从市场需求出发，根据市场需求来组装产品，借此拉动前面工序的零部件加工。每个生产部门、工序都根据后向部门以及工序的需求来完成生产制造，同时向前向部门和工序发出生产指令。在拉动式生产方式下，计划部门只制订最终产品计划，其他部门和工序的生产是按照后向部门和工序的生产指令来进行的。根据拉动方式组织生产，可以保证生产会在适当的时间进行，并且由于只根据后向指令进行，因此生产的量也是适当的，从而保证企业不会为了满足交货的需求而保持高水平库存，产生浪费。

JIT 主要通过生产同步化和生产均衡化两种手段运作来保证"适时、适量"的产出。

1）生产同步化是保证生产各个工序和部门间的速率协调，以保证减少在制品库存。

2）生产均衡化是指生产制造与需要相适应，以避免生产过早或者过多而产生的浪费。

而在具体的实现形式上，JIT 使用了最具有代表性的看板管理工具。

四、TOC 与 ERP、JIT 的比较

前面已经介绍了 ERP 和 JIT 理论，下面介绍 TOC 理论，并对 ERP、JIT、TOC 理论进行比较。

（一）TOC 理论概述

艾利·高德拉特博士是以色列物理学家、企业管理大师，TOC 制约法的创造者。TOC（Theore of Constraints，瓶颈理论）提供一套基于系统方式的整体流程与规则，去挖掘复杂系统固有的简单性，通过聚焦于少数实体的、逻辑的杠杆点，使系统各部分同步运行，从而达成系统整体绩效持续改善的理论。

1. TOC 理论基本思想

TOC 理论将企业看作是一个完整的系统，认为任何一种系统至少会有一个约束因素，正是各种各样的制约（瓶颈）因素限制了企业生产产品的数量和利润增长。因此，企业在实现其目标的过程中，应通过逐个识别和消除这些现存的或潜伏的制约因素，使改进方向和改进策略明确化，从而更有效地实现其"有效产出"的目标。

2. TOC 理论的核心内容

（1）重新建立企业目标和作业指标体系。

TOC 理论认为，一个企业的最终目标是在现在和将来实现价值最大化。衡量生产系统的作业指标应该有三种。

1）有效产出，指企业在某个规定时期通过销售获得的货币。

2）库存，指企业为了销售有效产出，在所有外购物料上投资的货币。

3）运行费用，指企业在某个规定时期为了将库存转换为有效产出所花费的货币。

（2）寻找系统资源的"瓶颈约束"。

TOC 理论认为，在生产系统中，有效产出最低的环节决定着整个系统的产出水平。因此，任何一个环节，只要阻碍企业更大程度地增加有效产出，或约束了库存和运行费用的节约，那么它就是一个"约束"（也称作"瓶颈"）。所以，找出系统瓶颈，充分利用瓶颈，由非瓶颈配合瓶颈，打破瓶颈，再找下一个瓶颈，就能持续改善。

通过对企业自身生产运行情况及资源配置的分析，企业可以确定瓶颈资源。在这个过程中要用到的数据主要有：客户服务目标；生产线上所有零部件的清单；各道工序的相对位置及其供应点的位置；处于不同位置工序的生产加工能力；不同零部件的加工批量；不

同工序、不同零部件的库存水平，控制库存的方法；现有设备生产能力。

以上数据资料对物流结构有重大影响，通过分析可以找到一个使设施运营最有效率的产量，即均匀的物流量。

（3）TOC 的生产排序。

在确定了企业瓶颈资源后，TOC 便开始进行生产排序，其工作程序包括以下几部分。

1）确定"瓶颈机器"的最大生产能力并使其按最大限度工作。为此，安排"瓶颈机器"前，生产时间总和小于"瓶颈机器"生产时间的机器首先开始生产。

2）向前推理给"瓶颈机器"排序。

3）向后推理给其他"非瓶颈机器"排序，以不断保障"瓶颈机器"的需求。

4）传送的批量不一定与生产批量一致，是可变的。

（4）进行系统化管理的管理准则。

第一类是有关生产系统**瓶颈资源的六项**原则。

1）瓶颈控制了库存和有效产出。

2）非瓶颈资源的利用程度不由其本身决定，而由系统的约束决定。

3）瓶颈上一个小时的损失则是整个系统一个小时的损失。

4）非瓶颈资源解决的一个小时无益于增加系统的有效产出。从平衡物流的角度出发，应允许在非瓶颈资源上安排适当的闲置时间。

5）资源的"利用"和"活力"不是同义词。利用是指资源应该利用的程度，活力是指资源能够利用的程度。例如，一个非瓶颈资源能够达到 100% 的利用率，但其后续资源如果只能承受其 60% 的产出，则其另外 40% 的产出将变成在制品库存。此时，从非瓶颈资源本身考察，其利用率较好；但从整个系统的观点来看，它只有 60% 的有效性。所以，"利用"注重的是有效性，而"活力"注重的则是可行性。

6）编排作业计划时要考虑资源约束，提前期是作业计划的结果，而不是预定值。

第二类是有关生产系统**物流的三项**原则。

1）平衡物流，而不是生产能力。追求生产能力的平衡是为了使企业的生产能力得到充分利用。因此，在设计一个新厂时，自然会追求生产过程各个环节的生产能力平衡。但是对于一个已投产的企业，特别是多品种生产的企业，如果一定要追求生产能力的平衡，那么即使企业的生产能力充分利用了，但是产品并不都符合当时市场的需求，必然有一部分要积压。瓶颈管理原则主张在企业内部追求物流平衡。所谓物流平衡就是使各项工序与"瓶颈机器"同步，以求生产周期短、在制品最少。它认为，生产能力的平衡实际上是做不到的，因为存在波动，并应在这个前提追求物流平衡。

2）运输批量可以不等于（在许多时候应该不等于）加工批量。车间现场的计划与控制的一个重要方面就是批量的确定，它影响到企业的库存和产销率。瓶颈管理所采用的是一种独特的动态批量系统，它把在制品库存分为两种不同的批量形式：①运输批量，指工序间运送一批零部件的数量；②加工批量，指经过一次调整准备所加工的同种零部件的数量，其可以是一个或几个转运批量之和。在自动装配线上，转运批量为一个，可以减少几个加工产品，而加工批量很大。确定加工批量时应考虑资源的合理应用（减少设备的调整次数）与合理的在制品库存（减少资金积压和在制品库存费用），而确定运输批量时应该考虑提高生产的连续性、平行性，减少工序间的等待时间，减少运输工作量与运输费用。两者考虑的出发点不同，所以运输批量不一定要与加工批量相等。

根据瓶颈管理的观点，一方面为了使销售率达到最高，瓶颈资源上的加工批量必须大。另一方面，在制品库存不应该因此增加，所以转运批量应该小，即意味着非瓶颈资源上的加工批量要小，这样可以减少库存费用和加工费用。

3）批量是可变的，而不是固定的。

3. 基于 TOC 的生产物流计划与控制

（1）按物料流向分类的三种物流类型。

TOC 根据不同物流类型的特点可分成 A、V、T 三种类型，从而帮助企业准确识别出各自的薄弱点，并对其实施有针对性的计划与控制。

（2）生产物流中的瓶颈类别。

从企业的制造资源来看，考虑到瓶颈的存在，物料所需要的制造资源存在瓶颈与非瓶颈之分，而瓶颈与非瓶颈之间存在四种基本的关系，分别是：**从瓶颈到非瓶颈资源；从非瓶颈到瓶颈资源；瓶颈资源和非瓶颈资源到同一装配中心；瓶颈资源和非瓶颈资源相对独立。**

（3）TOC 的生产物流计划与控制模式。

TOC 理论认为，一个企业的计划和控制目标是寻求客户需求与企业能力的最佳配合，对约束环节进行有效的控制。一旦一道被控制的工序（瓶颈）建立一个动态的平衡，其余的工序应相继地与这一被控制的工序同步，而实现方法是根据"鼓—缓冲器—绳"系统（Drum Buffer Rope，DBR）设计的，具体实现过程如下。

1）TOC 理论把主生产计划（MPS）比喻为"鼓"，根据瓶颈资源的可用能力确定物流量，作为约束全局的"鼓点"，控制在制品库存量。从计划和控制的角度来看，"鼓"反映系统对约束资源的利用。所以，对约束资源应建立详细的生产作业计划，以保证对约束资源充分、合理的利用。

2）所有瓶颈和总装工序要有"缓冲器"，保证起约束作用的瓶颈资源得到充分利用，以实现企业的最大产出。一般来说，缓冲分为时间缓冲和库存缓冲。前者是将所有的物料提前一段时间提交，以防随机波动和设备故障，且以约束资源上的加工时间长度为计量单位，其长度可凭观察与实验经过必要的调整确定；后者是保证在制品，其位置、数量的确定原则同时间缓冲。

3）所有需要控制的工作中心如同用一根传递信息的"绳子"牵住一样，按同一节拍生产，也就是在保持均衡的在制品库存、均衡的物料流动条件下进行生产。由于约束决定着生产线的产出节奏，而在其上游的工序实行拉动式生产，等于用一根看不见的"绳子"把约束与这些工序串联起来，有效地使物料按照产品生产计划快速地通过非约束作业，以保证约束资源的需要。所以，"绳子"控制着企业物料的进入，起到传递作用，即驱动系统的所有部分按照"鼓"的节奏进行生产。通过"绳子"系统的控制，使约束资源前的非约束资源均衡生产。加工批量和运输批量的减少，可以减少提前期以及在制品库存，同时又不使约束资源停工待料。在 DBR 的实施中，"绳子"是由一个涉及原材料到各车间的详细作业计划来实现的。

4）识别企业的真正约束（瓶颈）是控制物流的关键。在**"鼓—缓冲器—绳"**系统中，"鼓"的目标是使产出率最大；"缓冲器"的目标是对瓶颈进行保护，使其生产能力得到充分利用；"绳"的目标是使库存最小。一般来说，当需求超过能力时，排队最长的机器就是"瓶颈"。如果管理人员知道一定时间内生产的产品及其组合，就可以安排物料清单计算生产需要的零部件。然后，按零部件的加工路线及工时定额，算出设备的任务工时，将任务工时与生产能力进行比较，负荷最高、最不能满足需要的设备就是瓶颈。找到瓶颈后，可以把企业里所有加工设备划分为关键资源和非关键资源。

5）基于瓶颈约束，建立产品生产计划。建立产品生产计划的前提是受约束的物流达到最优，因为瓶颈约束系统中"鼓"的节拍控制着企业的生产节拍和销售率。为此，需要按有限能力法安排生产，在瓶颈上扩大批量，设置"缓冲器"。对非约束资源安排作业计划，则按无限能力倒排法，使之与约束资源上的工序相同。

（二）ERP/MRP Ⅱ、JIT、TOC 模式的比较

通过对生产计划于不同层次的横向比较，可以清楚地分辨出 ERP/MRP Ⅱ、JIT、TOC 三者适合的层次，进而为三者的定位分析奠定理论基础。ERP/MRP Ⅱ、JIT、TOC 三者的比较分析如表 8-3 所示。

表 8-3　ERP/MRP Ⅱ、JIT、TOC 三者的比较分析

比较项目	ERP/MRP Ⅱ	JIT	TOC
管理方式	以信息管理为基础，集权式信息管理	以经营环境为基础，分权式自主管理	以系统思考程序为基础，瓶颈处集权管理，非瓶颈处分权管理
系统类型	推式系统，接受制造的变量为被动式	拉式系统，寻求改善变量为主动性	瓶颈之前拉式系统，瓶颈之后推式系统，确认核心问题
追求目标	追求预测的准确，整合系统带动改善，有效合理地利用资源，改善计划，压缩库存	杜绝浪费，寻求零库存，持续改善与尽善尽美，加快流通速度	提升系统限制，仅需对瓶颈进行改善，增加产销率，降低库存和运营费用
系统假设	固定的提前期，无线的生产能力，计划足以应对变化，生产运作顺畅与否与规划好坏关系很大，完全可以通过能力平衡的循环调整达到需求与实际的吻合	通过与人、企业间的协作等措施保证生产的稳定。交货点是系统的关键点，一切计划从最后一道工序开始，通过零库存，降低成本	生产波动的绝对性，瓶颈存在的绝对性。瓶颈是系统的制约点，追求物流的平衡，减少库存，降低成本，增加产销率，批量的动态制定
提前期	事先设定，退市计划编排的产物，计划编制的前提，人为控制一定提前期，保证安全生产	不利因素，必须压缩至最短；拉式计划编排无须此要求	是批量、优先权、生产能力等因素的函数，随生产动态变化，是计划编制的结果
计划控制重点	重视企业资源的合理运用及企业生产的主导作用。全盘重视，重点是所有零部件的所有计划	重视交货点，控制交货服务水平，按需准时适量生产，保证生产的同步化和均衡化	以瓶颈为核心，抓重中之重，保证瓶颈产出的最大化及物料平衡和生产节奏的同步
工序计划对象	每道工序；计算负担时，仅实现了生产过程开始时的控制，无法实现对生产过程中的监控	最后一道工序；非瓶颈哄抢系统有限资源，未把有限资源用在最需要改善的环节上	瓶颈工序；计划的依赖性随着实际约束的变化而动态变化，把有限资源用在最需要改善的环节上

比较项目	ERP/MRPⅡ	JIT	TOC
工序计划开展方式	按照预先设定的提前期，采用无限能力计划法，集中开展各级生产单元及供应单元的计划与供应指令	采用看板管理方式，按照无限能力排产法，逐道工序倒序传递生产中的取货指令和生产指令	以瓶颈环节为基准，把瓶颈环节之前、之间、之后的工序分别按拉动、工艺排序、推动的方式排定，并保证投料节奏和瓶颈生产节奏同步
能力平衡方式	提供簇能力和吸能力量及能力平衡方式，经过先排计划，再依据经验进行调整，反复循环调整直至满意，实现生产能力的相对平衡	企业以密切协作的方式保持需求的适当稳定，并以高柔性的生产设备来保证生产线上能力的相对平衡；总体能力平衡作为长期规划来处理	承认能力不平衡的绝对性，直接利用瓶颈的能力限制，依据订单优先级修正负荷；系统整体能力的提升是通过持续改善企业链条上最薄弱的环节来实现的
剩余能力处理	尽量物尽其用，追求资源合理利用和经济效益，采用一定经济批量和规模，注重设备的高利用率	在消除浪费、降低成本的思想指导下，通常会削减剩余能力，削减企业在市场上的竞争力	非瓶颈资源利用应小于其活力，利用率不应达到100%，允许其资源闲置
生产波动对策	通过保守的提前期、大量的库存、尽可能周密的计划，集中安排各环节的人、物等资源以及生产加工，以应对生产波动	通过人员、企业等相互协作，结合看板管理和全面质量管理等，维持零库存下生产能力的相对平衡	承认波动存在的绝对性，并采用"鼓—缓冲—绳"方法来应对生产的波动。通过对瓶颈的持续改善提高整体能力
工序间出现问题的后果	工序间缺乏动态协调机制，每道工序都严格按照既定计划进行生产，某工序出现问题会导致工序间产量不平衡、在制品库存增加、生产混乱等情况	缺乏中长期计划的指导，某工序出现问题时，前置所有工序处于松弛状态；问题解决后，此前置所有工序都将处于瓶颈的尴尬境地	一旦某道工序加工成为影响系统产出的限制，此工序立刻会成为系统新的瓶颈。随后整个生产节奏将会随之发生改变，需重新建立一个新的生产物流平衡系统
管理人员现场控制	生产出现问题时反应不迅速，解决问题时往往物料阻塞已相当严重。注重事前规划，易使管理人员产生惰性，不利于持续改善	生产出现问题时反应迅速，易及时处理；重视现场控制，是强调能力平衡的结果；消除一切浪费，促使管理人员持续改进	生产出现问题时反应迅速，能及时被管理人员发现。瓶颈的漂移TOC自身机制保证了管理的持续改进
系统改进策略	通过问题的被动暴露，经过"加工—问题堆积—解决问题—加工"的循环过程完成改进	通过库存的降低来试探问题的根源，经过"降低库存—暴露问题—解决问题—降低库存"的循环过程完成持续改进	直接找出系统的制约因素，经过"识别瓶颈—瓶颈产出率最大化—打破瓶颈"的循环过程完成持续改进

比较项目	ERP/MRP II	JIT	TOC
订单处理能力	系统产出数量和实际需求数量往往不一致，无法提供准确的订单交货服务信息；不能很好地处理订单选择和执行客户订单驱动	系统产出数量和实际需求数量一致，可以严格保证交货服务水平	订单承诺分析 ATP（可承诺量），提供交货期、订单优先级等信息；订单接收能力分析 CTP（可接受的能力）提供订单能否按时完成等信息
计划控制	重视计划，计划与控制分离。编排计划不考虑能力平衡，如果能力不满足再调整计划，计划被动适应现场实际，计划频繁变动时期权威性不高；生产控制滞后于生产实际，进行控制时又忽略计划的要求。生产计划是一下全下，计划调整是一改全改	重视现场控制，缺乏中长期计划指导。前道工序一味地盲目跟进和被动顺应后道工序的要求，使整个环节加工情况时好时坏；生产监控始终贯穿整个生产过程，但生产控制只是被动跟随	计划与控制并重，计划与控制集成一体。编制计划时考虑了生产中的实际约束，对预控制问题（瓶颈）提前进行了计划；生产统计信息自动反馈到系统中，系统重新判定新的瓶颈，制定新的生产计划，形成管理控制的闭环
物料需求与采购	采购与供应系统主要根据由计划系统下达的物料需求指令进行采购决策，并负责完成与供应商之间的联系与交易。主要考虑如何在保证供应的同时降低费用	将采购与物料供应视为生产链的延伸部分，即为看板管理向企业外传递需求的部分。根据需求组织生产，保证生产链紧密衔接	物料采购提前期不事先固定，由批量、能力等共同决定，物料的供应与投放则按照一个详细作业计划来实现，即通过"绳子"来同步
物料投放控制	采用计划详细安排各级各个零部件的物料投放计划。因为提前期的不准，所以这导致在制品库存积压严重、物料投放更早的恶性循环出现	采用"看板"控制各道工序具体的物料投放时间、地点、数量等。在需要的时间、地点投放需要数量的物料	通过"绳子"协调各道工序间的物料投放计划，保证整个生产系统物流的平衡，使生产既不出现短缺也不出现超储
库存控制方式	一般设有各级库存，强调对库存管理的明细化、准确化。库存执行的依据是计划和业务系统产生的加工领料单、加工入库单等	生产过程中一般不设在制品，前道工序按被取走零部件的数量组织生产、进行物料补充，所以库存量较少	合理设置"时间缓冲"和"库存缓冲"，以防止随机波动；通过设定不同的加工批量和运输批量来限制库存的积压
库存	一种资产，用来预防预测误差；控制适量的库存。因工序间产量的不平衡、提前期有富裕量、订单过早进入车间，导致库存量大	一种负债，不利因素；按需准时适量生产，追求零库存。消除库存时未考虑库存对产销率、生产波动、物流平衡等方面的正面影响	瓶颈环节上的库存对生产波动、产销率、物流平衡起积极作用，缓冲区的库存受人为控制；非瓶颈环节上的库存是一种可能的限制因素，尽量降低

第二模块 案例讨论

案例一 福特的流水线生产、TPS 和 TOC

高德拉特在《站在巨人的肩膀上》写道：整个制造型企业运行模式的彻底改变由两个伟大的思想家所主持，他们分别是亨利·福特和大野耐一，福特通过导入流水线实现了大批量生产方式；而大野耐一则在他的丰田生产系统（TPS）里将福特的概念带向更高的应用层次，他做出的突出贡献是将整个制造性企业的库存视为资产的看法改成库存是负债的看法。

概括而论，亨利·福特和大野耐一都遵循以下四个观点（供应链概念）。

（1）加快流动（或缩短生产所需时间）是工厂的主要目标。

（2）这个主要目标应该被转化成一套具体的机制，以指导何时不应生产（以防过度生产）。

（3）局部效率必须废止。

（4）一套平衡流动的聚焦程序必须就位。

文中提出了一个核心论点，认为亨利·福特的装配流水线和大野耐一的丰田生产系统（TPS）都是源于对物料流动的重视。

丰田生产系统的创始人大野耐一说："我们所做的，其实就是注意从接到顾客订单到向顾客收账这期间的作业时间，由此剔除不能创造价值的浪费，以缩短作业时间。"所以，加快流动（或缩短生产所需时间）是工厂的主要目标。

高德拉特在文中总结道：总之，亨利·福特和大野耐一都严格遵照供应链的四个核心观念改善自己公司的运营体系。

（1）改善生产的流动性（等同于前置时间）是任何生产运营的首要目标。

（2）这个首要目标可通过设计务实的预防过多生产的机制来完成。福特通过限制在制品空间的方法，而大野耐一通过减少库存的办法。

（3）所有的局部效率必须废除。

（4）必须有一个能平衡生产线流动性的聚焦改善程序。福特使用现场直接观察法，而大野耐一通过逐步减少包装箱数量和容量的做法。

福特的流水线生产采用空间做缓冲，大野耐一的 TPS 采用库存做缓冲，高德拉特的 TOC 采用时间做缓冲，理论上还应该存在以速度做缓冲的方法。高德拉特在《目标》中举了他带童子军在野外行军的例子，为了让队伍同时达到目标地点，选择让最慢的队员站在队首，快的队员通过调整速度而一直跟上前边慢的队员，最终一起到达终点，这也说明可以用速度做缓冲。

（案例来源：流水线. TPS、精益生产、TOC 制约理论——《广义动量定理与系统思考》［EB/OL］.（2015－11－20）［2022－3－30］. https：//www. doc88. com/p－9919560850532.

html. 案例经编者整理、改编。）

思考题：福特的流水线生产、TPS 和 TOC 理论在缓冲方面有什么不同？

案例二 日本丰田 JIT 生产之路

丰田喜一郎应父亲丰田佐吉的要求，去学习如何制造汽车，学成之后向他父亲提出他的造车计划，并于 1937 年成立丰田汽车。当时由于缺乏资金，无法像美国汽车厂一样，先造出一堆汽车然后才慢慢地去销售，所以丰田喜一郎就在计划书中提出了一个造汽车的特殊观点：只有在需要的时候，才生产刚好满足客户需要数量的产品（类似现在的接单生产的概念），并称之为 Just in Time（JIT，及时生产），后来改称"刚好及时"，以匹配后来 JIT 向其他非生产领域的延伸应用的需要。

此时的 JIT 只不过是一种类似现在的"接单生产"的概念，由于当时的丰田实施起来有很多的困难，所以只是停留在"概念"阶段而已，对丰田汽车厂而言尚未有太多的实际影响。

1945 年丰田汽车于"二战"后复工，大野耐一主管生产，并且很快就发现当时的生产计划不合理，遂将当时的月计划改成日计划。当时，丰田一个月约需生产 500 部卡车，前一月月底就将月计划下达给车间，车间按计划将每个零件或部件都生产足 500 个之后，再转移至下道工序。这种"批量等待"（等待成为一批，例如 500 个）的生产方式造成前后工序的等待与忙闲不均，于是大野耐一下令将月计划（每月 500 台）改成日计划（平均每日 20 台），并要求做完 20 个就向下转移。改善结果发现流动速度加快了，周期时间缩短了，库存积压时间缩短了，流动资金的需求也缓解了。因此大野耐一第一个提出了在TPS 里占重要地位的概念——降低生产和移动批量可以加快流动速度，缩短周期，降低库存积压，减少对资金的需求。

1948 年丰田因生产过剩、产品（卡车）滞销、资金链断裂，被迫将生产和销售分拆经营（产销分离）。这个事件让大野耐一先生体会到"局部优化"（只考虑生产的效率提升，未考虑到销售能力与资转能力）的后遗症与"站在全局的角度来实施改善活动"的重要性，坚定了大野耐一后来的"全局思维"的理念。

"有需要才生产"这个 JIT 核心概念的重要性，大野耐一则是直到 1950 年"大争议"事件发生，丰田喜一郎引咎辞职后，才深刻体验到的，后才下决心更深入地去实现 JIT。

为了实现 JIT（刚好及时），大野耐一先生遭遇的第一个难点是客户无法忍受漫长的生产周期。

为了缩短生产周期，大野耐一便开始着手分析整个生产过程的时间流失情况，发现大部分的时间是在各种等待中流失的，如图 8-4 所示。所以在早期（1952 年以前），缩短各种等待时间便成为其最主要的攻关课题。

在这个缩短生产周期的改善过程中，大野耐一先生首先发现，等待浪费出现最严重的地方就是流程的断裂点，所以这段时间大野先生做得最多的是以"制程合并"策略来清除制程中的断裂点。合并策略虽然帮大野解决了许多 JIT 缩短生产周期的难题，但是无法合并的困扰——如何让断开的制程更紧密地"合作"起来，始终萦绕大野的心头。直到1953 年的美国之行，大野耐一才在"超市概念"上获得启发。"以看板来拉动"（传递需求信息及物料搬运指令）的机制终于帮大野实现了让整条制程完全流动起来的梦想。

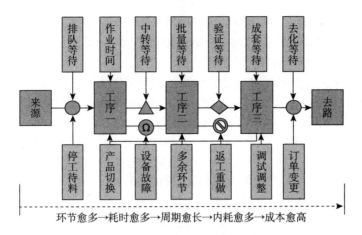

环节愈多→耗时愈多→周期愈长→内耗愈多→成本愈高

图 8-4　丰田旧的生产方式

前述整个 JIT 的改善持续到 1958 年时，大野耐一逐渐发现，只要周期时间缩短了，库存、重复搬运作业也会随之减少，就连以前因为周期时间太长，必须冒险提前投产、制造超出需求数量的产品库存（积压资金）的风险也大大降低了。因此，他提炼出 JIT 未实现之前的四大浪费现象：等待、库存、搬运、过量生产。于是，等待是主因，库存、搬运、过量生产是并发症的概念也就逐渐形成了。

由 JIT 归纳出来的这四个浪费，加上由自动化（或精实化）归纳出来的不良、多余加工作业、多余动作三个浪费，形成了七大浪费，如图 8-5 所示。

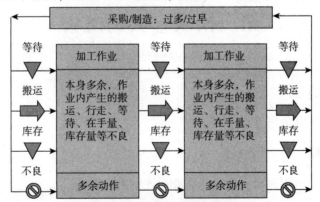

图 8-5　丰田生产过程中的七大浪费

由于 1958 年的质量召回事件，丰田的资金链骤然紧张起来，大野耐一又承接了一次释放资金与降低成本的强大压力，这一年是丰田将降低成本的矛头开始转向上游供应链的重大转折点。

1959 年大野耐一在密集拜访供应商（现地现物、实地考察）之后，发现了供应链中存在许多改进机会的事实，因此开始展开他的"供应链 JIT 改善"旅程。当年，大野耐一优先运用自己的日平均排产计划的特征制定了一个给供应商"每天的零部件需要量都一样"（只会出现小幅波动）的采购计划，并借此要求供应商拨出特定的设备来为丰田生产和供应"每天数量几乎都相同"的零部件。这一个策略非常巧妙地解决了"与供应商的其他客户共享设备资源，大家共同接收供应商的排产计划"的排队问题，大大缩短采购的周期，并因此降低了丰田与供应商之间的零部件库存。因此 TPS 中"以平准化订单换取供应商提供专用设备的承诺，打破需求信息流的迂回流转过程，实现向供应商的直接拉动，以缩短采购周期、降低库存"的供应链管理概念就这么形成了。连带的 TPS 中的平准化生产、设备专用化等相关的词汇也出现了。

1960 至 1965 年，由于大野耐一要求改善，丰田与供应商之间时有摩擦，丰田所提出的改善要求并没有获得供应商的完全配合。直到 1965 年丰田获得戴明奖，才真正取得供应商的尊敬与信任，丰田也因此答应供应商的要求，成立了以指导供应商导入 TQC 为重点的团队，丰田供应商支持中心现出雏形，开始向其上游供应链发力。1968 年，所有一级供应商基本上已成功建立 TQC 系统，供应商质量问题获得解决，进料检验的多余环节在这些前提条件建立起来后给清除掉了，进料免检的条件终于具备了。

1968 年下半年，丰田乘胜直追，又建立"工位零件需求排序表"，开始以供应商看板每天分时段循环拉动供应商的零件供应，取消仓库的中间环节，实现"以同步化物流直接供料到指定工位"的理想，同步化物流的机制至此成形。

1973 年，丰田这套系统通过石油危机的考验之后，大野耐一宣告其 JIT（含上游一级二级供应链的 JIT）已大体实现。

这就是丰田的 JIT 之路。丰田足足走了 30 年才算大功告成。

（案例来源：丰田是如何实现 JIT（及时生产）的？[EB/OL].（2015-6-23）[2022-3-30]. https://www.sohu.com/a/19801116_114834. 案例经编者整理、改编。）

思考题： 丰田的 JIT 之路给企业有什么启发？

第三模块　实训模块

一、实训目的

熟悉生产企业生产类型。

二、实训过程

在老师的指导下分组调研不同生产企业生产的组织类型。

三、实训结果

1. 每组撰写调研报告。
2. 制作 PPT，在课堂上进行展示，并分享讨论。

第四模块　小结与测试题

一、本章小结

1. 生产运作管理（Production and Operation Management）指对生产与运作活动的计划、

组织和控制。

2. 生产系统的运动规律就是输入生产要素，经过生产过程，输出产品和服务，并且在生产过程的进行中不停地进行信息反馈。

3. 运用组织、计划、控制等职能，把投入生产过程的各种生产要素有效地结合起来，形成有机的体系，按照最经济的生产方式生产出满足社会需要的产品。

4. 生产按生产性质分可分为物质生产运作型和劳动服务型两大类；按照生产运作工艺特性，可分为加工装配型和流程型，按照企业组织生产的特点，可以分为备货型（Make to Stock，MTS）与订货型生产运作（Make to Order，MTO）两种；按生产专业化程度分为大量生产、单件生产、成批生产、多品种小批量生产。

5. 供应链管理环境下的生产计划信息的组织与决策过程具有如下几方面的特征：开放性、动态性、集成性、群体性、分布性。

6. 推动式生产是指按照 MRP 的计算逻辑运作的传统的标准生产方式，各个部门都是按照规定的生产计划进行生产。所谓"拉动"方式，就是指一切从市场需求出发，根据市场需求来组装产品，借此拉动前面工序的零部件加工。

7. TOC（Theore of Constraints）理论将企业看作是一个完整的系统，认为任何一种系统至少会有一个约束因素。

二、测试题

（一）单项选择题

1. 以下选项中，（　　）不是供应链管理环境下生产计划的信息组织与决策特征。

A. 开放性　　　　B. 集成性　　　　C. 静态性　　　　D. 群体性

2. 供应链的协调控制模式不包括（　　）。

A. 中心化协调　　B. 非中心化协调　　C. 混合式协调　　D. 集中式协调

3. 供应链企业在生产系统中使用信息跟踪机制的根本目的是（　　）。

A. 协调各个企业的生产进度

B. 使上游企业的信息在生产过程中得到体现

C. 保证对下游企业的服务质量

D. 确保信息的正确性

4. JIT 理念提出了（　　）的生产方式。

A. 拉动式　　　　B. 推动式　　　　C. 节拍式　　　　D. 灵活式

5. TOC 理论认为，在生产系统中，（　　）决定整个系统的产出水平。

A. 有效产出最低的环节　　　　　　B. 自动化水平最低的环节

C. 最后的环节　　　　　　　　　　D. 生产用时最长的环节

（二）多项选择题

1. 生产运作管理系统由（　　）构成。

A. 产品与服务　　B. 生产要素　　C. 生产过程　　D. 反馈

E. 生产制度

2. 生产运作管理的任务包括（　　）。

A. 生产准备与生产组织　　　　　　B. 生产计划

C. 生产控制   D. 员工薪酬发放

E. 先进生产运作模式

3. 在供应链管理环境下，资源分为（   ）。

A. 有形资源   B. 内部资源   C. 外部资源   D. 无形资源

E. 人力资源

4. TOC 理论认为，衡量生产系统的作业指标包括（   ）。

A. 有效产出   B. 无效产出   C. 库存   D. 半成品

E. 运行费用

5. 下列说法中，正确的有（   ）。

A. ERP/MRP Ⅱ追求预测的准确性

B. TOC 以瓶颈为核心，保证瓶颈产出的最大化及物料平衡和生产节奏的同步

C. JIT 认为提前期是批量、优先权、生产能力等因素的函数

D. TOC 在库存控制方面，不需要设置"时间缓冲"及"库存缓冲"

E. ERP/MRP Ⅱ认为库存是一种资产，用来预防预测的误差

（三）简答题

1. 生产运作管理的主要任务是什么？

2. 简述备货型与订货型生产的主要区别。

3. 简述推动式生产和拉动式生产。

4. 简述 TOC 理论的核心内容及聚焦步骤。

（四）论述题

1. 请对物质生产运作型及劳动服务型生产进行辨析。

2. 介绍 TOC 制约理论及其应用环境。

第九章 供应链分销与配送管理

第九章

学习目标

1. 了解分销管理的概念、分销模式和分销要素；
2. 掌握分销渠道决策内容和要求；
3. 掌握终端销售点密度决策的关键和中心任务；
4. 掌握 DRP 分销系统设计要求和内容；
5. 了解订单处理的概念、特点、流程；
6. 掌握不同生产方式的订单处理模式；
7. 了解配送管理的含义、构成要素和业务流程；
8. 掌握配送的几种基本类型；
9. 掌握第三方物流和第四方物流的特征。

第一模块　基础知识

一、分销管理概述

随着业务的不断扩展，企业经营网点遍及全国各地。在手工、电话、传真等传统方式下，企业分销渠道存在许多问题：企业总部无法实时监控各地分公司、办事处、营业网点的经营状况；订货、销售、库存等数据和信息反馈不及时，商品积压、缺货情况经常出现；往来单据、经营数据采集严重滞后，准确性差，不利于统计、分析和处理；客户需求和市场信息不及时反馈到总部，使企业制订生产预测和商品调拨计划时有较大的盲目性，经营决策缺乏准确数据和信息的支持等。

（一）分销管理概念

工业化产品都经过市场调研、产品设计、研发、生产、市场推广、销售和售后服务等阶段。其中由产品生产到用户购买的过程是借助外部资源来完成商品销售服务的过程，这个过程就叫**分销管理**。分销网络就是充分利用经销商的资源进行商品销售的组织，它是连接厂商和客户的桥梁。分销管理离不开客户、销售、资金和媒体等外部资源。一般来讲，客户资源是其中最重要的一种资源，但是具体情况还需要具体分析。事实上，最缺乏的资源正是最重要的资源。厂商要根据自己的资源状况对经销商的资源进行评估，从而选择其中最合适的资源。

对于以分销为主要销售渠道的企业来说，分销商既是合作伙伴，又是市场、销售、服务的前沿驻地。所以能够及时地了解分销商的运作情况，给予稳定、必要的协作，是每一位厂商期望的目标。然而由于信息技术水平发展的不一致，很多往来的信息沟通仍需要大量手工介入，这导致了企业无法准确地了解分销商的业务、财务信息，其结果往往是企业无法有效地确定生产规模和货物付运的时间，进而造成库存积压，影响资金的正常周转甚至整个企业的决策及战略部署。当这些矛盾成为制约企业发展的瓶颈时，就需要采取必要的措施逾越瓶颈。因此，分销管理在企业管理的过程中十分重要。

（二）分销业务模式

分销管理中存在着多种分销业务模式，其中包括**渠道结构**、**销售方式**、**结算方式**、**储运方式**、**培训系统**、**促销手段**等。人们工作的重点是努力把商品卖给经销商，却很少强调业务模式的后果就是把商品囤积给了经销商，阻塞了通路。经销商为了保本，只有"甩货"，这样一来势必会扰乱厂商的价格体系。所以，要想长久地占领市场就必须要考虑消费者、经销商、厂商等三方的利益，建设健全网络要从业务模式开始。

（三）分销系统的要素

在分销管理中，分销系统是一个很重要的概念，它包括六个要素，即**成本**（Cost）、**资本**（Capital）、**控制**（Control）、**市场覆盖**（Coverage）、**特性**（Character）和**连续性**（Continuity）。在英文中，这六个因素均以字母"C"开头，因此有人称之为"渠道六个C"。对这六个"C"的分析是分销系统的基础。

1. 成本

制定分销策略首先应考虑的是成本问题。分销系统的成本由两部分构成，一是开发成本，包括固定设备的投资、调研费用；二是维持成本，包括设备租金、车辆油耗、人员工资等各项可变成本。有些系统开发成本较低，但是维持成本却很高。有些则相反，开发初期需要巨额投入，而后期维持成本却很低。企业在选择分销系统时应从长远发展角度权衡这两种成本。

2. 资本

选择分销系统时要考虑不同方式的资金要求和现金流转方式。例如，在建立自有分销系统时，一般需要大量的资金投入；通过中间商分销产品通常不需要公司进行现金投入。代理商在出售商品之前一般不会要求公司进行现金流转，往往要求在开始阶段给予补贴。

3. 控制

控制是指企业对分销渠道的控制能力。如果公司的这种控制能力较强，就能够较好地管理销售人员，了解市场需求的变化，从而以更有效的方式销售自己的产品和服务。企业设立自己的分销系统虽然投资较大，但是能够保证公司对分销渠道的控制。分销渠道越长，公司对价格、销售额、促销方式以及销售方式的控制力就越弱。加强对分销渠道的控制的方法有两种，一是在接近客户的地方建立自己的分销机构，二是尽量缩短分销渠道，具体选择则取决于公司的资力与管理能力。

4. 市场覆盖

市场覆盖的三层目标：达到目标销量；达到目标市场份额；取得满意的市场渗透率。有时，由于种种原因，企业不能同时实现上述三层目标，而总是顾此失彼。此时企业需要为这三个目标确定优先级，明确哪一个是对公司长远发展最为重要的核心目标。例如，由于渠道和资金有限，一些企业在实际营销过程中并不要求兼顾所有的市场，而是在人口稠密的地区加强市场渗透。

5. 特性

特性包括公司特性和目标市场特性。前者主要是产品的性质，如物理性质、技术含量等，此外还包括产品以外的其他与公司相关的内容，如公司的规模、声誉和财务状况等。这些性质决定了公司适合采用什么样的渠道销售。例如，保险产品要求短渠道销售，而标准化的产品可以通过长渠道销售。再如，高档化妆品适合在购物环境优雅的百货公司或化妆品专卖店出售。目标市场特性包括顾客特性、中间商特性和竞争者特性。假如顾客的购买数量少，购买频率低，公司宜采用较长的分销渠道。中间商是否负担储运费用等因素也应考虑在内。此外，公司还应根据竞争对手的情况确定自己的渠道策略。

6. 连续性

实际上，这里要考虑的是分销渠道的寿命，即选择哪些分销方式才能保证销售渠道的畅通与稳定。为避免分销渠道中断，公司必须建立优秀品牌，以防中间商转向其他企业。

（四）分销渠道决策

终端销售点是指商品离开流通领域进入的消费领域发生地。对于消费品而言，它是零售地点；对于生产资料而言，它是送货站。终端销售点是企业实现自己经营目的的前沿阵地，企业产品能否最终销售出去以及能否最终实现理想的经济效益，都直接与终端销售点的选择和经营有关。因此，作为分销管理的第一步就是选择最符合企业产品或服务特点的终端销售点，然后通过有效管理实现销售目标，否则，从企业到终端销售点的整个分销工作都将成为低效甚至无效劳动。因此，对于一个企业来说，进入市场组织商品销售的第一步就是选择终端销售点。

由于消费者需求个性化、多样化，终端销售点的选择也要考虑消费者的购物心理。对终端销售点的选择主要取决于：①顾客对最方便购买的地点的要求；②顾客最乐意光顾并购买的场所的要求；③商品最充分展现、让更多人认知的地点要求；④树立商品形象的地点要求等。

坚持目标市场原则

这些要求具体反映在终端销售点的选择中，要求根据目标市场的特征及竞争状况、企业自身的经济实力、产品特点、公关环境、市场基础等特点，以及企业外部的市场环境、竞争对手状况、市场购买力水平等因素，经过综合权衡选择出直接面向顾客的分销点。

1. 根据消费者收入和购买力水平等来选择

购买力水平是市场的重要构成要素之一。顾客的购买力水平高，不仅决定了商品的购买量大，而且决定了购买的商品档次高。事实上，人们愿意出高价购买质量高的名牌商品。

消费者的购买力来自个人收入，因此也可以说，收入水平是指导企业认识商品购买者、选择终端销售点的重要依据。不同收入水平的消费者对商品购买的地点的选择和要求是不一样的。因此，企业销售产品或服务，首先要考虑的就是它所面对的消费者群体的定位。即企业在选择终端销售点时，必须考虑不同地方的个人可支配收入以及个人可任意支配收入的水平。在竞争者数量不变的情况下，如果该地区的收入水平较高，则企业进入该地区设立销售点的必要性和可能性就大；反之，如果收入水平不高，购买力弱，则宜谨慎选择。

企业在设立销售点时还要考虑一个问题，即那些收入水平较高的地区，其经营费用也相应较高，从而风险也较大。因此，企业是否设立终端销售点以及选择何种形式，必须依据自己的整体实力。例如，在某些收入水平较高的地方，作为终端销售点的零售商，尤其是一些大型商场，往往要向厂家收取产品进场费、上架费、条码费等费用。如果企业因为这些费用影响到整个经济效益，那么，还是另辟他径较好。此外，并非所有的商品都一定得在商业中心区建点才有利于销售。因此，必须考虑费用收益比问题。

2. 根据目标顾客出现的位置来选择

让消费者有需要就能够方便地购买，意味着"商品必须跟踪消费者"。不论消费者出现在哪里，适合于满足消费者产生的需要或购物欲望的商品就要同时出现在哪里。这就要认真研究消费者可能的活动范围，考虑在每个地方消费者可能产生的需要和购买欲望。一般而言，目标顾客经常出现的地点有居民区、商业街、学校、医院门口、游乐场、车站、码头、公园、休闲处、工作场所边缘、交通干线等。

3. 根据顾客购买心理来选择

不同顾客的购买兴趣、关注因素、购物期望等是不同的。顾客的购买心理直接影响其购买行为，因此，如果不考虑顾客在一定条件、时间和地点下的购买心理，盲目选点，往往会产生不理想的效果。

4. 根据竞争需要来选择

一个企业在选择终端销售点时，无论从生存的角度还是从发展的眼光来看，都必须考虑竞争对手的情况。为此，要考虑的因素主要有竞争对手数量、竞争对手策略、竞争优势策略、企业的战略目标、产品生命周期。

5. 根据销售方式来选择

销售方式主要是指企业销售产品时所采取的形式，它主要包括店铺销售和无店铺销售两种。在现代市场条件下，销售方式正出现多元化趋势。因此，企业在选择终端销售点时，既可采取某一类销售方式，也可同时采用多种销售方式，并使它们相得益彰。

（五）终端销售点密度决策

终端销售点的密度直接关系企业市场整体布局的均衡状况，如果布点太稀，则不利于充分占领市场；如布点太密，则可能增加销售成本，而且销售效率可能大大下降，并加剧各销售点的冲突与矛盾。因此，如何维持终端销售点的布点的适度，成了密度决策的关键所在和中心任务。

终端销售点密度决策的基本任务就是确定企业在目标市场利用多少渠道成员来销售产品，从而最大限度地提高产品分销的效率。评价一个企业终端销售点密度决策是否正确的主要依据，就是企业产品的市场覆盖率与分销效率。市场覆盖率高的地方终端销售点密度也就越高，因为如果没有足够的市场覆盖率，生产企业就难以实现其销售目标。市场覆盖率应该用细分市场来分析。有时虽然某一产品的全部市场覆盖率是令人满意的，但如果针对某一特定的目标市场来看就不那么令人乐观。分销效率主要是指企业产品从厂家到目标顾客手中的传递时间与速度。一个好的分销网络应该迅速将产品送到消费者手中，同时，输送和管理的成本应该尽可能低。如果企业建立的终端销售点网络能达到这一目标，就说明其密度是适度的。否则，就需要进一步改进。

具体说来，终端销售点密度决策的任务有以下三点。

1）保持企业各终端销售点的均衡发展。

2）促使各终端销售点的协调，减少各销售点的冲突。

3）推动企业产品市场的有序扩张和可持续发展。实质上，这就要求在进行终端销售点密度决策时，注意企业市场发展的短期战略与长期战略的结合。

（六）DRP 分销系统设计

分销资源计划（Distribution Resource Planning，DRP）是销售系统资源管理系统，目的是使企业具有对订单和供货具有快速反应和持续补充库存的能力。通过互联网将供应商与经销商有机地联系在一起，DRP 为企业的业务经营及与贸易伙伴的合作提供了一种全新的模式。供应商和经销商之间可以实时提交订单、查询产品供应和库存状况，并获得市场、销售信息及客户支持，实现了供应商与经销商之间端到端的供应链管理，有效地缩短了供销链。新的模式借助互联网的延伸性及便利性，使商务过程不再受时间、地点和人员的限制，企业的工作效率得到了有效的提高。企业也可以在互联网时代现有业务模式和现有基础设施的情况下，迅速构建 B2B 电子商务的平台，扩展现有业务和销售能力，实现零风险库存，大大降低分销成本，提高周转效率，确保获得领先一步的竞争优势。

从传统企业角度出发，DRP 解决了传统企业的一些业务痛点，例如：想拓展线上渠道，却不知从何入手，缺少一整套电商解决方案；如何整合企业现有资源，快速拓展线上渠道，提高销售业绩；电商渠道多，如何统一管理；日订单量过千，如何高效处理；商品经常出现爆仓和积压怎么办；员工分工不明、权责不清，怎么解决，等等。

1. 商业价值

（1）分销管理。

能轻松实现包括独立 B2C、淘宝、天猫、拍拍、1 号店、京东、当当、亚马逊等平台的多渠道数据同步管理，让企业全网分销数据管理更容易。

（2）供应链管理。

解决从前台商品展示、订单承接和处理到仓储物流、成品采购全程的供应链管理。同时提供强大的业务数据统计分析功能，让企业轻松掌握各项经营指标。

（3）业务构架。

在帮助企业搭建代销及批发业务平台的同时，支持与客户现有淘宝、拍拍、京东等直营体系的数据与业务集成，提高企业整体信息化系统运转效能，并做好对未来多渠道销售布局的准备。

（4）业务处理。

针对销售种类多、订单总数多、出库包裹多的问题，能够通过系统规则设置实现自动批量处理，大大提高处理效率。如应对"双11""618"等特殊营销时期，日处理订单最高超过 10 万单。

（5）控制机制。

将工作按操作平台、岗位、角色进行划分，便捷地实现多人分岗位、多角色协同处理；操作员绑定角色后，操作员只能看到与其相关的界面与数据，以确保管理的安全性。

2. 模块设计

（1）**产品管理**。

系统提供了全面的产品管理功能，且拥有完善的商品结构体系及便捷的批量操作体验，可全面掌控和调整产品信息，以"产品线"区隔不同渠道产品。提供分类、类型、规格等多种属性设置，广泛适用于服装、箱包、百货等不同品类的商品管理与销售，且便于产品本身的多角度展示。系统可根据分销商级别不同，为其提供专属的分销价格，且该价格对其他分销商保密，保留了分销商之间关于价格的隐私空间。

（2）**订单管理**。

系统根据电子商务的特性，构建一整套优化的订单处理流程。帮助企业完成从订单接收、订单分派、客服审单、仓储打单、货物拣配、发货校验到发货出库等的整个作业流程。系统自动审单、订单高速连打，大幅提升订单处理能力。精细化管理货物拣配人员绩效，支持码枪校验高速、准确，提升发货效率。

（3）**库存管理**。

库存管理是企业生产经营中存在的重要问题。如果库存量过大，流动资金占用量过多，就会影响企业的经济效益；库存量过小，又难以保证经营持续正常进行。因此，库存量的多少必须掌握适度定额和合理的库存周转量。库存管理是销售、计划和控制的基础。系统通过对仓库、货位等账务管理及出/入库类型、出/入库单据的管理，及时反映货物流向，为销售管理和成本核算提供依据。通过库存分析，为管理及决策人员提供库存资金占用情况、物资积压情况、短缺/超储情况、ABC 分类情况等不同的统计分析信息。

（4）**营销推广**。

因为市场竞争的需要，企业和分销商经常会做一些促销活动以打开市场，提升销量。促销包括促销活动的策划和执行。促销作为企业各种营销组合策略的重要组成部分，是企业应对竞争、扩大市场、争夺顾客、树立形象的基本营销手段。DRP 一体化分销平台为企业内置了多种专业实用的促销引擎，既提供针对批发业务的批发方案，又支持针对代销业务的商品活动，在帮助企业规范日常业务处理的同时，有效管理促销业务。

（5）**预存款管理**。

除了支持多达 23 种在线支付方式外，系统还提供预存款支付方式。分销商在其系统账户中预存一定的金额。通过预存款管理，供应商可以明确识别潜力分销商，为优质分销商提供销售返点，更好地增加分销商黏性，激发分销商销售潜能，且快速回笼资金。分销商也可以在线自助管理预存款资金，根据需要自助充值或提现，根据结算单据自助对账，安全可靠。通过预存款支持，不仅可快速回笼大笔资金，同时方便交易，提升用户和会员之间的信任度，有利于建立长期合作关系。

（6）**采购、仓储管理**。

企业中包括许多分支机构，都需要对自己的存货进行管理。从企业的管控角度来看，这些库存都应该属于企业整体的，企业总部需要及时了解这些库存数据，达到总部能统一分配所有仓库的存货，以保证企业内总体的存货数量和价值始终处于最佳状态，满足企业销售的需要。DRP 一体化分销平台库存管理是基于企业应用而设计的，同样满足并涵盖了分支机构的库存管理业务需求。日常库存管理的需求包括：与采购、销售、生产相关的出入库操作功能；货物在企业/分支机构间的调拨处理；库存管理内部的操作功能，如库存盘点、仓储货位等。

（7）**退换货管理**。

退换货有两种情况：一种是在企业销售最终完成，但由于各种原因客户需要退货；另一种是在分销模式下，为扩大市场销量，要解除批发商拿货的后顾之忧，鼓励经销商拿货，企业则提供相应的退货政策和保障。系统提供的退换货管理可及时将以上两种退换请求反馈给客户，且提供给分销商两种反馈口径，更贴近用户需求，便利社会窗口。分销商可随时掌握退换货审批进度和结果，减少了多次和企业沟通的时间成本。同时，在该套科学的退换货管理流程中，企业需要依据岗位职责设置各个审批作业，使客服、库管、财务工作在同一个平台上，便于企业时时掌握退换货情况，为企业制定产品及营销决策提供依据。

（8）**财务管理**。

DRP 的单据管理与企业财务管理紧密结合，实现真正的进、销、存一体化管理效果。软件通过货品单据的有机连接，实现业务货款跟财务单据的相互结合，清晰准确地记录每一笔财务上的支出与收入。通过采购、销售、库存与财务集成，实时反映企业的经营状况，避免了数据的重复输入和存储，提高了数据的准确性和一致性，实现了物流、资金流、信息流的统一，为企业管理决策提供了及时准确的信息。提供以凭证处理为核心的财务核算系统，在凭证录入的基础上，自动生成各种分析账表，帮助企业减少重复工作，提高数据的准确性、适时性、共享性。

（9）**运营报表**。

通过全面记录企业业务经营活动中所产生的业务数据、往来单据、商品库存等信息，帮助企业实时、准确地获得各地业务数据，使总部对分销网络的经营活动了如指掌，为企业经营管理者提供直接有用的决策支持；强化库存控制及补货能力，加快商品周转速度，提高资金周转率。

（10）**实施流程**。

DRP 分销资源管理如应用于较复杂的大中型客户，企业除享有常规的标准服务体系外，还有额外的实施顾问支持，企业可以根据自身情况需求选择合适的专项服务。

在实施开始阶段，实施人员会详细地对企业当前的运营流程、团队、仓储、网络等进行调研、并根据企业的运转情况，针对业务本身，帮助企业在使用软件前专门进行作业指导，提出合理化建议，使其快速进入该业务模式，增强企业对产品的认知性和操作性。

（11）**售后服务**。

ShopEx（商派）作为业内领先的软件与服务提供商，十年积累，组建了一支业内规模最大、最具实力、最富经验的专业技术服务团队。依托 ShopEx 强大的技术支持与应变能力，DRP 一体化分销平台标准售后体系为企业提供多项价值服务。

二、订单处理

所谓订单处理，就是由订单管理部门对客户的需求信息进行及时的处理，这是物流活动的关键之一，从客户下订单开始到客户收到货物为止这一过程中所有单据处理活动。与订单处理相关活动的费用属于订单处理费用。订单处理需要订单处理系统来完成。订单处理系统的特点包括：①能够迅速有效地处理大量数据；②能够进行严格的数据编辑处理，确保正确性、时效性；③可以进行数据的存储；④可以加快数据处理的速度，进而加速业务的时程。

1. 订单处理流程

订单处理是企业的一个核心业务流程，包括订单准备、订单传递、订单录入、订单履行、订单跟踪等活动。订单处理是实现企业顾客服务目标最重要的影响因素。改善订单处理过程，缩短订单处理周期，提高订单满足率和供货的准确率，提供订单处理全程跟踪信息，可以大大提高顾客服务水平与顾客满意度，同时也能降低库存水平，在提高顾客服务水平的同时降低物流总成本。

一般的订单处理过程主要包括以下五个部分。

（1）**订单准备**。订单准备是指搜集所需产品或服务的必要信息和正式提出购买要求的各项活动。

（2）**订单传输**。传送订单信息是订单处理过程中的第二步，涉及订货请求从发出地点到订单录入地点的传输过程。订单传输可以通过两种基本方式来完成：人工方式和电子方式。

（3）**订单录入**。订单录入指在订单实际履行前所进行的各项工作，主要包括：①核对订货信息（如商品名称与编号、数量、价格等）的准确性；②检查所需商品是否可得；③如有必要，准备补交货订单或取消订单的文件；④审核客户信用；⑤必要时，转录订单信息；⑥开具账单。

（4）**订单履行**。订单履行是由与实物有关的活动组成的，主要包括：①通过提取存货、生产或采购员购进客户所订购的货物；②对货物进行运输包装；③安排送货；④准备运输单证，其中有些活动可能会与订单录入同时进行以缩短订单处理时间。

订单处理的先后次序可能会影响所有订单的处理速度，也可能影响较重要订单的处理速度。这里可借鉴优先权法则：①先收到，先处理；②使处理时间最短；③预先确定顺序号；④优先处理订货量较小、相对简单的订单；⑤优先处理承诺交货日期最早的订单；⑥优先处理距约定交货日期最近的订单。

（5）**订单跟踪**。订单处理过程的最后环节是通过不断向客户报告订单处理过程中或货物交付过程中的任何延迟，确保优质的客户服务。具体包括：①在整个订单周转过程中跟踪订单；②与客户交换订单处理进度、订单货物交付时间等方面的信息。订单处理过程涉及的要素如图9-1所示。

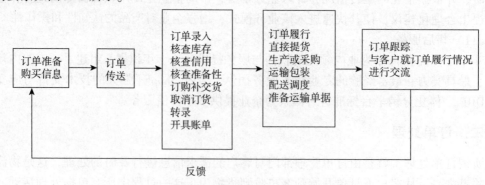

图9-1 订单处理过程涉及的要素

2. 订货生产方式的订单处理

（1）订货生产方式的订单处理。

1）销售部在同意客户订单之前，必须了解生产部门的生产设计能力，获得生产部门的确认。

2）销售部在接到客户的订单样品及询价单价后，将样品交由设计部门设计打样。

3）市场部根据制作完成的产品样品，与生产部门讨论制造流程及可能需要的生产日程后，拟定样品成本分析报告，呈报核准。

4）销售部将制作完成的产品样品及设计图样交给客户，由其认可并商议交货期。

5）客户同意交货期，并同意接受所制成的样品后，则由销售部组织报价工作。

6）若客户对样品不满意，则由设计部门依据客户意见，再予修改。

7）若客户不同意交货期，则由销售部与生产部及生产作业部门研究后，再与客户洽商。交货期的确定，必须协调客户需求与企业的生产能力。

8）客户同意样品及交货期后，销售部根据样品成本分析报告，再加上运费、保险费、各项费用及预期利润，算出售价，并列表呈总经理核准。

9）总经理同意并签字后，由销售部负责承办人员向客户报价。

10）若客户接受报价，销售部在接到客户正式订单后，首先检查订单各项条件齐全与否，订购内容是否清楚，若有涂改应盖章注记。

（2）订单处理中的估价与报价。

订单的估价，必须遵守企业相关规定，对关键事项严格掌握：①品名、数量及合同金额；②具体的付款条件，如付款日期、付款地点、付款方式等；③除特殊情况以外，从订单受理到交货之间的期限；④交货地点、运送方式、距离最近的车站等交货条件；⑤售后服务条款等。

3. 订单处理与物流供应链系统的协调

订单的重要特征表现在订单大小、订单时间以及订单统计的相关特性等要素上。企业为了提高物流效率，降低不必要的成本，在订单类型分析的基础上，对特定商品设定最低订单量。在价格折扣能产生效应的情况下，一种或数种产品的降价会使物流量相对集中。**在实行价格折扣时必须充分考虑物流量与生产、流通及物流系统的均衡问题。**

三、配送管理

配送是物流中一种特殊的、综合的活动形式，是商流与物流的紧密结合，包含了商流活动和物流活动，也包含了物流中若干功能要素。

（一）定义

配送是指在经济合理区域范围内，根据用户要求，对物品进行拣选、加工、包装、分割、组配等作业，并按时送达指定地点的物流活动。

从物流角度讲，配送几乎包括了所有的物流功能要素，是物流的一个缩影，或是某小范围中全部物流活动的体现。一般的配送集装卸、包装、保管、运输于一身，通过这一系列活动实现将货物送达的目的。特殊的配送则还要以加工活动为支撑，所以包括的方面更广。但是，配送的主体活动与一般物流有所不同，一般物流是运输及保管，而配送则是运输及分拣配货。分拣配货是配送的独特要求，也是配送中有特点的活动，以送货为目的的运输则是最后实现配送的主要手段，从这一主要手段出发，常常将配送简化地看成运输中的一种。

从商流角度讲，配送和物流的不同之处在于，物流是商物分离的产物，而配送则是商物合一的产物，**配送本身就是一种商业形式**。虽然配送在具体实施时也有以商物分离的形式来实现的，但从配送的发展趋势看，商流与物流越来越紧密的结合是配送成功的重要保障。

对配送概念的再认识

（二）构成要素

一般情况下，配送活动包括以下七项基本要素。

1）**集货**：将分散的或小批量的物品集中起来，以便进行运输、配送的作业。

2）**分拣**：将物品按品种、出入库先后顺序进行分门别类堆放的作业。

3）**配货**：使用各种拣选设备和传输装置，将存放的物品按客户要求分拣出来，配备齐全，送入指定发货地点的作业。

4）**配装**：集中不同客户的配送货物，进行搭配装载以充分利用运能、运力的作业。

5）**配送运输**：较短距离、较小规模、较高频度的运输形式，一般使用汽车做运输工具的作业。配送运输的路线选择问题是技术难点。

6）**送达服务**：圆满地实现运输货物的移交，并有效、方便地处理相关手续并完成结算，讲究卸货地点、卸货方式等的作业。

7）**配送加工**：按照配送客户的要求所进行的流通加工。

（三）流程管理

1. 货物入库

1）物流配送中心根据客户的入库指令，视仓储情况进行相应的入库受理。

2）按所签的合同进行货物受理，并根据给货物分配的库区、库位打印出入库单。

3）在货物正式入库前进行货物验收，主要是对要入库的货物进行核对处理，并对所入库货物进行统一编号（包括合同号、批号、入库日期等）。

4）进行库位分配，主要是对事先没有预分配的货物进行库位自动或人工安排处理，并产生货物库位清单。

5）库存管理主要是对货物在仓库中的一些动态变化信息的统计查询等工作。

6）货物在仓库中，物流公司还将进行批号管理、盘存处理、内驳处理和库存的优化等工作，做到更有效的管理仓库。

2. 运输配送

1）物流配送中心根据客户的发货指令，视库存情况进行相应的配送处理。

2）根据配送计划系统自动地进行车辆、人员、出库处理。

3）根据选好的因素由专人负责货物的调配处理，可分自动配货和人工配货，目的是更高效地利用物流公司的资源。

4）根据系统的安排结果，视实际情况进行人工调整。

5）在安排好后，系统将根据货物所放地点（库位）情况，按物流公司自己设定的优化原则打印出拣货清单。

6）承运人凭拣货清单到仓库提货，仓库做相应的出库处理。

7）装车完毕后，根据所送客户数打印出相应的送货单。

8）车辆运输途中可通过 GPS 车辆定位系统随时监控，并做到信息及时沟通。

9）在货物到达目的地后，经收货方确认后，凭回单向物流配送中心确认。

10）产生所有需要的统计分析数据和财务结算，并产生应收款与应付款。

（四）基本类型

1. 按配送商品的种类和数量分类

按配送商品的种类和数量分类，配送可分为三种：

①少品种或单品种、大批量配送；

②多品种、少批量、多批次配送；

③设备成套、配套配送。

2. 接配送时间和数量分类

接配送时间和数量分类，配送可分为六种：

①定量配送：指每次按固定的数量（包括商品的品种）在指定的时间范围内进行配送。

②定时配送：指按规定的间隔时间进行配送，定时配送有两种具体形式：当日配送和准时方式。

③定时定量配送：指按规定时间和规定的商品品种及数量进行配送。

④定时定量定点配送：指按照确定的周期、确定的商品品种和数量、确定的客户进行配送。

⑤定时定线配送：指在规定的运行路线上制定到达时间表，按运行时间表进行配送，客户可按规定路线及规定时间接货。

⑥即时配送：指按照客户提出的时间和商品品种、数量的要求，随即进行配送即随要随送。

3. 按配送组织者分类

按配送组织者分类，配送可分为四种：

①商店配送：指配送组织者是商业零售网点的配送。商店配送有两种形式：兼营配送形式和专营配送形式。

②配送中心配送：指配送组织者是专职从事配送的配送中心。

③仓库配送：指以一般仓库为节点进行配送的形式。

④生产企业配送：这种配送的组织者是生产企业，尤其是进行多品种生产的生产企业，直接由本企业进行配送，而无须将产品发运到配送中心再进行配送。

4. 按经营形式分类

按经营形式分类，配送可分为四种：

①销售配送：指配送企业是销售性企业，或销售企业进行的促销型配送。

②供应配送：指企业为了自己的供应需要所采取的配送形式，往往由企业或企业集团组建配送节点，集中组织大批量进货，然后向本企业配送或向本企业集团若干企业配送。

③销售—供应一体化配送：销售企业对于基本固定的客户和基本确定的配送产品在自

已销售的同时承担对客户执行有计划供应的职能，它既是销售者又是客户的供应代理人。

④代存代供配送：指客户将属于自己的货物委托配送企业代存、代供，有时还委托代订，然后组织企业对自己的一种配送。

5. 按配送专业化程度分类

按配送专业化程度分类，配送可分为三种：

①综合配送：指配送商品种类较多，不同专业领域的产品在一个配送节点组织配送。

②专业配送：指按产品性状不同适当划分专业领域的配送方式。

③共同配送：由多个企业联合组织实施的配送活动。共同配送可以分为以货主为主体的共同配送和以物流业者为主体的共同配送。其中，以货主为主体的共同配送包括与客户的共同配送、不同行业货主的共同配送、集团系统内部的共同配送、同行业货主的共同配送等。

（五）第三方物流与第四方物流

1. 第三方物流

目前有关第三方物流的定义很多。利波认为，第三方物流指利用外部公司去完成传统上由组织内部完成的物流功能，这些功能包括全部物流功能或所选择的部分物流功能。伯格伦德等认为，第三方物流指物流服务供应商代替发货商完成物流活动的过程，而活动中至少包括运输、仓储的管理与实施。国家标准《物流术语》（GB/T 18354—2021）指出，**第三方物流是由供方和需方以外的物流企业提供物流服务的业务模式**。

第三方物流使企业能够在一定程度上摆脱物流对企业的束缚，将精力集中于核心业务，因而受到了企业的欢迎。美国田纳西州大学的一份研究报告称，美国大多数企业在使用第三方物流服务后获得了以下好处：作业成本降低了62%，服务水平提高了62%，核心业务集中了56%；雇员减少了50%。

第三方物流具有以下特征。

1）**具有信息技术的现代性**。第三方物流提供商投资建立信息网络，不仅能够实现数据的快速、准确传递，促进物流企业间的交流与协作，还能保证物流服务的高效、快速、准确。通常，用于第三方物流的信息技术有仓储管理系统技术（WMS）、电子数据交换技术（EDI）、电子资金转账技术和条形码技术等。

2）**具有服务的个性化**。第三方物流提供商不仅提供基础的物流服务，而且提供一系列劳动或资金密集型的增值服务，如包装贴标签及装配等，其服务范围涉及整个供应链，因为只有这样做才能满足企业客户多样化的需求。

3）**具有联盟的动态性**。第三方物流企业之间信息共享的程度越深，与单独从事物流活动相比所取得的效果就越好。

第三方物流企业通过动态联盟可弥补第三方物流企业自身的缺陷，从而更好地为企业客户提供优质、综合、可靠的物流服务，保证企业客户物流体系的高效运作。

2. 第四方物流

美国著名管理咨询机构埃森哲公司（Accenture）在《战略供应链联盟》一书中最早提出了第四方物流的概念："**第四方物流**供应商是一个供应链的集成商，它对公司内部和具有互补性的服务供应商所拥有的资源、能力和技术进行整合和管理，提供一整套供应链解决方案。"第四方物流主要是对制造或分销企业的供应链进行监控，在解决企业物流的基础上，整合社会资源，解决物流信息充分共享、社会物流资源充分利用的问题。现代物流的核心思想在于以最低的成本创造顾客价值，而这一目标的实现，仅仅依靠整合社会物流资源是不够的，因为通过整合物流资源来降低物流成本的程度是有限的，不能从本质上降低物流成本。第四方物流成功的关键在于为顾客提供最佳的增值服务，即迅速、高效、低成本、人性化服务等。而这些增值服务的实现又是由第四方物流的内在特征决定的。

（1）第四方物流特征。

第四方物流的特征是提供了一个综合性的供应链解决方案，并且能够为整条供应链的客户带来利益。

1）**供应链再造**。通过供应链参与者将供应链规划与实施同步进行，或通过独立的供应链参与者之间的合作扩大规模、提高总量。供应链再造改变了供应链管理的传统模式，将商贸战略与供应链战略结合起来，创造性地重新设计了参与者之间的供应链关系，使之成为符合一体化标准的供应链。

2）**业务流程再造**。将客户与供应商的信息和技术系统一体化，把人的因素与业务规范有机结合起来，使整个供应链规划与业务流程能够有效贯彻实施。开展多功能、多流程的供应链业务，其范围远远超出了传统外包运输管理和仓储运作的物流服务。企业可以把整条供应链全权交给第四方物流运作，第四方物流可为企业提供完整的供应链服务。

3）**综合效益提高**。第四方物流的利润增长取决于服务质量的提高、实用性的增加以及物流成本的降低。由于第四方物流关注的是整条供应链，而非仓储或运输单方面的效益，因此第四方物流为客户及自身带来的综合效益是丰厚的。

4）**运营成本降低**。运营成本的降低可通过运作效率的提高、流程的增加以及采购成本的降低来实现，即通过整条供应链外包来达到节约成本的目的。流程一体化、供应链规划的改善和实施将促进运营成本与产品销售成本的降低。同时，采用现代信息技术、科学的管理流程和标准化管理，使存货与现金流转次数减少，工作成本降低。

（2）第四方物流运作模式。

第四方物流组织具有较大的柔性，它能够根据成员组织的约定和目标，适应不同的组织，反过来也能够被行业结构与行为塑造，形成灵活的运作模式。

1）协同运作模式。由第四方物流为第三方物流提供其缺少的资源，如信息技术、管理技术等，制定供应链策略和战略规划方案，并与第三方物流共同开发市场。而具体物流业务的实施则在第四方物流指导下由第三方物流完成，它们之间一般采取商业合同或战略联盟的合作方式。在这种模式中，第四方物流为实力雄厚的第三方物流服务商提供供应链战略方案、技术、专门项目管理等补充功能，并主要通过第三方物流为多个客户提供全面的物流服务和最优的解决方案。

2）方案集成模式。由第四方物流为客户提供整条供应链运作和管理的解决方案，并利用其成员的资源、能力和技术进行整合与管理，为客户提供全面、集成的供应链管理服务。在这种模式中，通常由第四方物流与客户成立合资或合伙公司，客户在公司中占主要份额，第四方物流作为一个联盟的领导者和枢纽，集成多个服务供应商的资源，重点为一个主要客户服务。这种运作模式一般在同一行业范围内采用，供应商与加工制造商等成员处于供应链上下游和相关业务范围内，彼此间专业熟悉，业务联系紧密，具有一定的依赖性。第四方物流以服务主要客户为龙头，带动其他成员企业发展。

3）行业创新模式。第四方物流通过与具有各种资源、技术和能力的服务商协作，为多个行业的客户提供供应链解决方案。它以整合供应链的职能为重点，以各行业的特殊性为依据，领导整个行业供应链实现创新，给整个行业带来变革与最大化的利益。这种模式以第四方物流为主导，联合第三方物流及其他服务供应商，提供运输、仓储、配送等全方位的高端服务，为多个行业客户制定供应链解决方案。

4）动态联盟模式。这种模式是一些相对独立的服务商和客户，受市场机会驱动，通过信息技术相连接，在某个时期内结成的供应链管理联盟。这些企业在设计、供应、制造、分销等领域分别为联盟贡献自己的核心能力，以实现利润共享和风险分担。它们除具有一般企业的特征外，还具有基于公共网络环境的全球化伙伴关系及企业合作特征、经营过程优化的组织特征、可再构重组的敏捷特征等。

第二模块　案例讨论

案例一　南方电器公司分销系统设计

南方电器公司是一家电力消耗测量仪的制造商和销售商，该公司在埃尔帕索以一间小型工厂起家，逐渐建立起了一个遍及得克萨斯州的客户基地。它的第一个分销中心在得克萨斯的沃斯，然后业务又扩散到北方；第二个分销中心在新墨西哥州的圣菲建立。

公司在亚利桑那州、加利福尼亚州、内华达州和犹他州打开了测量仪市场，埃尔帕索加工厂随之扩大。随着西部海岸线沿岸业务的发展，南方电器公司在拉斯维加斯建立了第三个分销中心。又在加利福尼亚州的圣伯纳迪诺建立了第二家生产工厂。

不同生产工厂的制造成本是不同的，在埃尔帕索加工厂生产出来的产品单位成本为10.50美元，圣伯纳迪诺工厂生产的测量仪单位成本比埃尔帕索加工厂的低0.50美元。

公司的快速增长意味着没有太多的精力去提高分销系统的效率。南方电器公司管理层决定把这个问题提上日程。表9-1显示了从两个工厂运输一台测量仪到三个分销中心的单位成本。

表9-1　从工厂到分销中心的单位运输成本　　　　　　　　单位：美元

加工厂	分销中心		
	沃斯	圣菲	拉斯维加斯
埃尔帕索	3.20	2.20	4.20
圣伯纳迪诺	—	3.90	1.20

埃尔帕索加工厂的季度生产能力为30 000台测量仪，圣伯纳迪诺加工厂的季度生产能力为200 000台。注意，从圣伯纳迪诺加工厂到在得克萨斯的沃斯分销中心之间的运输是不被允许的。

这三个分销中心要负责九个客户区的需求。预计下季度的每个客户区的需求量如表9-2所示。

表 9-2　季度需求预测

客户区	需求（测量仪）/台	客户区	需求（测量仪）/台
达拉斯	6 300	盐湖城	4 830
圣安东尼奥	4 880	凤凰城	2 750
威齐托	2 130	洛杉矶	8 580
堪萨斯城	1 210	圣地亚哥	4 460
丹佛	6 120		

从每个分销中心到每个客户区之间的单位运输成本，在表 9-3 中给定。注意，有些分销中心是不可以服务某些特定的客户区的。

表 9-3　分销中心到顾客区之间的单位运输成本　　　　　　　单位：美元

分销中心	顾客区								
	达拉斯	圣安东尼奥	威齐托	堪萨斯城	丹佛	盐湖城	凤凰城	洛杉矶	圣地亚哥
沃斯	0.3	2.1	3.1	4.4	6.0	—	—	—	—
圣菲	5.2	5.4	4.5	6.0	2.7	4.7	3.4	3.3	2.7
拉斯维加斯	—	—	—	—	5.4	3.3	2.4	2.1	2.5

在目前的分销系统下，达拉斯、圣安东尼奥、威齐托和堪萨斯城、丹佛的客户区需求是通过沃斯分销中心来满足的，圣菲销售中心为所有地区顾客服务，拉斯维加斯分销中心则满足丹佛、盐湖城、凤凰城、洛杉矶和圣地亚哥客户区的需求。

（案例来源：案例 6：南方电器制造公司分销系统设计［EB/OL］.（2013-2-1）
［2022-3-31］.https：//www.doc88.com/p-183744519671.html.案例经编者整理、改编。）

问题讨论：

请对改进该分销系统提出建议。你的报告应该考虑下面几个问题：

（1）如果公司不改变当前的分销战略，那么下季度的制造和分销成本为多少？

（2）假设公司将考虑放松当前对分销中心的限制，也就是说，客户可以从任何一个分销中心订货。这样，分销成本是不是会降低？降低多少？

（3）该公司希望能从加工厂直接为某些客户提供销售服务。特别是圣伯纳迪诺加工厂到洛杉矶客户区的运输成本是 0.30 美元，从圣伯纳迪诺到圣地亚哥的单位运输成本为 0.70 美元。直接从埃尔帕索加工厂到圣安东尼奥客户区的单位运输成本为 3.50 美元。在考虑了这些直接运到客户区的路线之后，分销成本是不是会减少很多呢？

（4）经过 5 年的发展之后，南方电器公司开始以稳健的速度增长（5 000 台测量仪），业务延伸到了北方和西方。你是否会建议它在这个时候考虑扩建工厂呢？说明原因。

案例二　订单管理流程再造案例：溢达集团"3X 计划"

香港溢达纺织服装集团（简称溢达集团）作为国际名牌衬衫的主要供应商之一，经过 20 多年的发展，已经成为既拥有自身的品牌又与多个国际知名品牌有着长期稳定供需关系的跨国集团，而且成功的流程改进与流程再造已成为业内关注的焦点。溢达集团在流程改进的过程中，除了对现有流程进行深入的分析和理论论证之外，更重要的是本着使用可靠的、已经过充分测试的技术和方法来对流程进行改造的原则，对流程运作过程中的障碍进行清除。订单管理流程再造就是其中一个成功案例。

（一）溢达集团的流程再造模式

长期以来，溢达集团大多实施流程的持续改进，而非彻底的流程再造，对所存在的问题按照重要性和"病因"相关性进行分类，并按照"Top3"（优先序的前三名）的原则，有选择地清除障碍。这似乎与"不打破鸡蛋就没法做蛋卷"的流程再造理论有所违背，但就像高度纵向一体化的"一条龙生产模式"一样，溢达集团本着相信但不迷信企业管理的原则，一切以"适合的就是最好的"为出发点，从行业的特点以及企业所面临的竞争环境出发，稳步地对自身问题进行适度的改进。如同其他方面的改善一样，溢达集团在流程改进的过程中，更多地重视表象问题下的根本病因，并分析各种解决方案所带来的"并发症"。在流程改进的过程中，流程改进小组是项目推进的主体团队，而流程改进小组则是由"病因"所在部门和"并发症"影响部门的关键员工组成，一起采用 PDCA（戴明环）循环方法来解决问题。

溢达集团并不是排斥流程再造，只是流程再造的前期调查分析工作要做得更加细致、全面，并经过高层管理者谨慎的现场调查与多次的讨论，以确保显著改善效果的实现。"3X 计划"就是溢达集团进行订单管理流程改进和流程再造的一个成功案例。

（二）溢达集团原有订单管理流程

按照以前的订单管理流程，一张订单确认后，需要在溢达集团内部流经销售部、技术开发部（Technology Development Center，TDC）、布厂 PPC（Production Planning and Control）、制衣厂 PPC 四个环节，才能进入生产阶段。

当溢达集团收到订单后，销售部要先在信息系统中输入有关订单信息，并分别通过 E-mail 通知技术开发部、布厂、制衣厂的生产计划控制部安排初期板衫、布、物料以及大货的生产事宜。然后，各单位的生产计划控制部在信息系统中输入有关订单的信息，生成板衫制造单、布料制造单、物料订购单和服装制造单，下发相关生产部门安排生产。同时，各单位就订单信息处理和生产过程中的工作进行双向沟通。另外，技术开发部、布厂、制衣厂的生产计划控制部还分别就相互关联的业务进行如下沟通。

（1）技术开发部—制衣厂：板衫与大货生产过程中不同点的协调。

（2）技术开发部—布厂：布料的质量、交期以及数量问题的解决。

（3）布厂—制衣厂：布料的质量、交期以及数量问题的解决。

（三）溢达集团原有订单流程的弊端

1. 过多的重复职能导致了大量同质工作的多次操作，浪费了时间，降低了效率。例如，TDC 板衫制造单与大货制造单仅在服装数量、原材料用量方面存在差异，但却分别由技术开发部和制衣厂的计划部分别完成。

2. 服装制造单、布料制造单以及辅料订购单的主要内容与销售部在信息系统中输入的订单信息相同，却被分散在整个流程的各个环节，增加了流程的长度，产生了无谓的沟通。

3. 正是由于订单管理工作被分散到不同的部门，巨大的信息流以及相同信息多次系统输入增加了信息扭曲、丢失以及输入错误等人为过错。

4. 更危险的是，由于各个使用制造单、订购单的生产部门在生产过程中没有第二份订单信息，这样订单管理过程中发生的错误就会导致生产错误的概率变得相当高，并且当问题被发现时，产品多处于已完成或即将完成的阶段，从而造成了无法挽回的重大损失。

（四）溢达集团"3X 计划"流程

通过对原有流程谨慎全面的分析，集团实施了"3X 计划"对订单管理流程进行再造。"3X 计划"是通过对整个集团原有的包括销售部门、TDC（Technology Development Center，技术开发部）以及制衣厂的 PPC（Production Planning and Control）在内的订单管理流程的整合，组成一个新的 OMD（Order Management Department，订单管理部），以此实现订单管理的"一站式"服务。

1. 新的 OMD 部门由以前的销售部以及制衣厂、TDC、布厂的生产计划控制部的跟单同事整合而成。

2. OMD 可以将订单信息一次性输入信息系统，自动生成布料和辅料的订购单以及服装的生产制造单，并传输到各个布厂、物料厂、TDC 和制衣厂，然后密切跟踪订单的生产状况。

3. "一站式"订单管理流程大大简化了订单的管理，避免了同职能部门的重复设立，整合了资源，将人为原因所导致的信息扭曲、丢失降到最低限度，明显提高了运营效率，使销售人员可以为客户提供更加优质的服务。

4. 为了避免流程再造可能引发的利益重新分配的冲突，溢达集团在实施"3X 计划"前和过程中做了充分工作。首先，方案的批准经过了周全的分析调研。实施前，集团成立专门的项目小组，分别负责项目的各项工作，并就项目实施的意义以及过程中可能发生的状况与所有相关部门进行近五个月的充分讨论，并根据讨论结果不断完善项目实施计划。在实施过程中，集团更是清醒地认识到了"一哄而上势必导致一哄而下"的规律，本着"稳扎稳打"的原则，按照客户和工厂对"3X 计划"进行了试运行。

溢达集团通过对订单管理流程进行再造，以"3X 计划"实现了订单管理的"一站式"服务，这一改造大大提高了企业的运营效率。订单的生产前置期从原来的 3 个月缩短到 45 天，QR（Quick Response，快速反应）订单的生产前置期则为 30 天。准时交单率由 40% ~50% 提高至 90% 以上，生产效率提高 3 倍，生产成本降低 1/3。正因如此，成功的流程再造让溢达集团在同行业中建立起了难以超越的竞争优势。

如何成功地进行
流程改造

（案例来源：阚雅玲，吕铭，溢达集团订单管理流程再造分析 [J]. 企业活力，2006 (11).）

思考题：什么是溢达集团"3X 计划"？"3X 计划"是如何实现的？

案例三 沃尔玛物流配送管理体系案例分析

沃尔玛的创始人山姆·沃尔顿在 1962 年开设了第一家沃尔玛商场，经过几十年的发展，已多次登上世界 500 强榜首。沃尔玛之所以能够业务迅速增长，并且成为现在非常著名的公司，是由于沃尔玛把注意力放在物流运输和配送系统方面。与其他竞争者相比，沃尔玛能够给顾客提供更好的价值，这也正是沃尔玛公司的焦点业务。

在美国，沃尔玛做自己的物流和配送，使用沃尔玛自己的后勤和物流团队，拥有自己的卡车运输车队等。但是在国际上的其他地方，沃尔玛就没有这样的专门力量来做了，它会外包给第三方公司，如飞驰公司。

（一）沃尔玛的无缝点对点物流系统

在物流运营过程当中，要尽可能降低成本，在降低成本之后就可以让利于消费者，这是沃尔玛的哲学，就是以最低的成本，提供最高质量的服务。

为了做到这一点，沃尔玛向自己提出了一些挑战。其中的一个挑战就是要建立一个无缝点对点的物流系统，能够为商店和顾客提供最迅速的服务。这种无缝的意思指的是，使整个供应链达到一种非常顺畅的连接，沃尔玛所指的供应链是说产品从工厂到商店的货架，这种产品的物流应当尽可能平滑，就像一件外衣是没有缝的。但是，沃尔玛真正的挑战是能够提供顾客所需要的服务。大家都知道，物流业务要求比较复杂，如有的时候可能会有一些产品出现破损，因此在包装方面需要有一些对产品特别的运销能力。因此，对沃尔玛来说，能够提供的产品的种类与质量是非常重要的，沃尔玛似乎已经能够做到这种高质量与多品种的结合，而且对于商场来说，它的成本也是最低的。

（二）沃尔玛的物流循环

物流的循环没有结束，也没有开始，它如同一个圆圈。在这一循环过程中，循环涉及每一点，任何一点都可以作为开始。顾客到一个商店中，买了一些产品，如给孩子买尿布。如果物流循环是比较成功的，那么在顾客买了之后，这个系统就开始自动地进行供货。这个系统中的可变性使得这些卖方和买方（工厂与商场）可以对这些顾客所买的东西和订单进行及时的补货。这个系统是与配送中心联系在一起的，从供货商那里就可以直接拿到货。配送中心实际上是一个中枢，有供货方的产品，然后提供给商场。这个供货商应当只提供给配送中心，因此这个配送中心可以为供货商减少很多成本，供货商只需要送到配送中心这一个地方就可以了。

在沃尔玛的物流当中，非常重要的一点就是沃尔玛必须确保商店所得到的产品与发货单上的产品完全一致，因此沃尔玛的整个过程都要确保精确，没有任何差错。这样，商店把整个卡车当中的货品卸下来就可以了，而不用把每个产品检查一遍，可以节省很多时间。沃尔玛在这方面已经形成了一种非常精确的系统，这有助于降低成本。而这些商店在接收货物以后就直接放到货架上，卖给消费者，这就是沃尔玛物流的整个循环过程。

沃尔玛进行物流业务的指导原则，不管是在美国还是世界上其他地方，都是百分之百一致和完整的物流体系。不管物流的项目是大还是小，沃尔玛必须把所有的物流过程集中到一个伞形结构之下。在供应链中，每一个供应者都是这个链中的一个环节，沃尔玛必须使整个供应链非常平稳、光滑、顺畅。这样，沃尔玛的运输、配送以及对于订单与购买的处理等所有过程都是一个完整网络中的一部分，可以大大降低成本。在沃尔玛的供应链当中，能够做到这一点，就可以把所有环节上可以节省的钱都节省下来。

（三）沃尔玛的补货系统

沃尔玛之所以能够取得成功，是因为沃尔玛有一个补货系统。每一个商店都有这样的系统，包括在中国的商店。它使沃尔玛在任何一个时间点都可以知道这个商店中有多少货品，有多少货品正在运输过程中，有多少是在配送中心等。同时它也使沃尔玛可以了解某种货品上周卖了多少、上一年卖了多少，而且可以预测沃尔玛将来可以卖多少这种货品。

沃尔玛之所以能够了解得这么细，是因为沃尔玛有商品统一代码（UPC）。商场中所有的产品都要有一个统一的 UPC 代码（在中国叫 EAN 数码），这是非常重要的。沃尔玛之所以认为这种代码非常重要，是因为可以对它进行扫描、进行阅读。沃尔玛的所有商场都不需要用纸张来处理订单。沃尔玛这个自动补货系统，商场经理可以自动订货，这样就可以非常及时地对商场进行管理。经理们在商场中走一走，然后看一看这些商品，选到其中一种商品，对它扫描一下，就知道现在商场中有多少这种货品，有多少订货，有多少这种产品正在运输到商场的过程中，会在什么时间到，所有关于这种商品的信息都可以通过扫描这种产品代码获得，不需要其他的人再进行任何复杂的汇报。

在商场中，商场的经理拥有这样的自由度——他可以不听从这些物流系统对他的建议。虽然系统的建议很多，但是经理还可以订更多的货，或是系统建议的数额太大，经理有一些自主权来减少一些。在美国，这个系统每天提供的这种信息，都下载到沃尔玛世界各地的办公室，世界各地的这些信息又都可以传送到沃尔玛的总部。只要有一个人处理订单，沃尔玛就通过这种电子方式和供货商进行联系。

沃尔玛还有一个非常好的系统，可以使供货商们直接进入沃尔玛的系统，即零售链接。任何一个供货商可以进入这个系统了解其产品卖得怎么样。通过零售链接，供货商们就可以了解商品售卖的情况，根据沃尔玛每天卖的情况，他们还可以对未来进行预测，以决定生产情况，这样产品的成本也可以降低，从而使整个过程是一个无缝的过程。

（四）沃尔玛的集中配送中心

由于在美国沃尔玛有数以千计的商场，每一个配送中心都非常大，平均面积约有11万平方米，因此产品的要求量是非常大的。在这些配送中心，每个月的产品价值超过两亿美元。沃尔玛降低配送成本的一个方法就是把这种配送成本让供应商伙伴们一起来分担。这些供货商们可以送货到沃尔玛的配送中心（集中式配送方式），也可以送到商场中。这两者进行比较，如果供货商们采用这种集中式的配送方式，可以节省很多钱，而供货商就可以把省下来的这部分利润让利于消费者。而且这样做，供货商们也可以为沃尔玛分担一些建立配送中心的费用。所有这些做法的最终目的是为向消费者进行让利。通过这样的方法，沃尔玛就从整个供应链中，将这笔配送中心的成本费用节省下来。

沃尔玛的集中配送中心是相当大的，而且都在同一层中。之所以都是同一层，是因为沃尔玛希望产品能够流动，能够从一个门进另一个门出。因此，沃尔玛所有的这种配送中心都是一个非常巨大的一层的配送中心。沃尔玛使用一些传送带，让这些产品能够非常有效地进行流动，对它进行处理不需要重复进行。例如，在某货品卸下来以后，沃尔玛要对这些产品进行一些处理，如果处理好几次，成本就会提高，而如果沃尔玛采用这种传送带，运用无缝的形式，就可以尽可能地减少成本。

沃尔玛所有的系统都是基于UNIX系统的一个配送系统，并采用传送带，采用非常大的开放式平台，还采用产品代码以及自动补货系统和激光识别系统。所有的这些加在一起，为沃尔玛节省了相当多的费用。

沃尔玛每一个星期可以处理的产品有上百万箱。由于沃尔玛公司的商店众多，每个商店的需求各不相同，这个商店也许需要这样，那个商店可能又需要另一样。沃尔玛的配送中心能够根据商店的需要，自动分类产品并放入不同的箱子中。这样，员工可以在传送带上取到自己所负责商店的所需商品。那么在传送的时候，他们怎么知道应该取哪个箱子呢？传送带上有一些信号灯，有红的、绿的，还有黄的，员工可以根据信号灯的提示来确定商品应被送往的商店，并将取到的这些商品放到一个箱子当中。这样，所有这些商场都可以在各自所属的箱子当中放入不同的货品。

沃尔玛有各种不同类型的配送中心，分别存放不同类型的货物，如服装、副食品、蔬菜、水果等。

（五）沃尔玛的运输车队

在整个物流过程中，最昂贵的就是运输。车队节省的成本越多，整个供应链的成本就越低。沃尔玛的车辆都是自有的，而且这些司机也是沃尔玛的员工。沃尔玛车队在美国各个州之间的高速公路上运输，而且车上都填得满满的，这样非常有助于节省成本。

沃尔玛采用全球定位系统来对车辆进行定位。因此，在任何时候，调度中心都可以知道这些车辆在什么地方，离商店还有多远。同时也可以了解到某个产品运输到了什么地方，还有多长时间才能运到商店。沃尔玛可以精确到小时。

总之，一个比较合理的物流安排可以使运作成本更低、效率更高。沃尔玛采用最现代化、最先进的系统，进行合理的运输安排，通过使用电脑系统和配送中心，使得零售业更加成功。

（案例来源：沃尔玛物流配送管理模式案例分析［EB/OL］.（2014-7-7）［2022-3-31］. https://wenku.baidu.com/view/300a9fa37c1cfad6185fa732.html.案例经编者整理、改编。）

思考题：沃尔玛的物流配送是如何进行的？

第三模块　实训模块

实训一：订单处理流程实训

实训目的：了解企业订单处理流程。

实训内容：去某超市，调研超市订单处理程序，了解不同类型产品或客户订单处理操作程序，并撰写实训报告。

实训二：配送流程实训

实训目的：了解配送中心配送流程。

实训内容：去某配送中心，参观或实际操作，了解配送中心配送流程，并撰写实训报告。

第四模块　小结与测试题

一、本章小结

1. 工业化产品都经过市场调研、产品设计、研发、生产、市场推广、销售和售后服务等阶段。其中由产品生产到用户购买的过程是借助外部资源来完成商品的销售服务的过程，这个过程叫分销管理。

2. 在分销管理中，分销系统是一个很重要的概念，它包括六个要素，即成本（Cost）、资本（Capital）、控制（Control）、市场覆盖（Coverage）、特性（Character）和连续性

（Continuity）。在英文中这六个因素均以字母"C"开头，因此有人称之为"渠道六个 C"。对这六个"C"的分析是分销系统的基础。

3. 终端销售点的密度直接关系企业市场整体布局的均衡状况，如果布点太稀，则不利于充分占领市场；如太密，则可能增加销售成本，而且销售效率可能大大下降，并加剧各销售点的冲突与矛盾。因此，如何维持终端销售点的布点的适度，成了密度决策的关键所在和中心任务。

4. 分销资源计划（DRP）的目的是使企业对订单和供货具有快速反应和持续补充库存的能力。

5. 所谓订单处理，就是由订单管理部门对客户的需求信息进行及时处理，这是物流活动的关键之一，是从客户下订单开始到客户收到货物为止这一过程中所有单据处理活动。与订单处理相关活动的费用属于订单处理费用。

6. 一般的订单处理过程主要包括五个部分：①订单准备；②订单传递；③订单录入；④订单供货；⑤订单追踪。

7. 配送是物流中一种特殊的、综合的活动形式，是商流与物流的紧密结合，包含了商流活动和物流活动，也包含了物流中若干功能要素的一种形式。

8. 配送的业务流程主要包括货物入库、运输配送两个环节。

9. 最新国家标准《物流术语》指出，第三方物流是由供方和需方以外的物流企业提供物流服务的业务模式。第四方物流的特征是提供了一个综合性的供应链解决方案，并且能够为整条供应链的客户带来利益。

二、测试题

（一）单项选择题

1. 下列关于终端销售点的说法，不正确的是（　　）。

A. 指商品离开流通领域所进入的消费领域发生地

B. 对于消费品而言，它是送货站

C. 对于生产资料而言，它是送货站

D. 是企业实现自己经营目的前沿阵地

2. 下列关于订单处理系统的特点的说法中，不正确的是（　　）。

A. 能够迅速有效地处理大量数据

B. 能够进行严格的数据编辑处理，确保正确性、时效性

C. 能够处理数据，但是不能存储数据

D. 可以提高数据处理的速度，进而加速业务的时程

3. 订单处理是从（　　）开始，到（　　）为止，包含所有（　　）。

A. 客户下单；客户收货；单据处理活动

B. 客户收货；客户退货；订单处理过程

C. 客户下单；客户退货；单据处理过程

D. 客户下单；客户退货；订单处理过程

4. 按照确定的周期、确定的商品品种和数量、确定的客户进行配送的方式是（　　）。

A. 定时配送　　　　　　　　　　　B. 定量配送

C. 定时定量定点配送　　　　　　　　D. 定时定量定线配送

5. 配送商品种类多，不同专业领域的产品在一个配送节点，组织企业对客户的配送方式是（　　）。

A. 综合配送　　　　B. 专业配送　　　　C. 共同配送　　　　D. 销售配送

（二）多项选择题

1. 想要长久地占领市场，就必须考虑（　　）的利益。

A. 消费者　　　　B. 经销商　　　　C. 原材料供应商　　　　D. 厂商

E. 产品设计方

2. 终端销售点密度决策的任务有（　　）。

A. 确定企业在目标市场利用多少渠道成员来销售产品

B. 最大限度提高产品分销效率

C. 保持企业各终端销售点的均衡发展

D. 促使各终端销售点协调，减少各销售点的冲突

E. 推动企业产品市场的有序扩张及可持续发展

3. DRP 系统的商业价值有（　　）。

A. 分销管理　　　　B. 供应链管理　　　　C. 业务构架　　　　D. 业务处理

E. 控制机制

4. 配送运输是（　　）的运输形式。

A. 较短距离　　　　B. 较小规模　　　　C. 较大规模　　　　D. 频度较高

E. 频度较低

5. 第三方物流的特征有（　　）。

A. 具有信息技术的现代性　　　　　　B. 具有服务的个性化

C. 具有联盟的动态性　　　　　　　　D. 存在一定的数据壁垒

E. 服务尚未标准化

（三）简答题

1. 如何选择终端销售点？

2. 简述订单处理的一般过程。

3. 配送管理的构成要素、流程是什么？

4. 简述第四方物流的运作模式。

（四）论述题

1. 对 DRP 分销系统的优势及其模块设计进行论述。

2. 如何处理订货生产方式的订单？涉及哪些流程？

3. 比较第三方物流、第四方物流的区别及联系。

第十章 供应链库存管理

学习目标

1. 理解库存的概念，了解库存管理的基本原理和方法；
2. 掌握常见的库存控制模型；
3. 了解供应链管理环境下的库存问题；
4. 掌握常见的几种供应链库存控制策略；
5. 理解供应链库存布局的 PDCA 循环。

第一模块　基础知识

一、库存与库存管理

（一）库存的含义

"库存"在英语里有两种表达方式：Inventory（原材料、半成品、成品的存货）和 Stock（存货、积压）。狭义的库存指以支持生产、维护、操作和客户服务为目的而存储的各种物料，包括原材料和在制品，维修件和生产消耗品，成品和备件等。**广义的库存就是具有经济价值的任何物品的停滞与储藏，是用于将来目的暂时处于闲置状态的资源。**

（二）库存的功能

如图 10-1 所示，生产商生产产品供客户使用，但客户的需求是不确定的，有时多有时少。如果生产商按照客户实际需求组织生产，需要承担客户需求波动造成的成本高、质量不稳定，有时需要加班赶工，有时又生产闲置等问题。生产商要降低成本，提高产品质量，需要平稳生产，即生产应具有平稳性、均衡性、节奏性等特点。这就存在供应与需求之间的矛盾，解决这一矛盾的主要方法就是库存。所以，**库存具有"蓄水池"的作用。**另外，库存还具有保持生产过程连续性、分摊订货费用、快速满足用户订货需求的作用。在企业生产中，尽管库存是出于种种经济考虑而存在的，但是库存也是一种无奈的结果，它是由于人们无法预测未来的需求变化，才不得已采用的应付外界变化的手段，也是因为人们无法使所有的工作都做得尽善尽美，才产生一些人们并不想要的冗余与囤积——不和谐的工作沉淀。

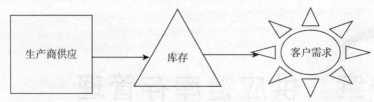

图 10-1　简单供应链

（三）人们对库存的认识

对于库存，历来有不同的认识，概括起来主要有以下三种。

一是认为库存是一种资源，企业会持有大量库存。一般而言，在卖方市场情况下，企业会将库存作为一种资源大量储存。在经营方式上，更大的库存投入可以带来更高水平的客户服务。长期以来，库存作为企业生产和销售的物资保障服务环节，在企业的经营中占有重要地位。企业持有一定的库存，有助于保证生产正常、连续、稳定进行，也有助于保质、保量地满足客户需求，维护企业声誉，巩固市场的占有率。但由于市场需求的不确定性，为了满足客户的需求，供应链企业的库存会越来越多，造成货品积压、成本高等问题。

二是认为库存是一种浪费，强调"零库存"，主要代表是准时生产方式（JIT）。他们认为库存即是浪费，零库存就是其中的一项高效库存管理的改进措施，并得到了企业广泛的应用。但市场需求不稳定时，"零库存"往往会缺乏灵活性，造成产品短缺等问题。

三是认为库存是一种战略。供应链企业需要将库存作为一种战略，保持合理的库存量，并在供应链系统合理布局库存。库存管理的目的是保持合适的库存量，既不能过度积压也不能短缺。让企业管理者困惑的是：库存控制的标准是什么？库存控制到什么量才能达到要求？如何配置库存是合理的？这些都是库存管理的风险计划问题。

（四）库存管理

库存管理又称库存控制（Inventory Control）。库存管理的主要内容是"与库存物料的计划与控制有关的业务"，目的是支持生产运作。

库存管理同仓库管理的区别：仓库管理是主要针对仓库或库房的布置、物料运输和搬运，以及存储自动化等的管理；库存管理的对象是库存项目，即企业中的所有物料，包括原材料、零部件、在制品、半成品及产

库存管理小知识

品，以及辅助物料。库存管理的主要功能是在供需之间建立缓冲区，达到缓和用户需求与企业生产能力之间，最终装配需求与零配件之间，零件加工工序之间、生产厂家需求与原材料供应商之间的矛盾的目的。

二、库存管理基本策略

（一）独立需求与相关需求

在库存理论中，人们一般根据物品需求的重复程度分为**单周期需求和多周期需求**。单周期需求也叫一次性订货需求，这种需求的特征是偶发性和物品生命周期短，因而很少重复订货，如没有人会订过期的报纸来看，人们也不会在农历八月十六预订中秋月饼。多周

期需求是在长时间内需求反复发生，库存需要不断补充的情况，在实际生活中，这种需求现象较为多见。

多周期需求又分为独立需求与相关需求两种属性。

独立需求是指需求变化独立于人们的主观控制能力之外，因而其数量与出现的概率是随机的、不确定的、模糊的。相关需求的需求数量和需求时间与其他的变量存在一定的相互关系，可以通过一定的数学关系推算得出。对于一个相对独立的企业而言，其产品是独立的需求变量，因为其需求的数量与需求时间对于作为系统控制主体的企业管理者而言，一般是无法预先精确确定的，只能通过一定的预测方法得出。而生产过程中的在制品以及需要的原材料，则可以通过产品的结构关系和一定的生产比例关系准确确定。

独立需求的库存控制与相关需求的库存控制原理是不相同的。独立需求对一定的库存控制系统来说，是一种外生变量（Exogenous Variable）；相关需求则是控制系统的内生变量（Endogenous Variable）。不管是独立需求的库存控制还是相关需求的库存控制，都要回答这些问题：①如何优化库存成本？②怎样平衡生产与销售计划，来满足一定的交货要求？③怎样避免浪费，避免不必要的库存？④怎样避免需求损失和利润损失？归根到底，库存控制要解决三个主要问题：确定库存检查周期；确定订货量；确定订货点（何时订货）。

（二）库存控制基本方法

独立需求库存控制采用的是订货点控制策略，因此首先介绍几种常见的库存控制策略：①连续性检查的固定订货量、固定订货点策略，即（Q, R）策略；②连续性检查的固定订货点、最大库存策略，即（R, S）策略；③周期性检查策略，即（t, S）策略；④综合库存策略，即（t, R, S）策略。这四种基本的库存策略还可以延伸出很多其他库存策略，这里重点介绍上述四种基本的库存策略。

1.（Q, R）策略

该策略的基本思想是：对库存进行连续性检查，当库存降低到订货点水平 R 时，即发出一个订货，每次的订货量保持不变，都为固定值 Q。该策略适用于需求量大、缺货费用较高、需求波动性很大的情形。

2.（R, S）策略

该策略和（Q, R）策略一样，都是连续性检查类型的策略，也就是要随时检查库存状态，当发现库存降低到订货点水平 R 时，开始订货，订货后使最大库存保持不变，即为常量 S；若发出订单时库存量为 I，则其订货量即为（$S-I$）。该策略和（Q, R）策略的不同之处在于，其订货量是按实际库存而定，因而订货量是可变的。

3.（t, S）策略

该策略是每隔一定时期检查一次库存，并发出一次订货，把现有库存补充到最大库存水平 S，如果检查时库存量为 I，则订货量为（$S-I$）。经过固定的检查期 t 发出订货，这时，库存量为 I_1，订货量为（$S-I_1$）。经过一定的时间（LT），库存补充（$S-I_1$），库存到达一定数量点。再经过一个固定的检查时期 t，又发出一次订货，订货量为（$S-I_2$），经过一定的时间（LT-订货提前期，可以为随机变量），库存又达到新的高度。如此周期性检查库存，不断补给。

该策略不设订货点，只设固定检查周期和最大库存量。该策略适用于一些不是很重要的或使用量不大的物资。

4. (t, R, S) 策略

该策略是策略 (t, S) 和策略 (R, S) 的综合。这种补给策略有一个固定的检查周期 t、最大库存量 S、固定订货点水平 R。当经过一定的检查周期 t 后，若库存低于订货点，则发出订货，否则不订货。订货量的大小等于最大库存量减去检查时的库存量。

（三）常见库存控制模型

常见的独立需求库存控制模型根据其主要参数，如需求量与提前期是否确定，可细分为确定型库存模型和随机型库存模型。

1. 确定型库存模型

确定型库存模型分周期性检查模型和连续性检查模型。

（1）周期性检查模型（Periodic Review Model）。

此类模型分不允许缺货、允许缺货、实行补货三种情况，每种情况又分瞬时到货、延时到货两种情形。最常用的模型是不允许缺货、瞬时到货型。

（2）连续性检查模型（Continuous Review Model）。

连续性检查模型需要确定订货点和订货量两个参数，也就是解决 (Q, R) 策略的两个参数的设定问题。连续性库存检查模型分六种：不允许缺货、瞬时到货型；不允许缺货、延时到货型；允许缺货、瞬时到货型；允许缺货、延时到货型；补货、瞬时到货型；补货、延时到货型。最常见的连续性检查模型是不允许缺货、瞬时到货型，最经典的经济订货批量（EOQ）模型就是这种。

2. 随机型库存模型

随机型库存模型要解决的问题是：确定经济订货批量或经济订货期；确定安全库存量；确定订货点和订货后最大库存量。随机型库存模型也分连续性检查和周期性检查两种情形。当需求量、提前期同时为随机变量时，库存模型较为复杂。

三、供应链管理环境下的库存问题

库存管理是供应链运营管理的重要组成部分，但是库存具有两面性，一方面，库存具有缓冲作用，能调节供需平衡；另一方面，不合理库存会造成管理问题，如占用企业大量资金，增加了企业的产品成本与管理成本，掩盖了企业众多管理问题，如计划不周、采购不力、生产不均衡、产品质量不稳定及市场销售不力等。所以，企业内部库存如何管理以及供应链整体库存如何布局，就成为供应链企业管理的关键。

供应链上每个环节均有库存，而且制造商以前的企业一般有两到三类库存（原材料或零部件库存、半成品库存、成品库存），流通领域一般只有产成品库存，客户点一般也有一定库存，整个供应链上库存分布点较多。库存对供应链企业来说具有一定的作用，但不合理库存会占用更多资金，造成成本过高，竞争力降低。供应链库存传统布局如图 10-2 所示。

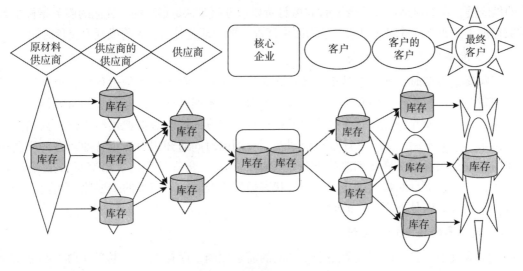

图 10-2　供应链库存传统布局

（一）供应链管理环境下的库存问题

供应链管理环境下的库存问题和传统的企业库存问题有许多不同之处，这些不同点体现出供应链管理思想对库存的影响。传统的企业库存管理侧重于优化单一的库存成本，从存储成本和订货成本出发确定经济订货量和订货点。从单一的库存角度看，这种库存管理方法有一定的适用性，但是从供应链整体的角度看，单一企业库存管理的方法显然是不够的。

供应链管理环境下的库存控制存在的主要问题有信息类问题、供应链的运作问题，以及供应链的战略与规划问题。这些问题可综合成以下几个方面的内容。

1. 没有供应链的整体观念

虽然供应链的整体绩效取决于各个供应链的节点绩效，但是各个部门都是各自独立的单元，都有各自独立的目标与使命，有些目标和供应链的整体目标是不相干的，更有可能是冲突的，必然导致供应链整体效率的低下。

一般的供应链系统都没有针对全局供应链的绩效评价指标。有些企业采用库存周转率作为供应链库存管理的绩效评价指标，但是没有考虑对用户的反应时间与服务水平，用户满意应该成为供应链库存管理的一项重要指标。

小案例

2. 对用户服务的理解与定义不恰当

供应链管理的绩效好坏应该由用户来评价，或者依据用户的反应能力来评价。许多企业采用订货满足率来评估用户服务水平，这是一种比较好的用户服务考核指标。但是用户满足率本身并不保证运作问题，如一家计算机工作站的制造商要满足一份包含多产品的订单要求，产品来自各供应商，用户要求一次性交货，制造商要把各个供应商的产品都集齐后才一次性装运给用户，这时，用总的用户满足率来评价制造商的用户服务水平是恰当的。但是，这种评价指标并不能帮助制造商发现哪家供应商的交货迟了或早了。

传统的订货满足率评价指标也不能评价订货的延迟水平。两家同样具有90%的订货满足率的供应链，在如何迅速补给余下的10%订货要求方面差别是很大的。其他的服务指标也常常被忽视了，如总订货周转时间、平均回头订货、平均延迟时间、提前或延迟交货时间等。

3. 不准确的交货状态数据

当顾客下订单时，他们总是想知道什么时候能交货。在等待交货过程中，也可能会对订单交货状态进行修改，特别是当交货被延迟以后。不能否定一次性交货的重要性，但必须看到，许多企业并没有及时而准确地把推迟订单交货的修改数据提供给用户，其结果当然是招来用户的不满。如一家计算机公司花了一周的时间通知用户交货日期，有一家公司30%的订单是在承诺交货日期之后交货的，40%的实际交货日期比承诺交货日期偏差10天之久，而且交货日期修改过几次。交货状态数据不及时、不准确的主要原因是信息传递系统的问题，这就是下面要谈的问题。

4. 低效率的信息传递系统

在供应链中，各个供应链节点企业之间的需求预测、库存状态、生产计划等都是供应链管理的重要数据，这些数据分布在不同的供应链组织之间，要做到有效地快速响应用户需求，必须实时地传递，为此需要对供应链的信息系统模型进行相应的改变，通过系统集成的办法，使供应链中的库存数据能够实时、快速地传递。但是目前许多企业的信息系统并没有很好地集成起来，当供应商需要了解用户的需求信息时，常常得到的是延迟的信息和不准确的信息。延迟会引起误差并影响库存量的精确度，短期生产计划的实施也会遇到困难。例如，企业为了制订一个生产计划，需要获得关于需求预测、当前库存状态、订货的运输能力、生产能力等信息，这些信息需要从供应链的不同节点企业的数据库存中获得，数据调用的工作量很大。数据整理完后制订主生产计划，然后运用相关管理软件制订物料需求计划（MRP），这个过程一般需要很长时间。时间越长，预测误差越大，制造商对最新订货信息的有效反应能力也就越差，生产出过时的产品和造成过高的库存也就不奇怪了。

5. 忽视不确定性对库存的影响

供应链运作中存在诸多的不确定因素，如订货提前期、货物运输状况、原材料的质量、生产过程的时间、运输时间、需求的变化等。为减少不确定性对供应链的影响，首先应了解不确定性的来源和影响程度。很多公司并没有认真研究和跟踪其不确定性的来源和影响，错误估计供应链中物料的流动时间（提前期），造成有的物品库存增加而有的物品库存不足的现象。

6. 库存控制策略简单化

无论是生产性企业还是物流企业，库存控制的目的都是保证供应链运行的连续性和应付不确定需求。了解和跟踪不确定性状态的因素是第一步，第二步是要利用跟踪到的信息去制定相应的库存控制策略。这是一个动态的过程，因为不确定性也在不断地变化。有些供应商在交货与质量方面可靠性好，而有些则相对差些；有些物品的需求可预测性大，而有些物品的可预测性小一些。库存控制策略应能反映这些情况。

许多公司对所有的物品采用统一的库存控制策略，物品的分类没有反映供应与需求中的不确定性。在传统的库存控制策略中，多数是面向单一企业的，采用的信息基本上来自企业内部，其库存控制没有体现供应链管理的思想。因此，如何建立有效的库存控制方法，并能体现供应链管理的思想，是供应链库存管理的重要内容。

7. 缺乏合作与协调性

供应链是一个整体，需要协调各方活动，才能取得最佳的运作效果。协调的目的是使满足一定服务质量要求的信息可以无缝地、流畅地在供应链中传递，从而使整个供应链能够根据用户要求保持步调一致，形成更为合理的供需关系，适应复杂多变的市场环境。例如，当用户的订货由多种产品组成，各产品又由不同的供应商提供，而用户要求所有的商品都一次性交货时，企业必须对来自不同供应商的交货期进行协调。如果组织间缺乏协调与合作，会导致交货期延迟和服务水平下降，同时库存水平也由此而增加。

供应链的各个节点企业为了应付不确定性，都设有一定的安全库存，正如前面提到的，设置安全库存是企业采取的一种应急措施。问题在于，多数厂商，特别是在全球化的供应链环境下，组织的协调涉及更多的利益群体，相互之间的信息透明度不高。在这样的情况下，企业不得不维持一个较高的安全库存，为此付出了较高的代价。

组织之间存在的障碍有可能使库存控制变得更为困难，因为各自都有不同的目标、不同的绩效评价尺度、不同的仓库，也不愿意去帮助其他部门共享资源。在分布式的组织体系中，组织之间的障碍对库存集中控制的阻力更大。

要进行有效的合作与协调，组织之间需要一种有效的激励机制。在企业内部一般有各种各样的激励机制加强部门之间的合作与协调，但是当涉及企业之间的激励时，难度就大得多。问题还不止如此，信任风险的存在更加深了问题的严重性，相互之间缺乏有效的监督机制和激励机制是供应链企业之间合作不稳固的原因。

8. 产品的过程设计没有考虑供应链上库存的影响

现代产品设计与先进制造技术的出现，使产品的生产效率大幅度提高，而且具有较高的成本效益，但是供应链库存的复杂性常常被忽视了，结果**所有节省下来的成本都被供应链上的分销与库存成本给抵销了**。同样，在引进新产品时，如果不进行供应链的规划，也会产生如运输时间过长、库存成本高等问题而无法获得成功。

另一方面，在供应链的结构设计中，同样需要考虑库存的影响。要在一条供应链中增加或关闭一个工厂或分销中心，一般是先考虑固定成本与相关的物流成本。至于网络变化对运作的影响因素，如库存投资、订单的响应时间等，常常是放在第二位的，但是这些因素对供应链的影响是不可低估的。

案例小知识

（二）供应链中的需求变异放大原理与库存波动

"需求变异加速放大原理"是美国著名的供应链管理专家哈里教授对需求信息扭曲在供应链中传递的一种形象描述，也叫作"牛鞭效应"。其基本思想是：当供应链的各节点企业只根据来自其相邻的下级企业的需求信息进行生产或供应决策时，需求信息的不真实性会沿着供应链逆流而上，产生逐级放大的现象，达到最源头的供应商时，其获得的需求信息和实际消费市场中的顾客需求信息发生了很大的偏差，需求变异系数比分销商和零售商的需求变异系数大得多。由于这种需求放大效应的影响，上游供应商往往维持比下游供应商更高的库存水平。这种现象反映出供应链上需求的不同步现象，说明供应链库存管理中的一个普遍现象——"看到的是非实际的"。

需求放大效应最先由宝洁公司发现。宝洁公司在一次考察该公司最畅销的产品——一次性尿布的订货规律时，发现零售商销售的波动性并不大，但在考察分销中心向宝洁公司的订货时，发现波动性明显增大了。除了宝洁公司，其他公司如惠普在考察其打印机的销售状况时也曾发现这一现象。

需求放大效应是需求信息扭曲的结果，在供应链中，每一个供应链的节点企业的信息都有所扭曲，这样逐级而上，即产生信息扭曲的放大。

早在 1961 年，弗雷斯特就通过一系列的实际案例揭示了这种工业组织的动态学特性和时间变化行为。在库存管理的研究中，斯特曼于 1989 年通过一个"啤酒分销游戏"验证了这种现象。在实验中，有四个参与者形成一个供应链，各自独立进行库存决策而不和其他的成员进行协商，决策仅依赖其毗邻的成员的订货信息作为唯一的信息来源。斯特曼认为这种现象是供应链成员系统性非理性行为的结果。

1994 年、1997 年美国斯坦福大学的哈里教授对需求放大现象进行了深入研究，把其产生的原因归纳为四个方面：需求预测修正、订货批量决策、价格波动、短缺博弈。

需求预测修正是指当供应链的成员采用其直接的下游订货数据作为市场需求信号时，即产生需求放大。举一个简单的例子，当你作为库存管理人员，需要决定向供应商的订货量时，你可以采用一些简单的需求预测方法，如指数平滑法。在指数平滑法中，未来的需求被连续修正，这样，送到供应商的需求订单反映的就是经过修正的未来库存补给量，安全库存也是这样。

订货批量决策指两种现象，一种是周期性订货决策，另一种是订单推动。周期性订货是指当公司向供应商订货时，不是来一个需求下一个订单，而是考虑库存的原因，采用周期性分批订货，如一周、一月订一次。分批订货在企业中普遍存在，MRP 系统是分批订货，DRP 也是如此。用 MRP 批量订货出现的需求放大现象称为"MRP 紧张"。

价格波动反映了一种商业行为——预先购买，价格波动是由于一些促销手段造成的，如价格折扣、数量折扣、赠票等。这种商业促销行为使许多推销人员预先采购的订货量大于实际的需求量。因为如果库存成本小于由价格折扣所获得的利益，销售人员当然愿意预先多买，这样订货没有真实反映需求的变化，从而产生需求放大现象。

短缺博弈指这样一种现象：当需求大于供应量时，理性的决策是按照用户的订货量比例分配现有的库存供应量，如总的供应量只有订货量的50%，合理的配给办法是所有的用户获得其订货的50%。此时，用户为了获得更大份额的配给量，就故意夸大其订货需求，当需求降温时，订货又突然消失。这种由于个体参与的完全理性经济决策导致的需求信息的扭曲最终导致需求放大。

解释需求放大现象的本质特征的目的，就是想说明在供应链管理中库存波动的渊源和库存管理的新特点。采用传统的库存管理模式不可能解决诸如需求放大现象一样的库存问题。因此，探讨新的适应供应链管理的库存管理新模式对供应链管理思想的顺利实施起着关键作用。

（三）供应链中的不确定性与库存

1. 供应链中的不确定性

从需求放大现象中可以看到，供应链的库存与供应链的不确定性有很密切的关系。从供应链整体的角度看，供应链上的库存无非有两种：一种是生产制造过程中的库存，一种是物流过程中的库存。存在库存的客观原因是为了应付各种各样的不确定性，保持供应链系统的正常性和稳定性，但是库存另一方面也同时产生和掩盖了管理中的问题。

供应链上的不确定性表现形式有两种：一种是**衔接不确定性**(Uncertainty of Interface)。它是企业之间（或部门之间）的不确定性可以说是供应链的衔接不确定性，主要表现在合作性上。为了消除衔接不确定性，需要增加企业之间或部门之间的合作性。另一种不确定性是**运作不确定性**(Uncertainty of Operation)。系统运行不稳定是组织内部缺乏有效的控制机制所致，而控制失效是组织管理不稳定和不确定性的根源。为了消除运行中的不确定性，需要增加组织的控制，提高系统的可靠性。

供应链的不确定性的来源主要有三个方面：供应者不确定性，生产者不确定性，顾客不确定性。不同的原因造成的不确定性表现形式各不相同。

供应商的不确定性表现在提前期的不确定性、订货量的不确定性等。供应商不确定的原因是多方面的，如供应商的生产系统发生故障延迟生产，供应商的供应商延迟供应，意外的交通事故导致的运输延迟，等等。

生产者不确定性主要缘于制造商本身生产系统的不可靠、机器的故障、计划执行的偏差等。生产计划是一种根据当前生产系统的状态和未来情况做出的对生产过程的模拟，用计划的形式表达模拟的结果，用计划来驱动生产的管理方法。但是生产过程的复杂性使生产计划并不能精确地反映企业的实际生产条件和预测生产环境的改变，不可避免地造成计划与实际执行的偏差。生产控制的有效措施能够对生产的偏差进行一定的修补，但是生产控制必须建立在对生产信息的实时采集与处理上，使信息及时、准确、快速地转化为生产控制的有效信息。

顾客不确定性原因主要有：需求预测的偏差，购买力的波动，从众心理和个性特征等。通常需求预测的方法有一定的模式或假设条件，假设需求按照一定的规律运行或表现出一定的规律特征，但是任何需求预测方法都存在这样或那样的缺陷，从而无法确切地预测需求的波动和顾客心理性反应。在供应链中，不同节点的企业相互之间的需求预测偏差进一步加剧了供应链的放大效应及信息的扭曲。

本质上讲，供应链上的不确定性，不管其源于哪方面，根本上讲有三个方面的原因：①**需求预测水平造成的不确定性**。预测水平与预测时间的长度有关，预测时间长，预测精度则差，另外还有预测的方法对预测的影响。②**决策信息的可获得性、透明性、可靠性**。信息的准确性对预测同样造成影响，下游企业与顾客接触的机会多，可获得的有用信息多；上游企业远离顾客需求，信息可获性和准确性差，因而预测的可靠性差。③**决策过程的影响**，特别是**决策人心理的影响**。需求计划的取舍与修订，对信息的要求与共享，无不反映个人的心理偏好。

2. 供应链的不确定性与库存的关系

接下来来分析供应链运行中的两种不确定性对供应链库存的影响，即衔接不确定性与运作不确定性对库存的影响。

（1）衔接不确定性对库存的影响。

传统供应链的衔接不确定性普遍存在，集中表现为企业之间的独立信息体系（信息孤岛）现象。为了各自的利益，企业总是会进行资源（包括物质资源和信息资源）的自我封闭，企业之间的合作仅仅是贸易上的短时性合作，人为地增加了企业之间的信息壁垒和沟通障碍，企业不得不为应付不测而建立库存，库存实际上就是信息堵塞与封闭的结果。

虽然企业各个部门和企业之间都有信息的交流与沟通，但这远远不够。企业的信息交流更多的是在企业内部而非企业之间进行。**信息共享程度差是传统供应链不确定性增加的一个主要原因。**

传统供应链中的信息是逐级传递的，即上游供应链企业依据下游供应链企业的需求信息进行生产或供应决策。在集成的供应链系统中，每个供应链企业都能够共享顾客的需求信息，信息不再是线性的传递过程而是网络的传递过程和多信息源的反馈过程。建立合作伙伴关系的新型企业合作模式，以及跨组织的信息系统为供应链的各个合作企业提供了共同的需求信息，有利于推动企业之间的信息交流与沟通。企业有了确定的需求信息，在制订生产计划时，就可以减少为了吸收需求波动而设立的库存，使生产计划更加精确、可行。对于下游企业而言，合作性伙伴关系的供应链或供应链联盟可为企业提供综合的、稳定的供应信息，无论上游企业能否按期交货，下游企业都能预先得到相关信息而采取相应的措施，这样企业无须过多设立库存。

（2）运作不确定性对库存的影响。

供应链企业之间的衔接不确定性通过建立战略伙伴关系的供应链联盟或供应链协作体而得以消减，同样，这种合作关系可以消除运作不确定性对库存的影响。当企业之间的合作关系改善时，企业的内部生产管理也大大得以改善。因为企业之间的衔接不确定性因素减少时，企业的生产控制系统就能摆脱这种不确定性因素的影响，使生产系统的控制达到实时、准确。也只有在供应链的条件下，企业才能获得对生产系统有效控制的有利条件，消除生产过程中不必要的库存现象。

在传统的企业生产决策过程中，供应商或分销商的信息是生产决策的外生变量，因而其无法预见外在需求或供应的变化信息，至少是延迟的信息；由于库存管理的策略是考虑独立的库存点而不是采用共享的信息，因而库存成了维系生产正常运行的必要条件。当生产系统形成网络时，不确定性就像瘟疫一样在生产网络中传播，几乎所有的生产者都希望拥有库存来应付生产系统内外的不测变化。由于无法预测不确定性的大小和影响程度，人们只好按照保守的方法设立库存来对付不确定性。

在不确定性较大的情形下，为了维护一定的用户服务水平，企业也常常维持一定的库存，以提高服务水平。在不确定性存在的情况下，高服务水平必然带来高库存水平。

四、供应链管理环境下的库存管理策略

前面分析了供应链管理环境下库存管理和传统的库存管理模式的差别以及所面临的新问题。为了适应供应链管理的要求，供应链下的库存管理方法必须进行相应的改变，现结合国内外企业实践经验及理论研究成果，介绍几种先进的供应链库存管理技术与方法，包括 VMI 库存管理、联合库存管理、多级库存优化与控制等。

（一）VMI 库存管理

长期以来，流通中的库存是各自为政的。流通环节中的每一个部门都是各自管理自己的库存，零售商、批发商、供应商都有自己的库存，各个供应链环节都有自己的库存控制策略。由于各自的库存控制策略不同，因此不可避免地产生需求的扭曲现象，无法使供应商快速地响应用户的需求。在供应链管理环境下，供应链各个环节的活动都应该是同步进

行的，而传统的库存控制方法无法满足这一要求。近年来，在国外出现了一种新的供应链库存管理方法——**供应商管理库存**（Vendor Managed Inventory，**VMI**），这种库存管理策略打破了传统的各自为政的库存管理模式，体现了供应链的集成化管理思想，适应市场的变化，是一种新的有代表性的库存管理思想。

1. VMI 的基本思想

传统地讲，库存是由库存拥有者管理的。因为无法确切知道用户需求与供应的匹配状态，所以需要库存，库存设置与管理是由同一组织完成的。这种库存管理模式并不总是最优的。例如，一个供应商用库存来应付不可预测的或某一用户不稳定的（这里的用户不是指最终用户，而是分销商或批发商）需求，用户也设立库存来应付不稳定的内部需求或供应链的不确定性。虽然供应链中每一个组织独立地寻求保护其在供应链的利益不受意外干扰是可以理解的，但不可取，因为这样做影响了供应链的优化运行。供应链的各个组织根据各自的需要独立运作，导致重复建立库存，因而无法达到供应链全局的最低成本，整个供应链系统的库存会随着供应链长度的增加而逐级扭曲。VMI 库存管理系统就能够突破传统的条块分割的库存管理模式，以系统的、集成的管理思想进行库存管理，使供应链系统能够获得同步化的运作。

VMI 是一种很好的供应链库存管理策略。关于 VMI 的定义，国外有学者认为，VMI 是一种在用户和供应商之间的合作性策略，以对双方来说都最低的成本增加产品的可获性，在一个相互同意的目标框架下由供应商管理库存，这样的目标框架被经常性监督和修正，以产生一种连续改进的环境。

关于 VMI 也有其他的不同定义，但归纳起来，该策略的关键措施主要体现在如下几个原则中。

（1）**合作精神（合作性原则）**。

在实施该策略时，相互信任与信息透明是很重要的，供应商和用户（零售商）都要有合作精神，才能够相互保持较好的合作。

（2）**使双方成本最小（互惠原则）**。

VMI 不是关于成本如何分配或由谁来支付的问题，而是关于减少成本的问题。通过该策略，双方的成本都能够减少。

（3）**框架协议（目标一致性原则）**。

双方都明白各自的责任，观念上达成一致。要回答诸如库存放在哪里、什么时候支付、是否要管理费、要花费多少等问题，并且体现在框架协议中。

（4）**连续改进原则**。

使供需双方能共享利益和消除浪费。VMI 的主要思想是供应商在用户的允许下设立库存，确定库存水平和补给策略，拥有库存控制权。

精心设计与开发的 VMI 系统，不仅可以降低供应链的库存水平，降低成本，而且，用户外还可获得高水平的服务，改善资金流，与供应商共享需求变化的透明性和获得更高的用户信任度。

2. VMI 库存策略的演变

随着企业与供应商之间交易的进行，VMI 库存管理策略有其演变过程，如图 10-3 所示。

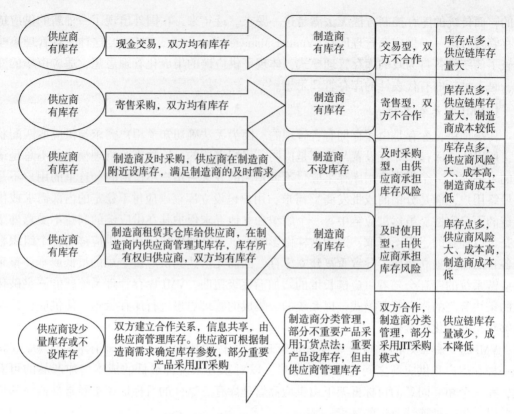

图 10-3　VMI 库存管理模式演变过程

以上为 VMI 库存管理模式演变过程，从中可以看出，供应商与制造商之间从交易型到寄售、及时采购、及时使用型，最后到合作供应的 VMI 模型，经历了从不信任到信任，从竞争不合作到合作伙伴关系的转变，供应链的库存量在不断减少，而缺货现象在消除的同时，产品质量不断提高，整体收益在增加。

3. VMI 的实施方法

实施 **VMI 策略**，首先要改变订单的处理方式，建立基于标准的托付订单处理模式。首先，供应商和批发商一起确定供应商的订单业务处理过程中所需要的信息和库存控制参数；然后建立一种订单的处理标准模式，如 EDI 标准报文；最后把订货、交货和票据处理的各个业务功能集成在供应商一边。

库存状态透明性（对供应商）是实施供应商管理用户库存的关键。供应商能够随时跟踪和检查到销售商的库存状态，从而快速地响应市场的需求变化，对企业的生产（供应）状态做出相应的调整。为此需要建立一种能够使供应商和用户（分销商、批发商）的库存信息系统透明的方法。

供应商管理库存的策略可以分如下几个步骤实施。

第一步，建立顾客情报信息系统。 要有效地管理销售库存，供应商必须能够获得顾客的有关信息。通过建立顾客的信息库，供应商能够掌握需求变化的有关情况，把由批发商（分销商）进行的需求预测与分析功能集成到供应商的系统中来。

第二步，建立销售网络管理系统。 供应商要很好地管理库存，必须建立起完善的销售网络管理系统，保证自己的产品需求信息和物流畅通。为此，必须做到：保证自己产品条码的可读性和唯一性；解决产品分类、编码的标准化问题；解决商品存储运输过程中的识别问题。

目前已有许多企业开始采用 MRP Ⅱ 或 ERP 企业资源计划系统，这些软件系统都集成了销售管理的功能。通过对这些功能的扩展，可以建立完善的销售网络管理系统。

第三步，建立供应商与分销商（批发商）的合作框架协议。 供应商和销售商（批发商）一起通过协商，确定处理订单的业务流程以及控制库存的有关参数（如再订货点、最低库存水平等）、库存信息的传递方式（如 EDI 或 Internet）等。

第四步，组织机构的变革。 这一点也很重要，因为 VMI 策略改变了供应商的组织模式。过去一般由会计经理处理与用户有关的事情，而引入 VMI 策略后，订货部门产生了一个新的职能，即负责用户库存的控制、库存补给和服务水平。

一般来说，在以下的情况下适合实施 VMI 策略：零售商或批发商没有 IT 系统或基础设施来有效管理其的库存；制造商实力雄厚并且比零售商市场信息量大；有较高的直接存储交货水平，因而制造商能够有效规划运输。

4. VMI 的支持技术

VMI 的支持技术主要包括 ID 代码、EDI/Internet、条码、连续补给程序等。

（1）ID 代码。

供应商要有效地管理用户的库存，必须对用户的商品进行正确识别，为此需对供应链商品进行编码，通过获得商品的标识（ID）代码并与供应商的产品数据库相连，以实现对用户商品的正确识别。目前，国外企业已建立应用于供应链的 ID 代码的类标准系统，如 EAN-13（UPC-12）、EAN-14（SCC-14）、SSCC-18 以及位置码等，我国也建有关于物资分类编码的国家标准，可参考使用。

供应商应尽量使自己的产品按国际标准进行编码，以便在用户库存中对本企业的产品进行快速跟踪和分拣。因为用户（批发商、分销商）的商品多种多样，有来自不同的供应商的同类产品，也有来自同一供应商的不同产品。实现 ID 代码标准化有利于采用 EDI 系统进行数据交换与传送，提高了供应商对库存管理的效率。**目前国际上通行的商品代码标准是国际物品编码协会（EAN）和美国统一代码委员会（UCC）共同编制的全球通用的 ID 代码标准。**

（2）EDI/Internet。

EDI 是指一种在处理商业或行政事务时，按照一个公认的标准，形成结构化的事务处理或信息数据格式，完成计算机到计算机的数据传输。 这里主要介绍 EDI 如何应用到 VMI 方法体系中，如何实现供应商对用户的库存管理。

供应商要有效地对用户（分销商、批发商）的库存进行管理，采用 EDI 进行供应链的商品数据交换是一种安全可靠的方法。采用基于 EDI FACT（电子数据交换标准）的库存报告清单能够提高供应链的运作效率，自动生成每天的库存水平（或定期的库存检查报告）、最低的库存补给量，这样大大提高了供应商对库存的监控效率。

分销商（批发商）的库存状态也可以通过 EDI 报文的方式通知供应商。

在 VMI 管理系统中，供应商有关装运与发票等工作都不需要特殊安排，主要的数据是顾客需求的物料信息记录、订货点水平和最小交货量等，需求方（分销商、批发商）唯一需要做的是能够接收 EDI 订单确认和或配送建议，以及利用该系统发放采购订单。

（3）条码。

条码是 ID 代码的一种符号，是对 ID 代码进行自动识别且将数据自动输入计算机的方法和手段，条码技术的应用解决了数据录入与数据采集的"瓶颈"，为供应商管理用户库存提供了有力支持。

条码是目前国际上供应链管理中普遍采用的一种技术手段。为有效实施 VMI 管理系统，应该尽可能地使供应商的产品条码化。条码技术对提高库存管理的效率是非常有用的，是实现库存管理的电子化的重要工具手段，它使供应商对产品的库存控制可以和销售商的 POS 系统进行连接，实现用户库存的供应链网络化控制。

（4）连续补给程序。

连续补给程序策略将零售商向供应商发出订单的传统订货方法，变为供应商根据用户库存和销售信息决定商品的补给数量。这是一种实现 VMI 管理策略的有力工具和手段。为了快速响应用户"降低库存"的要求，供应商通过和用户（分销商、批发商或零售商）建立合作伙伴关系，主动提高向用户交货的频率，使供应商从过去单纯地执行用户的采购订单变为主动为用户分担补充库存的责任，在加快供应商响应用户需求速度的同时，也使用户方减少了库存水平。

（二）联合库存管理（JMI）

1. 基本思想

VMI 是一种供应链集成化运作的决策代理模式，它把用户的库存决策权代理给供应商，由供应商代理分销商或批发商行使库存决策的权力。**联合库存管理**（Jointly Managed Inventory，JMI）**则是一种风险分担的库存管理模式。**联合库存管理是解决供应链系统中由于各节点企业的相互独立库存运作模式导致的需求放大现象，提高供应链的同步化程度的一种有效方法。联合库存管理和供应商管理库存不同，它强调双方同时参与，共同制订库存计划，使供应链过程中的每个库存管理者（供应商、制造商、分销商）都从相互之间的协调性考虑，供应链相邻两个节点间的库存管理者对需求的预期保持一致，从而消除需求变异放大现象。**任何相邻节点需求的确定都是供需双方协调的结果，库存管理不再是各自为政的独立运作过程，而是供需连接的纽带和协调中心。**

联合库存管理的思想可以从分销中心的联合库存功能谈起。地区分销中心体现了一种简单的联合库存管理思想。传统的分销模式是分销商根据市场需求直接向工厂订货，如，汽车分销商（或批发商）根据用户对车型、款式、颜色、价格等的不同需求而向汽车制造厂订的货，需要经过一段较长时间才能达到。由于顾客不想等待这么久的时间，各个分销商不得不进行库存备货，这样大量的库存使分销商难以承受，以至于破产。而采用地区分销中心，就大大减少了库存浪费的现象。

在传统的分销模式中，每个销售商直接向工厂订货，每个销售商都有自己的库存，而采用分销中心后的销售方式，各个销售商只需要少量的库存，大量的库存由地区分销中心储备，也就是各个销售商把其库存的一部分交给地区分销中心负责，从而减轻了各个销售商的库存压力。分销中心起到了联合库存管理的功能，分销中心既是一个商品的联合库存中心，同时也是需求信息的交流与传递枢纽。

有的企业从分销中心的功能得到启发，对现有的供应链库存管理模式进行了新的拓展和重构，提出了联合库存管理新模式——基于协调中心的联合库存管理系统。

JMI 把供应链系统管理进一步集成为上游和下游两个协调管理中心，库存连接的供需双方从供应链整体的观念出发，同时参与，共同制订库存计划，实现供应链的同步化运作，从而部分消除了由于供应链环节之间的不确定性和需求信息扭曲现象导致的供应链的库存波动。JMI 在供应链中实施合理的风险、成本与效益平衡机制，建立合理的库存管理风险预防和分担机制、合理的库存成本和运输成本分担机制，以及与风险成本相对应的利益分配机制，在进行有效激励的同时，避免供需双方的短视行为及供应链局部最优现象的出现。通过协调管理中心，供需双方共享需求信息，因而起到了提高供应链的运作稳定性的作用。

2. 联合库存管理与传统库存管理的比较

（1）传统库存控制。

传统的库存管理。把库存分为独立需求和相关需求两种库存模式来进行管理。相关需求库存问题采用物料需求计划（MRP）处理，独立需求问题采用订货点办法处理。一般来说，产成品库存管理为独立需求库存问题，而在制品和零部件以及原材料的库存控制问题为相关需求库存问题。对于传统的供应链活动来说，在整个供应链过程中，从供应商、制造商到分销商，各个供应链节点企业都有自己的库存。供应商作为独立的企业，其库存为独立需求库存。制造商的材料、半成品库存为相关需求库存，而产品库存为独立的需求库存。分销商为了应付顾客需求的不确定性也需要库存，其库存也为独立需求库存。传统的库存控制管理示意如图 10-4 所示。

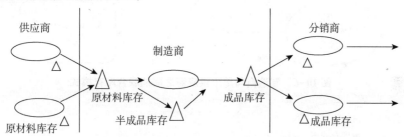

图 10-4 传统的库存控制管理示意

从图 10-4 中可以看出，每个分销商向公司订货，每个分销商都建立自己的库存；公司为满足分销商的需求，也要建立自己的库存；供应商为保证供应，也建立自己的库存。从供应商到制造商（公司）和分销商各自管理自己的库存，在库存管理上各自为政、互不沟通、分销商多存储商品会增加销售成本，影响分销商的获利，不利于产品销售。

（2）供应链管理下的联合库存。

供应链管理下的联合库存控制管理示意如图 10-5 所示。

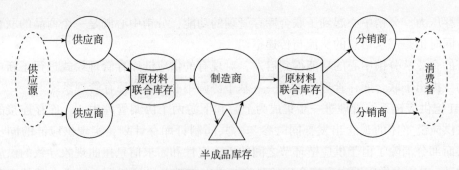

图 10-5　供应链管理下的联合库存控制管理示意

从图 10-5 中可以看出，与传统库存控制管理相比，联合库存控制管理少两个库存，一个是供应商库存，一个是分销商库存，这样就解决了供应链系统中由于各个节点企业的相互独立库存运作模式导致的需求放大现象，提高了供应链的同步化程度。

基于协调中心的库存管理和传统的库存管理模式相比，有如下几个方面的优点。

1）为实现供应链的同步化运作提供了条件和保证。

2）减少了供应链中的需求扭曲现象，降低了库存的不确定性，提高了供应链的稳定性。

3）库存作为供需双方的信息交流和协调的纽带，可以暴露供应链管理中的缺陷，为改进供应链管理水平提供依据。

4）为实现零库存管理、准时采购以及精细供应链管理创造了条件。

5）进一步体现了供应链管理的资源共享和风险分担的原则。

3. 联合库存管理策略的应用演变

联合库存是在供应链上下游企业合作的情况下，由双方共同设立库存点的库存管理模式。仓库的运作可以由供应商、制造商或第三方物流服务商来完成。联合库存管理有不同联合程度和方式，如图 10-6 至图 10-9 所示。

图 10-6　制造商与单个供应商之间的联合库存模式

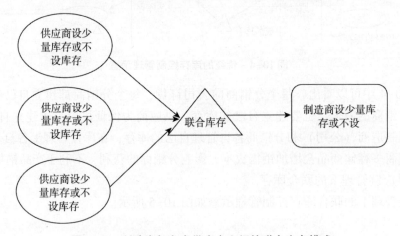

图 10-7　制造商与多个供应商之间的联合库存模式

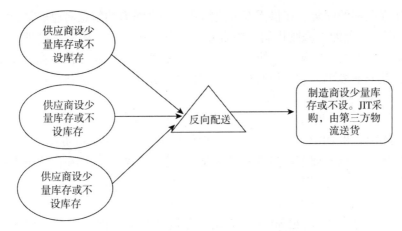

图 10-8　反向配送向供应商取货模式

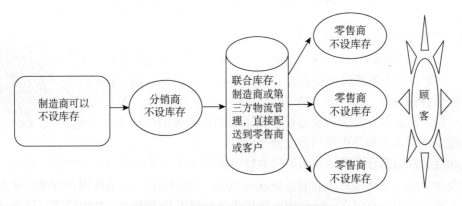

图 10-9　商流与物流分离的库存管理模式

4. 联合库存管理的实施策略

（1）建立供需协调管理机制。

为了发挥联合库存管理的作用，供需双方应基于合作精神，建立供需协调管理的机制，明确各自的目标和责任，建立合作沟通的渠道，为供应链的联合库存管理提供有效的机制。

建立供需协调管理机制，要从以下几个方面着手。

1）**建立共同合作目标**。要建立联合库存管理模式，首先供需双方必须本着互惠互利的原则，建立共同的合作目标。为此，要理解供需双方在市场目标中的共同之处和冲突点，通过协商形成共同的目标，如用户满意度、利润的共同增长和风险的减少等。

2）**建立联合库存的协调控制方法**。联合库存管理中心担负着协调供需双方利益的角色，起协调控制器的作用，因此需要对库存优化的方法进行明确。这些内容包括库存如何在多个需求方之间调节与分配，库存的最大量和最低库存水平，安全库存的确定，需求的预测，等等。

3）**建立一个信息沟通的渠道或系统是供应链管理的特色之一**。为了提高整个供应链需求信息的一致性和稳定性，减少由于多重预测导致的需求信息扭曲，应增加供应链各方对需求信息获得的及时性和透明性。为此应建立一个信息沟通渠道或系统，以保证需求信息在供应链中的畅通和准确性。要将条码技术、扫描技术、POS 系统和 EDI 集成起来，并且要充分利用互联网的优势，在供需双方之间建立一个畅通的信息沟通桥梁和联系纽带。

4）**建立利益的分配、激励机制**。要有效运行基于协调中心的库存管理，必须建立一种公平的利益分配制度，并对参与协调库存管理中心的各个企业（供应商、制造商、分销商或批发商）进行有效的激励，防止机会主义行为，增强协作性和协调性。

（2）发挥两种资源计划系统的作用。

为了发挥联合库存管理的作用，在供应链库存管理中应充分利用目前比较成熟的**两种资源管理系统：MRP Ⅱ 和 DRP**。原材料库存协调管理中心应采用制造资源计划系统 MRP Ⅱ，而在产品联合库存协调管理中心则应采用物资资源配送计划。这样在供应链系统中把两种资源计划系统很好地结合起来。

（3）建立快速响应（QR）系统。

快速响应系统是在 20 世纪 80 年代末由美国服装行业发展起来的一种供应链管理策略，目的在于减少供应链中从原材料到用户过程的时间和库存，最大限度地提高供应的运作效率。

（4）发挥第三方物流系统的作用。

第三方物流系统（Third Party Logistics，TPL）是供应链集成的一种技术手段。TPL 也叫作物流服务提供者（Logistics Service Provider，LSP），它为用户提供各种服务，如产品运输、订单选择、库存管理等。第三方物流系统由一些大的公共仓储公司通过提供更多的附加服务演变而来，也有由一些制造企业的运输和分销部门演变而来的。

QR 小知识

把库存管理的部分功能代理给第三方物流系统管理，可以使企业更加集中精力于自己的核心业务，第三方物流系统起到了供应商和用户之间联系的桥梁作用，帮助企业获得诸多好处。第三方物流系统在供应链中的作用表现在以下几个方面：减少成本；使企业集中于核心业务；获得更多的市场信息；获得一流的物流咨询；提高服务质量；快速进入国际市场。

面向协调中心的第三方物流系统，使供应与需求双方都取消了各自独立的库存，增加了供应链的敏捷性和协调性，并且大大改善了供应链的用户服务水平和运作效率。

（三）多级库存优化与控制

1. 多级库存管理基本思想

基于协调中心的联合库存管理是对供应链的局部优化控制，而要进行供应链的全局性优化与控制，则必须采用多级库存优化与控制方法。因此，**多级库存优化与控制是供应链资源的全局性优化**。

多级库存优化与控制是在单级库存控制的基础上形成的。多级库存系统根据不同的配置方式，有串行系统、并行系统、纯组装系统、树形系统、无回路系统和一般系统。

供应链管理的目的是使整个供应链各个阶段的库存量最小，但是，现行的企业库存管理模式是从单一企业内部的角度去考虑库存问题的，因而并不能使供应链整体达到最优。

多级库存优化与控制的方法有两种：一种是**非中心化（分布式）策略**，另一种是**中心化（集中式）策略**。非中心化策略是各个库存点独立地采取各自的库存策略，这种策略在管理上比较简单，但是并不能保证产生整体的供应链优化，如果信息的共享度低，多数情况下产生的是次优的结果，因此非中心化策略需要更多信息共享。而中心化策略中，所有库存点的控制参数是同时决定的，考虑了各个库存点的相互关系，通过协调的办法获得库存的优化。中心化策略在管理上协调的难度大，特别是在供应链的层次比较多，即供应链的长度增加时，协调控制的难度更大。

供应链的多级库存优化与控制应考虑以下几个问题。

（1）明确库存优化的目标。

传统的库存优化问题无不需要对库存成本进行优化，在强调敏捷制造、基于时间的竞争条件下，这种成本优化策略是否适宜？供应链管理的两个基本策略是 ECR 和 QR，它们都集中体现了顾客响应能力的基本要求，因此在实施供应链库存优化时要明确，库存优化的目标是成本还是时间。成本是库存控制中必须考虑的因素，但是，在现代市场竞争的环境下，仅优化成本这样一个参数显然是不够的，应该把时间（库存周转时间）的优化也作为库存优化的主要目标来考虑。

（2）明确库存优化的边界。

供应链库存管理的边界即供应链的范围。在库存优化中，一定要明确所优化的库存范围。供应链的结构有各种各样的形式，如全局的供应链，包括供应商、制造商、分销商和零售商各个部门；如局部的供应链，分为上游供应链和下游供应链。在传统的所谓多级库存优化模型中，绝大多数的库存优化模型是下游供应链，即关于制造商（产品供应商）—分销中心（批发商）—零售商的三级库存优化，很少有关于零部件供应商—制造商之间的库存优化模型。在上游供应链中，主要考虑的是供应商的选择问题。

（3）多级库存优化的效率问题。

理论上讲，如果所有的相关信息都是可获得的，并把所有的管理策略都考虑到目标函数中去，中心化的多级库存优化要比基于单级库存优化的策略（非中心化策略）好。但是，现实情况未必如此，当把组织与管理问题考虑进去时，管理控制的幅度常常是下放给各个供应链的部门独立进行，因此多级库存控制策略的好处也许会被组织与管理的考虑所抵消。因此，简单的多级库存优化并不能真正产生优化的效果，需要对供应链的组织、管理进行优化。否则，多级库存优化策略的效率就是低下的。

（4）明确采用的库存控制策略。

在单库存点的控制策略中，一般采用的是周期性检查与连续性检查策略。在周期性检查库存策略中主要有 (nQ, s, R)、(S, R)、(s, S, R) 等策略，连续库存控制策略主要有 (s, Q) 和 (s, S) 两种策略。这些库存控制策略对于多级库存控制仍然适用。但是，到目前为止，关于多级库存控制，都是基于无限能力假设的单一产品的多级库存，对于有限能力的多产品的库存控制是供应链多级库存控制的难点和有待解决的问题。

下面从时间优化和成本优化的角度分别探讨多级库存优化与控制问题。

2. 基于成本优化的多级库存优化与控制

基于成本优化的多级库存优化与控制实际上就是确定库存控制的有关参数，包括库存检查期、订货点、订货量等。

在传统的多级库存优化方法中，主要考虑的供应链模式是生产—分销模式，也就是供应链的下游部分。这里进一步把问题推及整个供应链的一般情形。在库存控制中，考虑集中式（中心化）和分布式（非中心化）两种库存控制策略情形。在分析之前，首先确定库存成本结构。

（1）供应链的库存成本结构。

第一，**维持库存费用**（Holding Cost）C_h。在供应链的每个阶段都维持一定的库存，以保证生产、供应的连续性。这些库存维持费用包括资金成本、仓库及设备折旧费、税收、保险金等。维持库存费用与库存价值和库存量有关，其沿着供应链从上游到下游有一个累积的过程。

如果是上游供应链，维持库存费用是一个会合的过程；而在下游供应链，则是分散的过程。

第二，**交易成本**（Transaction Cost）C_t。交易费用是在供应链企业之间的交易合作过程中产生的各种费用，包括谈判要价、准备订单、商品检验费用、佣金等。交易成本随交易量的增加而减少。交易成本与供应链企业之间的合作关系有关，建立一种长期的互惠合作关系有利于降低交易成本，战略伙伴关系的供应链企业之间交易成本是最低的。

第三，**缺货损失成本**（Shortage Cost）Cs。缺货损失成本是由于供不应求，即库存小于零，造成的市场机会损失以及用户罚款等。

缺货损失成本与库存大小有关。库存量大，缺货损失成本小；反之，则缺货损失成本高。为了减少缺货损失成本，维持一定量的库存是必要的，但是库存过多将增加维持库存费用。

在多级供应链中，提高信息的共享程度、加强供需双方的协调与沟通有利于减少缺货带来的损失。

总的库存成本为：

$$C = C_h + C_t + C_s$$

多级库存控制的目标就是优化总的库存成本 C，使其达到最小。

（2）库存控制策略。

多级库存的控制策略分为中心化控制策略和非中心化控制策略。

1）中心化控制策略。

目前关于多级库存的中心化控制策略的探讨不多，采用中心控制的优势在于能够对整个供应链系统的运行有较全面的掌握，能够协调各个节点企业的库存活动。中心化控制是将控制中心放在核心企业上，由核心企业对供应链系统的库存进行控制，协调上游与下游企业的库存活动。这样核心企业也就成了供应链上的数据中心（数据仓库），担负着数据的集成、协调功能。

中心化库存优化控制的目标是使供应链上总的库存成本最低。理论上讲，供应链的层次是可以无限的，即从用户到原材料供应商，整个供应链是 n 个层次的供应链网络模型，分一级供应商、二级供应商、k 级供应商，然后到核心企业（组装厂）；分销商也可以是多层次的，分一级分销商、二级分销商、三级分销商等，最后才到用户。但是，现实中供应链的层次并不是越多越好，而是越少越好，因此实际供应链的层次并不很长，采用供应—生产—分销这样的典型三层模型足够说明供应链的运作问题。

各个零售商的需求 D_{it} 是独立的，根据需求的变化做出的订货量为 Q_{it}，各个零售商总的订货汇总到分销中心，分销中心产生一个订货单给制造商，制造商根据产品决定生产计划，同时对上游供应商产生物料需求。整个供应链在制造商、分销商、零售商三个地方存在三个库存，这就是三级库存。这里假设各零售商的需求为独立需求，需求率 d_i 与提前期 LT_i 为同一分布的随机变量，同时系统销售同一产品，即为单一产品供应链。这样一个三级库存控制系统是一个串行与并行相结合的混合型供应链模型，公式如下：

$$\min\{C_{mfg} + C_{cd} + C_{rd}\}$$

这里，第一项为制造商的库存成本，第二项为分销商的库存成本，第三项为零售商的库存成本。关于订货策略采用连续检查还是周期性检查的问题，原则上讲两者都是适用的，但各有特点。问题在于采用传统的订货策略时有关参数的确定应和供应链环境下的库存参数有所不同，否则不能反映多级库存控制的思想。因此，不能按照传统的单点库存控制策略进行库存优化，必须寻找新的方法。

那么，如何体现供应链这种集成的控制思想呢？可以采用级库存取代点库存的办法。因为点库存控制没有考虑多级供应链中相邻节点的库存信息，因此容易造成需求放大现象。采用级库存控制策略后，每个库存点不再是仅检查本库存点的库存数据，而是检查处于供应链整体环境下的某一级库存状态。这个级库存和点库存不同，重新定义供应链上节点企业的库存数据，采用"级库存"这个概念，其计算公式为：

供应链的级库存＝某一库存节点现有库存＋转移到或正在转移给其后续节点的库存

这样检查库存状态时不但要检查本库存点的库存数据，而且还要检查其下游需求方的库存数据。级库存策略的库存决策是基于完全掌握下游企业的库存状态而做出的，因此避免了信息扭曲现象。建立在互联网和 EDI 技术基础上的全球供应链信息系统，为企业之间的快速信息传递提供了保证。因此，实现供应链的多级库存控制是有技术保证的。

2）非中心化控制策略。

非中心化控制是把供应链的库存控制分为三个成本归结中心，即制造商成本中心、分销商成本中心和零售商成本中心，各自根据自己的库存成本优化做出优化的控制策略。非中心化的库存控制要取得整体的供应链优化效果，需要增加供应链的信息共享程度，使供应链的各个部门都共享统一的市场信息。非中心化多级库存控制策略能够使企业根据自己的实际情况独立快速地做出决策，有利于发挥企业自己的独立自主性和灵活机动性。

非中心化库存订货点的确定，可完全按照单点库存的订货策略进行，即每个库存点根据库存的变化，独立地决定库存控制策略。非中心化控制策略，需要企业之间的协调性比较好，如果协调性差，有可能导致各自为政的局面。

3. 基于时间优化的多级库存控制

前面探讨了基于成本优化的多级库存优化方法，这是传统的做法。随着市场的变化，市场竞争已从传统、简单的成本优先竞争模式转为时间优先竞争模式，这就是敏捷制造的思想。因此，供应链的库存优化不能简单地仅优化成本。在供应链管理环境下，库存优化还应该考虑对时间的优化，比如库存周转率的优化、供应提前期的优化、平均上市时间的优化等。库存时间过长对产品的竞争不利，因此供应链系统应从提高用户响应速度的角度提高供应链的库存管理水平。

五、战略库存控制：工作流管理

前面论述了供应链的库存管理策略，这些新的思想和方法对于改进供应链企业的库存管理以及供应链的整体优化是很有帮助的。但是，如果再深入分析一下库存问题就不难发现，库存控制是个很复杂的企业综合管理问题，尽管目前已有许多数学模型能够辅助库存管理，但是从管理的战略意义上讲，这些模型和算法都很难解决库存控制中的本质问题——战略性库存决策问题。战略性库存决策问题是宏观的管理决策问题，纯粹用传统的、微观的、基于算法求解的方法不能解决战略库存决策问题，多级库存控制的难点也就在这里。

（一）关于库存管理问题的新理解

对于库存，人们习惯认为它是资源的储备或暂时性的闲置，因此，长期以来对库存作用的理解，就针对库存是因"储备"而存在还是因"闲置"而存在有截然相反的看法。持库存是储备的观点认为，库存是维持正常生产、保持连续、应付不测需求所必需的；而持库存是闲置的观点认为，库存是一种浪费，它掩盖了管理中的问题，因此主张消除库存，采用无库存生产方式不断地降低库存水平，通过暴露管理问题，然后解决问题，使管理工作得到改进，达到一个新的水平。这是一个循环往复、不断改进的过程，JIT思想集中体现了这种理念。

深层次的研究发现，库存并不是简单的资源储备或闲置的问题，而是一种组织行为问题，这是本书关于库存管理新的理解：库存是企业之间或部门之间没有实现无缝衔接的结果，因此，库存管理的真正本质不是针对物料的物流管理，而是针对企业业务过程的工作流管理。

基于传统的库存观点，库存管理就是物料管理，于是人们花大量的时间与精力去优化库存（物料成本优化），却总达不到预期效果。这种只看树木不看森林的管理思维一直没有得到突破。而所谓的库存管理也总是围绕物流管理、仓库管理等问题展开，或者基于降低浪费的角度，采用JIT方式进行无休止的改进以降低库存，虽然这些都是库存管理的有效方法，但是，从根本上来说，仍然没有解决库存的本质问题。

（二）工作流管理

从传统的以物流控制为目的的库存管理向以过程控制为目的的库存管理转变，是库存管理思维的变革。基于过程控制的库存管理是全面质量管理、业务流程再造、工作流技术、物流技术的集成。这种新的库存管理思想对企业的组织行为产生重要的影响，组织结构更加面向过程。供应链是多个组织的联合，通过有效的过程管理可以减少乃至消除库存。

在供应链库存管理中，组织障碍是库存增加的一个重要因素。不管是企业内部还是企业之间，相互的合作与协调是实现供应链无缝衔接的关键。在供应链管理环境下，库存控制不再是运作问题，而是企业的战略性问题。要实现供应链管理的高效运行，必须加强企业间的协作，建立有效的合作机制，不断进行流程革命。因而，库存管理并不是简单的物流过程管理，而是企业之间工作流的管理。

基于工作流的库存管理，能解决传统的库存控制方法无法解决的库存协调问题，特别是多级库存控制问题。多级库存管理涉及多组织协作关系，这是企业之间的战略协作问题。传统的订货点方法解决不了关于多组织的物流协作问题，只有通过组织的最有效协作关系进行协调才能解决。

基于工作流的库存控制策略把供应链的集成推到了一个新的战略高度——企业间的协作与合作。

六、技术变革下的供应链库存模式

（一）电子商务发展阶段的供应链库存模式

电子商务发展初期，特别是网购初期，由于它去掉了中间商（批发商、零售商等）环节，成本大大减少。由于网购价格很低，部分客户平衡价格和时间后，选择网购方式，但那时快递发展不成熟，送货速度较慢。此时，**供应链企业为了降低成本，会减少库存点的数量，使供应链库存趋向于合并，集中到一个库存点。**

（二）电子商务成熟阶段的供应链库存模式

随着电子商务的快递发展，企业竞争越来越激烈，网购价格与实体店价格区别不大，而客户从追求价格便宜转向追求体验、快捷、便利。为了满足客户需求，电商企业开始在不同区域设置库存点来满足快速送货的需要，促使供应链库存点不断增加，直到分解到距离客户较近的地方，形成"微仓"。**供应链库存趋向分解，形成库存网点。**

（三）无人机、无人车技术下的供应链库存模式

传统的快递方式存在"最后一公里"的问题，特别是偏远地区送货问题，成本高，送货慢，因而无人车、无人机技术开始发展并使用。随着无人技术越来越成熟，特别是无人机技术的发展，"最后一公里"、支线运输、干线运输等问题得到解决。由于无人机送货速度快等特点，供应链企业可以快速送货到较远的客户，这就不需要在距离客户较近的地方设置仓库，库存点再次减少，以降低库存成本。

随着信息技术的发展，供应链获取信息越来越容易，用"信息"代替"库存"成为一种趋势，但获取信息会增加成本，这就需要供应链企业对"获取信息"成本与"降低库存"成本两者进行比较，达到平衡，实现供应链总成本降低的目标。

七、供应链库存布局 PDCA 循环

供应链库存始终是供应链企业关注的问题，它具有两面性：一方面，一定量库存占用资金，增加成本；另一方面，持有一定库存能够提高服务水平。某一市场环境下，供应链企业为了降低库存成本，需要不断减少库存点，使库存点趋向于"合"；而另一市场环境下，供应链企业为了提高客户服务水平，会增加库存点，使库存点趋向于"分"。在"分"与"合"的过程中，信息技术、物流技术的发展起到了重要的作用。**供应链库存不断地"分"与"合"，形成供应链库存不断优化的 PDCA 循环**，即 Plan（计划）、Do（执行）、Check（检查）和 Act（处理），如图 10-10 所示。

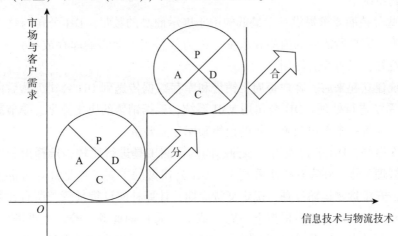

图 10-10　供应链库存布局 PDCA 循环示意

第二模块 案例讨论

案例一 达可海德服装公司的 VMI 系统

美国达可海德（DH）服装公司把供应商管理的库存（VMI）看作增加销售量、提高服务水平、减少成本、保持竞争力和加强与客户联系的战略性措施。在实施 VMI 过程中，DH 公司发现有些客户希望采用 EDI 先进技术并且形成一个紧密的双方互惠、信任和信息共享的关系。

为对客户实施 VMI，DH 公司选择了 STS 公司的 MMS（会员管理系统），以及基于客户机/服务器的 VMI 管理软件。DH 公司采用 Windows NT，用计算机做服务器，带有五个用户终端。在 STS 公司的帮助下，对员工进行了培训，设置了必要的基本参数和使用规则。技术人员为主机系统的数据和 EDI 业务管理编制了特定的程序。

在起步阶段，DH 选择了分销链上的几家主要客户作为试点单位。分销商的参数、配置、交货周期、运输计划、销售历史数据以及其他方面的数据，被统一输进了计算机系统。经过一段时间的运行，根据 DH 公司信息系统部的统计，分销商的库存减少了 50%，销售额增加了 23%，取得了较大的成效。

接着，DH 公司将 VMI 系统进行了扩展，并且根据新增客户的特点又采取了多种措施，在原有 VMI 管理软件上增加了许多新的功能。

（1）某些客户可能只能提供总存储量的 EDI 数据，而不是当前现有库存数。为此，DH 公司增加了一个简单的 EDI/VMI 接口程序，计算出客户需要的现有库存数。

（2）有些客户没有足够的历史销售数据来进行销售预测。为解决这个问题，DH 公司用 VMI 软件中的一种预设的库存模块让这些客户先运行，直到积累起足够的销售数据后再切换到正式的系统中去。

（3）有些分销商要求提供一个最低的用于展示商品的数量。DH 公司与这些客户一起工作，一起确定客户所需的商品和数量（因为数量太多会影响库存成本），然后用 VMI 中的工具设置好，以备今后使用。

VMI 系统建立起来后，客户每周将销售和库存数据传送到 DH 公司，然后由主机系统和 VMI 接口系统进行处理。DH 公司用 VMI 系统，根据销售的历史数据、季节款式、颜色等不同因素，为每一个客户预测一年的销售和库存需要量。

为把工作做好，DH 公司应用了多种不同的预测工具进行比较，选择出其中最好的方法用于实际管理工作。在库存需求管理中，DH 公司做的主要工作是计算可供销售的数量和安全库存，安排货物运输计划，确定交货周期，计算补库订货量等。所有计划好的补充库存数据都要复核一遍，然后根据下一周（或下一天）的业务，输入主机进行配送优化，最后确定出各配送中心装载/运输的数量。DH 公司将送货单提前通知各个客户。

一般情况下，VMI 系统需要的数据通过 ERP 系统获得，但是 DH 公司没有 ERP。为了满足需要，同时兼顾 VMI 客户和非 VMI 客户，DH 公司选用了最好的预测软件，并建立了另外的 VMI 系统数据库。公司每周更新数据库中的订货和运输数据，并且用这些数据进行总的销售预测。结果表明，DH 公司和其客户都取得了预期的效益。

（案例来源：达可海德（DH）服装公司的 VMI 系统，IBM 的供应链管理，惠普台式打印机供应链的构建［EB/OL］.（2012 - 4 - 7）［2022 - 4 - 1］. http://www.doc88.com/p - 546678321017. html. 案例经编者整理、改编。）

思考题：DH 服装公司的 VMI 系统是如何实施的？

案例二　联合库存管理应用：在 K 公司的应用

（一）K 公司介绍

K 公司成立于 1993 年，是一家大型设备制造企业，主要生产举重机械设备和混凝土设备，如汽车举重机、混凝土运输车等，总资产超过 25.8 亿元，员工人数超过 4 000 人，是 WH 市重点扶植企业，实力雄厚。公司产品品种多，结构复杂，所需要的零部件和所用的材料种类多，库存物料品种多，库存管理难度大。

（二）K 公司库存管理存在的问题

K 公司的库存管理还处在供应链库存管理的初级阶段，持有库存主要是为了缓冲生产和销售方面的不确定性，实现大规模生产，防范物料预期的价格上涨或供给减少，以及缓解需求季节性的波动或实现均衡生产等。目前，K 公司的库存管理主要存在以下几个问题。

1. 库存管理多级化

K 公司没有成立统一的物流中心，没有建立大型立体化仓库，无法对物料的采购、运输、仓储、配送进行统一管理。销售、制造、计划、采购、运输和仓储等的控制系统和业务过程各自独立，相互之间缺乏业务合作，从而导致多级库存。物流部门控制原材料、外协件和外购配件的库存，制造和生产部门控制原材料到成品的转化过程中的半成品库存和自制件库存，销售公司和售后服务中心分别控制成品库存和备件库存。物料由物流部门的仓库或制造部门的仓库流向售后服务中心的仓库，再流到各地服务中心办事处的仓库，形成多级库存管理，增加了库存占用资金和物流环节，延长了物流的周期。

2. 库存质量控制成本高

K 公司作为一家大型机械设备制造公司，是供应链上的核心企业，生产所需原材料和零部件绝大多数来自对外采购和对外协作，所需物料种类和规格型号多，企业供应商数量多，分布范围广，质量标准不一，因此就增加了 K 公司产品质量控制的工作量，增加了检测人员及检测设备，从而导致库存质量控制成本高。与此同时，K 公司的部分供应商是单一的加工企业，自身没有产品研发能力和质量保障能力，产品的质量较差。为了保证产品质量，K 公司同样需要增加质量检测人员、检测设施和检测时间，从而也导致了公司库存质量控制成本居高不下。

3. 库存持有成本高

K 公司的各个事业部或分公司都有自己的仓储系统，单独进行库存管理。仓库、货场、设施和设备没有进行统一规划、统一管理，没有得到充分利用，增加了库存的空间成本。由于仓库没有统一管理，公司不同的仓库持有同一种物料库存，同时物料信息不共享，难以调节不同部门库存物料的余缺，导致库存占用资金增多，从而增加了库存的资金成本；由于缺少集中的仓储中心仓库，不能集中仓储和配送，为了保证对生产过程的连续供应，部分工厂或车间建立了材料和半成本库，增加了公司库存数量、延长库存周转时间，从而也会导致库存占用资金增多，增加了库存的资金成本；由于仓库多，管理人员也就多，整体工作效率低，人员工资和办公费用多，提高了库存的管理成本。此外，由于部分外购产品质量差，需要相应增加保险储备，从而增加了库存占用资金，也增加了库存持有成本。

（三）K公司库存管理存在问题的原因分析

在企业供应、生产、销售等经营运作过程中，存在一定的库存问题是不可避免的，因为库存管理的两个目标（降低库存成本、提高服务水平）具有悖反关系。分析K公司库存管理中存在的问题，找出造成这些问题的主要原因，是平衡库存管理两个目标的重要途径，是K公司库存管理优化的必要环节。

1. 面向企业外部的供应链库存问题分析

首先，面向供应商方面，严重地制约了公司库存管理。K公司库存控制的决策与供应商联系不紧密，没有充分共享供需双方库存信息、采购信息、供货信息以及库存中各种物资的历史分布情况等。供应商只是通过外派人员获得粗略的月需求预测、临时加急订货和月消耗与库存盘点的信息，双方没有就联合补货策略进行研究，也没有必要的信息共享。结果导致牛鞭效应显著，大大增加了整个供应链的库存水平。

其次是面向公司的分销商，需求不稳定，从而促使公司的库存不稳定。由于分销商的用户的需求不是一成不变的，这就使分销商不得不加大库存量，从而造成了供应链的牛鞭效应，造成了公司供应不及时。其实，这些产品可能并没有真正销售到用户手中，而是积压在分销商手中，从而使分销商不敢采购新产品销售，造成公司和渠道的损失。

2. 面向企业内部的供应链库存问题分析

企业内部的供应链库存问题主要是指生产系统中的不确定因素。生产计划是生产系统用于驱动和控制生产的主要工具。在生产部门，物流经过上游工作地加工后再送到下游工作地加工，直到该零件部件的生产计划完成，下游工序的加工任务由上游工序决定。

造成生产系统的在制品库存的主要原因是它对需求的处理方式。在以计划驱动的生产系统中，对需求的处理方式是根据当前生产系统的状态和将要发生的变化对整个生产过程进行模拟，然后用计划来表达模拟的结果，并用计划来驱动生产。如果产生计划的模拟过程能够与实际生产过程足够接近，那么生产系统能够及时地为各个工作地按计划提供生产所需的物料，下游工作地几乎没有等待的时间。但生产过程的复杂多变使得模拟十分困难，如车间的加工排序、提前期、物料到位状况等方面的不确定性都会造成计划与实际情况的偏差。而下游工作地为了缓冲这种偏差对其生产的冲击，不得不设置一定数量的安全库存，这就是企业的在制品库存。

一般来说，企业间的不确定因素在数量尺度和时间尺度上都远大于生产系统的不确定因素，从而对供应链库存管理的影响也更大。

（四）K公司联合库存管理实施策略

建立联合库存管理模式的设想，就是要打破传统的各自为政的库存管理方法，建立全新的库存管理模式。公司商务部作为联系分销商、经销商的桥梁，成立联合库存协调管理中心，负责与供应商、下级供应部门交换物流过程中的各种信息，负责收集、汇总物资采购的各种信息。公司总部设立一个总库作为产品和原材料储备中心，并按照地理位置在全国范围内分片设立五个地区中心仓库，分别为东北区分库、华北区分库、华东区分库、西南区分库、华南区分库，其库存全部为总库库存，由总部商务部统一调配。

　　总库和分库要建立基于标准的托付订单处理模式，首先要一起确定供应商的订单业务处理过程中所需的信息和库存控制参数，然后建立一种订单处理的标准模式，把订货、交货和票据处理各个业务功能交给总部。其次，需要建立网络，使分销商能够定期跟踪和查询到计算机的库存状态，从而快速地响应市场的需求变化，对企业的生产（供应）状态做出相应的调整。为此，需要建立一种能够使总库和分销商的库存信息系统透明连接、可以实现查询目的的方法。再次，为实现与供应商的联合库存，总部应提供 ID 代码、条形码、条形码应用标识符、EDI 或互联网等支持技术。

　　另外，为了使联合库存管理顺利实施，同时使企业更加集中于自己的核心业务，公司决策层选择了物流外包方式。在全国范围内筛选了三家资质优良、实力雄厚的第三方物流企业，负责公司所有的物流业务。

　　K 公司所选用的联合库存控制管理模式如图 10-11 所示。

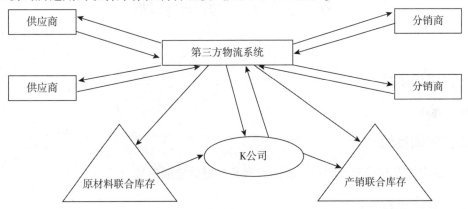

图 10-11　K 公司的联合库存控制管理模式

　　1. 原材料联合库存

　　为公司供应原材料的供应商将生产的成品直接存入公司（核心企业）的原材料库中，变各个供应商的分散库存为公司集中库存。集中库存要求供应商按公司的订单组织生产，产品完成后立即实行小批量多频次的配送方式直接送到公司的仓库补充库存。公司库存控制的管理重点是既要保证生产需要，又要使库存成本最小，还要为分销商发好货。具体的操作程序是：第一，分析公司原材料供应商的资质状况，从中筛选出符合公司技术条件要求的供应商，并定为合作伙伴，合作伙伴分一级伙伴和二级伙伴，二级伙伴作为补充。第二，与确定的合作伙伴签订联合库存控制管理协议，协议内容包括责任、义务、利益。将公司生产需求计划（数量、时间）传递给供应商，供应商组织生产，生产后按量、按时配货发给公司。公司生产使用或按供应商指示发给其他用户。第三，加强公司联合库存控制管理，既保证账、卡、物相符，又保证物品不损坏、变质。第四，做好管理人员技术培训工作，提高业务素质。第五，加强领导，精心组织，专人负责。

　　2. 产销联合库存

　　公司总库承担产品储备中心的职能，相当于全国分库的供应商。在分库所辖区域内，设立地区中心仓库，承担各分销商产品供应工作。中心仓库的库存产品由公司总库配送或分销商代储。中心仓库的管理人员由总部指派，负责产品的接收、配送和管理。各中心仓库在联合库存协调管理中心即商务总库的领导下，统一规范作业程序，实时反馈产品需求信息，使联合库存协调中心能够根据进出库动态信息，了解产品供应情况，充分利用现有资源，合理调配，提高发货速度，以最低的消耗实现最大收益，及时准确地保证分销商及市场的需求。

建立产销联合库存的关键是：第一，按照分销商的购货要求，及时、准确、安全地把产品配送到用户手上；第二，做好售后服务、技术资料提供、施工技术指导、施工人员培训；第三，处理好分销商相关信息反馈。

（案例来源：联合库存管理案例：在 K 公司的应用［EB/OL］.（2010-5-26）［2022-4-1］. https://www. youshang. com/content/2010/05/26/14516. html. 案例经编者整理、改编。）

思考题：K 公司的联合库存管理策略是如何实施的？

第三模块　实训模块

一、实训项目

啤酒游戏。

二、实训目的

了解供应链库存状况、库存形成的因素及牛鞭效应的形成。

三、实训过程

（一）游戏角色分配

假设只经营一种产品：可乐。可乐由制造商生产出来，先卖给批发商，然后再由批发商卖给零售商，最后在零售商的店里卖给最终消费者。现实的情况当然要复杂得多，但这里只是游戏，就只有零售商、批发商、可乐制造商和游戏记账员四个角色。四个人组成游戏的一个小组。

（二）游戏规则说明

1. 每次游戏分轮进行，一轮就代表一个工作日，一次游戏共进行 15 轮。

2. 每轮都会有顾客到零售商那里去买可乐。每轮老师会从扑克牌中抽一张牌，牌的点数在 5 与 10 之间，这就是最终消费者购买的可乐罐数。这张牌老师只给零售商看，批发商和制造商是看不到的。当然零售商也要保守秘密，不能告诉其他人。如若违例，取消资格，并影响全组的成绩。零售商从自己的柜台里拿出可乐来给顾客，然后再向批发商订货，每轮有一次向批发商订货的机会。零售商以每罐 3 元的价格卖给顾客，进货价是每罐 2 元。如果柜台里的可乐不够的话，就是缺货，需要当作迟延订单处理。也就是说，如果零售商的库存不足以满足客户的需求，那么零售商可以延迟发货。不过对不足的部分，要对客户做出赔偿，每罐赔偿 0.1 元。如果下一轮还是不够货，就继续顺延，等货到以后再发。零售商下的订单当天不会到货，要过两天才会收到。就是说零售商第一轮下的订单，要到第三轮才会进入零售商的柜台。还有零售商每次向批发商订货要交手续费、运输费，共折合 2 元一次。

3. 批发商的责任就是卖可乐给零售商，2 元一罐。批发商有一个仓库，每轮都可以从自己的库存中尽可能地满足零售商的订单。同时，每轮有一次向制造商订货的机会，订货价是 1.5 元。不过，所订的货也要过两轮才会到达批发商的仓库。同时，批发商也需要负担订货成本，每个订单的运输费以及手续费是 3 元一次。缺货时需要对零售商做出每罐 0.1 元的赔偿。

4. 制造商或者说是可乐厂，其他一切条件和规则都和上面一样，唯一不同的是，制造商不是向别人订货，而是自己生产可乐。当然，由于制造可乐需要很多车间和各道生产工序，所以，每个轮次下的生产订单也要等两轮才能完工，进入成品仓库。而且，每次启动生产线都有启动成本 3 元，但是制造商的生产量没有限制，也就是说，不管下多大的生产订单，工厂都会如期生产出来。制造商以每罐 1.5 元的价格卖给批发商，而制造商自己的生产成本则是每罐 1.1 元。缺货时需要对批发商做出每罐 0.1 元的赔偿。

5. 仓库里储存可乐也是有成本的，这个成本包括资金占用成本、仓库租赁费、管理费、雇员的工资等费用。零售商的仓储成本按每天每罐可乐平均 0.1 元计算；由于批发商仓库比较大，有规模效益，所以每天每罐可乐 0.02 元；制造商的厂房在乡下，面积最大，而且资金的机会成本相对较低，每天每罐可乐 0.01 元。还有在途的货物，就是那些已经下了订单，但是还没有来得及送到的货物——有两天的反应时间，也作为订货者的存货计算存储成本。当然，其数量不一定就是订货量，可能因为供应商发生缺货，不能全部满足订单，只发了一部分可乐。

6. 游戏开始时每个角色有 30 罐可乐的库存，而游戏结束时每个角色也会有结余的库存，记账员要把结余的库存作价 50% 清算掉，然后把亏损记录到毛利中。游戏参与者必须记录每轮自己的销售和库存情况，记账员据此来计算每个角色各自的利润。

总之，所有角色都是独立的企业，目标是使自己的利润最大化，也就是收入和成本的差值最大化。

7. 游戏按照各角色信息不对称和信息对称两种情况进行。

四、实训报告

根据游戏和记录情况，绘图分析信息不对称和信息对称情况下供应链各环节库存状况。

第四模块　小结与测试题

一、本章小结

1. "库存"在英语里有两种表达方式：Inventory 和 Stock，它表示用于将来目的的资源暂时处于闲置状态。不同时期人们对库存的认识不同。在库存理论中，人们一般根据物品需求的重复程度分为单周期库存和多周期库存。单周期需求也叫一次性订货，这种需求的特征是偶发性和物品生命周期短，因而很少重复订货；多周期需求又分为独立需求库存与相关需求库存两种属性。

2. 常见的独立需求库存控制模型根据其主要的参数，如需求量与提前期是否确定，分为确定型库存模型和随机型库存模型。

3. 供应链管理环境下的库存控制存在的主要问题有信息类问题、供应链的运作问题、供应链的战略与规划问题。

4. "需求变异加速放大原理"是美国著名的供应链管理专家哈里教授对需求信息扭曲在供应链中传递的一种形象描述，其基本思想是：当供应链的各节点企业只根据来自其相邻的下级企业的需求信息进行生产或供应决策时，需求信息的不真实性会沿着供应链逆流而上，产生逐级放大的现象，达到最源头的供应商时，其获得的需求信息和实际消费市场中的顾客需求信息发生了很大的偏差，需求变异系数比分销商和零售商的需求变异系数大得多。

5. 供应链不确定性的来源主要有三个方面：供应者不确定性、生产者不确定性、顾客不确定性。

6. 为了适应供应链管理的要求，供应链下的库存管理方法必须进行相应的改变，本章结合国内外企业实践经验及理论研究成果，介绍了几种先进的供应链库存管理技术与方法，包括 VMI 库存管理、联合库存管理、多级库存优化与控制等。

7. 库存是企业之间或部门之间没有实现无缝衔接的结果，因此，库存管理的真正本质不是针对物料的物流管理，而是针对企业业务过程的工作流管理。

8. 不同的经济技术环境下，供应链库存布局不同，呈现出"分"与"合"的循环状态。

二、测试题

（一）单项选择题

1. 需求变化独立于人们的主观控制能力之外，因而其数量与出现的概率是随机的、不确定的、模糊的。这种需求是（   ）。

A. 相关需求　　　　B. 独立需求　　　　C. 单周期需求　　　D. 多周期需求

2. 对库存进行连续性检查，当库存降低到订货点水平 R 时，即发出一个订货，每次的订货量保持不变，都为固定值 Q。这种库存策略是（   ）。

A. (Q, R) 策略　　　　　　　　　B. (R, S) 策略

C. (t, S) 策略　　　　　　　　　D. (t, R, S) 策略

3. 主要缘于制造商本身生产系统的不可靠、机器的故障、计划执行的偏差等。这种不确定性是（   ）。

A. 衔接不确定　　　　　　　　　B. 供应者不确定性

C. 生产者不确定性　　　　　　　D. 顾客不确定性

4. 把用户的库存决策权代理给供应商，由供应商代理分销商或批发商行使库存决策的权力。这种库存管理策略为（   ）。

A. VMI　　　　　　B. JMI　　　　　　C. QR　　　　　　D. ECR

5. 某公司为降低库存成本，采用订购点控制某商品的库存。该商品的年需求量为 1 000 单位，订购成本为 10 元，每年每个商品的持有成本为 0.5 元。则该公司每次订购的最佳数量是（　　）。

A. 200　　　　　　B. 220　　　　　　C. 240　　　　　　D. 250

6. 某公司为降低库存成本，采用订购点控制某商品的库存。该商品的年需求量为 1 000 单位，订购成本为 10 元，每年每个商品的持有成本为 0.5 元。如果安全库存天数为 3 天，供货周期是 4 天，假定一年的天数为 360 天，则该公司的订货点是（　　）。

A. 18.2　　　　　　B. 19.4　　　　　　C. 20.2　　　　　　D. 20.6

（二）多项选择题

1. 人们对库存的认识，概括起来一般有（　　）。

A. 资源　　　　　　B. 浪费　　　　　　C. 战略　　　　　　D. 成本

E. 收入

2. 供应链的不确定性表现形式有（　　）。

A. 供应者不确定性　　　　　　　　　B. 生产者不确定性

C. 顾客不确定性　　　　　　　　　　D. 衔接不确定性

E. 运作不确定性

3. 实施 VMI 策略的原则是（　　）。

A. 合作性原则　　　　　　　　　　　B. 互惠原则

C. 目标一致性原则　　　　　　　　　D. 连续改进原则

E. 竞争性原则

4. 供应链的多级库存优化与控制需要考虑的问题有（　　）。

A. 库存优化的目标是成本还是时间　　B. 明确库存优化的边界

C. 多级库存优化的效率问题　　　　　D. 明确采用的库存控制策略

E. 单个企业库存最小

5. 需求放大现象产生的原因有（　　）。

A. 需求预测修正　　　　　　　　　　B. 订货批量决策

C. 价格折扣　　　　　　　　　　　　D. 短缺博弈（配给量）

E. 数量折扣

（三）简答题

1. 传统企业库存控制有哪些方面的问题？

2. "需求变异加速放大原理" 的基本思想是什么？

3. 供应商管理策略的实施步骤是什么？

4. VMI 库存管理模式的演变过程是怎样的？

（四）论述题

1. 论述供应链的不确定性与库存的关系。

2. 论述供应链库存布局的 PDCA 循环。

第十一章 供应链信息管理

⊙ 学习目标

1. 了解信息对供应链管理的作用；
2. 掌握不同信息技术在供应链管理中的应用；
3. 了解电子商务的概念和内容，掌握电子商务在供应链中应用的主要手段；
4. 掌握移动供应链的运营方式；
5. 了解区块链技术及其在供应链中的应用。

第一模块　基础知识

一、信息管理概述

随着全球竞争的加剧、经济不确定性的增大、信息技术的高速发展以及消费者需求的个性化增加等环境的变化，当今世界已经由以机器和原材料为特征的工业时代进入以计算机和信息为特征的信息时代，原有的企业组织与管理模式越来越不能适应激烈的市场竞争，从而开始了探索能够提高企业竞争力的新型管理模式的历程。

在信息社会中，信息已成为企业生存和发展的最重要资源。为了在市场竞争中获得更有利的竞争地位，企业要树立"人才是企业的支柱，信息是企业的生命"的经营思想。企业是一个多层次、多系统的结构，信息是企业各系统和成员间密切配合、协同工作的黏合剂。

实现企业的目标，必须通过信息的不断传递。一方面进行纵向的上下信息传递，把不同层次的经济行为协调起来；另一方面进行横向的信息传递，把各部门、各岗位的经济行为协调起来，通过信息技术处理人、财、物和产、供、销之间的复杂关系，因此，企业就有信息的集成问题。供应链作为一种"扩展"的企业，其信息流动和获取方式不同于单个企业下的情况。在一个由网络信息系统组成的信息社会里，各种各样的企业在发展的过程中相互依赖，形成了一个"生物化企业链"，供应链就是这样的"生态系统"中的"食物

234

链"。企业通过网络从内外两个信息源中收集和传播信息，捕捉最能创造价值的经营方式、技术和方法，创建网络化的企业运作模式。这种企业运作模式下的信息系统和传统的企业信息系统是不同的，需要新的信息组织模式和规划策略。因此，构建供应链管理模式，首先要从改变原有的企业信息系统结构、建立面向供应链管理的新企业信息系统入手，这是实施供应链管理的前提和保证。

为了实现信息共享，需要考虑以下几个方面的问题：为系统功能和结构建立统一的业务标准；对信息系统定义、设计和实施连续的实验、检测方法；实现供应商和用户之间的计划信息的集成；运用合适的技术和方法，提高供应链系统运作的可靠性，降低运行总成本；确保信息要求与关键业务指标一致。

信息管理对于任何供应链管理都是必需的，而不仅仅是针对复杂的供应链。在供应链成员企业之间传输数据主要有手工、半自动化（如 E-mail）、自动化（如 EDI）三种方式。利用 EDI 等信息技术可以快速获得信息，提供更好的用户服务和加强客户联系，提高供应链企业运行状况的跟踪能力直至提高整体竞争优势。当然，供应链企业之间的信息交换要克服不同文化形成的障碍，信息本身是不能"做"任何事的，只有人利用信息去做事。

安德理·温利和斯浦瑞纳·福茨（Andrea Vinelli and Cipriano Forza）提出建立快速反应（Quick Response，QR）策略，以使企业能更好地面对竞争激烈、快速变化、不确定因素增多的市场环境。通过 QR 策略获得缩短整个提前期、实现风险共享、提高服务水平等目的，而信息技术在 QR 策略中担任了不可替代的角色。

二、信息技术在供应链管理中的应用

（一）现代信息技术的发展

现代信息技术奠定了信息时代发展的基础，同时又促进了信息时代的到来，它的发展以及全球信息网络的兴起，把全球的经济、文化联结在一起。任何一个新的发现、新的产品、新的思想、新的概念都可以立即通过网络、通过先进的信息技术传遍世界。经济国际化趋势日渐显著，使得信息网络、信息产业发展更加迅速，使各行业、产业结构乃至整个社会的管理体系发生深刻变化。现代信息技术是一个内容十分广泛的技术群，它包括微电子技术、光电子技术、通信技术、网络技术、感测技术、控制技术、显示技术等。21 世纪，企业管理的核心必然是围绕信息管理来进行的。最近几年，技术创新成为企业改革的最主要形式，而信息技术的发展直接影响企业改革和管理的成功。不管是计算机集成制造（CIM）、电子数据交换（EDI）、计算机辅助设计（CAD），还是制造业执行信息系统（Executive Information System），信息技术革新都已经成为企业组织变化的主要途径。

（二）信息技术在供应链管理中的应用

信息技术在供应链管理中的应用可以从两个方面理解：一是信息技术的功能对供应链管理的作用（如互联网、多媒体、EDI、CAD/CAM、ISDN 等的应用），二是信息技术本身所发挥的作用（如 CD-ROM、ATM、光纤等的应用）。信息技术特别是最新的信息技术（如多媒体、图像处理和专家系统）在供应链中的应用，大大减少了供应链运行中的不增值行为。

（1）**EDI 是供应链管理的主要信息手段之一**，特别是在国际贸易中有大量文件传输的条件下。

EDI 是计算机与计算机之间相关业务数据的交换工具，它有一致的标准以使交换成为可能。典型的数据交换是传向供应商的订单。EDI 的应用较为复杂，其费用也很昂贵，不过最新开发的软件包、远程通信技术使 EDI 更为通用。利用 EDI 能清除职能部门之间的障碍，使信息在不同职能部门之间通畅、可靠地流通，能有效减少低效工作和非增值业务（Non-Value Added）。同时，通过 EDI，可以快速地获得信息，更好地进行通信联系、交流和更好地为用户提供服务。

（2）**CAD/CAE/CAM、EFT 和多媒体的应用可以缩短订单流的提前期。**

如果把交货看作一个项目，为了消除物料流和信息流之间的障碍，就需要应用多媒体技术、共享数据库技术、人工智能、专家系统和 CIM。这些技术可以改善企业内和企业之间计算机支持的合作工作，从而提高整个供应链系统的效率。

（3）**企业的内部联系与企业外部联系是同样重要的。**

例如，在企业内建立企业内部网络（Intranet）并设立电子邮件（E-mail）系统，使职工能便捷地相互收发信息。像 Netscape 和 WWW 的应用可以方便地从其他地方获得有用数据，这些信息使企业在全球竞争中获得成功，使企业能在准确可靠的信息帮助下做出正确决策。信息流的提前期也可以通过 E-mail 和传真的应用缩短。信息时代的发展需要企业在各业务领域中适当运用相关的信息技术。

（4）**战略规划受到内部**(生产能力、技能、职工合作、管理方式) **和外部的信息因素的影响。**

而且供应链管理强调战略伙伴关系的管理，这意味着要处理大量的数据和信息才能做出正确的决策去实现企业目标。电话会议、Netscape、多媒体、网络通信、数据库、专家系统等，可以用以收集和处理数据。决策的准确度取决于收集的内外部数据的精确度和信息交换的难易度。

（5）**产品设计和工程、流程计划可被当作一个业务流程。**

产品本身需要产品、工程、流程计划的设计，这些阶段可以用 QFD、CE、CAD/CAE 和 CAPP 集成在产品开发中，考虑缩短设计提前期和在产品周期每个阶段的生产中减少非增值业务。

（6）**市场营销和销售是信息处理量较大的两个职能部门。**

市场研究在一定程度上是信息技术革新的主要受益者。市场营销和销售作为一个流程需要集成市场研究、预测和反馈等方面的信息，而在采购订单、付款、预测等事务处理中应用 EDI，可以提高用户和销售部门之间数据交换的工作效率，保证为用户提供高质量的产品和服务。

（7）**会计业务包括产品成本、买卖决策、资本投资决策、财务和产品组决策等。**

计算机信息系统包括在线成本信息系统和数据库，主要采用在线共享数据库技术和计算机信息系统完成信息的收集和处理。技术分析专家系统（Expert System for Technology Analysis，ESTA）、财务专家系统能提高企业的整体投资管理能力，而且在 ESTA 中应用人工智能（AI）和神经网络技术可以增强某些非结构性问题的专家决策。AI 的应用可以提高质量、柔性、利用率和可靠性，EDI 和电子资金转账（Electronic Funds Transfer，EFT）应用在供应链管理当中，可以提高供应链节点企业之间资金流的安全性和交换的快速性。

（8）提高供应链柔性。

生产过程中的信息量大而且繁杂，如果处理不及时或处理不当，就有可能出现生产的混乱、停滞等现象。应用 MRP II、JIT、CIMS、MIS 等技术就可以解决企业生产中出现的多种复杂问题，提高企业生产和整个供应链的柔性，保证生产及供应链的正常运行。

（9）提高工作效率。

客户/服务技术可以应用于企业之间的信息共享，以改善企业的服务水平，同时各种网络新技术的应用也可以改善企业之间的信息交互使用情况。信息自动化系统提高了分销、后勤、运输等工作的效率，减少了纸面作业，从而降低了成本，提高了用户服务水平。

（10）为决策做支撑。

供应链设计中运用 CIM、CAD、互联网、电子邮件、专家支持系统等技术，有助于供应链节点企业的选择、定位，以及资源、设备的配置。决策支持系统（DSS）有助于核心企业决策的及时性和正确性。

（11）改善合作关系。

人力资源管理中，人类行为工程（Human Performance Engineering，HPE）也开始得到应用，HPE 的主要职能是组织、开发、激励企业的人力资源。在企业系统的工作设计、培训、组织重构中应用 HPE，可以帮助企业提高从最高领导层到车间的人力效率。同时，多媒体、CAD/CAM 和互联网等技术的应用可以改善职工之间的合作水平，降低工作压力。

三、电子商务与供应链管理

集成化供应链管理将成为企业进入 21 世纪后适应全球竞争的一种有效途径。在供应链中，所有的节点企业基于为用户提供质量最好、价值最高的产品或服务的共同目标而相互紧密地联结在一起。而松散的联结是不能增值的，不管链中哪一点出现失误，都可能导致整个供应链出现产品或服务的质量问题，而电子商务（EC）、QR、有效客户响应（ECR）等的出现与应用，则清除了用户和供应商之间的障碍。

随着知识经济时代的到来，信息替代劳动力和库存成为提高生产力的主要因素，而企业用于提高决策水平的信息更多地来源于电子商务。供应商通过 EDI 给其用户发出船运通知单，通知用户什么产品将于什么时候出运，用户利用这条信息更改其库存水平。而分销商把销售点和预测信息传送给供应商，供应商再根据这些信息进行计划和生产。当供应链中节点企业能很好地通过电子商务达到信息共享后，企业就可以提高生产力、提高质量，为产品提供更大的附加值。

电子商务能有效改善供应商、制造商、分销商和用户在供应链中的关系，而且在企业内部，电子商务也可以加强部门之间的联系。如互联网加强了用户"pull"机制，使用户可以直接从供应商那里获得产品的有用信息，而且通过互联网，企业能以更低的成本加入供应链联盟中。

（一）电子商务概述

1. 电子商务的发展及应用现状

随着计算机、网络、通信技术的发展和日益融合，以及互联网的普及，包括电子商务、视频会议、远程医疗等在内的一些应用已开始引起社会的关注，并逐步走进人们的日常生活。20世纪90年代以来，随着计算机网络、通信技术和互联网的普及，电子商务作为商业贸易领域中一种先进的交易方式，已经风靡全球，并对该领域中传统的观念和行为方式产生巨大的冲击。电子商务在互联网的广阔联系与传统信息技术系统的丰富资源相互结合的背景下产生，是一种在互联网上展开的相互关联的动态商务活动。

由于电子商务的出现，传统的经营模式和经营理念都发生了巨大的变化。**电子商务将市场的空间形态、时间形态和虚拟形态结合起来，将物质流、现金流、信息流汇集成开放的、良性循环的环路，使经营者以市场为纽带，在市场上发挥最佳的作用，得到最大的效益、创造更多的机会。**可以肯定，电子商务的发展会带来一个经济更加繁荣的时代。

在发达国家，电子商务的发展非常迅速，通过互联网进行交易已成为潮流。基于电子商务而推出的商品交易系统方案、金融电子化方案和信息安全方案等，已形成了多种新的产业，给信息技术带来许多新的机会，并逐渐成为国际信息技术市场竞争的焦点。

在我国，电子商务已经起步，成为各行业进行产品或商品交易的一种方式，为我国商品经济的发展和贸易的扩大创造巨大的效益。但由于目前国内网络建设尚处于起步阶段，网络应用还不够普遍，因此，电子商务的普及应用进程还不理想。

2. 电子商务的本质

传统商务的本质特征是生产者和消费者之间存在着一个物理空间上的第三方——商场；而电子商务中，生产者和消费者之间的关系是直接的，电子商务不是搬来一些电子形式的物体，不是在物理时空中的商店收款台上完成交易，而是对生产者和消费者之间的各种中间（迂回）环节、中间成本进行彻底的削减，"两点之间直线距离最短"的数学理念变为商务理念，把工业时代形成的"只有拉长迂回路径，增加中间环节，才能提高附加值"的传统理念，变为"只有快速拉近与顾客的距离，减少中间环节，才能提高附加值"的信息价值观。

电子商务始于网络计算。网络计算提供了实现电子商务的技术平台，而电子商务是网络计算的最新应用和最终目标。电子商务利用互联网技术，将企业、用户、供应商以及其他商业和贸易所需环节连接到现有的信息技术系统上，从专用Internet到共享Intranet，再到公共Internet，以前所未有的方式将商业活动纳入网上，彻底改变了现有的业务作业方式和手段，从而实现了充分利用有限资源、缩短商业环节和周期、提高效率、降低成本、提高用户服务质量的目标。更重要的是，电子商务提出了一种全新的商业机会、需求、规则和挑战。

简单地说，电子商务是一种存在于企业与客户之间、企业与企业之间以及企业内部的联系网络，其中：

①Internet为企业和客户提供了一条相互沟通的新渠道，它不仅能让全球的消费者了解企业的产品和服务，还可以密切企业和客户之间的关系；

②Intanet是公司的企业内部网络，可让内部员工共享重要的程序和信息，增强员工之间的互助与合作，简化工作流程，让企业内部的运作更有效；

③Extranet是指涵盖企业和与其相关的协作厂商之间的网络，它可以让协作厂商通过网络相互沟通，真正成为企业团队的一分子。

3. 电子商务的内容

电子商务所强调的是在网络计算环境下的商业化应用，不仅仅是硬件和软件的结合，也不仅仅是电子商务，而是把买家、卖家、厂商和合作伙伴通过 Internet、Intranet 和 Extranet 结合起来的应用。电子商务的应用可以概括为"3C"，即内容管理（Content Management）、协同及信息（Collaboration and Messaging）和电子商务（Electronic Commerce）三个层次的应用。内容管理是通过更好地利用信息来增加产品的品牌价值，主要体现在通信和服务方面。内容管理具体包括以下三个方面：信息的安全渠道和分布，客户信息服务，安全可靠、高效的服务。协同及信息是指自动处理商业流程，以减少成本和开发周期。它由四个方面组成：邮件与信息共享、写作与发行、人事和内部工作管理与流程、销售自动化。电子商务包括四个方面的具体应用：市场与售前服务，主要是通过建立主页等手段树立产品的品牌形象；销售活动，如 POS 机管理、智能目录、安全付款等；客户服务，即完成电子订单及售后服务；电子购物和电子交易。

电子商务范围广阔，涉及 LAN、Intranet 和 Internet 等领域。它利用一种前所未有的网络方式将顾客、销售商、供货商和雇员联系在一起。简而言之，电子商务系统能够将有价值的信息迅速传递给需要的人们。

4. 电子商务的安全与效益问题

20 世纪 90 年代是互联网蓬勃发展的时代，浏览器的出现使人们可以在网络上方便地进行查询，企业感兴趣的也就是这种便利性。企业希望能够有一个开放的环境，让它们进行灵活的查找，也希望通过很多渠道能查找到它们，这对发展和促进贸易很重要。但是，开放的环境也会引起企业的某些担心。

企业最担心安全问题。在进行电子贸易的过程中，必然有一些内容是不能公开的。例如，产品上架后，有人来询价，卖家会打电话进行单线联系，但不会在网上公布报价。因为在竞争激烈的市场环境下，什么人访问过我的网址，访问过多少次，对哪些产品感兴趣等，都可能属于商业机密。从电子商务的角度讲，安全问题尤其重要。一旦信息失窃，损失将不可估量。

（二）电子商务在供应链管理中应用的主要技术手段

1. EDI 销售点和预测

EDI 是一种在合作伙伴企业之间交互信息的有效技术手段。它是在供应链中连接节点企业的商业应用系统的媒介。供应链环境中不确知的是最终消费者的需求，必须对最终消费者的需求做出预测，供应链中的需求大都来源于这种需求预测。虽然预测的方法有上百种，但通过 EDI 预测，可以有效减少供应链系统的冗余性，从而避免时间的浪费和成本的增加。通过利用预测信息，用户和供应商可以一起努力缩短订单周期（循环时间）。

2. 财务技术手段

（1）EFT（Electronic Funds Transfer）。

财务电子商务广泛应用于财务机构之间，用户可以通过汇款通知系统结账，而不是通过支票。汇款通知数据包括银行账号、发票号、价格折扣和付款额，用户的财务机构将用 EFT 系统将汇款通知信息传递给供应商的财务机构，供应商的财务机构将付款确认信息传送给供应商，并收款结账，供应商则根据付款信息更改应收账款等数据。

（2）Lockboxes。

另一种广泛应用的财务电子商务是 Lockboxes。用户将支票或电子付款单传送到供应商的 Lockbxs，供应商的财务机构会处理这一付款单，将付款存入供应商的账号，同时从用户的财务机构扣除此款，财务机构则通过 EDI-Lockboxs 将付款单信息传送给用户和供应商。

（3）ECR（Evaluated Cash Receipt）。

ECR（电子收据）是一种有效地减少发票的技术手段。用户可以在接收到产品或服务时自动地以共同商定的单位价格付款给供应商。ECR 可改善现金流管理，减少纸面工作。

3. 非技术型企业的电子商务

大企业不希望同时拥有具有相同功能的多个系统，所以希望通过电子商务实现商业交流的标准化，而忽略了商业伙伴的电子商务能力。没有电子商务系统的小企业，将采用电子邮件或传真的服务实现电子商务功能。

1）电子邮件：企业内部的电子邮件系统通过互联网与其他企业的电子邮件系统连接，互联网电子邮件可以发送文本、图像，如发送 CAD 和 Word 处理的文件。

2）电子会议：在世界不同地点的人可以通过互联网实现实时的电子会议，可以通过互联网中继聊天（Internet Relay Chat，IRC）系统实现基于文本的讨论，多使用者空间（Multi-User Dimension，MUD）可以用于讨论文本、高精度图像和声音（通过万维网 WWW 客户服务器系统）。

3）电子市场营销（电子广告）：企业可以通过互联网在网络上发布产品和服务的促销广告，包括高精度图像、文本、声音的超文本文件等可以建立在万维网服务器并连接到互联网上。这种广告通过客户端浏览程序软件等可以被世界各地的网络客户浏览到。计算机软件生产商还可把产品演示版软件挂在网络上，让用户下载试用。

4）电子用户支持系统（Electronic Customer Support）：许多企业把最常见问题（Frequent Asked Question，FAQ）的解答挂在网络上，而当用户需要得到更多的信息时，用户可以把问题或需求通过电子邮件发给企业的用户支持领域。

5）用户网上采购：在浏览企业的广告之后，用户可以通过网络进行订购。在万维网服务器上，用户只要输入信用卡账号、名字、地址和电话号码等信息，就可以直接实现网上购物。而订购信息通过网络传递到供应商服务器上，确认信息将通过电子邮件返回给用户，同时货运通知或服务信息也将随后通过网络传递给用户。

4. 共享数据库技术

战略合作伙伴如果知道需要相互之间的某些快速更新的数据，将共享部分数据库。合作伙伴可以通过一定的技术手段在一定的约束条件下相互共享特定的数据库。如有邮购业务的企业将与其供应商共享运输计划数据库，JIT 装配制造商将与其主要供应商共享生产作业计划和库存数据。

（三）移动供应链管理

移动供应链管理（MSCM）作为移动商务的一种，可以超越时间和空间的限制，对围绕供应、需要某种产品或服务的相关企业的关键信息资源随时随地进行管理，最大限度地让更多企业加入供应链系统。

1. 移动供应链管理的结构

移动供应链管理可分为三个层次：第一层为用户层，包括直接使用移动终端的用户和使用供应链管理平台的企业；第二层为网络层，包括移动终端、移动通信服务商、电信网络、集成运营商和互联网网络；第三层是系统平台层，包括供应链管理平台和移动供应链管理平台，它们共同实现移动供应链的具体功能，管理着整个移动供应链系统。移动供应链管理架构及运营模式如图11-1所示。

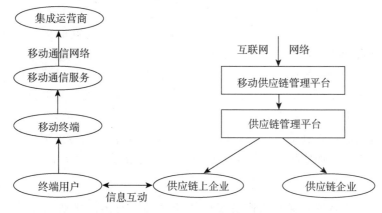

图11-1　移动供应链管理架构及运营模式

2. 移动供应链管理的特征

（1）供应链管理是移动商务的一种，是移动商务在供应链管理中的扩展。

移动供应链管理必须满足移动的本质，即3A（Anyone，Anywhere，Anytime）化——能够对商务信息资源进行随时随地的利用，从而随时随地地进行必要的供应链管理活动。3A化的实现意味着供应链管理活动将超越许多既有的限制而向超空间（Hyper-space）、实时间（Real-time）的方向发展。

（2）移动供应链管理不是取代供应链管理平台，而是供应链管理平台某些功能的实现方式，是部分和整体的关系。

供应链管理平台是移动供应链管理存在的基础，没有供应链管理平台，移动供应链管理就无从附着。移动供应链管理实际上是供应链管理平台上某些具体功能在移动商务领域的延伸。

（3）移动供应链管理要有针对性，但不需要达到全面性。

在功能上，移动供应链管理不需要复制供应链管理平台的全部管理功能，但必须突出某些针对性的功能；在信息处理上，移动供应链管理要能够随时随地收发、存储、处理供应链上某些环节的关键信息；在信息共享上，移动供应链管理的发展方向是能够实现跨企业的信息交互。

（4）移动供应链管理的最终目的和价值，体现在帮助实现整个渠道商业流程优化上。

渠道是供应链的核心，渠道能力决定供应链的成败。移动供应链的作用是要帮助企业实现渠道能力的优化，提升整个供应链管理的效率。

3. 运行方式

移动供应链系统实现的服务功能主要包括移动数据（采集）传输服务、移动定位服务、短信调度服务、信息发布服务、语音通话服务、信息发布服务等。移动数据（采集）传输服务就是利用通信业专用通信终端、增值服务平台和客户端软件，为企业生产和管理提供相关信息的采集、生产管理信息的下达和查询等功能。移动定位服务主要通过联通 GPS One、移动 LBS 或 GPS 移动定位功能，为客户提供基于专用或通用通信终端的位置服务。短信调度服务可以通过客户主动定位服务获取车辆或人员等资源信息，将业务调度信息以短信的方式发送到指定的通信终端，实现与终端的信息交互。信息发布服务以短信或数据传输方式主动向通信终端发布信息。语音通话服务利用专用通信终端支持为客户提供语音通话服务。信息发布服务则利用 PDA 等智能终端提供交互性的信息查询服务，并可与客户的 ERP 结合推广实施。

在移动供应链管理系统中，用户在移动终端提交信息，经由移动通信服务商传输给集成运营商，再由集成运营商对这些信息进行处理，并将处理好的信息通过互联网发布到移动供应链管理平台上。供应链节点企业需要将发布的信息提交到平台，再由平台传输到互联网上，集成运营商接收到信息后，进行存储、转化和分离，最后再把分离的信息发送到特定的移动终端上，从而实现供应链上节点企业的信息互动。

4. 优势分析

从移动供应链管理的定义、架构及实现的功能可以看出，移动供应链管理具有移动性、实时性、聚合性、便利性以及经济性等特点。移动供应链管理的移动性在于它非常适宜于对供应链上不断运动变化着的信息资源随时随地进行捕捉和管理；移动供应链管理的实时性使得整个链条企业信息的发出和接收过程几乎没有信息延迟；移动供应链管理的聚合性有利于对供应链上分散的供、销、存等关键信息进行整合。移动供应链管理的优势正是基于其本身系统的移动性、实时性和聚合性，使得供应链上的信息与信息连接无缝化、实时化、跳跃化等，从而提高了员工生产力、改善了库存管理状况、提升了客户服务水平，并且能够在供应链异常的情况下为相关人员提供有效预警和智能信息。

（1）信息连接无缝化。

在供应链加盟企业中，若采用移动供应链管理系统，可以将原有供应链管理信息扩展到桌面与有线网络范围之外，使决策人无论是在途中、仓库中还是其他位置都可获取信息以及采取行动。移动供应链中的无线设备还可用于传输数据，包括收货确认，以及运出的销售订单、发运通知和交货点接收确认。如果将移动供应链管理系统与其他多种设备连接在一起，便可创建一个从条形码到无线设备再到企业系统的无缝信息流。这样生产企业就会快捷地与其需求商进行信息交互，缩短需求商与生产企业的距离，并可随时对需求商上传的信息进行汇总、统计、分析与预测，及时应对市场环境变化，提供销售策略调整决策。需求商也可以及时获得生产企业的相关产品、业务信息，以快速方便的移动通信方式，解决订单流传等以往耗费大量时间和精力或由于电话等沟通方式的随意性带来的业务操作和管理协调问题。

（2）信息传递实时化。

一旦建立起移动供应链管理系统，就会为客户提供实时信息交互活动。如提供服务信息的实时查询、浏览、在线货物的跟踪、联机实现配送路线的规划、物流资源调度、货物检查、各级仓库、销售渠道、销售终端、VIP、售后服务等传统计算机系统难以涉及的细节。移动供应链应用系统用户还可通过手持射频（RF）设备、PDA 和安装射频扫描设备的叉车，执行实时的仓库、运输及装卸事务处理，在操作地点进行现场事务处理，从而增进现场事务处理效果，改进数据的准确性，提高机动性和便利性。这样，不仅可以提高整个供应链的时效性、透明度和自动化程度，提高企业与客户之间的沟通效果，而且可以提高双方交易的反应速度，使客户真正体会到增值服务所带来的超值感受。同时，这种"执行系统"能消除误差根源，减少延迟时间，提高工作效率，大大降低整个业务过程的复杂性。

（3）信息传输跳跃化。

通过移动供应链管理系统，信息以跳跃的模式传递，打破了传统供应链上的信息逐级传递模式。这种跳跃化的信息传递模式能够对供应链上的分散信息进行整合，极大地降低了供应链上信息的使用限制，提高了信息传递和处理的效率，增加了信息共享的机会，减少了信息使用的成本，并以此提升供应链上企业与客户之间、企业与企业之间的协调能力，让供应链流程更加精确、流畅。

5. 应用及实现

移动供应链管理系统主要应用在供应链节点企业涉及的采购、生产、销售方面的调度、指挥、库存控制，运输车辆在途信息实时监测，产品数据的管理、统计、检索等内容上。例如，移动供应链系统可以通过供应链管理平台、移动终端及客户端实现短信对相关人员的调度；利用专用车载分体终端接收条形码采集数据并实时传输。其中，平台提供的功能包括：与数据终端通信，完成数据的传输和信息处理；车辆定位和短信（语音）调度管理，包括地址簿管理和反馈信息管理；短信通知，提供专用短信查询号码，完成短信查询功能。终端提供功能包括：接收数据并实时上传；定位功能；接收并显示调度短信及简单回复，接收并播放语音短信及简单回复。客户端提供的功能包括：车辆定位及短信（语音）调度管理界面；揽收数据的管理、统计、检索等功能等。

为在不同行业实现移动供应链管理，需要选择合适的移动终端。现在较为流行的移动商务的移动终端包括手机、PDA、宽带无线上网功能的笔记本电脑等。就目前多数企业的条件而言，能够实现移动供应链管理要求的移动终端需要同时满足交互性、普及性、易操作性、功能适宜性以及经济性等条件。交互性要求移动终端不仅要能够接收信息，而且能发出信息；普及性要求终端应该是多数企业广泛采用的，以扩大用户群，实现更为广泛的信息交互和信息增值；易操作要求近似"傻瓜型"的操作方式；功能适宜性最基本的要求是能够实现和公用移动通信网络的互连；经济性要求该终端价格低廉。因此，综合考虑，手机是较适宜于各个行业采用的移动供应链管理的设备。

四、区块链与供应链管理

（一）区块链的定义

区块链是分布式数据存储、点对点传输、共识机制、加密算法等计算机技术的新型应用模式。区块链（Block-chain）是比特币的一个重要概念，它本质上是一个去中心化的数据库，同时作为比特币的底层技术，是一串使用密码学方法产生的数据块，每一个数据块中包含了一批次比特币网络交易的信息，用于验证其信息的有效性（防伪）和生成下一个区块。从科技层面来看，区块链涉及数学、密码学、互联网和计算机编程等很多科学技术问题。从应用视角来看，简单来说，区块链是一个分布式的共享账本和数据库，具有去中心化、不可篡改、全程留痕、可以追溯、集体维护、公开透明等特点。这些特点保证了区块链的"诚实"与"透明"，为区块链创造信任奠定基础。而区块链丰富的应用场景，基本上都基于区块链能够解决信息不对称问题，实现多个主体之间的协作信任与一致行动。

（二）区块链的产生与发展

区块链起源于比特币。2008 年 11 月 1 日，一位自称中本聪（Satoshi Nakamoto）的人发表了《比特币：一种点对点的电子现金系统》一文，阐述了基于 P2P 网络技术、加密技术、时间戳技术、区块链技术等电子现金系统的构架理念，这标志着比特币的诞生。两个月后理论步入实践，2009 年 1 月 3 日第一个序号为 0 的区块诞生。2009 年 1 月 9 日出现序号为 1 的区块，并与序号为 0 的创世区块相连接形成了链，标志着区块链的诞生。

2014 年，"区块链 2.0"成为一个关于去中心化区块链数据库的术语。对这个第二代可编程区块链，经济学家们认为它是一种编程语言，可以允许用户写出更精密和智能的协议。因此，当利润达到一定程度的时候，就能够从完成的货运订单或者共享证书的分红中获得收益。区块链 2.0 技术跳过了交易和"价值交换中担任金钱和信息仲裁的中介机构"。它们被用来使人们远离全球化经济，使隐私得到保护，使人们"将掌握的信息兑换成货币"，并且有能力保证知识产权的所有者得到收益。第二代区块链技术使存储个人的"永久数字 ID 和形象"成为可能，并且对"潜在的社会财富分配不平等"提供解决方案。

2016 年 1 月 20 日，中国人民银行（简称央行）数字货币研讨会宣布对数字货币研究取得阶段性成果。会议肯定了数字货币在降低传统货币发行等方面的价值，并表示央行在探索发行数字货币。中国人民银行数字货币研讨会的表达大大增强了数字货币行业的信心。这是继 2013 年 12 月 5 日央行等五部委发布关于防范比特币风险的通知之后，第一次对数字货币表示明确的态度。

2016 年 12 月 20 日，数字货币联盟——中国金融科技（FinTech）数字货币联盟及金融科技（FinTech）研究院正式筹建。

如今，比特币仍是数字货币的主流，数字货币呈现了百花齐放的状态。除了货币的应用之外，还有各种衍生应用。

（三）区块链的类型

1. 公有区块链

公有区块链（Public Block Chains）：世界上任何个体或者团体都可以发送交易，且交易能够获得该区块链的有效确认，任何人都可以参与其共识过程。公有区块链是最早的区块链，也是应用最广泛的区块链，各大比特币系列的虚拟数字货币均基于公有区块链，世界上有且仅有一条该币种对应的区块链。

2. 联合（行业）区块链

行业区块链（Consortium Block Chains）：由某个群体内部指定多个预选的节点为记账人，每个块的生成由所有的预选节点共同决定（预选节点参与共识过程），其他接入节点可以参与交易，但不过问记账过程（本质上还是托管记账，只是变成分布式记账，预选节点的多少、如何决定每个块的记账者成为该区块链的主要风险点），其他任何人可以通过该区块链开放的 API（应用程序编程接口）进行限定查询。

3. 私有区块链

私有区块链（Private Block Chains）：仅仅使用区块链的总账技术进行记账，可以是一个公司，也可以是个人，独享该区块链的写入权限，本链与其他的分布式存储方案没有太大区别。传统金融都想尝试私有区块链，而公有区块链的应用如比特币已经工业化。

（四）区块链的特征

1. 去中心化

区块链技术不依赖额外的第三方管理机构或硬件设施，没有中心管制，除了自成一体的区块链本身，通过分布式核算和存储，各个节点实现了信息自我验证、传递和管理。去中心化是区块链最突出、最本质的特征。

2. 开放性

区块链技术基础是开源的，除了交易各方的私有信息被加密外，区块链的数据对所有人开放，任何人都可以通过公开的接口查询区块链数据和开发相关应用，因此整个系统信息高度透明。

3. 独立性

基于协商一致的规范和协议（类似比特币采用的哈希算法等各种数学算法），整个区块链系统不依赖其他第三方，所有节点能够在系统内自动安全地验证、交换数据，不需要任何人为的干预。

4. 安全性

只要不能掌控全部数据节点的51%，就无法肆意操控修改网络数据，这使区块链本身变得相对安全，避免了主观人为的数据变更。

5. 匿名性

除非有法律规范要求，单从技术上来讲，各区块节点的身份信息不需要公开或验证，信息传递可以匿名进行。

（五）区块链的核心技术

1. 分布式账本

分布式账本指的是交易记账由分布在不同地方的多个节点共同完成，而且每一个节点记录的是完整的账目，因此它们都可以参与监督交易合法性，同时也可以共同为其作证。

跟传统的分布式存储有所不同，区块链的分布式存储的独特性主要体现在两个方面：一是区块链上每个节点都按照块链式结构存储完整的数据，传统分布式存储一般是将数据按照一定的规则分成多份进行存储。二是区块链每个节点存储都是独立的、地位等同的，依靠共识机制保证存储的一致性，而传统分布式存储一般是通过中心节点往其他备份节点同步数据。没有任何一个节点可以单独记录账本数据，从而避免了单一记账人被控制或者被贿赂而记假账的可能性。理论上讲，除非所有的节点被破坏，否则账目就不会丢失，从而保证了账目数据的安全性。

2. 非对称加密

存储在区块链上的交易信息是公开的，但是账户身份信息是高度加密的，只有在数据拥有者授权的情况下才能访问到，从而保证了数据的安全和个人的隐私。

3. 共识机制

共识机制就是所有记账节点之间怎么达成共识，去认定一个记录的有效性。这既是认定的手段，也是防止篡改的手段。区块链提出了四种不同的共识机制，适用于不同的应用场景，在效率和安全性之间取得平衡。

区块链的共识机制具备"少数服从多数"以及"人人平等"的特点，其中"少数服从多数"并不完全指节点个数，也可以是计算能力、股权数或者其他的计算机可以比较的特征量。"人人平等"是当节点满足条件时，所有节点都有权优先提出共识结果，直接被其他节点认同后有可能成为最终共识结果。以比特币为例，采用的是工作量证明，只有在控制了全网超过51%的记账节点的情况下，才有可能伪造出一条不存在的记录。当加入区块链的节点足够多的时候，这基本上不可能，从而杜绝了造假的可能。

4. 智能合约

智能合约是基于这些可信的不可篡改的数据，可以自动化地执行一些预先定义好的规则和条款。以保险为例，如果说每个人的信息（包括医疗信息和风险发生的信息）都是真实可信的，那就很容易在一些标准化的保险产品中，去进行自动化的理赔。在保险公司的日常业务中，虽然交易不像银行和证券行业那样频繁，但是对可信数据的依赖是有增无减的。因此，本书认为利用区块链技术从数据管理的角度切入，能够有效地帮助保险公司提高风险管理能力。具体来讲主要分投保人风险管理和保险公司的风险监督。

（六）区块链的应用

1. 供应链金融领域

区块链在国际汇兑、信用证、股权登记和证券交易所等金融领域有着潜在巨大的应用价值。将区块链技术应用在金融行业中，能够省去第三方中介环节，实现点对点的直接对接，从而大大降低成本，快速完成交易支付。

例如，维萨（Visa）推出基于区块链技术的 Visa B2B Connect，它为机构提供一种费用更低、更快速和安全的跨境支付方式来处理全球范围的企业对企业的交易。要知道，传统的跨境支付需要等 3~5 天，并为此支付 1%~3% 的交易费用。Visa 还联合 Coinbase 推出了首张比特币借记卡，花旗银行则在区块链上测试运行加密货币"花旗币"。

2. 物联网和物流供应链领域

区块链在物联网和物流领域也可以天然结合。通过区块链可以降低物流成本，追溯物品的生产和运送过程，并且提高供应链管理的效率。该领域被认为是区块链一个很有前景的应用方向。

区块链是通过节点连接的散状网络分层结构，能够在整个网络中实现信息的全面传递，并检验信息的准确程度。这种特性一定程度上提高了物联网交易的便利性和智能化。"区块链+大数据"的解决方案利用了大数据的自动筛选过滤模式，在区块链中建立信用资源，可双重提高交易的安全性，并提高物联网交易便利程度，为智能物流模式应用节约时间成本。区块链节点具有十分自由的进出能力，可独立地参与或离开区块链体系，不对整个区块链体系有任何干扰。"区块链+大数据"解决方案就利用了大数据的整合能力，促使物联网基础用户拓展更具方向性，便于在智能物流的分散用户之间实现用户拓展。

3. 公共服务领域

区块链在公共管理、能源、交通等领域都与民众的生产生活息息相关，但是这些领域的中心化特质也带来了一些问题，可以用区块链来改造。区块链提供的去中心化的完全分布式域名系统（DNS）服务，通过网络中各个节点之间的点对点数据传输服务就能实现域名的查询和解析，可确保某个重要基础设施的操作系统和固件没有被篡改，可以监控软件的状态和完整性、发现不良的篡改，并确保使用了物联网技术的系统所传输的数据没经过篡改。

4. 数字版权领域

通过区块链技术，可以对作品进行鉴权，证明文字、视频、音频等作品的存在，保证权属的真实性、唯一性。作品在区块链上被确权后，后续交易都会进行实时记录，实现数字版权全生命周期管理，也可作为司法取证中的技术性保障。例如，美国纽约一家创业公司 Mine Labs 开发了一个基于区块链的元数据协议，这个名为 Mediachain 的系统利用星际文件系统（IPFS），实现数字作品版权保护，主要是面向数字图片的版权保护应用。

5. 保险领域

在保险理赔方面，保险机构负责资金归集、投资、理赔，管理和运营成本往往较高。通过智能合约的应用，既无须投保人申请，也无须保险公司批准，只要触发理赔条件，就能实现保单自动理赔。一个典型的应用案例就是 LenderBot，2016 年由区块链企业 Stratumn、德勤与支付服务商 Lemonway 合作推出，它允许人们通过 Facebook Messenger 的聊天功能，注册定制化的微保险产品，为个人之间交换的高价值物品进行投保，而区块链在贷款合同中代替了第三方角色。

6. 公益领域

区块链上存储的数据，可靠但不可篡改，适合用在社会公益场景。公益流程中的相关信息，如捐赠项目、募集明细、资金流向、受助人反馈等，均可以存放于区块链上，且有条件地进行公开、公示，方便社会监督。

第二模块　案例讨论

案例一　神龙公司基于 EDI 和互联网的信息组织模式

1. 概述

神龙汽车有限公司（以下简称神龙公司）由东风汽车集团、法国雪铁龙汽车集团、法国国民银行和法国兴业银行共同出资，于 1992 年年初成立于湖北省武汉市（中方投资占 70%）。神龙公司经历了 5 年的发展历程，拥有了零件加工、装配、包装、运输、销售等一整套设备、设施、人员及组织机构。随着国内轿车市场竞争越来越激烈，该公司感到原有管理方法已严重牵制企业的发展，尤其是在和合作企业的信息沟通上，存在着较大的问题。

神龙公司的信息管理存在一些影响供应链运作效率的问题。生产计划中所需的关键数据（如制造明细表、订货信息、库存状态、缺货报警、运输安排、在途物资等）只有部分集成和共享，决策者在进行生产计划安排时无法快速获取有效数据。公司内部各部门信息系统在联网、系统接口、共享方面以及与公司外部联系等方面存在较大难度，缺乏统一性和协调性。现行的新车销售系统侧重于资金流的管理和售后服务的跟踪，而对于公司外部信息，主要存在用户数据的搜集、分析和处理等功能不够完善，缺少快速有效的顾客信息反馈机制等问题，故而使供应部门、生产部门无法充分地获取来自市场的反馈信息。因此，供应、生产和需求之间缺乏必要的沟通，公司内部与外部之间的信息共享不够，难以真正按市场需求安排生产。

另外，神龙公司与其他合作企业之间的信息交流尚未建立规范体系，无共同遵守的工作准则。例如，神龙公司与雪铁龙公司的业务往来是通过 EDI 进行数据交换，双方规定必须严格遵守文件的标准格式，任一方擅自改动格式都将导致对方的系统无法正常工作。1992 年 2 月雪铁龙公司更改了发货合同的格式，未提前与神龙公司做好技术上的准备，从而导致神龙公司的翻译软件无法工作，无法获取数据。

因此，从神龙公司在供应链中所处的地位来看，该公司的管理信息系统既要接收来自不同体系的信息，又要对之进行处理，用以计划、组织和控制本企业的行为，然后将现有的状态反馈给不同的企业成员，因此，神龙公司的管理信息必须高度集成，为通过供应链管理实现企业经营目标提供可靠保证。为此，要从以下几个方面考虑采取新的措施。

1）信息必须规范化，有统一的名称、明确的定义、标准的格式和字段要求，信息之间的关系也必须明确定义。

2）信息的处理程序必须规范化，处理信息要遵守一定的规程，不因人而异。

3）信息的采集、处理和报告由专人负责，责任明确，没有冗余的信息采集处理工作，保证信息的及时性、准确性和完整性。

4）各种管理信息来自统一的数据库，既能为企业各有关部门的管理人员所共享，又有使用权限和安全保密措施。各部门按照统一数据库提供的信息和处理管理事务的准则进行管理决策，实现企业的总体经营目标。

2. 解决问题的途径

在激烈的市场竞争中，神龙公司认识到应以自身为核心，与供应商、供应商的供应商乃至一切向前的关系，与用户、用户的用户乃至一切向后的关系组建一个链网结构，建立战略合作伙伴关系，委托链网上的每一个个体完成一部分业务工作，那么神龙公司则可轻装上阵，集中精力和各种资源，通过技术程序重新设计，做好本企业能创造特殊价值的、比竞争对手更擅长的关键性业务工作，从而极大地提高神龙公司的竞争力，取得期望的经济效益。

这就是神龙公司采用供应链管理模式的初衷。神龙公司作为供应链上的核心企业，发挥着信息处理中心的作用，向供应商发出需求信息，供应商向神龙公司反馈供应信息，由分销商发出需求信息，再向分销商提供供货信息。只有通过改变原有的企业信息系统模型，建立面向供应链管理的企业信息系统，才能保证供应链生产计划同步化和实现企业之间的信息共享，这也是实施供应链管理模式的前提和保证。

3. 效果

采用 EDI 技术是神龙公司 KD 件按件供应的前提。如果不采用 EDI 技术，雪铁龙与神龙公司需对一千余种零件进行发货、发票信息的手工输入，不仅周期长，且无法保证准确性。采用 EDI 技术则使工作变得得心应手。神龙公司发出要货令电子文件 2 小时之内，雪铁龙便可在它的终端上接收，经翻译后转化为其系统的数据文件而直接使用。通过系统的分析，可以迅速地检查各种差异，并通过互联网及时反馈给神龙公司，有效地保

神龙公司信息化
实施步骤

障了工作质量。

采用 EDI 技术大大减少了纸质单据的传递。据估算，每月发货对应的发票、发货通知、装箱单等纸质文件（一式六份）就重达几百千克，而所有信息通过 EDI 技术进行交换，大大减少了纸质单据的传递工作量，节省了信息传递的时间。在神龙和雪铁龙的国际贸易中采用 EDI 技术，使订单、发货通知、发票等大量的数据、文件信息的传递变得可靠和通畅，减少了低效工作和非增值活动，并使双方快速获得信息，更方便地进行交流和联系，提高了相互的服务水平。

随着网络技术的发展，神龙公司供应链管理采用基于 Internet/EDI 的运作模式成为必然。对于大部分国内的供应商或分销商来说，最经济、最实用的方式就是通过建立互联网来达到电子商务、同步作业、资源共享的目的。

管理信息集成绝不是简单的数量叠加，而是管理水平和人员素质在质量上的飞跃。信息集成和规范化管理是相辅相成的，规范化管理是供应链运行的结果，也是其运行的条件。应当按照统一的程序和准则进行管理，既不因人而异，随心所欲，也要机动灵活，适应变化的环境。

以神龙公司为核心的企业，与供应商、分销商用户形成网状供应链，实行基于供应链的集成化信息管理，有重要的实用价值。仅从缩短提前期、降低库存、加快资金流转、增强响应市场能力这些方面来看，就已发挥了巨大作用。

（案例来源：张庆英. 物流案例分析与实践 [M]. 北京：电子工业出版社，2013.）

思考题： 神龙公司采用 EDI/Internet 技术产生了哪些效果？

案例二 广州宝供储运公司物流管理信息系统

广州宝供储运公司（简称宝供）是一家物流公司，在采用北京英泰奈特科技有限公司的物流管理信息系统之后，客户的满意程度有了非常大的提高，业务扩展非常明显。与国内著名的储运企业相比，宝供虽然没有自己的运输队伍，却能够击败拥有超强货运能力的国内国营储运公司，赢得了国际著名企业如宝洁等跨国企业在中国的货品承运权。使用了物流管理信息系统之后不到半年时间，宝供客户数由原先的不到 10 家发展到 50 多家，其中不乏宝洁、雀巢等跨国集团。对于宝供而言，信息系统不仅仅是实现业务的自动化手段，而且也是企业的核心竞争资源。

1. 业务流程及企业需求

在激烈的市场竞争中，物流企业需要：及时跟踪货物的运输过程；了解库存的准确信息；合理调配和使用车辆、库房、人员等各种资源；为货主提供优良的客户服务，提供实时的信息查询以及物品承运的各种指标数据。

可以说，信息系统是物流企业生存的必要条件，许多国外的生产厂家选择物流服务企业的首要条件就是，物流企业必须具有物流业务信息系统。

2. 方案简介

针对宝供这种典型的物流服务企业的管理特点，北京英泰奈特科技有限公司（简称英泰奈特）于 1997 年年底为宝供公司开发了一套物流管理信息系统，经过一段时间的应用，效果非常令人满意。英泰奈特的物流管理信息系统采用的是互联网网络构架的信息交流系统，把货物的运输系统分解为接单、发运、到站、再发运、再到站、签收等环节。在运输方式方面分为短途运输、公路运输、铁路运输、内河运输、海运和空运，使得系统能够涵盖所有的运输方式。针对物流企业仓库面积大、分布广的特点，把仓储部分分为仓库管理和货品仓储管理两大部分。

3. 模块及功能

接单模块：互联网网上的 EDI，货主只要将托运或托管的货物的电子文档以邮件的方式发给物流服务公司，即可完成双方的交接单工作。

（1）发送模块：完美的配车功能和凑货功能，辅助管理人员完成发送前烦琐的准备工作。

（2）运输过程控制模块：包括货物跟踪和甩货控制，可以实时反馈货物的在途运输情况，跟踪被甩货物的状况。

（3）运输系统管理模块：对承运人、承运工具的管理信息系统。

（4）仓位管理模块：根据优化原则，自动安排每种进仓货物的存放位置，自动提示出仓时应到哪个仓位提货，并可以提供实时仓位图。

（5）库存及出库管理模块：自动计算仓库中每种货品的库存量及存放位置，并按先进先出原则提货。

（6）客户服务模块：为客户提供所有质量评估信息和与自己货物相关的所有信息。

此外，还有储运质量评估模块、统计报表模块、查询模块等。

系统采用集中数据存储，各个分公司对于数据的保有权是有时效限制的。所有最终数据的维护均由公司的信息中心负责。

4. 系统特色

该系统具有以下特色。

◇ 开放性：基于内联网 Intranet 技术，采用标准浏览器，客户端无须开发、培训，将系统维护的工作量降到最低。

◇ 万维网（Web）上的 EDI：在 Internet 环境中实现安全的、标准的 EDI 交换。

◇ 安全性：使用安全电子交易协议（SET）技术保证信息传递过程中的安全性。

◇ 平台无关性：使用 Java 技术，实现系统的跨平台运作。

5. 网络结构

◇ 虚拟专用网络（VPN）结构：企业内部各分支机构之间、企业和客户之间都使用互联网进行通信，不必建立内部专网，减少了投资。

◇ Intranet/Internet/Extranet 结构：企业拥有自己的企业内部网（Intranet），通过一个接口与互联网连接，实现信息的发布、业务的协作。

该系统实施后，宝供有效地组织跨地区的业务，充分利用资源，提高客户服务水平，加快资金周转，节约通信费用。

（案例来源：广州宝供储运公司物流管理信息系统[EB/OL].（2017-10-17）[2022-4-1]. http://ishare.iask.sina.com.cn/f/j04bzRS7s7.html.案例经编者整理、改编。）

思考题：分析广州宝供储运公司物流管理信息系统的构成。

案例三 Provenance 利用区块链技术提升产品供应链的透明度

Provenance 能够在区块链上记录全球零售供应链上整个流程的信息，让消费者能够随时随地追踪到商品的信息，提升了供应链上的信息透明度。

Provenance 的白皮书中提到，目前公司正在测试使用序列号、条形码、以 RFID（射频识别）和 NFC（近场通信）为代表的数字标签以及遗传标记等技术来将区块链上的数字资产与实体产品进行确认和连接，确保有且只有唯一的实体产品和数字化与之相对应。在供应链上，每一个步骤上的每个用户都必须在 Provenance 上进行注册，注册之后每个人都会收到一个私有密钥来证明自己身份的真实性，这样他们才能获得在区块链上以自己的名义评论的资格。每一个拥有私钥的用户都可以在区块链上记载信息，也可以在权限内查看信息。区块链的特性使记载在区块链上的信息都是不可篡改的，这种特性保证了消费者查看到的产品信息的可靠性和真实性，从而保障了消费者的权益。

在区块链上，消费者不仅可以查看产品的静态属性信息，还可以查看产品从生产商到经销商再到消费者手中的运输过程，消费者只需在手机上就可以追踪产品沿途每一环节的信息，而且可以在区块链上添加不可变的信息。

未来这一场景将成为现实：在超市中，消费者通过扫描一个黄桃罐头上的二维码，就可以确切知道里面的黄桃是在何处摘的，由什么人摘的，在哪里被装入罐的，如何从生产地运输出来然后被送往经销商的。这其中的每一个环节都有不可篡改的时间戳来证明，产品流转过程中的每一个环节的信息都是真实可靠的。

通过区块链上的智能合约，Provenance 还能对传统购物方式进行创新。消费者可以通过生产商签订智能合约的方式来购买商品，合约内约定了当商品在未来某个时间点的价格低于合同中约定的价格时，消费者即可以以约定的价格购买一定数量的商品。因为智能合约具有法律效力，而且能够自动执行，所有生产商可以根据签订的智能合约中约定数量和价格来预测收入，消费者也可以从中获利。

Provenance 通过共享产品制造过程中的信息，更全面了解产品的生产制造过程，以此来获取消费者的信赖。这不仅为厂商增加了市场占有率、提供了扩大市场的机会，也使其可以更深入地挖掘消费者的需求，从而促进整个供应链体系的共同发展。

（资料来源：羊同学. "区块链+供应链"的应用案例[EB/OL].（2019-5-3）[2022-4-1].https://blog.csdn.net/weixin_41845533/article/details/89792096）

思考题：Provenance 如何确保消费者获得准确、及时的商品信息？

第三模块　实训模块

一、实训项目

供应链管理信息系统应用能力训练。

二、实训目标

1. 熟悉计算机在供应链管理信息系统中的操作。
2. 熟悉掌握软件上供应链管理的具体操作。

三、实训内容和要求

1. 实验室准备供应链管理信息系统软硬件。

2. 进行技能训练准备。

3. 进行练习供应链信息的收集、传播、共享、辅助决策等操作。

四、实训成果检查

1. 现场观察和指导学生实际操作，确保目标实现。

2. 检查和批阅学生提交的项目实训报告。

第四模块　小结与测试题

一、本章小结

1. 构建供应链管理模式，首先要从改变原有的企业信息系统结构、建立面向供应链管理的新企业信息系统入手，这是实施供应链管理的前提和保证。为了实现信息共享，需要考虑以下几个方面的问题：为系统功能和结构建立统一的业务标准；对信息系统定义、设计和实施连续的实验、检测方法；实现供应商和用户之间计划信息的集成；运用合适的技术和方法，提高供应链系统运作的可靠性，降低运行总成本；确保信息要求与关键业务指标一致。

2. 信息技术在供应链管理中的应用可以从两个方面理解：一是信息技术的功能对供应链管理的作用（如 Internet、多媒体、EDI、CAD/CAM、ISDN 等的应用），二是信息技术本身所发挥的作用（如 CD-ROM、ATM、光纤等的应用）。

3. 电子商务在供应链管理中应用的主要技术手段有 EDI 销售点和预测、财务技术手段、非技术型企业的电子商务、共享数据库技术。

4. 移动供应链管理的特征：供应链管理是移动商务的一种，是移动商务在供应链管理中的扩展；移动供应链管理不是取代供应链管理平台，而是供应链管理平台某些功能的实现方式，是部分和整体的关系；移动供应链管理要有针对性，但不需要达到全面性；移动供应链管理的最终目的和价值体现在帮助实现整个渠道商业流程优化上。

5. 区块链是分布式数据存储、点对点传输、共识机制、加密算法等计算机技术的新型应用模式。区块链是比特币的一个重要概念，它本质上是一个去中心化的数据库，同时作为比特币的底层技术，是一串使用密码学方法产生的数据块，每一个数据块中包含了一批次比特币网络交易的信息，用于验证其信息的有效性（防伪）和生成下一个区块。

二、测试题

（一）单项选择题

1. 下列关于移动供应链管理的说法中，错误的是（　　　）。

A. 是移动商务在供应链管理中的扩展

B. 取代了供应链管理平台

C. 要有针对性，但不需要达到全面性

D. 体现在帮助实现整个渠道商业流程优化

2. 下列说法中，错误的是（ ）。

A. 信息技术是供应链的核心

B. 信息技术是供应链的支撑技术

C. 移动供应链是移动商务在供应链管理中的扩展

D. 电子商务是供应链管理的新渠道

3. 移动供应链管理的英文缩写为（ ）。

A. SCM   B. MSCM   C. ECR   D. MIS

4. 电子数据交换的英文缩写为（ ）。

A. EC   B. EDI   C. ECR   D. MIS

5. 电子商务的财务技术手段不包括（ ）。

A. EFT   B. Lockboxs   C. ECR   D. EDI

（二）多项选择题

1. 电子商务物流的特点有（ ）。

A. 信息化   B. 自动化   C. 网络化   D. 智能化

E. 柔性化

2. 移动供应链管理的结构包括（ ）。

A. 用户层   B. 网络层   C. 企业层   D. 系统平台层

E. 基础层

3 移动供应链管理的优势有（ ）。

A. 信息传递逐级化   B. 信息连接无缝化

C. 信息传递实时化   D. 信息传递跳跃化

E. 信息传递统一化

4. 电子商务应用的3C是指（ ）。

A. 内容管理   B. 协同及信息   C. 电子商务   D. 移动供应链

E. 区块链技术

5. 区块链技术的特征有（ ）。

A. 去中心化   B. 开放性   C. 独立性   D. 安全性

E. 匿名性

（三）简单题

1. 简述电子商务物流的特点。

2. 简述移动供应链管理的特征。

3. 简述移动供应链管理的优势。

4. 简述电子商务物流业的发展趋势。

（四）论述题

1. 论述电子商务与供应链管理的关系。

2. 如何理解区块链技术？

第十二章 供应链金融

🎯 **学习目标**

1. 了解供应链金融的概念、特点、意义；
2. 了解互联网金融的概念、特点、市场价值和意义；
3. 掌握基于供应链金融的中小企业融资模式；
4. 了解供应链金融创新模式；
5. 掌握供应链金融模式的风险与防范措施。

第一模块　基础知识

一、供应链金融概述

1. 供应链金融的概念

关于供应链金融，现在还没有统一的定义。一般可以从**供应链企业、银行等金融机构、物流等服务行业**三个角度讨论供应链金融。

从银行等金融机构的角度来看，供应链金融就是银行将核心企业和上下游企业联系在一起，提供灵活运用的金融产品和服务的一种融资模式，即把资金作为供应链的一个溶剂，增强其流动性。

一般来说，一个特定商品的供应链是从原材料采购到制成中间产品及最终产品，最后由销售网络把产品送到消费者手中，将供应商、制造商、分销商、零售商直到最终用户连成一个整体。在这个供应链中，竞争力较强、规模较大的核心企业因其强势地位，往往在交货、价格、账期等贸易条件方面对上下游配套企业要求苛刻，从而给这些企业造成了巨大的压力。而上下游配套企业大多是中小企业，难以从银行融资，结果造成资金链十分紧张，整个供应链出现失衡。

2. 供应链金融的特点

供应链金融最大的特点就是在供应链中寻找出一个大的核心企业，以核心企业为出发点，**为供应链提供金融支持**。一方面，将资金有效注入处于相对弱势的上下游中小企业，解决中小企业融资难和供应链失衡的问题；另一方面，将银行信用融入上下游企业的购销行为，增强其商业信用，促进中小企业与核心企业建立长期战略协同关系，提升供应链的竞争能力。

3. 供应链金融的作用

在供应链金融的融资模式下，处在供应链上的企业一旦获得银行的支持，也就等于进入了供应链，从而可以激活整个链条的运转；而且银行信用的支持，还为中小企业赢得了更多的商机。

（1）供应链金融实现四流合一。

供应链金融很好地实现了物流、资金流、信息流、商流的四流合一。

物流：物质资料从供给者到需求者的物理运动，包括商品的运输、仓储、搬运装卸、流通加工，以及相关的物流信息等环节。

资金流：指采购方支付货款中涉及的财务事项。

信息流：在整条供应链中，与物流、资金流相关联的各类信息，也是物流和信息流的一部分，包括订购单、存货记录、确认函、发票等。

商流：在供应链中，上下游供应商的资金链条均可被金融服务机构整合，从而形成商流。

在供应链中，物流、资金流、信息流、商流是共同存在的，商流、信息流和资金流的结合将更好地支持和加强供应链上下游企业之间的货物、服务往来（物流）。传统意义上，企业会将注意力集中于加速供应链中物流的流转，但是资金流的流转对企业来说同样很重要。随着市场全球化的发展和新兴市场上浮现出来的贸易机会，如何管理好企业的资金流已经成为企业参与供应链的重点关注话题。

（2）纵观整条供应链的各个环节。

为了确保整条供应链能够顺利进行，企业必须纵观全局，了解上下游企业的具体情况，以及与之相关的物流和资金流的情况。在许多案例中，可以发现，供应链出现问题，基本上都是由于供应商无法正常按照合约（如质量、数量、日期等）提供产品所引起的，并不是因为采购商无法支付货款。因此，作为下游的企业更应当与上游供应商保持紧密联系，及时了解供应商的各种信息，避免因供应商无法及时交货而引起供应链的中断。正如前文所述，企业通常会将注意力集中在货物流上，仅仅关注企业的货物是否按照要求及时送到。但是值得注意的是，供应商不能及时提供货物的原因主要是资金短缺。因此作为下游的企业更应该加倍关注整条资金流的状况。

（3）借助金融产品完善供应链管理。

有越来越多的商品来自新兴市场，也意味着企业面临更加复杂和更具风险的市场，市场上越来越多的交易开始通过赊账等方式进行。企业应当审视其存在的风险，采取积极的方式提高整条供应链的效率。

在当前的金融市场上，有许多方法可以加强企业的供应链管理效率，其中使用最为广泛的就是银行的供应链金融产品。目前，银行和企业之间缺少一定的必要的沟通。银行一般不会了解企业现金管理和营运资金的情况，除非是和自己业务有密切管理的企业信息。

这样的话，在单独开展相应的融资服务时，银行就会面临很大的信用风险，企业当然也无法针对自己的资金状况寻求到更为合适的银行产品。

开展了供应链金融之后，这种局面会得到很好的改善。因为供应链金融是基于供应链中的核心企业，针对它的上下游企业而开展的一种金融服务。供应链金融可将上下游企业和银行紧密地联系起来。供应链金融使整根链条形成了一个闭环模式，银行能够准确地掌握各个环节上企业的信息。银行通过核心企业的优质信誉，为它的上下游提供金融服务，在一定程度上规避风险。企业通过银行的帮助，也能够做到信息流、物流、资金流的整合。在收到对方支付的款项之后，企业可以及时跟进物流信息，这样就实现了资金收付的高效率，加速了整条供应链的物流和资金流的高速运转，提升了整体价值。

在开展供应链金融的时候，供应链中最基本的订单和发票也不应该被忽略，因为订单作为供应商和采购商之间的一种协议，直接关系供应商发货前和发货后的融资行为及采购商存货融资的行为。

二、互联网金融概述

（一）互联网金融的概念

互联网金融是传统金融行业与互联网精神相结合的新兴领域。互联网"开放、平等、协作、分享"的精神往传统金融业态渗透，对人类金融模式产生了根本性的影响，**具备互联网精神的金融业态统称为互联网金融**。

互联网金融与传统金融的区别不仅仅在于金融业务所采用的媒介不同，更重要的在于金融参与者深谙互联网"开放、平等、协作、分享"的精髓。通过互联网、移动互联网等工具，传统金融业务具备透明度更强、参与度更高、协作性更好、中间成本更低、操作上更便捷等一系列特征。国内涌现了阿里金融等互联网金融企业，也出现了清华大学五道口金融学院互联网金融实验室这样的研究机构。

金融软件与数据
小知识

（二）互联网金融的市场价值

金融服务实体经济的最基本功能是融通资金。资金供需双方的匹配（包括融资金额、期限和风险收益匹配）可通过两类中介进行：一类是商业银行，对应着间接融资模式；另一类是股票和债券市场，对应着资本市场直接融资模式。这两类融资模式对资源配置和经济增长有重要作用，但交易成本巨大，主要包括金融机构的利润、税收和薪酬。

（三）互联网金融的特点

1. 成本低

互联网金融模式下，资金供求双方可以通过网络平台自行完成信息甄别、匹配、定价和交易，无传统中介、无交易成本、无垄断利润。一方面，金融机构可以避免开设营业网点的资金投入和运营成本；另一方面，消费者可以在开放透明的平台上快速找到适合自己的金融产品，削弱了信息不对称程度，更省时省力。

2. 效率高

互联网金融业务主要由计算机处理，操作流程完全标准化，客户不需要排队等候，业务处理速度更快，用户体验更好。

3. 覆盖广

互联网金融模式下，客户能够突破时间和地域的限制，在互联网上寻找需要的金融资源，金融服务更直接，客户基础更广泛。此外，互联网金融的客户以小微企业为主，覆盖了部分传统金融业的金融服务盲区，有利于提升资源配置效率，促进实体经济发展。

4. 发展快

依托大数据和电子商务的发展，互联网金融也得到了快速发展。

5. 风险大

一是信用风险大。目前我国信用体系尚不完善，互联网金融的相关法律还有待配套，互联网金融违约成本较低，容易诱发恶意骗贷、卷款跑路等风险问题。特别是 P2P 网贷平台由于准入门槛低、缺乏监管，成为不法分子从事非法集资和诈骗等犯罪活动的温床。近年来，淘金贷、优易网、安泰卓越等 P2P 网贷平台先后曝出"跑路"事件。二是网络安全风险大。我国互联网安全问题突出，网络金融犯罪问题不容忽视。一旦遭遇黑客攻击，互联网金融的正常运作会受到影响，危及消费者的资金安全和个人信息安全。**在进行互联网支付时，要强化自我保护意识，维护自身权益，切勿使用个人信息为他人网贷；要强化责任意识，注重理性消费，树立正确的消费观念；强化信用意识，有借有还。**

三、基于供应链金融的中小企业融资模式

（一）供应链融资模式中银行与供应链成员的关系

传统融资模式下供应链银行与供应链成员关系如图 12-1 所示。

图 12-1　传统融资模式下银行与供应链成员关系

从图 12-1 可以看出，传统的融资模式是供应链上各个企业单独与银行等金融机构联系进行融资。由于中小企业的实际情况，很难向银行等金融机构获得贷款，只有大型企业较容易得到银行支持，这就造成了很多融资问题。

（二）几种不同的供应链融资模式

1. 传统的企业融资模式

传统中小企业融资主要有两类：**权益融资和债务融资**。此外，民间融资方式也比较流行。

（1）权益融资。

权益融资是企业通过出让部分所有控制权来换取外部投资者资金投入的一种融资方式。对融资者而言，是通过出让部分企业所有权或控制权来获得外部投资者的资金投入，体现的是一种产权交易关系。通过权益融资获得资金，企业不用偿还本金和利息。该方式

不存在到期不能偿付从而引发破产的财务风险压力，但融资成本较高，可能会丧失企业控制权。

（2）债务融资。

债务融资是主要是企业以自身的资产、信用或外部第三方担保，在一定期限内借入所需资金，并按期还本付息。债务融资的本质是一种抵押债权债务关系。与权益融资相比，债务融资一般不会产生对企业的控制权问题，但是债务融资获得的是资金的使用权而不是所有权，企业必须按期还本付息，因而债务融资相较于权益融资对经营者有更强的约束力，财务风险更大。企业的债务资本来源分为向金融机构贷款和在资本市场上发行企业债券两大类。中小企业向银行等金融机构贷款一般只能在有抵押的情况下获得短期资金，而且难以得到充分的满足。发行债券对中小企业有严格的要求，一般的中小企业很难满足这些要求。因此中小企业必须根据自身特点和融资需求特点，利用市场优势地位和自身资产积极开发灵活多样的债务融资方式。

（3）民间融资方式。

民间融资方式实质上是债务融资的一种，由于民间贷款利息高，无法监控，一直是国家不提倡的融资方式。但民间融资一直没有停过，它是中小企业短期贷款的一种重要方式。值得注意的是，民间融资对投资者来说风险大，一旦出问题，会对社会稳定产生不利影响。

2. 物流融资模式

（1）应收类：应收账款融资模式。

应收账款融资是指在供应链核心企业承诺支付的前提下，供应链上下游的中小型企业可用未到期的应收账款向金融机构进行贷款的一种融资模式。

图 12-2 是一个典型的应收账款融资模式。在这种模式中，供应链上下游的中小型企业是债权融资需求方，核心企业是债务企业并对债权企业的融资进行反担保的一方。一旦融资企业出现问题，金融机构便会要求债务企业承担弥补损失的责任。

应收账款融资使上游企业可以及时获得银行的短期信用贷款，不但有利于满足融资企业短期资金的需求，让中小型企业健康稳定地发展和成长，而且有利于整个供应链的持续高效运作。

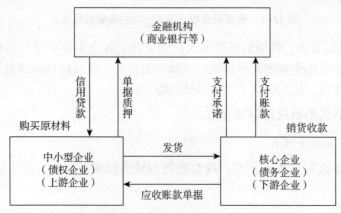

图 12-2　应收账款融资模式

（2）预付类：未来货权融资模式。

很多情况下，企业在支付货款后的一定时期内往往不能收到现货，但又实际上拥有了对这批货物的未来货权。

未来货权融资又称保兑仓融资，是下游购货商向金融机构申请贷款，用于支付上游核心供应商在未来一段时期内交付货物的款项，同时供应商承诺对未被提取的货物进行回购，并将提货权交由金融机构控制的一种融资模式。

图 12-3 是一个典型的未来货权融资模式。在这种模式中，下游融资购货商不必一次性支付全部货款，即可从指定仓库中分批提取货物并用未来的销售收入分次偿还金融机构的贷款；上游核心供应商将仓单抵押至金融机构，并承诺一旦下游购货商出现无法支付贷款，即对剩余的货物进行回购。

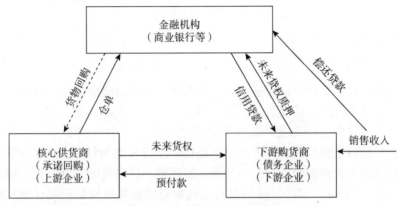

图 12-3　未来货权融资模式

未来货权融资是一种"套期保值"的金融业务，极易被用于大宗物资（如钢材）的市场投机。为防止虚假交易的产生，银行等金融机构通常还需要引入专业的第三方物流机构对供应商上下游企业的货物交易进行监管，以抑制可能发生的供应链上下游企业合谋给金融系统造成的风险。例如，国内多家银行委托中国对外贸易运输集团（简称中外运）对其客户进行物流监管服务。一方面，银行能够实时掌握供应链中物流的真实情况来降低授信风险；另一方面，中外运也获得了这些客户的运输和仓储服务。可见，银行和中外运在这个过程中实现了双赢。

（3）存货类：融通仓融资模式。

很多情况下，需要融资的企业除了货物之外，并没有相应的应收账款和供应链中其他企业的信用担保。此时，金融机构可采用融通仓融资模式对其进行授信。融通仓融资模式是企业以存货作为质押，经过专业的第三方物流企业的评估和证明后，金融机构向其进行授信的一种融资模式，如图 12-4 所示。

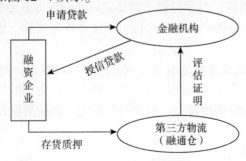

图 12-4　融通仓融资模式

图12-4是一个典型的融通仓融资模式。在这种模式中，抵押货物的贬值风险是金融机构重点关注的问题。因此，金融机构在收到中小企业融通仓业务申请时，应考察企业是否有稳定的库存、是否有长期合作的交易对象，以及整体供应链的综合运作状况是否良好，以此作为授信决策的依据。

但银行等金融机构可能并不擅长质押物品的市场价值评估，同时也不擅长质押物品的物流监管，因此这种融资模式通常需要专业的第三方物流企业参与。金融机构可以根据第三方物流企业的规模和运营能力，将一定的授信额度授予物流企业，由物流企业直接负责融资企业贷款的运营和风险管理，这样既可以简化流程，提高融资企业的产销供应链运作效率，同时也可以转移自身的信贷风险，降低经营成本。

（三）现代供应链融资模式

1. 供应链金融融资模式的组合——"1+N"供应链融资范式

供应链金融是对一个产业供应链中上下游多个企业提供全面的金融服务，它改变了过去银行对单一企业主体的授信模式，而是围绕某"1"家核心企业，从原材料采购到制成最终产品，最后通过销售网络把产品送到消费者手中这一供应链链条，将供应商、制造商、分销商、零售商直到最终客户连成一个整体，全方位地为链条上的"N"个企业提供融资服务，通过相关企业的职能分工与合作，实现整个供应链的不断增值。因此，它被称为"1+N"模式。"1+N"供应链融资是自偿性贸易融资和结构性融资在融资模式与风险控制方面的深化。这种融资既包括对供应链单个企业的融资，也包括该企业与上游卖家或下游买家的段落供应链的融资安排，可以为整个"供—产—销"链条提供整体供应链贸易融资解决方案。针对企业生产和交易过程的特点与需求，预付款融资、存货融资与应收款融资三种基础的供应链融资模式可以组合为更复杂的整体解决方案。

以对单个企业的融资安排为例，分别阐述其特点。

1）对核心企业的融资安排：核心企业自身具有较强的实力，对融资的规模、资金价格、服务效率都有较高要求。这部分产品主要包括短期优惠利率贷款、票据业务（开票、贴现）、企业透支额度等产品。

2）对上游供应商的融资解决方案：上游供应商对核心企业大多采用赊销方式，核心企业普遍对上游供应商采用长账期采购方式。因此上游企业融资以应收账款融资为主，主要配备保理、票据贴现、订单融资等产品。

3）对下游经销商的融资解决方案：核心企业对下游分销商的结算一般采用先付款后发货的方式，包括部分预付款或一定额度内的赊销。经销商要扩大销售，超出额度的采购部分也要采用现金（含票据）付款。对下游经销商的融资方案主要以动产及货权质押授信中的预付款融资为主。配备的产品主要包括短期流动资金贷款、票据的开票、保贴、国内信用证、保函等。

"1+N"供应链融资模式显著地改善了贸易融资风险状况。与核心企业建立直接授信关系或紧密合作关系，有利于消除核心企业的信息不对称造成的风险，达到业务操作过程中物流、资金流和信息流的高度统一，解决对配套中小企业融资授信中风险判断和风险控制的难题。

2. 互联网金融模式

以互联网为代表的现代信息科技，特别是移动支付、云计算、社交网络和搜索引擎等，对金融模式产生了根本影响。近年来，我国已经基本形成一个既不同于商业银行间接融资、也不同于资本市场直接融资的第三种金融运行机制，可称为"互联网直接融资市场"或"互联网金融模式"。

在互联网金融模式下，因为有搜索引擎、大数据、社交网络和云计算，市场信息不对称程度非常低，交易双方在资金期限匹配、风险分担方面的成本也非常低，银行、券商和交易所等中介所起作用不大，贷款、股票、债券等的发行和交易以及券款支付直接在网上进行。

在这种金融模式下，支付便捷，搜索引擎和社交网络降低信息处理成本，资金供需双方直接交易，可达到与现在资本市场直接融资和银行间接融资一样的资源配置效率，并在促进经济增长的同时大幅减少交易成本。

（1）互联网支付。

互联网支付是指通过计算机、手机等设备，依托互联网发起支付指令、转移资金的服务，其实质是新兴支付机构作为中介，利用互联网技术在付款人和收款人之间提供的资金划转服务。典型的互联网支付机构如支付宝。

互联网支付主要分为三类。一是客户通过支付机构链接到银行网银，或者在电脑、手机外接的刷卡器上刷卡，划转银行账户资金。资金仍存储在客户自身的银行账户中，第三方支付机构不直接参与资金划转。二是客户在支付机构开立支付账户，将银行账户内的资金划转至支付账户，再向支付机构发出支付指令。支付账户是支付机构为客户开立的内部账务簿记，客户资金实际上存储在支付机构的银行账户中。三是快捷支付模式，支付机构为客户开立支付账户，客户、支付机构与开户银行三方签订协议，将银行账户与支付账户进行绑定，客户登录支付账户后可直接管理银行账户内的资金。该模式中资金存储在客户的银行账户中，但是资金操作指令通过支付机构发出。

（2）众筹融资。

众筹融资（Crowd Funding）是指通过网络平台为项目发起人筹集从事某项创业或活动的小额资金，并由项目发起人向投资人提供一定回报的融资模式。典型代表如天使汇和点名时间。众筹融资平台扮演了投资人和项目发起人之间的中介角色，使创业者从认可其创业或活动计划的资金供给者中直接筹集资金。

按照回报方式不同，众筹融资可分为以下两类：一是将投资对象的股权或未来利润作为回报，如天使汇；二是将投资对象的产品或服务作为回报，如点名时间。

（3）金融机构**创新型互联网平台**。

金融机构创新型互联网平台可分为以下两类：一是传统金融机构为客户搭建的电子商务和金融服务综合平台，客户可以在平台上进行销售、转账、融资等活动。平台不赚取商品、服务的销售差价，而是通过提供支付结算、企业和个人融资、担保、信用卡分期等金融服务来获取利润。目前这类平台有建设银行"善融商务"、交通银行"交博汇"、招商银行"非常 e 购"以及华夏银行"电商快线"等。二是不设立实体分支机构，完全通过互联网开展业务的专业网络金融机构。如众安在线财产保险公司仅从事互联网相关业务，通过自建网站和第三方电商平台销售保险产品。

（4）基于互联网的**基金销售**。

按照网络销售平台的不同，基于互联网的基金销售可以分为两类。

一是基于自有网络平台的基金销售，**实质是传统基金销售渠道的互联网化**，即基金公司等基金销售机构通过互联网平台为投资人提供基金销售服务。

二是基于非自有网络平台的基金销售，实质是基金销售机构借助其他互联网机构平台开展的基金销售行为，包括在第三方电子商务平台开设"网店"销售基金、基于第三方支付平台的基金销售等多种模式。其中，基金公司基于第三方支付平台的基金销售的本质是基金公司通过第三方支付平台的直销行为，使客户可以方便地通过网络支付平台购买和赎回基金。

四、供应链融资模式创新

（一）互联网环境下供应链金融融资新模式

以上分析的金融模式各有其特点，也都受到企业和金融结构的重视，但由于在实际运作过程中存在着各种问题，特别是风险防范方面的问题，运营和发展受到很大的影响。因此，应将几种模式整合，形成新的融资模式。

互联网金融是以个人对个人、个人对企业的方式融资，个人或中小企业的资信、运营状况难以确定，企业所处供应链的运营状况对企业经营有很大影响。因此，应在了解企业经营状况的基础上，重点考虑企业所处供应链的运营状况，从供应链的角度考虑是否放贷以及放贷多少。例如，当某企业经营状况不佳时，如果单独考虑该企业，可能该企业得不到贷款。但如果从供应链角度去考虑，虽然该企业经营暂时不佳，而长期来看，整个供应链运营较好，市场份额大，该企业依然可以得到贷款。

这两种模式的整合，可以更好地为中小企业融资带来方便，促进中小企业的发展。

1. 新模式的基本构成

供应链金融新模式的结构如图 12-5 所示。

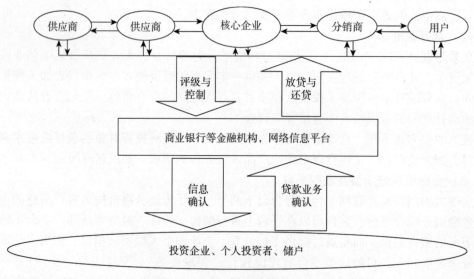

图 12-5　供应链金融新模式的结构

2. 新模式的业务操作步骤

第一步，金融机构、网络信息平台收集供应链信息。围绕核心企业收集供应链整体和各个企业经营状况、资金运营情况、供应链市场情况，并对其进行分析，要求供应链将相关经营信息如实公布，金融机构评价其信用等级。

第二步，贷款请求。企业需要融资，将融资贷款需求发至金融机构或网络信息平台，金融机构或网络信息平台将贷款信息公布。

第三步，投资者确认放贷。投资者确认信息，认为可行就竞标投资，并确认放贷。

第四步，监督资金使用。投资者、金融机构可随时监督供应链资金使用和市场发展状况，及时与供应链沟通信息。

第五步，还贷确认。供应链企业根据贷款期限和贷款要求按期还款，投资者收款和结算利息。

3. 新模式的应用意义

在当今激烈的竞争环境下，资金成为企业发展的瓶颈，互联网环境下的供应链金融融资新模式对于企业特别是中小企业的发展具有重要的意义。

1）互联网为企业和个人提供了大量的数据，闲散资金拥有者和银行能够及时了解中小企业经营情况，为资金融通及时提供依据。

2）新模式能够快速整合闲散社会资金，为中小企业提供贷款，满足中小企业资金需求。

3）新模式促进供应链上下游企业的合作，提升供应链企业和整个供应链的竞争力。

4）新模式促进银行等金融机构的创新，有利于社会资金的有效利用，推动社会经济的发展。

（二）"区块链+供应链金融"模式

近年来，区块链技术越来越受到关注。区块链技术虽然不能改变供应链金融基本模式，但区块链技术具有不可篡改、可追溯、可信任等内生性特点，可有效协助推进供应链金融的线上化和智能化发展。目前较为常见的三种区块链供应链金融的基础商业模式是：核心企业自建区块链底层、供应链金融平台内嵌区块链底层、区块链供应链生态圈模式。

1. 核心企业自建区块链底层

传统核心企业拥有自己的上游供应商和下游经销商链条，在展开供应链金融业务方面具有先天优势，互联网、大数据、物联网等技术的运用将其信息流、数据流、物流和商流信息从线下逐步转移到线上管理。而区块链技术的加入，可以更好地对这些信息进行记录和追溯，使其信用价值逐步延伸并传递至链上长尾客户，帮助其获得更多融资机会。

大型核心企业基本上都具备 ERP 管理系统，"区块链+供应链金融"业务的基础模式，是在上层供应链金融应用系统基础上嵌入底层区块链系统，以数字凭证方式，对应收账款、存货、押品等进行数字登记和保存，资金提供方如银行、保理公司、融资租赁公司等金融机构通过系统进行线上确权与放款，大大提高审批效率。

2. 供应链金融平台内嵌区块链底层

非核心企业一般不具备核心企业的供应链金融平台，开展供应链金融可以与核心企业、保理公司及小贷公司等合作，或者与电商平台、物流平台或大宗商品服务商自建平台等合作，这些供应链金融平台可以内嵌区块链技术，其资金端面向个人投资者。区块链技术的加入并非对整个业务模式进行改变，而是在风控及效率上进一步提升。

3. 区块链供应链生态圈模式

第三种模式主要为具备较强供应链金融或区块链技术优势的第三方，如 ERP 系统服务商、区块链公司等，发起设立的区块链供应链金融服务开放平台，将整个链上涉及的核心企业、资金需求方、资金提供方、担保方、数据信息服务方等全部进行连接与整合，共享数据与合作，同时共同维护区块链云节点，形成完整的供应链金融生态圈。

五、供应链金融模式风险与防范措施

（一）预付账款垫付模式下的潜在风险点及防范措施

该运作模式一般是为处于供应链下游的债权企业融资，主要针对商品采购阶段的资金短缺问题。**预付账款融资模式**是在上游核心企业（销货方）承诺回购的前提下，中小企业（购货方）以金融机构指定仓库的既定仓单向金融机构申请质押贷款，并由金融机构控制其提货权为条件的融资业务。具体操作方式为：由第三方物流企业或者核心企业提供担保，在此基础上银行等金融机构向中小企业垫付货款。预付款融资是面向未来即将获得的存货的融资，此类融资除了应考虑存货类抵押或质押物的选择外，一些特殊的变量也决定了业务的可行性，包括在途责任的清晰与上游的责任捆绑。

第三方物流企业主要提供信用担保和货物监管，物流企业比较了解供应商和购货方的运营状况，掌握较多的信息。该模式的潜在风险点在于：①第三方物流自身的资信状况如何，是否有能力对中小企业进行担保；②第三方物流的货物监管是否得力，是否能保证供应商货物的真实性和质量。针对以上风险点，银行可以采取以下防范措施。

（1）**确保担保的有效性**。

银行尽量选择规模较大、资金实力雄厚、信用状况良好的物流公司为中小企业作担保，确保担保公司的担保能力和担保的有效性。这样即使发生违约风险，也能由第三方物流公司承担付款责任。

（2）**确保货物监管的有效性**。

银行尽量选择知名度高、信用记录良好的物流公司，保证货物监管的质量和货物的真实性。

（3）**确保货物信息的灵通**。

银行与第三方物流信息共享，确保货物信息的灵通。中小企业拥有的存货和应收账款价值往往是其不动产价值的 1.5 倍以上，货物的质量就是银行规避风险的保证，供应链金融就是看中了企业这一优势。货物是中小企业偿还贷款的条件，物流企业一般比银行更了解货物一线资料。因此，银行应当与物流公司共享信息，确保货物的有力监管。

（4）**实现风险转移**。

银行应当将预付账款垫付的风险与收益相互匹配，实现风险转移。银行可以随生产阶段变化、授信风险变动调整利率与贷款成数，例如，在供应链融资的过程中，在订单阶段，不确定性较高，可以调高利率、降低贷款成数；随着生产流程的进行，风险降低，可以调低利率、提高贷款成数。

（二）动产质押模式下的潜在风险点及防范措施

该运作模式是企业以存货、仓单作为质押向金融机构办理融资业务的行为。融资企业此时充当供应商的角色，当企业处于支付现金至卖出存货到核心企业的业务流程时，企业可以采用该融资模式。质押的存货应符合以下特征。

1）货权清晰。银行在接受动产抵质押时，应对出质人或抵押人提供的动产进行权属认定。

2）价格稳定。价格波动剧烈的商品不宜作为质押物。

3）流动性强。客户违约情况下，银行对质押物通过变卖、拍卖等方式处置。

4）易于保存。容易挥发、易爆炸、易渗漏、易燃、易霉变、易氧化等货物特性，均构成抵质押物价值减损的额外风险，银行应谨慎接受此类产品。

第三方物流企业提供质物监管服务，商业银行可根据第三方物流企业的规模和运营能力，将一定的授信额度授予物流企业，由物流企业直接负责融资企业贷款的运营和风险管理。这种模式通过动产抵押盘活了存货和仓单，缓解了企业现金流压力。

该模式的潜在风险点在于：首先，该质押动产是否存在流动性风险，即动产能否在不受到大的损失的前提下变现；其次，第三方物流公司开具的仓单是否真实，抵押物是否具有价值；最后，第三方物流的货物监管是否得力，动产质押物是否真实，企业出售该动产能否盈利。针对以上风险点，银行可以采取以下防范措施。

（1）保证动产的流动性。

银行应当要求和核心企业签订质物回购协议，利用核心企业的信用，保证动产的流动性。银行与核心企业签订质物回购协议后，核心企业就在法律上有了回购质押物的义务，这样就不存在中小企业存货卖不出去、现金收不回来的风险。

（2）确保仓单的真实性。

第三方物流公司开具的仓单是否真实关系到质押物是否具有质押价值，因此物流公司自身的资信尤为重要。银行应当慎重选择第三方物流公司，尽量选择规模较大、知名度高、资信状况良好的物流公司为中小企业作担保，确保仓单等单据的真实性。

（3）确保动产监管得力。

在动产质押贷款模式下，若银行与核心企业没有签订回购协议，那么货物的质量就是银行规避风险的保证，而物流企业一般比银行更了解质押物一线资料，因此银行应当与物流公司及时沟通，确保监管得力，并在此基础上确定合适的质押率。

（4）明确分工协作。

银行应当建立与第三方物流的合作体系，将质押监管业务外包给物流企业，即将供应链金融中不属于商业银行核心业务的部分物流和信息流管理工作予以外包，重点控制好资金流。这样有利于通过第三方物流的仓储、运输和现场监管，提高仓库管理水平，同时银行负责监督第三方物流制定具体的办理质物入库、发货的风险控制方案，以提高对质押物的监管能力。

（5）正确选择质押物并建立商品价格波动预测系统。

在动产质押贷款模式下，质押品的质量直接影响其价格，因此银行应根据市场行情，选取市场占有率高、品牌好的产品作为质押商品，同时与物流公司设定合理的质押率、贷款成数和利率水平。此外，还应当建立市场需求及价格变化趋势的预测机制，规避动产质押物价格波动的风险。

（三）应收账款质押模式下的潜在风险点及防范措施

应收账款质押模式是中小企业以未到期的应收账款向金融机构申请融资的模式，融资企业此时处于供应链上游的债权人角色，需要及时获得商业银行提供的短期信用贷款。应收账款质押模式的具体操作方式是中小企业将应收账款质押给银行进行融资，并由第三方物流企业提供信用担保，将中小企业的应收账款变成银行的应收账款，核心企业再将货款直接支付给银行。核心企业在供应链中资金实力比较雄厚，因此银行的贷款风险相对较小。

一般而言，应收账款需要满足以下特征。

1）可转让性，即应收账款必须是依照法律和当事人约定允许转让的。

2）特定性，即应收账款的有关要素必须明确、具体和固定化。

3）时效性，即应收账款债权必须尚未超过诉讼时效。

4）转让人的适格，即提供应收账款的民事主体必须具备法律所承认的提供担保的资格。

该模式的潜在风险点在于：首先，核心企业的信用状况是否良好，如果核心企业违约、拒付或者破产，则该应收账款就可能成为银行的坏账，因此在应收账款质押模式下，核心企业的信用尤为重要；其次，核心企业是否在票据上承兑，核心企业若不愿在票据上承兑，则应收账款就得不到核心企业的信用保证，从而信用程度降低；最后，第三方物流的信用状况是否良好，若核心企业不愿在票据上承兑，应收账款的信用就依赖于第三方物流的信用担保。针对以上风险点，银行可以采取以下防范措施。

（1）**确保核心企业的信用状况**。

银行要对核心企业的经营情况进行跟踪评价，对其订单、业绩、质量控制、成本控制、技术、用户满意度等方面做出调查和评估，从而保证应收账款的安全。

（2）**争取核心企业在票据上承兑**。

核心企业在票据上承兑以后，应收账款就能获得核心企业的信用保证，从而提高票据的信用水平。

（3）**确保第三方物流公司的信用状况**。

核心企业若不愿在票据上承兑，则应收账款的信用就依赖于第三方物流的信用担保。因此银行应当选择规模较大、专业水平高、资金实力雄厚、资信状况良好的物流公司为中小企业提供信用担保，以提高担保质量。

以上提到的潜在风险点是供应链融资中的操作风险和信用风险，银行如何针对风险来源有效地控制风险，是银行持续开展供应链融资的保证。除了采取以上针对性措施之外，银行还应当运用系统的风险管理方法。完善内部管理和风险控制体系，做好风险规避和风险转移。

首先，银行应当确立资产评级体系，设立供应链金融信用风险评价指标。建立第三方物流、中小企业和核心企业的信用档案。其次，银行应当建立预警评价体系，当预警评价体系中某项指标超过临界值时，发出预警信号并及时进行处理，规避违约风险。最后，银行应当完善信用管理制度和操作流程，形成互相牵制的授权及监管机制，在供应链金融的操作中，严格审核单据特别是仓单的真实性，实行双重审批制，确保交易的真实性和抵押物的价值。

（四）互联网环境下供应链金融融资新模式风险与防范

新融资模式在整个运营过程中有四个风险防范措施。

1）供应链核心企业对上下游企业的监督管理。供应链核心企业一般规模大、实力强，对上下游企业有控制和影响能力，能够监督上下游企业的运作管理。

2）金融机构、网络信息平台对企业和供应链的监管。金融机构和供应链企业要合作、相互信任，同时金融机构对供应链企业要进行监督。

3）投资者对供应链企业的跟踪管理。投资者和供应链企业，特别是核心企业，要及时沟通，对供应链企业经营及时跟踪，尽早防范问题发生。

4）金融机构、网络信息平台、投资者对供应链客户市场的分析。通过对市场的分析，制定防范措施，控制融资量，并对供应链提供有效改进意见和建议。

（五）移动金融风险防范

移动金融风险主要有政策与法律风险、技术风险、信誉风险。近年来，在技术风险方面更受到关注，网络支付安全形势更加严峻。未来，**移动金融风险防范**主要从以下两个方面着手。

1）有关部门和银行业需要把更多的精力放在对金融消费者合法权益的维护上来，放在对金融消费者的宣传教育上来，放在培育合格的市场参与者上来，为移动支付和移动金融发展创造良好的基础条件和生态环境。

2）金融监管部门和各个商业银行共同建立起紧密的协作关系，加强各部门之间风险信息的共享，推动建立跨行风险信息共享机制，及时汇总分析各行相关信息并通报公安部门，更有效地防范各类违法犯罪，共同加强风险管理机制，完善法律法规，共同营造一个绿色、安全的网络支付环境，以促进移动金融事业的发展。

第二模块　案例讨论

案例一　我国商业银行供应链金融应用情况

我国在 20 世纪 90 年代末开始进行供应链金融的探索和尝试，经过 30 年的持续发展，供应链金融逐步从 1.0 阶段步入到 4.0 阶段，从"1+N"的供应链融资模式开始，金融科技成为供应链金融模式变化的核心驱动力，推进供应链金融发展模式从线下到线上，从物联网到互金平台，未来有不断地向智慧型供应链金融转型升级的趋势。

供应链金融 1.0 阶段是传统的中心化模式，为供应链上的其他企业提供金融支持；伴随着信息化技术的快速发展，供应链金融逐步迈入 2.0 线上化阶段，供应链中的资金流、商流、物流、信息流逐步从线下流通转向线上流通；随着互联网技术快速发展，供应链金融开始加速融合，进入以平台化为特征的供应链金融 3.0 阶段；产业互联网的浪潮促进供应链金融业务模式进一步升级，供应链金融开始逐步迈入数字化的 4.0 阶段。以下是我国部分商业银行供应链金融服务的基本情况。

1. 中国工商银行

中国工商银行（简称工行）供应链金融业务的新变化主要体现在其线上小微金融服务平台上，平台主要包含纯信用类的"经营快贷"、抵质押类的"网贷通"，以及"线上供应链融资"三大主要产品。工行还与平台方中企云链合作，创新了可流转多层级的核心数字化应收账款确认凭据，将核心企业信用进一步向供应链末端小微企业延伸。

仅 2018 年前 9 个月，工行便已累计为 1 300 户上下游客户发放超过 450 亿元的线上供应链融资。截至 2018 年年末，工商银行的小微企业贷款总额达 3 216.85 亿元，同比增长 18.1%，小微金融业务中心的布局亦达到 258 个，全面推动供应链金融业务的落地。

2. 中国建设银行

中国建设银行（简称建行）在 2018 年提出了普惠金融发展战略三年规划，并在组织建设方面实现了普惠金融事业部在一、二级分行的全覆盖，累计组建小企业中心 288 家。

具体到业务层面，建行则围绕企业采购、制造、销售直至最终用户的信息流、物流和资金流"三流"的运作，设计研发了包括应收账款融资、金银仓、动产质押融资、订单融资、动产质押融资等十余个供应链融资产品。在业务受理中，建行重点关注业务的真实交易背景，产品与企业信息流、物流和资金流的高度嵌入，以及需提供结构化、组合式的服务。截至 2018 年年末，建行已累计向 3.3 万家企业发放 5 385 亿元的线上供应链融资，线上供应链合作平台达 1 184 家。普惠金融领域贷款余额 6 310.17 亿元，较上年新增 2 125.15 亿元。

3. 平安银行

平安银行（原深圳发展银行）是国内最早涉足并提倡发展供应链金融业务的商业银行。2002 年，深圳发展银行（简称深发展）成为国内首家系统性提出并推广供应链金融及贸易融资产品组合的银行，仅 2005 年，深发展银行"1+N"供应链金融模式就创造了 2 500 亿元的授信额度，当年不良贷款率仅为 0.57%。

在线上布局部分，针对产业链核心企业及其上游客户，2018 年平安银行推出了供应链应收账款服务平台（SAS 平台），提供线上应收账款的转让、融资、管理、结算等综合金融服务。SAS 平台全面应用"平安区块链""人工智能+大数据"等核心技术，对贸易背景的真实性实施智能核验和持续监测。截至 2018 年年末，平安银行的 SAS 平台累计交易量已突破 100 亿元，为 111 家核心企业及其上游中小微企业提供服务。

4. 浙商银行

供应链金融是浙江商业银行（简称浙商银行）目前发展的重要战略业务，浙商银行从 2016 年开始研究区块链技术应用，并于 2017 年 8 月率先投产基于区块链技术开发的应收款链平台。围绕供应链金融，浙商创新"池化"及"线上化"的融资业务模式，在三池（涌金票据池、涌金资产池、涌金出口池）的基础之上，继续围绕三大业务平台进行展业。

一是池化融资平台，其 2018 年签约客户达 22 290 户，同比增长 43.58%，池内资产余额 3 506.79 亿元，累计入池应收账款笔数 10.08 万笔，入池金额约 729 亿元。具体产品"至臻贷"2018 年签约客户 1 645 户，同比增长 26.25%；融资余额 501.25 亿元，同比增长 44.68%。

二是针对核心企业财务服务的易企银平台，2018 年共落地易企银平台 234 个，较上年年末增长 172.09%，平台累计融资 367.85 亿元，较上年年末增长 485.28%。

三是应收款链平台，截至 2018 年年末，浙商银行落地应收款链平台 1 410 个，同比增长近 12 倍；累计签发金额 1 228.78 亿元，同比增长近 4 倍。

5. 上海银行

上海银行于 2018 年 10 月发布了"上行 e 链"在线供应链金融服务平台，并于 2019 年 4 月新成立了供应链金融部，将业务模式扩展并覆盖至核心企业采购、生产、销售等各环节，同时运用大数据构建企业的信用模型。

"上行 e 链"以在线供应链金融服务平台为核心，包含三大类共 15 项产品，通过与核心企业共建平台共享数据，掌握所需信息流、资金流和物流，形成闭环管理。同时，上海银行通过与江苏润和软件合作，引入区块链技术，实现核心企业信用的可拆分、可组合支付，从而将核心企业的信用延展到二级、三级、四级供应商。

（案例来源：夏志呆. 商业银行供应链实施方案研究[EB/OL]. [2022-4-1]. https://zhuanlan.zhihu.com/p/271836827. 案例经编者整理、改编）

思考题：我国商业银行供应链金融主要存在哪些问题？

案例二 基于区块链的供应链金融平台应用案例

随着市场竞争的加剧，中小微企业面临应收账款占压而带来的运营资金压力，由于规模较小，中小微企业更容易出现现金流紧张甚至断裂的情况。为更好地解决中小微企业融资难问题，中国银联四川分公司、银联电子支付研究院与四川兆域四海科技有限公司联合打造了中小微企业区块链供应链融资平台。

（一）背景

从金融行业发展现状来看，融资难、融资贵问题，成为阻碍中小微企业发展壮大的重要因素。传统的供应链金融供给侧重大短缺，融资机构运作程序复杂，运营和审核环节烦琐，成本高、效率低、透明度低、容易造假等问题，一直是融资的重要障碍。

随着产业链竞争的加剧及核心企业的强势，赊销在供应链结算中占有相当大的比重，企业通过赊账销售已经成为最广泛的付款条件。赊销导致大量应收账款的存在，让中小微企业不得不直面流动性不足的风险，企业资金链明显紧张，甚至容易出现断裂的情况。因此，在新形势下，盘活应收账款成为解决供应链上中小微企业融资难的重要路径。

但中小微企业信息不透明、财务不规范、持续经营能力弱和抗风险能力差等弱点，客观上造成了金融机构对中小微企业融资的主观性抵触，融资难问题依旧严峻。

（二）解决方案

为更好地解决中小微企业融资难问题，从机构、产品、市场、政策环境等方面深化供给侧结构性改革，以系统化思维建立中小微企业融资长效机制，形成有利于中小微企业融资的生态系统，中国银联与四川兆域四海科技有限公司联合打造了中小微企业区块链供应链融资平台。

平台基于 Fabric 联盟链打造银行与核心企业之间的联盟链，提供给供应链上的所有成员企业使用，利用区块链多方签名、不可篡改的特点，实现供应链金融中的信息闭环与资金闭环，以不可篡改的方式刻画交易双方真实的贸易背景，提供可视化的贸易信息，实现全流程管控，提高贸易融资效率。基于此，市场主体可探索一种新的业务合作模式，联合开展业务创新。平台参与方及其业务逻辑如图 12-6 所示。

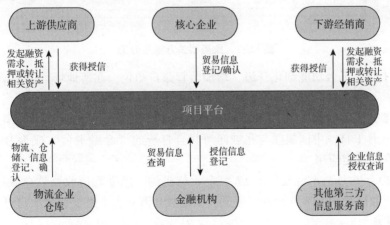

图 12-6 平台参与方及其业务逻辑

供应链上的各参与方，包括核心企业、上下游中小微企业、银行等，将在"四流"上链后实现交叉验证，有效扩大金融机构的低风险资金投放，提升企业资金周转率，降低融资成本。

（三）项目实施

2019 年 8 月，中国银联初次与相关合作方达成合作意向，拟开展基于区块链技术的加油场景供应链项目。

在短短 3 个月后，即于 2019 年 11 月，完成了项目在四川的落地上线。项目致力于搭建金融机构与核心企业之间的联盟链，利用区块链多方签名、不可篡改的特点，驱动信任传递、降低行业风险、提升交易效率，为供应链上的成员企业提供创新业务合作模式，使得债权转让达成多方共识，降低操作难度。

在技术实现方面，平台主要由区块链底层技术和上层应用服务两层级构成。其中，区块链底层技术环境由中国银联与国家信息中心、中国移动等六家单位共同建设的区块链服务网络（BSN）提供，平台的应用服务能力由银联和四川兆域四海方联合共建，并提供平台业务运营和技术运维服务。

在场景落地方面，陕西维纳传媒股份有限公司（以下简称维纳股份）和经产国际融资租赁有限公司（以下简称经产国际）为项目提供场景挖掘及业务支持，以加油场景为依托，成功完成项目第一笔基于区块链技术应收账款融资业务，实现了金融机构与中小微企业之间低成本、高效率的营收账款融资落地。其业务相关方的角色分工如图 12-7 所示。

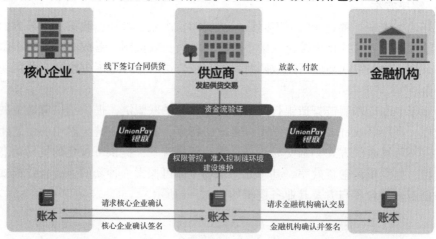

图 12-7　业务相关方角色分工

2020 年 1 月，平台功能细化升级，增加监管账户角色，在落地场景上新增服务于建筑行业。

2020 年 2 月，平台接入人力资源信息存证项目，丰富了平台上的落地应用场景。

2020 年 6 月 1 日，中国银联与兆域四海联合打造的"金融平台"成为 BSN 在供应链金融领域的官方指定应用。

截至 2020 年 6 月，平台服务于 17 家企业与机构，已受理应收账款总额超 460 万元，保理商受理应收账款约 137 万元，已完成放款超 280 万元，上链交易总数超过 90 万条。

（四）展望

自项目实施起，在加油、人力资源存证等多个场景下为多个项目提供高效、可信度高的融资服务，有效帮助中小微企业实现应收账款的融资，同时为核心企业及金融机构提供个性化的产品定制服务。

　　平台上线半年时间，即由单一的融资服务拓展到数据存证、数据验证、会员体系打造、用户数据分析等多项服务内容，有效发挥了金融科技解决民生问题的积极作用，有效传播了中国银联在金融创新领域的影响力，同时也提供了中小微企业进行金融业务的动力。

　　后续为提升平台影响力，一方面，将在动产质押场景积极对接酒类供应链、烟草供应链、运营商供应链等项目，进一步丰富平台上的应用场景；另一方面，通过 BSN 扩大供应链金融平台应用的服务范围，将此业务模式向其他地区复制推广。

　　（资料来源：基于区块链的供应链金融平台应用案例［EB/OL］. （2020 - 12 - 23）［2022-4-1］. https：//www. 528btc. com/college/160870340072741. html）

　　思考题：供应链金融应用区块链技术时需要考虑哪些因素？

第三模块　实训模块

一、实训目的

了解某企业资金状况和供应链金融模式情况。

二、实训过程

　　将全班分成 6 组，每组 6~8 人，每组自主选择企业，调研企业资金使用情况和供应链金融模式情况。

三、实训要求

1. 调研过程在老师的指导下完成。
2. 每组撰写调研报告，报告不少于 1 500 字。
3. 每组做 PPT，在课堂上进行展示。

第四模块　小结与测试题

一、本章小结

　　1. 供应链金融，简单地说，就是银行将核心企业和上下游企业联系在一起，提供灵活运用的金融产品和服务的一种融资模式。即把资金作为供应链的一个溶剂，增加其流动性。

　　2. 互联网金融是传统金融行业与互联网精神相结合的新兴领域。互联网"开放、平等、协作、分享"的精神往传统金融业态渗透，对人类金融模式产生根本性影响，具备互联网精神的金融业态统称为互联网金融。

3. 传统中小企业融资主要有两类：权益融资和债务融资。

4. 物流融资模式有：①应收类：应收账款融资。②预付类：未来货权融资模式。③存货类：融通仓融资模式。

5. 现代供应链融资模式：供应链金融融资模式的组合——"1+N"供应链融资范式；互联网金融模式。

6. 供应链融资模式创新：互联物环境下供应链金融融资新模式、"区块链+供应链金融"模式。

二、测试题

（一）单项选择题

1. 供应链金融模式"1+N"中的"1"是指（　　）。

A. 银行　　　　　B. 客户　　　　　C. 核心企业　　　　D. 供应商

2. 在供应链核心企业承诺支付的前提下，供应链上下游中小企业可用未到期的应收账款向金融机构进行贷款，这种融资模式是（　　）。

A. 应收类　　　　B. 预付类　　　　C. 债务类　　　　D. 存货类

3. 下列选项中，不属于物流融资模式的是（　　）。

A. 应收类　　　　B. 预付类　　　　C. 权益融资　　　D. 存货类

4. 企业通过出让部分控制权来换取外部投资者资金投入的融资方式是（　　）。

A. 权益融资　　　　　　　　　B. 债务融资

C. 民间融资　　　　　　　　　D. 应收账款融资

5. 下列选项中，不属于动产质押模式的潜在风险点的是（　　）。

A. 质押动产是否存在流动性风险

B. 第三方物流的货物监管是否得力

C. 第三方物流公司开具的仓单是否真实

D. 核心企业是否在票据上承兑

（二）多项选择题

1. 互联网金融的特点有（　　）。

A. 成本低　　　　B. 效率高　　　　C. 覆盖广　　　　D. 发展快

E. 风险大

2. 传统企业融资方式包括（　　）。

A. 权益融资　　　　　　　　　B. 债务融资

C. 应收账款融资　　　　　　　D. 民间融

E. 存货融资

3. 下列选项中，属于物流融资模式的有（　　）。

A. 应收类　　　　B. 预付类　　　　C. 权益融资　　　D. 存货类

E. 应付类

4. 目前较为常见的区块链供应链金融的基础商业模式有（　　）。

A. 核心企业自建区块链底层　　　　B. 非核心企业自建区块链底层

C. 供应链金融平台内嵌区块链底层　　D. 供应链金融平台外嵌区块链底层

E. 区块链供应链生态圈模式

5. 预付账款垫付模式下的防范措施有（　　　）。

A. 确保担保的有效性 　　　　　　B. 确保货物信息的灵通

C. 实现风险转移 　　　　　　　　D. 确保货物监管的有效性

E. 确保信息的及时性

（三）简答题

1. 简述供应链金融的概念和意义。

2. 简述互联网金融的特点。

3. 简述应收账款融资模式。

4. 简述动产质押模式的潜在风险点及防范措施。

（四）论述题

1. 论述应收账款融资模式的运作流程。

2. 论述预付账款垫付模式的潜在风险点及防范措施。

第十三章　供应链管理激励与绩效评价

学习目标

1. 了解供应链激励的概念、特点，供应链协议的内容；
2. 了解激励机制的内容、激励模式；
3. 掌握供应链绩效评价体系的概念、遵循原则、评价体系的内容；
4. 掌握供应链运作参考模型；
5. 掌握供应链平衡记分卡绩效评价体系。

第一模块　基础知识

一、供应链激励概述

（一）供应链企业激励机制的概念与特点

激励机制并不是一个新话题，在组织行为学中就专门讨论了激励问题，在委托—代理理论中也研究过激励问题。这里将激励的概念和范围扩大到了整个供应链及其相关企业上，**从广义的激励角度研究供应链管理环境下的激励和激励机制的建立问题。**

激励是一个心理学范畴，在管理学的应用中，对激励的研究一般限于个人行为的范围。供应链激励因其对象包括团体（供应链和企业）和个人（管理人员和一般员工）两部分而将研究范围扩大为个人的心理和团体的心理。一般地讲，**供应链涵盖的社会范围很大，具有社会性，供应链的团体心理即是社会心理。**供应链的社会心理作为一个"整体"具有"个体"——个人心理的一般特性，即基于需要产生动机进而产生某些行为以达到目标。但是整体毕竟不是个体的简单相加，供应链的社会心理同时又具有其独特的一面。

激励小知识

作为众多企业的集合，供应链管理系统也存在同样的问题。成员企业的积极性不够，核心企业的开拓精神不强烈，有些企业"小富即安"，更有一些企业仅安于维持现状，或者是受到竞争压力和外部某些压力（如项目失败、市场需求疲软等）而退缩、丧失进取心等。供应链激励是供应链管理的一项重要工作。供应链包含组织层（即供应链层）、企业层和车间层等层面，可激励对象包括供应链自身、成员企业、企业管理人员、一般员工。其中，管理人员（企业家）和一般员工的激励属于企业激励机制的范畴，因此供应链激励主要专注于供应链环境下的成员企业。

供应链企业的激励过程可以借用传统的激励过程模型来描述，供应链的激励机制包含激励对象（又称激励客体、代理方）、激励的目标、供应链绩效测评（包括评价指标、指标测评和评价考核）和激励方式（正激励和负激励，物质性激励、精神性激励和感情性激励）等内容。事实上，根据供应链激励的特点，供应链的激励机制还隐含了两个内容：供应链协议和激励者（又称激励主体、委托方）。

（二）供应链协议

供应链激励需要一个好的规则来评判好与坏。供应链协议（Supply Chain Protocol，SCP）充当了这一角色。供应链协议将供应链管理工作进行程序化、标准化和规范化，为供应链绩效评价和激励的实现提供了一个平台。

供应链协议是将供应链管理工作进行程序化、标准化和规范化的协定。供应链协议为激励目标的确立、供应链绩效测评和激励方式的确定提供基本依据。激励目标要与激励对象的需要相联系，同时要反映激励主体的意图和符合供应链协议。激励方式视绩效评价结果和激励对象的需要具体而定。

供应链的运作以快速、高效、敏捷等特点而显示出竞争优势，兼容并蓄了许多先进管理方法，如 JIT、MRP Ⅱ、CIMS、FMS（柔性制造系统）等的优点。但是，供应链在运作时存在着安全性、协商时间、供应链优化、主动性限制、供应链淘汰机制等现实问题，制约了供应链功能的发挥。针对这几个问题，相应地提出供应链协议，以规范对供应链运作的管理。供应链协议是根据供应链产品生产模式的特点，结合 GATT（《关税和贸易总协定》）、ISO 9000、EDI、TCP/IP 等多方面知识，将供应链管理工作程序化、标准化和规范化，使供应链系统能有效控制、良好运作、充分发挥功能。简单地讲，供应链协议就是在一系列标准（供应链协议标准，简称 SCP 标准）支持下的拥有许多条目的文本（供应链协议文本，简称 SCP 文本），并且这些文本固化于一个网络系统（供应链协议网络系统，简称 SCPNet）中。**供应链协议强调供应链的实用性和供应链管理的可操作性，重视完全信息化和快速响应的实现。**

供应链协议的内容分为三个部分：**供应链协议文本（SCP 文本）；供应链协议标准（SCP 标准）；供应链协议网络系统（SCPNet）。**SCP 文本是供应链管理规范化、文本化、程序化的主体部分，包括十个部分：①定义；②语法规范；③文本规范；④供应链的组建和撤销；⑤企业加入供应链条件、享受权利、应担风险以及应尽义务；⑥供应关系的确立与解除；⑦信息的传递、收集、共享与发布；⑧供应、分销与生产的操作；⑨资金结算；⑩纠纷仲裁与责任追究。SCP 标准包括产品标准、零配件标准、质量标准、标准合同、标准表（格）单（据）、标准指令、标准数据、标准文本以及 SCPNet 标准等。SCPNet 分为硬件和软件两部分，硬件为 Internet/Intranet/Extranet、客户机、工作站、网管中心，软件为数据库、网络系统、SCPNet 支撑软件。

在供应链协议环境下，企业以期货形式在SCPNet上发布订单或接受订单，寻求供应商或得到销售商。在这种灵活机制下，保持企业的主动性，并将不能适应的企业从供应链上淘汰。企业以接受SCP文本××条款的形式在供应链中运作，极大地减少加入、组建供应链所需花费的较长谈判时间。供应链通过网管中心来协调由于供应链的优化而带来的利益问题。网管中心一般设在核心企业，并由核心企业负责管理。在经济活动中，供应链由于有供应链协议的严格规定而存在，并广泛地形成供应链与供应链间的竞争。

（三）激励机制的内容

从一般意义上讲，激励机制的内容包括激励主体与客体、激励目标和激励手段。

1. 激励主体与客体

激励主体是指激励者；激励客体是指被激励者，即激励对象。激励的主体从最初的业主转换到管理者、上级，到今天已经抽象为委托人。相应地，激励的客体从最初针对蓝领的工人阶层转换到白领的职员阶层，以及今天的代理人。**供应链管理中的激励对象**（激励的客体）**主要指其成员企业**，如上游的供应商企业、下游的分销商企业等，也包括每个企业内部的管理人员和员工。在这里主要讨论对以代理人为特征的供应链企业的激励，或对代理人的激励。因此，供应链管理环境下的激励主体与客体主要涉及以下几对。

1）核心企业对成员企业的激励。

2）制造商（下游企业）对供应商（上游企业）的激励。

3）制造商（上游企业）对销售商（下游企业）的激励。

4）供应链对成员企业的激励。

5）成员企业对供应链的激励。

2. 激励目标

激励目标主要是通过某些激励手段，调动委托人和代理人的积极性，兼顾合作双方的共同利益，消除由于信息不对称和败德行为带来的风险，使供应链的运作更加顺畅，实现供应链企业共赢的目标。

3. 激励手段

供应链管理模式下的激励手段多种多样，**从激励理论的角度来理解的话，主要就是正激励和负激励两大类**。

正激励是指在激励客体和激励目标之间形成一股激励力，使激励客体向激励目标进发。**负激励**是对激励客体实施诸多约束，而仅仅预留指向激励目标一个方向给激励客体发展，从而达到向激励目标进发的激励目的。通常的激励方式基本上是正激励，负激励被作为约束机制来研究。

对于激励的手段，在现实管理中主要采取三种激励模式：**物质激励模式、精神激励模式和感情激励模式**。在实际工作中，可参考以下几种具体模式进行激励。

（1）价格激励

在供应链环境下，各个企业在战略上是相互合作的关系，但是各个企业的利益不能被忽视。供应链的各个企业间的利益分配主要体现在价格上。价格包含供应链利润在所有企业间的分配、供应链优化而产生的额外收益或损失在所有企业间的均衡。供应链优化所产生的额外收益或损失大多数时候是由相应企业承担，但是许多时候并不能辨别相应对象或者相应对象错位，因而必须对额外收益或损失进行均衡，这个均衡通过价格来反映。

价格对企业的激励是明显的。高的价格能增强企业的积极性，不合理的低价会挫伤企业的积极性。供应链利润的合理分配有利于供应链企业间合作的稳定和运行的顺畅。

但是，**价格激励本身也隐含一定风险，这就是逆向选择问题**。即制造商在挑选供应商时，由于过分强调低价格的谈判，往往选中了报价较低的企业，而将一些整体水平较好的企业排除在外，其结果是影响了产品的质量、交货期等。当然，看重眼前的利益是导致这一现象的一个不可忽视的原因，但出现这种差供应商排挤好供应商的最为根本的原因是：在签约前对供应商不了解，没意识到报价越低，意味着违约的风险越高。因此，使用价格激励机制时要谨慎行事，不可一味强调低价策略。

（2）订单激励。

供应链获得更多的订单是一种极大的激励，在供应链内的企业也需要更多的订单激励。一般地说，一个制造商拥有多个供应商。多个供应商之间的竞争来自制造商的订单，多的订单对供应商是一种激励。

（3）商誉激励。

商誉是一个企业的无形资产，对于企业极其重要。商誉来自供应链内其他企业的评价和在公众中的声誉，反映企业的社会地位（包括经济地位、政治地位和文化地位）。委托—代理理论认为，在激烈的竞争市场上，代理人的代理量取决于其过去的代理质量与合作水平。从长期来看，代理人必须对自己的行为负完全的责任。因此，即使没有显性激励合同，代理人也有积极性努力工作，因为这样做可以提升自己在代理市场上的声誉，从而提高未来收入。

（4）信息激励。

在信息时代里，企业获得更多的信息意味着企业拥有更多的机会、更多的资源，从而获得激励。**信息对供应链的激励实质上属于一种间接的激励模式，但是它的激励作用不可低估**。在前面几节的讨论中，曾多次提到在供应链企业群体中利用信息技术建立信息共享机制，其主要目的之一就是为企业获得信息提供便利。如果能够很快捷地获得合作企业的需求信息，本企业就能够主动采取措施提供优质服务，必然使合作方的满意度大为提高，这对与合作方建立起信任关系有着非常重要的作用。因此，企业在新信息不断产生的条件下，始终保持了解信息的欲望，也更加关注合作双方的运行状况，不断探求解决新问题的方法，就达到了对供应链企业进行激励的目的。

信息激励机制的提出，也在某种程度上克服了由于信息不对称而使供应链中的企业相互猜忌的弊端，消除了由此带来的风险。

（5）淘汰激励。

淘汰激励是负激励的一种。优胜劣汰是自然法则，供应链管理也不例外。为了使供应链的整体竞争力保持在一个较高的水平，供应链必须建立对成员企业的淘汰机制，同时供应链自身也面临淘汰。淘汰弱者是市场规律之一，保持淘汰对企业或供应链而言都是一种激励。对于优秀企业或供应链来讲，淘汰弱者使其获得更优秀的业绩；对于业绩较差者，为避免淘汰它更需要上进。

淘汰激励是在供应链系统内形成一种危机激励机制，让所有合作企业都有一种危机感。这样一来，企业为了能在供应链管理体系获得群体优势的同时自己也有所发展，就必须承担一定的责任和义务，对自己承担的供货任务，从成本、质量、交货期等负起全方位的责任。这一点对防止短期行为和"一锤子买卖"给供应链群体带来的风险也起到一定的作用。

（6）新产品/新技术的共同开发。

新产品/新技术的共同开发和共同投资也是一种激励机制，它可以**让供应商全面掌握新产品的开发信息，有利于新技术在供应链企业中的推广和开拓供应商的市场**。

传统的管理模式下，制造商独立进行产品的研究与开发，只将零部件最后的设计结果交由供应商制造。供应商没有机会参与产品的研究与开发过程，只是被动地接受来自制造商的信息。这种合作方式最理想的结果也就是供应商按期、按量、按质交货，不可能使供应商积极主动关心供应链管理。因此，供应链管理实施好的企业，都将供应商、经销商甚至用户结合到产品的研究开发工作中来，按照团队的工作方式展开全面合作。在这种环境下，合作企业也成为整个产品开发中的一分子，其成败不仅影响制造商，而且也影响供应商及经销商。因此，每个人都会关心产品的开发工作，这就形成了一种激励机制，对供应链上企业产生激励作用。

（7）组织激励。

在一个较好的供应链环境下，企业之间的合作愉快，供应链的运作也通畅，少有争执。也就是说，**一个良好组织的供应链对供应链及供应链内的企业都是一种激励**。

减少供应商的数量，并与主要的供应商和经销商保持长期稳定的合作关系是制造商采取组织激励的主要措施。但有些企业对待供应商与经销商的态度忽冷忽热，在零部件供过于求和供不应求时对经销商的态度两个样：产品供不应求时对经销商态度傲慢，供过于求时往往企图将损失转嫁给经销商，因此得不到供应商和经销商的信任与合作。产生这种现象的根本原因，还是在于企业管理者没有形成与供应商、经销商长期的战略合作意识，管理者追求短期业绩的心理较重。如果不能从组织上保证供应链管理系统的运行环境，供应链的绩效也会受到影响。

二、供应链绩效评价概述

（一）概念

供应链绩效评价是供应链管理的重要内容，对于衡量供应链目标的实现程度及提供经营决策支持都具有十分重要的意义。

供应链企业绩效评价指标应该能够恰当地反映供应链整体运营状况以及上下节点企业之间的运营关系。评价供应链运行绩效指标要综合考虑节点企业的运营绩效及其对上层节点企业和整个供应链的影响。

随着全球制造的发展，供应链管理在制造业中普遍应用，成为一种新的管理模式。市场竞争不再是单个企业之间的竞争，而是供应链之间的竞争。因此，供应链管理绩效评价对供应链运作和管理尤为重要。

供应链管理的绩效评价与单个企业绩效评价有着很大的不同。评价供应链运行绩效指标，不仅要评价该节点企业的运营绩效，而且要考虑该节点企业的运营绩效对其上层节点企业或整个供应链的影响等。所以对供应链绩效的界定要求更多的是企业和合作伙伴之间的沟通协作。

从**价值角度给出供应链绩效评价的定义**：它是供应链各成员通过信息协调和共享，在供应链基础设施、人力资源和技术开发等内外资源的支持下，对通过物流管理、生产操作、市场营销、顾客服务、信息开发等活动增加和创造的价值总和的评价。

（二）遵循原则

随着供应链管理理论的不断发展和供应链实践的不断深入，为了科学、客观地反映供应链的运营情况，应该考虑建立与之相适应的供应链绩效评价方法，并确定相应的绩效评价指标体系。反映供应链绩效的评价指标比现行的企业评价指标更为广泛，它不仅仅代替会计数据，同时还提出一些方法来测定供应链的上游企业是否有能力及时满足下游企业或市场的需求。在实际操作中，为了建立能有效评价供应链绩效的指标体系，应遵循如下原则。

1）应突出重点，要对关键绩效指标进行重点分析。

2）应采用能反映供应链业务流程的绩效指标体系。

3）评价指标要能反映整个供应链的运营情况，而不是仅仅反映单个节点企业的运营情况。

4）应尽可能采用实时分析与评价的方法，把绩效度量范围扩大到能反映供应链实时运营的信息上去，因为这要比仅做事后分析有价值得多。

5）在衡量供应链绩效时，要采用能反映供应商、制造商及用户之间关系的绩效评价指标，把评价的对象扩大到供应链上的相关企业。

三、供应链绩效评价体系

供应链管理的绩效评价问题实质上是对供应链整体运行状况、供应链成员以及供应链上企业间合作关系的度量，一般涉及各企业内部的绩效度量、供应链上各企业间外部合作的绩效度量以及供应链整体绩效度量三个方面。学者刘伟等从评价因素、评价因素指标和具体评价指标三个层次构建了一个供应链综合绩效评价指标体系，对综合评价供应链绩效有一定参考价值。学者史丽萍等建立了供应链企业外部绩效评价指标体系，为正确度量供应链企业外部绩效提供了依据。

这里主要介绍基于供应链运作参考模型、供应链平衡计分卡的绩效评价体系，简单介绍 SaT 体系。

（一）基于供应链运作参考模型的评价体系

SCOR（Supply-Chain Operations Reference-model）是由国际供应链协会（Supply-Chain Council）开发，支持适合于不同工业领域的供应链运作参考模型，即 SCOR 模型。

1996 年春，两个位于美国波士顿的咨询公司——Pittiglio Rabin Todd & McGrath（PRTM）和 AMR Research（AMR）为了帮助企业更好地实施有效的供应链，实现从基于职能管理到基于流程管理的转变，牵头成立了供应链协会（Supply Chain Council，SCC），并于 1996 年年底发布了供应链运作参考模型。

1. SCOR 的定义

SCOR 是第一个标准的供应链流程参考模型，是供应链的诊断工具，它涵盖了所有行业。SCOR 使企业间能够准确地交流供应链问题，客观地评测其性能，确定性能改进的目标，并影响供应链管理软件的开发。流程参考模型通常包括一整套流程定义、测量指标和比较基准，以帮助企业开发流程改进的策略。SCOR 不是第一个流程参考模型，但却是第一个标准的供应链参考模型。SCOR 模型主要由四个部分组成：供应链管理流程的一般定义，对应于流程性能的指标基准，供应链最佳实施的描述以及选择供应链软件产品的信息。

SCOR 模型把业务流程重组、标杆比较和流程评测等著名的概念集成到一个跨功能的框架之中。作为行业标准，SCOR 帮助管理者关注企业内部供应链。SCOR 用于描述、量度、评价供应链配置：规范的 SCOR 流程实际上允许任何供应链配置；规范的 SCOR 量度能促进供应链绩效和标杆的良性比较；供应链配置可以被评估，以支持连续的改进和战略计划编制。

2. 结构模型

SCOR 模型按流程定义可分为三个层次，每一层都可用于分析企业供应链的运作。在第三层以下还可以有第四、五、六等更详细的属于各企业所特有的流程描述层次，这些层次中的流程定义不包括在 SCOR 模型中。

SCOR 模型的第一层描述了五个基本流程：**计划**（Plan）、**采购**（Source）、**生产**（Make）、**配送**（Deliver）和**退货**（Return）。它定义了供应链运作参考模型的范围和内容，并确定了企业竞争性能目标的基础。企业可通过对第一层 SCOR 模型的分析，根据供应链运作性能指标做出基本的战略决策。SCOR 参考模型如图 13-1 所示。

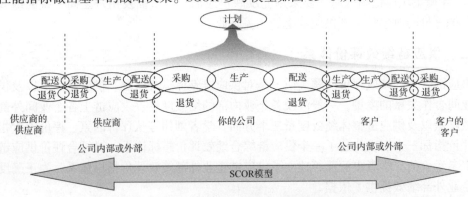

图 13-1 SCOR 参考模型

SCOR 模型建立在五个不同的管理流程之上，如表 13-1 所示。

表 13-1 SCOR 流程分析

基本流程	流程分解	流程内容
计划	需求计划	评估企业整体生产能力、总体需求计划，以及针对产品分销渠道进行库存计划、分销计划、生产计划、物料及生产能力的计划
	供应计划	制造或采购决策的制定、供应链结构设计、长期生产能力与资源规划、企业计划、产品生命周期的决定、生产正常运营的过渡期管理、产品衰退期的管理与产品线的管理等

基本流程	流程分解	流程内容
采购	寻找供应商/物料收取	获得、接收、检验、拒收与发送物料；供应商评估、采购运输管理、采购品质管理、采购合约管理、进货运费条件管理、采购零部件的规格管理
	原材料仓库管理	仓库布局、产品分类管理、盘点等
	原材料运送和安装管理	运输管理、付款条件管理以及安装进度管理
	采购支持业务	采购业务规则管理、原材料存货管理
生产	生产运作	申请及领取物料、产品制造和测试、包装出货等；工程变更、生产状况掌握、产品质量管理、现场生产进度确定、短期生产能力计划与现场设备管理；在制品运输
	生产支持业务	制造业务规格管理、在制品库存管理
配送	订单管理	订单输入、报价、客户资料维护、订单分配、产品价格资料维护、应收账款管理、授信、收款与开立发票等
	产品库存管理	存储、拣货、按包装明细将产品装入箱、制作客户特殊要求的包装与标签、整理确认订单、运送货物
	产品运输安装管理	运输方式安排、出货运费管理、货品安装进度安排、产品安装与试运行
	配送支持业务	配送渠道的决策制定、配送存货管理、配送品质的掌握和产品的进出口业务
退货	原料退回	退还原料给供应商，包括与商业伙伴的沟通、准备好文件资料以及物料实体的返还及运送
	产品退回	接收并处理从客户处返回的产品，包括与商业伙伴的沟通、准备好文件资料以及物料实体的返还及接收和处理

3. 模型层次

第一层：**绩效衡量指标**。SCOR 模型第一层就对供应链绩效指标进行了标准化规范，反映供应链性能特征，如可靠性、响应性、灵活性、成本、资产等。高层绩效测量可能涵盖了多个不同层次的 SCOR 流程，衡量供应链的表现与理解其运作都是必要的，需做到以下几点。

1）衡量工作必须结合企业目标。

2）衡量工作要有可重复性。

3）衡量工作必须能对更有效地管理供应链提出见解。

4）衡量工作一定要适于所评测的流程活动。

第二层：**配置层**。在第二层配置层中，由 26 种核心流程类型组成。企业可选用该层中定义的标准流程单元构建它们的供应链。每一种产品或产品型号都可以有它自己的供应链。

每一个 SCOR 流程都分三种流程元素进行详细描述。

（1）计划元素。

调整预期的资源以满足预期需求量。计划流程要达到总需求平衡以及覆盖整个规划周期。定期编制计划流程有利于缩短供应链的反应时间。计划元素流程有供应链计划、采购计划、制造计划、交付计划、退货计划。

（2）执行元素。

由于计划或实际的需求引起产品形式变化，需要执行的流程包括：进度和先后顺序的排定，原材料及服务的转变及产品搬运。执行元素的流程有：采购库存产品，采购 MTO 产品，采购 ETO 产品，MTS 按库存生产，MTO 按订单生产，ETO 按订单加工，交付库存产品，交付 MTO 产品，交付 ETO 产品，退还次品，退还 MRO 产品，退还过量产品。

（3）支持元素。

计划和执行过程依赖信息和内外联系的准备、维护和管理。支持元素流程有建立并管理规则、测评绩效、管理数据、管理库存、管理资产、管理运输、管理供应链结构、管理法规的灵活性、流程特殊元素（和 SC/财务、供应商协议一致）。

第三层：**流程元素层**。流程元素层对第二层的 26 个流程进行定义，显示了输入、流程元素和输出。另外，对每个流程元素的绩效测评进行了定义。

4. 应用意义

SCOR 模型中，所有流程元素都有流程元素的综合定义，循环周期、成本、服务/质量和资金的性能属性，与这些性能属性相关的评测尺度，以及软件特性要求。值得注意的是，SCOR 不是软件指南，而是业务流程指南，但它也可作为供应链管理软件开发商的参考。在许多情况下，改变管理流程即可使企业获得最佳业绩而不需要开发软件。

SCOR 模型是一个崭新的基于流程管理的工具，国外许多公司已经开始重视、研究和应用。大多数公司从 SCOR 模型的第二层开始构建其供应链，此时常常会暴露出现有流程的低效或无效，因此需要花时间对现有的供应链进行重组。典型的做法是减少供应商、工厂和配送中心的数量，有时公司也可以取消供应链中的一些环节。一旦供应链重组工作完成，就可以开始进行性能指标的评测和争取最佳业绩的工作。

企业在运营中自始至终必须努力提高其供应链管理的效率。在提高其自身运作效率的同时，企业可以开始同供应商和客户一道发展被称为"扩展企业"的一种供应链成员间的战略伙伴关系。

（二）基于供应链平衡计分卡的评价体系

罗伯特等人提出了"**平衡计分卡**"（Balanced Scorecard，BSC）评价体系。BSC 不仅是一种评价体系，而且是一种管理思想的体现，其最大的特点是集评价、管理、沟通于一体，即通过将短期目标和长期目标、财务指标和非财务指标、滞后型指标和超前型指标、内部绩效和外部绩效结合起来，使管理者的注意力从短期的目标实现转移到兼顾战略目标的实现。

该体系分别从财务角度、顾客角度、内部业务角度、创新与学习角度建立评价体系。其中，财务角度指标显示企业的战略及其实施和执行是否正在为供应链的改善做出贡献；顾客角度指标显示顾客的需求和满意程度；内部业务角度指标显示企业的内部效率；创新与学习角度显示企业未来成功的基础。

平衡计分法分为四个方面，代表了三个利害相关的群体，即股东、客户、员工，确保企业组织从系统观的角度进行战略的实施，如图 13-2 所示。

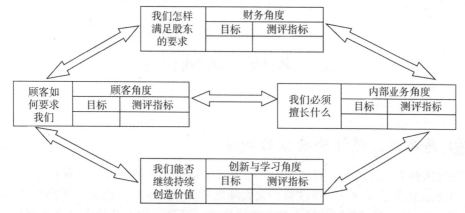

图 13-2　平衡计分卡四方面绩效指标的关系示意

1. 顾客（客户）角度

企业为了获得长远的财务业绩，就必须创造出客户满意的产品和服务。平衡计分卡给出了两套绩效评价方法，一是企业为客户服务所期望达到的绩效而采用的评价指标，主要包括市场份额、客户保有率、客户获得率、客户满意等；二是针对第一套各项指标进行逐层细分，制定出评分表。

2. 内部业务（流程）角度

这是平衡计分卡突破传统绩效评价的显著特征之一。传统绩效评价虽然加入了生产提前期、产品质量回报率等评价，但是往往停留在单一部门绩效上，仅靠改造这些指标，只能有助于组织生存，但不能形成组织独特的竞争优势。平衡计分卡从满足投资者和客户需要的角度出发，从价值链上针对内部的业务流程进行分析，提出了四种绩效属性：质量导向的评价、基于时间的评价、柔性导向评价和成本指标评价。

3. 创新与学习（改进）角度

这个方面的观点为其他领域的绩效突破提供手段。**平衡计分卡实施的目的和特点之一就是避免短期行为，强调未来投资的重要性**。同时并不局限于传统的设备改造升级，而是更注重员工系统和业务流程的投资。注重分析满足需求的能力和现有能力的差距，将注意力集中在内部技能和能力上，这些差距将通过员工培训、技术改造、产品服务得到弥补。相关指标包括新产品开发循环期、新产品销售比率、流程改进效率等。

4. 财务角度

企业各个方面的改善只是实现目标的手段，而不是目标本身。**企业所有的改善都应通向财务目标**。平衡计分卡将财务方面作为所有目标评价的焦点。如果说每项评价方法是综合绩效评价制度这条纽带的一部分，那么因果链上的结果还是归于"提高财务绩效"。

（三）Sink and Tuttle（SaT）体系

建立在"供应商—投入—加工—产出—顾客—成果"模型基础上的 Sink and Tuttle（SaT）体系共包含七项评价指标，即效率（投入）、有效性（成果）、生产率（产出/投入）、盈利能力、质量（加工）、创新和工作环境质量。该体系的突出特点是将企业绩效的评价与战略计划过程紧密结合。

第二模块　案例讨论

案例一　药品供应链评价模型的构建

在深化医药卫生体制改革的过程中，一系列举措已使医药行业变革取得了新的进展。诸如取消药品加成、"4 + 7"等政策，大大降低了药品的价格，解决了药价虚高的问题；"两票制"大大地缩减了我国药品交易流通的环节，提升了我国药品交易流通服务行业的技术集中度和市场的规范性。然而，药品流通渠道混乱，不易监管，上下游企业信息不对称，致使库存不合理，部分医疗机构回款较差，经销商资金周转困难等，仍是供应链面临的一个亟须有效解决的基础性问题。

供应链运作参考模型（SCOR）是由供应链协会（SCC）创立的一个适应于不同领域的供应链模型。SCOR 的参考模型包含五个不同的供应链管理流程，分别说明什么是供应链计划、采购、生产、配送以及退货。

计划（Plan）：指用来评估每一个企业的整体生产能力、总体市场需求的计划，以及针对每一个产品的库存及分销的渠道进行管理的库存计划、分销渠道管理计划、生产销售计划、物料及生产能力的综合管理计划。药品销售供应链中每一个产品的主体都应该有各自的生产销售计划，原料商应该有其生产销售的计划，生产商应该有其采购、生产的计划及药品销售管理计划，经销商应该有其库存及生产分销的计划，医院以及药房也应该有其采购及生产销售的计划等。

采购（Source）：按照采购计划和供应商的需求获取采购原料、药品和需要的采购服务，包括药品供应商的评估、采购和运输方式管理、药品的质量控制方式管理、采购供应商和合约管理、仓储和运输方式管理、库存付款方式管理以及采购付款方式管理等。

生产（Make）：主要针对药品供应链中的生产企业，领取原料，药品生产和检验以及包装和出货等过程。

配送（Deliver）：根据客户需求将指定产品以合理的方式运送到指定地点的行为。并负责进行管理客户配送订单、仓库、运输和配送产品加工装配的日常操作与运营管理。

退货（Return）：包括退还原料给供应商，接收并处理从下游客户处返回的药品（破损、滞销、过期）。

根据 SCOR 模型，建立药品供应链的评价指标体系，如表 13-2 所示。

表 13-2　药品供应链评价指标

一级指标	二级指标	三级指标
计划流程	战略因素	药品供应链各成员战略目标过高或过低
		整条供应链的战略调整与单个成员的战略目标不一致
		创新产品的研发能力
	市场环境因素	国家政策改变的应对能力
	企业文化因素	员工专业素质水平与工作能力
		利益相关者的多元文化冲突
采购流程	供应商因素	供应商的合理选择
		供应商生产能力
		其他因素造成药品紧缺
		信息不对称
	合作因素	资金回笼出现问题
		采购价格高低不均等
	采购管理因素	购进药品或原材料验收制度不严格
		库存周转天数
生产流程	过程控制	生产过程控制能力
		仓储过程控制能力
	财务管理	财务能力
		运营成本
	企业制度	不严格履行国家相关规章制度
		关键岗位人才流失
配送流程	质量因素	运输条件
		药品完整性被破坏
	成本因素	运输工具、路线的选择
	时效因素	软件系统运行故障
		信息反馈的及时性
退货流程	质量改变因素	药品召回
		药品过期
	订单因素	订单计划有误
		滞销退回再销售

（案例来源：黄哲，徐阳，徐凤翔. 区块链技术背景下药品供应链评价模型的构建[J]. 沈阳药科大学学报，2021，38（2）.）

思考题：选择某一类产品，基于 SCOR 模型，建立该产品供应链的评价指标体系。

案例二 制造业供应链绩效评价体系与模型

随着我国制造业的迅速发展，供应链管理逐渐成为一项主要的内容，很多制造业企业希望通过供应链管理来获取竞争优势，如何评价所拥有供应链的绩效成为摆在企业面前的重要问题。

A 机械制造有限公司创建于 1985 年，已有 40 多年的紧固件制造历史，该公司自成立以来，一直采用世界信赖的日本神钢建筑机械株式会社的产品、销售、售后服务体系，得到了用户的高度评价和信誉。为了进一步规范运作，强化管理，2000 年 4 月该公司又引进了具有世界先进水平的 ERP 系统。通过运用该系统，A 机械制造有限公司能适时地掌握工厂生产、经营中的各种情报信息，对市场及用户需求迅速做出反应。

此后，A 机械制造有限公司引入平衡计分卡，根据企业状况，构造基于平衡计分卡的递阶层次分析模型。A 机械制造有限公司目前处于稳定发展阶段，根据分析，再结合该企业的特殊情况，评价体系包括 3 级共 16 个指标，准则层由评价指标组成，有财务角度、客户角度、供应链敏捷性和发展角度 4 个方面，三级指标依据战略目标由该企业自身特点并结合内外部的环境分析确定，具体如表 13-3 所示。

表 13-3 A 机械制造有限公司供应链绩效评价指标体系

目标层 A	准则层 B	方案层 C
制造业供应链绩效	财务角度	资本收益率
		现金周转率
		边际利润率
		发展能力
	客户角度	订单完成周期
		顾客价值水平
		售后服务水平
		柔性认同
	供应链敏捷性	生产柔性
		持有成本
		物流状况
		数量柔性
		时间柔性
	发展角度	伙伴关系
		创新能力
		研发能力

（案例来源：张靖. 制造业供应链绩效评价体系与模型及其应用分析——基于平衡计分卡的方法 [J]. 企业经济，2010 (3).）

思考题：平衡计分卡主要从哪几个维度进行绩效评价？如何根据平衡计分卡对供应链进行绩效评价？

案例三 基于平衡计分卡的家电企业供应链绩效评价

在全球家电市场,中国品牌无疑是一股强大的力量。全球家电领域增长的驱动力是:具备技术优势、创新能力、附加值的产品,与消费者价值观贴合的产品,会带来溢价的空间。关注环保、节能,以生态和可持续为导向的家电产品具备增长潜能,包括海尔、海信、TCL在内的中国家电领军企业,近年来都在努力构建全球供应链,如何对供应链的运作绩效进行科学评价也越来越重要。

家电企业供应链评价体系的构建思路如下。

首先,在构建家电企业供应链绩效评价框架体系时,应考虑到不同评价对象要考虑的因素必然有所不同,所以应先按照评价的客体不同将其分为三个子系统,分别为家电企业内部供应链(即核心企业)绩效评价框架体系、供应商绩效评价框架体系和销售商绩效评价框架体系。由于家电企业作为评价主体,因此将其视为核心企业。

绩效评价体系
构建原则

其次,在进行各子系统的构建时,应先从综合角度将众多具体的影响因素分类,然后按层次逐层构建该框架体系,使具体影响因素的影响轨迹一目了然,以易于后期的评价、分析和控制。

最后,在得到初步的评价框架体系后,应根据实际应用的效果不断对该体系进行反馈、完善和优化,使其更加符合实际情况。该过程是一个循环不断进行的过程,在得到实际应用的效果后,应及时对该体系进行优化。

在评价家电企业自身的绩效时,本案例采用的是典型的平衡计分卡模型,即从内部流程、财务角度、顾客角度,以及学习与发展角度来评价家电企业自身的绩效。家电企业(核心企业)绩效评价框架体系如图13-3所示。

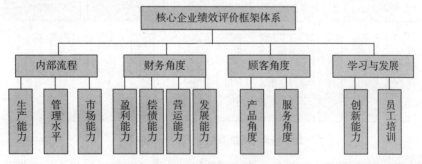

图13-3 核心企业绩效评价框架体系

在考察供应商企业的绩效评价时,由于内部的流程信息难以取得,因此以组织形象取而代之。同时,在评价供应商绩效时,合作能力是一个不得不考虑的因素,应考虑资金合作能力、技术合作能力和信息共享的能力。家电企业作为供应商企业的顾客,供应商的交货情况也是很重要的一个考察因素。供应商绩效评价框架体系如图13-4所示。

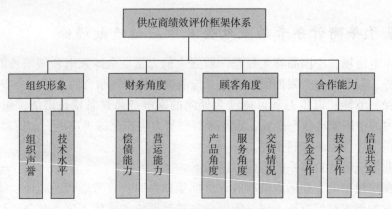

图 13-4　供应商绩效评价框架体系

由于家电产品的销售渠道众多，包括家电连锁销售企业、家电制造企业专卖店、网络销售等，因此此处只是根据众销售商的共性，综合构建了一套销售商的绩效评级体系。在具体应用时，要根据家电企业销售商的具体特点来对该体系进行调整。销售商的评价体系仍然以组织形象代替了内部流程，不同的是评价销售商时考虑了企业的物流系统而非评价供应商的技术水平。除了考察销售商时的四个维度外，考察销售商时还增加了发展的维度，特别是客户开发这个因素，该维度能很好地体现该企业的市场开发能力，这也对家电企业产品的市场占有率有很大的影响。同时，合作能力也是必须考虑的，而对于销售商企业来说主要是资金的合作和信息的共享。销售商绩效评价框架体系如图 13-5 所示。

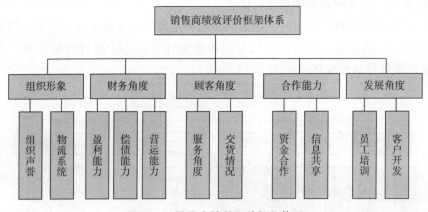

图 13-5　销售商绩效评价框架体系

（案例来源：基于平衡计分卡企业绩效评价指标体系——以珠海格力电器股份有限公司为例 [EB/OL].（2021 - 5 - 13）[2022 - 3 - 29]. https://max. book118. com/html/2021/0511/7040105025003122. shtm. 案例经编者整理、改编。）

思考题：构建绩效评价框架体系时应遵循什么原则？根据平衡计分卡，家电企业供应链中的供应商、销售商的绩效评价有哪些侧重点？

第三模块　实训模块

一、实训项目

构建供应链管理绩效体系。

二、实训过程

1. 在老师的指导下，分组去某公司或某超市调研商品供应链管理状况和绩效评价体系。

2. 分析某公司或某超市商品供应链管理状况和绩效评价体系存在的问题，提出改进方法，构建新的供应链管理绩效指标体系。

三、实训考核

1. 每组撰写调研报告。
2. 制作 PPT，在课堂上进行展示。

第四模块　小结与测试题

一、本章小结

1. 激励机制并不是一个新话题，在组织行为学中就专门讨论了激励问题，在委托—代理理论中也研究过激励问题。这里将激励的概念和范围扩大到了整个供应链及其相关企业上，从广义的激励角度研究供应链管理环境下的激励和激励机制的建立问题。

2. 供应链协议是将供应链管理工作进行程序化、标准化和规范化的协定。供应链协议为激励目标的确立、供应链绩效测评和激励方式的确定提供基本依据。

3. 从一般意义上讲，激励机制的内容包括激励的主体与客体、激励的目标和激励的手段。

4. 供应链企业绩效评价指标应该能够恰当地反映供应链整体运营状况以及上下节点企业之间的运营关系。评价供应链运行绩效的指标，要综合考虑节点企业的运营绩效及其对其上层节点企业和整个供应链的影响。

5. SCOR 是第一个标准的供应链流程参考模型，是供应链的诊断工具，它涵盖了所有行业。SCOR 使企业间能够准确地交流供应链问题，客观地评测其性能，确定性能改进的目标，并影响供应链管理软件的开发。

6. 基于供应链平衡计分卡的评价体系分别从财务角度、顾客角度、内部过程角度、创新与学习角度建立评价体系。其中，财务角度指标显示企业的战略及其实施和执行是否正在为供应链的改善做出贡献；顾客角度指标显示顾客的需求和满意程度；内部过程角度指标显示企业的内部效率；创新与学习角度显示企业未来成功的基础。

二、测试题

（一）单项选择题

1. 客户保有率评价指标是从（   ）角度对绩效进行评价。

A. 顾客   B. 财务   C. 改进   D. 流程

2. 制造商给予供应商更多的采购订单，这种激励方式属于（   ）。

A. 价格激励   B. 订单激励   C. 商誉激励   D. 信息激励

3. 制造商减少供应商的数量，并与主要的供应商和经销商保持长期稳定的合作关系，这种激励方式属于（   ）。

A. 商誉激励   B. 订单激励   C. 组织激励   D. 信息激励

4. 企业为了获得长远的财务业绩，就必须创造出客户满意的产品和服务，这是从（   ）角度对绩效进行评价。

A. 顾客   B. 财务   C. 改进   D. 流程

5. 基于 SCOR 模型，生产柔性属于（   ）角度的评价指标。

A. 计划   B. 采购   C. 生产   D. 配送

（二）多项选择题

1. 供应链管理中的激励模式的三个层次包括（   ）。

A. 绩效衡量指标   B. 配置层   C. 流程元素层   D. 改进层

E. 元素层

2. 平衡计分卡从（   ）方面建立评价体系？（   ）。

A. 顾客角度   B. 财务角度   C. 创新与学习角度   D. 流程角度

E. 市场角度

3. SCOR 模型建立在（   ）管理流程之上，分别是。

A. 计划   B. 采购   C. 生产   D. 配送

E. 退货

4. 下列选项中，属于供应链管理中的激励模式的是（   ）。

A. 价格激励   B. 订单激励   C. 商誉激励   D. 淘汰激励

E. 组织激励

5. 供应链管理环境下激励主体与客体包括（   ）。

A. 核心企业对成员企业的激励

B. 制造商（下游企业）对供应商（上游企业）的激励

C. 制造商（上游企业）对销售商（下游企业）的激励

D. 供应链对成员企业的激励

E. 成员企业对供应链的激励

（三）简答题

1. 简述 SCOR 模型。

2. 简述平衡计分卡在供应链管理绩效评价的应用。

3. 简述供应链管理中的激励模式。

4. 供应链绩效评价的方法有哪些?

(五) 论述题

1. 论述供应链绩效评价应遵循的原则。

2. 试利用 SCOR 模型建立某产品供应链评价指标体系。

参 考 文 献

[1] 约翰·科伊尔. 企业物流管理——供应链视角 [M]. 文武, 译. 北京: 电子工业出版社, 2003.

[2] 马丁·克里斯托弗. 物流与供应链管理 [M]. 何明珂, 卢丽雪, 张屹然, 等译. 4 版. 北京: 电子工业出版社, 2010.

[3] 塞西尔·C, 博扎斯, 罗伯特·B. 运营与供应链管理导论 [M]. 北京: 清华大学出版社, 2007.

[4] 约翰·T. 门茨尔. 供应链管理概论 [M]. 王海军, 译. 北京: 电子工业出版社, 2006.

[5] 利丰研究中心. 供应链管理: 香港利丰集团实践 [M]. 北京: 中国人民大学出版社, 2009.

[6] 林勇. 供应链库存管理 [M]. 北京: 人民交通出版社, 2008.

[7] 刘伟. 物流与供应链管理案例 [M]. 成都: 四川人民出版社, 2009.

[8] 马士华. 供应链管理 [M]. 北京: 中国人民大学出版社, 2008.

[9] 马士华, 林勇. 供应链管理 [M]. 北京: 高等教育出版社, 2006.

[10] 王鹏, 孟妍. 陕西省物流业供应链管理文化建设路径思考 [J]. 新西部, 2020 (12).

[11] 孟妍, 王鹏. 物流业供应链管理文化建设路径研究 [J]. 物流科技, 2020 (10).

[12] 钱智. 物流管理案例剖析 [M]. 北京: 中国经济出版社, 2007.

[13] 肖尚纳·科恩, 约瑟夫·罗塞尔. 战略供应链管理 [M], 汪蓉, 译. 北京: 人民邮电出版社, 2006.

[14] 徐文静. 物流战略规划与模式 [M]. 北京: 机械工业出版社, 2002.

[15] 张成海. 供应链管理技术与方法 [M]. 北京: 清华大学出版社, 2001.

[16] 赵林度. 电子商务物流管理 [M]. 北京: 科学出版社, 2006.

[17] 陈达强, 蒋长兵. 采购与供应案例 [M]. 北京: 中国物资出版社, 2009.

[18] 廖艳华, 蔡根女. 戴尔供应链管理的经验及启示 [J]. 现代企业, 2004 (10).

[19] 刘伟. 基于供应链管理的企业外包策略研究 [J]. 吉林大学, 2007.

[20] 查先进, 严亚兰. 物流信息系统 [M]. 大连: 东北财经大学出版社, 2005.

[21] 兰洪杰, 施先亮, 赵启兰. 供应链与企业物流管理 [M]. 北京: 北京交通大学出版社, 2004.

[22] 何倩茵. 物流案例与实训 [M]. 北京: 机械工业出版社, 2004.

[23] 鲍吉龙, 江锦祥. 物流信息技术 [M]. 2 版. 北京: 机械工业出版社, 2006.

[24] 马士华, 林勇. 企业生产与物流管理 [M]. 北京: 清华大学出版社, 2009.

［25］阚树林. 生产计划与控制［M］. 北京：化学工业出版社，2008.

［26］鞠颂东，徐杰. 采购管理［M］. 北京：机械工业出版社，2005.

［27］牛鱼龙. 美国物流经典案例［M］. 重庆：重庆大学出版社，2006.

［28］王鹏. 互联网环境下供应链物流金融融资新模式［J］. 物流技术，2015（13）.

［29］Goyal S K. Economic order quantity under conditions of permissible delay in payment［J］. Journal of the Operational Research Society，1985（36）：335-338.

［30］Buzacott J A，Zhang R Q. Inventory management with asset-based Financing［J］. Management Science，2004（9）：1274-1292.

［31］杨绍辉. 从商业银行的业务模式看供应链金融服务［J］. 物流技术，2005（10）：179-182.

［32］郭涛. 中小企业融资的新渠道——应收账款融资［J］. 经济师，2005（2）.

［33］王光石，马宁. 供应链金融服务模式探讨［J］. 物流技术，2006（8）：35-37.

［34］李莉，耿伟. 国际保理业务在供应链前置中的融资创新研究——以我国出口生产型中小企业为服务对象［J］. 物流技术，2007（1）：25-29.